本专著为国家社科基金项目"外资并购国家安全审查制度研究"(立项编号16BFX119)的最终成果,同时,也获得了宁波大学哲学社会科学著作出版经费资助。

# 外资安全审查制度研究

Research
on the Security Review System
of Foreign Investment

谢晓彬 著

上海交通大学出版社
SHANGHAI JIAO TONG UNIVERSITY PRESS

**内容提要**

本书把法律研究和经济学分析有机结合起来，从国际法、全球化和大数据视野对外资并购与安全审查的关系进行系统的辩证和梳理，探讨当前外资安全所面临的主要困境及研究新思路，全面而准确地展现以欧美发达国家为代表的外资安全审查制度的变革趋势、制度设计和司法实践，为进一步完善我国安全审查制度的基本框架、审查标准、机构设置和审查程序，提出符合中国发展需要而又便于操作，具有前瞻性、预测性、可行性的维护国家安全的对策建议。从制度层面增强法律的确定性和可操作性，也为大量中资企业的跨国并购之路保驾护航，提供更多的经验、思路和信息，以有效、合理地进行并购风险管控。本书适合相关专业人员和研究者阅读。

**图书在版编目(CIP)数据**

外资安全审查制度研究/谢晓彬著. —上海：上海交通大学出版社，2023.10
ISBN 978-7-313-29307-7

Ⅰ.①外… Ⅱ.①谢… Ⅲ.①外资公司－企业兼并－研究－中国 Ⅳ.①F279.246

中国国家版本馆 CIP 数据核字(2023)第 155083 号

**外资安全审查制度研究**
WAIZI ANQUAN SHENCHA ZHIDU YANJIU

著　　者：谢晓彬
出版发行：上海交通大学出版社　　　　地　　址：上海市番禺路 951 号
邮政编码：200030　　　　　　　　　　电　　话：021-64071208
印　　制：上海万卷印刷股份有限公司　经　　销：全国新华书店
开　　本：710 mm×1000 mm　1/16　　印　　张：19.75
字　　数：331 千字
版　　次：2023 年 10 月第 1 版　　　　印　　次：2023 年 10 月第 1 次印刷
书　　号：ISBN 978-7-313-29307-7
定　　价：88.00 元

版权所有　侵权必究
告读者：如发现本书有印装质量问题请与印刷厂质量科联系
联系电话：021-56928178

# 序

谢晓彬副教授是宁波大学法学院教师,硕士生导师。她早年在北京大学求学,是国际法专业的硕士研究生。谢晓彬2008年主持司法部和浙江省哲学社会规划课题,2016年主持国家社科基金项目,学术成果颇丰,是一位厚积薄发、前途远大的中青年学者。本书就是她首个国家社科基金项目的研究结晶。

全球经济一体化和投资自由化趋势促进了跨国投资活动的不断增长,尤其是其中的外资并购的兴起和深化,一方面能拉动东道国经济增长,另一方面也给这些国家带来一定的国家安全风险。国家安全事关国家根本利益。世界各国在引进外资的同时,将国家安全作为关键审查因素,构建外资安全审查制度以规避外资风险,并不断更新制度的实体内容和程序要件。因为国情和国家安全观不尽相同,各国的安全审查制度差异和共性并存。而随着中资企业"走出去"战略步入新的发展阶段,在我国日益凸显的"投资双重混同身份"的背景下,外资安全审查已成为我国企业尤其是国有企业海外投资所面临的主要风险之一。对国内外经典并购案例的实证分析研究不仅有利于进一步优化我国的外资政策和法律,提高我国利用外资的水平,而且对防范海外投资风险、推进企业"走出去"战略和"一带一路"倡议的稳步实施,均具有重要的指导意义,对我国对外经济贸易投资发展具有应用价值。

在本书中,谢晓彬副教授对外资安全审查制度有着非常深入和透彻的研究,具有一系列建树和创新,要者如:其一,紧紧围绕着"国家安全"这一核心问题,从法学、经济学和管理学多视角对外资安全审查进行有效规制,图文并茂,避免以往单一研究的局限性;其二,顺应数据化全球化时代的挑战,动态考察跨境投资视阈下数据安全保护的国际国内法律规制的变革趋势,通过对特定时期的国际法院和国际投资仲裁庭的判例实践予以分析论证,从而提供外资安全审查的国际协调新思路;其三,将国家安全法、外商投资法、外商投资安全审查办法、网络安全法、数据保护法、个人信息保护法等结合起来进行综合分析研究,提出符合中国发展需要而又便于操作的具有前瞻性和可行性的维护国家安全的对策建议。

相信本书对我国的海外投资和境外来华投资领域中的公司、企业和律师等会大有裨益;为我国进一步发展和完善外资安全审查制度提供重要的参考和指导;也会对国际经济法领域中的研究人员贡献可资分享的专业知识。因此,笔者欣然留墨于此。

是为序。

邵景春

教授 博士生导师

北京大学国际经济法研究所名誉所长

北京大学WTO法律研究中心创始主任

中国法学会国际经济法研究会副会长

2023年3月

# 前　言

外资安全审查制度是经济全球化、投资自由化时代背景下的产物,对投资东道国来说,它既能促进投资,保证经济增长,又能保障国家主权免受外来投资的侵蚀,具有双重意义。这项制度对于正积极融入世界市场的中国而言是必要的。相较于欧美等发达国家而言,我国现行外资安全审查制度(简称外资安审制度)仍处于起步阶段。《外商投资法》《外商投资安全审查办法》(简称《安审办法》)等一系列法律规制的出台,标志着我国外资安全审查制度开启了新的篇章,然而,与欧美等发展成熟国家相比,我国的安全审查制度还稍显稚嫩,存在诸多漏洞。因此,参考并借鉴美德等发达国家的相关制度经验,寻求适合我国国情的外资安全审查制度显得尤为重要。

本著作研究的重要价值在于把法律研究和经济学分析有机结合起来,从国际法、全球化和大数据视野对跨国投资与国家安全的关系进行系统的辩证和梳理,探讨当前国家安全所面临的主要困境及研究新思路,重点借鉴欧美等发达国家在外资安全审查方面的制度设计和司法实践,进一步完善我国外资安全审查制度的基本框架、审查标准、机构设置和审查程序,从制度层面增强法律的确定性和可操作性,也为大量中资企业的跨国并购保驾护航,避免国家安全审查风险。

## 一、主要研究内容

第一章,外资安全审查制度理论基础。首先,从"外资""外资并购"和"国家安全"几个核心制度内核的界定入手,探讨国家安全概念在外资安全审查立法中的具体体现,阐述它们之间的关系和区别。其次,外资安全审查制度将国家安全作为逻辑起点和价值目标,论述其所关注的国家安全的基本特质。最后,分析外资安全审查的法学理论依据与功能设计,研究外资安全审查制度的价值定位及其与反垄断审查制度的功能区分和协调。

第二章,外资安全审查实体要件。在外资国家安全审查制度中,实体要件主要包括审查对象、审查范围和审查标准。审查对象主要聚焦于外国投资者的识别和认定,便于各国审查机构对交易进行审查;审查范围主要锁定潜在的受管辖交易,明确进入审查程序的具体条件;审查标准主要解释"国家安全"内涵,综合国家安全战略考察、考量因素、影响程度评估等为审查机构提供审查方向。外资安全审查制度立法方面,目前世界范围内主要采取专门立法和混合立法两种模式。可以说,立法模式是制度研究的首要问题,通过对美国、加拿大、俄罗斯、德国、法国等不同立法模式的对比研究,评析两者的特色和优劣性。模式的选择会影响到安全审查制度实体要件条款制定的系统性和深入性。

第三章,外资安全审查制度程序要件。科学合理的程序制度会直接影响到实体内容的贯彻和落实,程序要件是外资安全审查制度的重要组成部分,主要包括审查主体、审查程序和审查监督机制。基于历史沿革、政治制度以及国情的不同,各国对审查主体的规定各有不同,但大致可以分为双层监管模式和单层监管模式。审查程序方面,绝大多数国家将程序具体分为启动、核查、决定三个阶段,可以由交易者申报或主管机构主动审查或主管机构通知审查而启动,通过审查流程进入决定程序。这其中,减缓协议和非正式磋商是许多国家对于可能存在潜在威胁的外来投资的一种灵活处理,能够给审查带来一定的便利。为防止审查主体滥用自由裁量权,部分国家在立法中明确审查监督程序,主要有国会监督、司法监督和行政监督。

第四章,外资安全审查制度的国内审视。我国外资安全审查制度发展演进过程,大致可分为四个阶段,即制度胚胎期、制度萌芽期、制度建立期和制度发展期。随着《外商投资法》和《安审办法》的出台,我国安全审查制度开启了新的篇章。为消除世界各国及外商投资者的顾虑,激发外商投资的热情,对《外商投资法》和《安审办法》面对国际国内层面的制定动因进行深度分析,了解以上新出台的法律规制在立法层级、审查范围、审查工作机制、审查决定执行监督和惩戒措施等方面所做的较大的改进,但同时也需要看到我国安全审查制度还存在诸多短板和薄弱之处,需相应完善升级路径,进一步提高我国安全审查制度的权威性、系统性、确定性和可操作性。

第五章,外资安全审查制度:域外考察与启示。我国的外资安全审查制度在改革开放以后起步,从最开始的三资法到2011年的《安审通知》和《安审规定》、2020年1月施行的《外商投资法》,再到2020年11月刚通过的《安审办法》,我国的安全审查制度逐渐羽翼丰满,让人欣慰。然而,与欧美等发展成熟的发达国家相比,我国的安全审查制度还稍显稚嫩,存在许多缺漏。美国、澳大利亚、德国作为发达国家,已建立起相当完善的外资安全审查制度,四个国家的制度既各具特色,又存有共性。我国虽已正式建立了外资安全审查制度,但面临诸多困境,低位阶的制度设计、粗线条的法律规定在国家安全审查实践中仍不免受到诟病。因此,分析和借鉴国外相关制度,结合我国国情构建并完善我国的外资安全审查制度体系,在有效保障我国国家安全的基础上,吸引外资进驻,同时也为大量中资企业跨国并购保驾护航,避免法律风险,实现维护国家安全和保持经济向世界开放的双向平衡。

第六章,中资对欧美并购案评析。本章试图从欧盟及美国最新的安全审查变革趋势出发,分别以中资赴欧投资的"美的收购库卡案""宏芯基金收购Aixtron案""国家电网收购50Hertz案"和"美国对TikTok安全审查的合规性问题"为视角,对欧美外资安全审查制度在这些案例上的适用进行解读和评析,从而系统地为中资企业面对欧美量身定制的严苛且极具政治意味的审查规则提供法律上的启示、经验和教训,使我国企业能积极关注欧美外资安全审查制度发展动态,熟练掌握相关的实体和程序法律,最大限度地规避国家安全审查风险。同时,我国在出台新的《外商投资法》和《外商投资安全审查办法》的背景下,应深入剖析欧美外资安全审查制度变革的内容和态势,在规则和制度层面审慎设置安全审查门槛,在更广领域扩大外资市场准入,明确安全审查程序的司法救济等来应对欧美日益趋紧的外资安全审查压力和投资的不确定性。

第七章,跨境投资视阈下数据安全保护的法律规制。随着数据在全球贸易和投资中的作用日益凸显,各国纷纷参与建立起一系列的跨境数据安全保护法律规制,对跨境投资领域带来了全新的挑战。时至今日,由于国际层面尚未形成统一的具有影响力的国际法规范,仅有一些宽泛的政策性指南文件,而区域层面则已达成一系列有关数据跨境流动的区域性协定和双边协定,其中尤以欧盟规制和美国主导的区域规制最具影响力和代表性。中国数据流动的规制起步相对较晚,且相关法律制度不健全,因此,对于我国而言,除了完善有关个人隐私保护的国内法,也应当在维护我国数据主权的前提下,积极参与相关的国际合作,通过区域性条约,推动形成通用的跨境数据安全保护国际规则体系,并努力促进国际国内层面多边规则、区域性规则和双边规则的对接和协调。

第八章,外资安全审查的国际协调。在经济全球化时代,跨国投资在世界范围内盛行。跨国投资行为在给投资东道国带来经济利益的同时,也威胁到了东道国的国家安全。为维护国家安全,美国、澳大利亚、德国、俄罗斯等国纷纷制定法规建立外资安全审查制度。在国际层面上,大量的双多边国际投资条约规定了安全例外条款,允许成员国基于保护本国安全的需要对外资并购采取一定的措施。但是这些安全例外条款之间、安全例外条款与各国规定之间均存在着分歧和差异。各国作为国际社会的一员,需要受到国际法的规制。当前,外资安全审查国际协调进程存在诸多障碍,例如条款的解释权问题、国家安全覆盖范围问题等等。近年来,学界对外资安全审查制度的研究集中在规范研究与比较研究上,鲜少有人关注外资安全审查国际协调问题。可以肯定的是,OECD公布的《国家安全相关之东道国投资政策指南》为外资安全审查国际协调提供了一个有价值的理论框架。本章将研究国际上主要国际投资条约中的安全例外条款,结合国际投资仲裁庭的裁决,分析外资安全审查国际协调困境,并提出相关建议。

## 二、主要研究目标

本著作希望通过研究实现两个目标:其一,尽可能全面而准确地展现以欧美发达国家为代表的外资安全审查制度的变革趋势,为中国企业的海外投资之路,提供更多的经验、思路和信息,以有效、合理地进行并购风险管控。其二,通过对我国相关法律规制的剖析、评述和审视,找出我国安全审查制度的短板和缺漏,结合欧美发达国家的成功经验,探讨纳入国际法治轨道的升级路径,进一步推动我国相关立法的构建和完善。

## 三、研究的重点和难点

第一,"影响国家安全"的因素究竟有哪些?国家安全应当具体考量哪些价值?平衡哪些利益?采用哪些应对措施和手段?

第二,以欧美发达国家为代表的外资安全审查制度具有哪些经验教训?对中国的有效启迪是什么?本研究试图在新的跨国并购视阈下,通过分析欧美发达国家在外资安全审查制度安排方面的制度设计和司法实践,提出可借鉴的具体制度安排,并在我国日益明显的"投资双重混同身份"的背景下,为我国加强国内法与国际法衔接积累实践经验。

第三,随着跨境数据在全球投资领域中的作用日益凸显,探讨跨境数据流动规制面临的法律挑战;在国际层面尚未达成统一的国际法规范的现实面前,中国如何保护跨境数据安全并促进国际国内层面多边规则、区域性规则和双边规则的对接和协调?

第四,在当前开放发展理念发生深刻变化的重要战略机遇期,如何发展更高层次的开放型经济,把握外资管理模式与安全审查制度之间的契合问题,也是需要重点关注的一大难题。

第五,外资安全审查制度的滥用可能会成为新的投资保护主义,对各国纷纷掀起的外资安全审查立法如何进行国际协调不失为一个颇具挑战性的问题。

## 四、主要研究思路和方法

### (一) 研究思路

首先,通过对国家安全相关概念的厘定和学理分析,导出外资安全审查理论与规范,并结合发达国家安全审查的立法模式,探讨外资安全审查制度在我国的立法进程和历史选择;其次,从当前我国外资安全审查制度的立法现状与缺漏分析的角度,探讨国家安全风险防御体系的现实价值;再次,在梳理总结域外发达国家制度创新和机制保障的经验基础上,结合一些经典案例,比较研究我国与欧美发达国家的制度差距和因应之策;最后,研究数据全球化态势和新的竞争规则下完善外资安全审查的国际协调。本著作将紧紧围绕"考察比较总结经验—分析缺漏重塑制度—评析案例提供对策—协调机制回应全球"的逻辑思路步步展开。

### (二) 研究方法

(1) 实证分析研究法。通过研究经典法案中的原则规定和模糊概念,我们不难发现,只有拿起国家安全审查这个最后的利剑才能更好地应对随时有损国家安全的各种外国投资交易行为,因此,实证分析研究经典的外资并购案件既有必要也大有裨益。

(2) 比较研究法。通过横向的国与国之间的相互比较研究,对各国规制外资安全审查的立法设计与司法实践有充分的了解,使现代人对外资安全审查的规制认识更具科学性和前瞻性,从而将我国纳入国际法治轨道的路径,为完善我国的相关立法提供可参考的具体制度安排和启迪。

(3) 动态分析法。动态考察跨境投资视阈下数据安全保护的国际国内法律规制的变革趋势,深度审视外资安全审查的国际协调中OECD《国家安全相关之东道国投资政策指南》提出的透明度、可预测性、适度监管等原则的由来,又对特定时期的国际法院和国际投资仲裁庭的判例实践予以分析论证,从而提供外资安全审查的国际协调新思路。

(4) 法经济学分析法。运用产权经济学、法律经济学、博弈论等经济分析工具,对我国外资安全审查的法律规制问题与对策进行系统分析论证。

# 目 录

**第一章 外资安全审查制度理论基础** ………………………………… 1
    一、外资安全审查制度的内核 ………………………………………… 1
    二、外资安全审查的理论依据 ………………………………………… 14
    三、外资安全审查制度的价值定位 …………………………………… 19

**第二章 外资安全审查实体要件** ………………………………………… 25
    一、外资安全审查制度立法模式 ……………………………………… 25
    二、外资安全审查对象：外国投资者认定 …………………………… 31
    三、外资安全审查范围：受管辖交易认定 …………………………… 41
    四、外资安全审查标准：国家安全影响判定 ………………………… 53

**第三章 外资安全审查制度程序要件** …………………………………… 74
    一、外资安全审查主体 ………………………………………………… 74
    二、外资安全审查的启动 ……………………………………………… 82
    三、外资安全审查的流程 ……………………………………………… 89
    四、外资安全审查的决定 ……………………………………………… 99
    五、外资安全审查的监督机制 ………………………………………… 107

**第四章 外资安全审查制度的国内审视** ………………………………… 115
    一、我国外资安全审查制度的演变 …………………………………… 115
    二、《外商投资法》及《安审办法》的制定动因及改进 …………… 120
    三、我国外资安全审查制度立法中的短板 …………………………… 129
    四、我国外资安全审查制度的升级路径 ……………………………… 138

## 第五章　外资安全审查制度：域外考察与启示 ················ 147
一、外资安全审查机制的域外考察 ···················· 147
二、当前我国外资安全审查制度现状分析 ················ 160
三、域外经验对我国的立法启迪 ···················· 165

## 第六章　中资对欧美并购案评析 ······················ 171
一、从中资对欧投资并购案看欧盟外资安全审查制度的变革 ········ 171
二、美国对 TikTok 安全审查的合规性问题解析 ············· 187

## 第七章　跨境投资视阈下数据安全保护的法律规制 ············· 202
一、国家安全与跨境数据流动的安全保护 ················ 202
二、跨境数据规制面临的法律挑战 ··················· 204
三、数据跨境治理规则的基本框架 ··················· 208
四、我国数据安全保护的法律规制 ··················· 219

## 第八章　外资安全审查的国际协调 ····················· 230
一、外资安全审查国际协调的理论基础 ················· 230
二、国际投资条约中关于安全例外条款的立法规定 ············ 233
三、外资安全审查国际协调的困境 ··················· 237
四、中国的路径选择 ························· 241

附录一　《关于外国投资者并购境内企业的规定》············· 246
附录二　《国务院办公厅关于建立外国投资者并购境内企业安全审查制度
　　　　的通知》··························· 261
附录三　《商务部实施外国投资者并购境内企业安全审查制度的规定》···· 265
附录四　《中华人民共和国外商投资法》················· 269
附录五　《中华人民共和国外商投资法实施条例》············· 275
附录六　《外商投资安全审查办法》··················· 284
附录七　《中华人民共和国国家安全法》················· 288

参考文献 ····························· 298

# 第一章

# 外资安全审查制度理论基础

外资安全审查制度是在第二次世界大战后开始充分发展起来的,是国家主权理论、国家干预理论、国家利益理论、国家法治理论在国际投资领域的综合应用。外国投资,尤其是其中的"外资并购"和"国家安全"是安全审查制度的两个核心内涵,两者均带有浓厚的政治色彩。因此,国家安全审查制度是一个带有政治内核的法律制度。著名法学家博登海默曾经说过,一个制度之所以被称为法律制度,是因为其关注了某些超越特定社会、经济结构的基本价值。维护国家安全,是国家安全审查制度追求的基本价值。

## 一、外资安全审查制度的内核

### (一)"外资"与"外资并购"

1. "外资"与"外国投资者"的基本内涵

讨论外资安全审查制度,首先需对"外资"进行定义。外资是一个不言而喻但又无法精确定义的经济学概念。我国法学界的主流解说如下:第一,外资是外国投资者为获得中国境内企业的股权、股份、资产或者其他类似权益而投入的资本,同时为鼓励境外投资者,外资也包括外国投资者在中国境内取得的合法收入;[①]第二,从投资主体以及习惯用语方面思量,外资可理解为外国投资者。

根据《中华人民共和国外商投资法》(以下简称《外商投资法》)等法律法规的规定,我国对"外资"的解释主要采用第一种理解。另外需要说明的是,港澳台投资者虽然属于我国居民、法人或者其他组织,但考虑到我国国情,其一般被视为

---

① 谢晓彬.防范外资垄断性并购的法律保障研究[M].北京:中国社会科学出版社,2015:2.

外国投资者。《外商投资安全审查办法》第21条可予以佐证。

总体来说,本文所称"外资"指的是外国投资者为取得我国境内企业的股权、股份、资产或者其他类似权益而投入的资本。"外国投资者"指的是外国自然人、法人以及非法人组织等,同时包括依照中国法律设立的外商投资企业。为更深入理解"外资"这一概念,明确"外国投资者"的范围也属必要,笔者会在后文中详细论述。

2. "并购"界定

根据各国的法律规定以及国际上通行的做法,并购一般分为三种,即新设合并(consolidation)、吸收合并(merger)和收购(acquisition)。① 根据《元照英美法词典》的释义,企业吸收合并指的是两个公司依法合并为一个公司,其中一个公司继续存在,另一个公司消灭。吸收合并区别于新设合并,新设合并中,原两个公司不复存在,双方都成为新公司的成员。一般情况下,新设合并与吸收合并统称"兼并"。

根据《布莱克法律词典》的释义,企业收购指的是"获取某项特定财产所有权的行为"。② 意思是收购公司向某个目标公司发出要约,要求购买其部分或者全部股权或者资产,以达到控制该公司的目的。根据我国商务部2006年修订的《关于外国投资者并购境内企业的规定》,企业可通过股权并购与资产并购的方式取得目标公司的实际控制权。该法律文件拓宽了外资并购的渠道,同时为平衡投资保护与国家经济安全的关系,商务部加强了外资并购我国境内中华老字号、中国驰名商标企业的监管力度。具体外资并购方式见图1-1③。

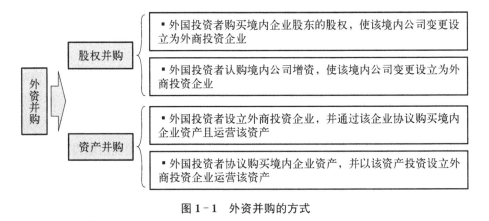

图1-1 外资并购的方式

---

① 余劲松.国际投资法[M].北京:法律出版社,2018:第5版61.
② 谢晓彬.防范外资垄断性并购的法律保障研究[M].北京:中国社会科学出版社,2015:3.
③ 王丹青.外资并购中国企业的风险与规避[N/OL].2010[2010-04-02].http://blog.sina.com.cn/zhaominadfaith.

兼并与收购之间有区别也有许多相似之处,具体详见表1-1。

表1-1 兼并与收购不同点与相同点分析表

| | 不 同 点 | 相 同 点 |
|---|---|---|
| 兼并 | 1. 法人数量方面:兼并活动中,两个及两个以上的企业合并成一个企业,目标公司法人资格丧失。收购活动中,目标公司法人资格仍然存在,市场上法人数量不变。<br>2. 并购企业获得目标公司所有权方面:兼并活动中,并购企业获得目标公司的全部所有权。收购活动中,并购企业获得目标公司的全部或部分所有权。 | 1. 从微观角度:并购企业控制目标企业,并购企业实力进一步增强。<br>2. 从宏观角度:市场结构、市场力量、市场份额发生变化。在少数情况下,并购企业可获得行业垄断地位。 |
| 收购 | | |

综上所述,并购可界定为在市场占据优势的企业通过兼并或收购的方式获得目标公司的全部或者部分股权或资产,从而实现控制目标企业的战略目的。

3. 外资并购影响分析

1)外资并购正面影响分析

良好的外资管理制度可为东道国经济带来长远的积极的影响。OECD在《促进发展的FDI:最大化利益和最小化成本》中这样描述到:基于东道国适当的投资政策和基本发展水平,FDI推动了技术外溢,改善了人力资本结构,有助于国际贸易一体化,有助于创造一个更具竞争的商业环境,并推动企业的发展。[1]

外资并购可提升一国的市场化水平,保障市场充分竞争,以此推动东道国产业发展。例如我国,由于历史原因,我国很多行业存在着"行业过剩"的现象,例如日化、家电、啤酒、钢铁等行业存在资源利用率较低、资源配置错位、技术落后、市场灵敏度差、缺少战略性长远规划等问题。外资凭借其强大的经济实力、先进的技术和优秀的管理制度,促使东道国企业不断提升自我,满足客户更高的需求,从而在市场中占得一席之地,而小型企业将在激烈的竞争中予以淘汰。由此可见,外资活动对提升东道国市场竞争力具有重要价值。

外资并购可促进东道国科技进步。技术外溢是讨论最广泛的来自外资并购

---

[1] 王小琼.西方国家外资并购国家安全审查制度的最新发展及其启示:兼论开放经济条件下我国外资并购安全审查制度的建构[M].武汉:湖北人民出版社,2010:14.

的潜在利益之一。一般来说,发展中国家为主要受益者。东道国企业获得"溢出效应"往往通过以下几方面实现:一是当外资并购公司与东道国国内供应商发生业务联系时,东道国企业就可从外资并购公司中学习到先进的技术以及优异的管理模式,成为"技术外溢"的受益对象。二是跨国公司完成并购后,一般会对企业员工提供技术培训,当这些员工流向其他企业或者独自创业时,他们从外资并购公司中所学到的技术以及管理经验也会随之外流,从而产生技术外溢现象。当然,当外国投资者与东道国公司之间的"知识差距"较小时,来自发达国家的投资者也可从东道国企业学习到先进技术。

外资并购对提升东道国劳动力素质,促进产业结构转型升级具有重要意义。外资企业的进入不仅可以吸纳众多劳动力就业,也可提升劳动者综合素质,改变东道国的就业结构。跨国公司对熟练劳动力、高级技工、优秀管理者或科学家等高端劳动力的需求较大,除了对外吸引优秀人才加入,也注重对本企业职工的培训,提升其综合能力。同时本国政府也会加大高等教育和职业教育力度,提升劳动者的劳动技能,以此满足现实需要。因此外资并购可影响东道国的就业结构向高端发展。同时,高端劳动力也可助力于东道国产业优化升级。

目前,虽然国际社会把外资并购与国家安全之间的关系聚焦在国家安全风险上,但不能忽视外资并购在一定程度上有助于国家安全维护。经济基础决定上层基础。外资的进入可促进东道国经济快速增长、技术进步,人们生活水平提高,国家综合国力大大提升,进而在国际社会上获得更多的话语权。同时经济发展水平的提高可保证国防安全有更多的资金支持,对国家安全和稳定做出重要贡献。

2) 外资并购潜在威胁分析

外资并购对东道国的负面影响是目前讨论热度最高的话题之一。外资并购的潜在威胁集中在经济利益和政治利益等方面。

第一,窃取东道国核心技术,抑制东道国企业的技术创新能力。外资并购会对东道国原有技术产生一种挤出效应。以技术优势立身的跨国企业,核心技术是其核心竞争力,如何保证技术不被泄露是其关注的重要问题之一。跨国企业进入东道国后将加大对核心技术的控制与保护,限制东道国人员的参与和接近,使得技术不被扩散,东道国企业无法获得技术外溢。同时,跨国企业也会窃取东道国企业的核心技术。当外资取得东道国境内企业的控制权时,就会牢牢把控境内企业的核心技术、高附加值等,从而导致东道国核心技术流失,削弱东道国的竞争力。因此,美国、德国等国家的外资并购国家安全审查制度尤为关注关键技术的保护。

第二,挤压东道国企业生存空间,形成产业垄断之势。一些外资企业拥有雄厚的资本、先进的技术以及丰富的管理经验,且多来自发达国家。当这些企业进入东道国,尤其是与母国差距较大的东道国时,其就具有明显的竞争优势,在市场机制下,外资很有可能将东道国资本挤出到边缘地带,从而控制东道国市场。同时,外资企业并购东道国企业时往往会选择具有一定技术含量、占有较大市场份额或者拥有一定社会知名度的企业作为并购对象。通过并购以上企业,外资可迅速占领东道国市场,形成行业垄断,获取高额利润,并有可能将大量财富转移至国外,损害东道国的利益。

第三,扰乱东道国市场秩序,破坏经济稳定。外资以追求利润最大化为目标,一旦在东道国无利可图,就会选择撤出,资本的突然变化将会打破东道国市场的平衡。外国投资多为经济实力雄厚的企业,且一些外资企业可能在东道国某区域、某行业具有重要影响力。一旦东道国政府无法给予优惠的政策或者发生其他影响企业获取更高利润的事件时,外资企业可选择退出东道国市场,且无须考虑东道国经济的稳定性。

第四,把控东道国经济命脉,形成政治影响力。跨国企业不仅是经济上的强者,也是政治上的"表演者"。受利益的驱动,跨国企业通过并购等形式控制东道国支柱企业,以此对东道国施加压力,甚至直接参加东道国的政治决策,谋取巨大的经济利益和政治利益。在某些情景下,跨国企业背后的母国也会帮助企业对东道国进行政治施压,迫使东道国政府采取不利于本国的措施。在进行经营活动时,跨国企业不单单追求利润最大化,同时也向东道国宣传其价值观。而一个企业价值观的形成往往与重要领导者的国籍与人格相关。在进入东道国后,跨国企业将不断宣传其价值理念,并辐射周边区域以及人群,潜移默化改变东道国的文化,进而实现思想上的控制,对东道国的政治形成干扰。

### (二) 安全与国家安全

1. "安全"的含义

安全,是一个不言自明但又充满争议的概念,尽管学者尽全力对其进行定义,但目前尚未达成共识。总体来说,学者从客观、主观或者主客观相结合等方面对"安全"进行阐释。从客观角度,有学者认为"安全"是指客观上不存在威胁,后果上没有损失的状态。① 《布莱克法律词典》指出安全是一种免受攻击和危险的状态。我国的《现代汉语词典》将"安全"解释为"没有危险、不受威胁、不出事故"。

从主观方面解释,学者指出"安全"是主体免于恐惧。由于恐惧是一种主观心态,因人而异,有可能出现客观上处于危险状态而主观上却没有产生恐惧心理,或者是客观上处于无攻击状态但主观上已产生恐惧心理的情形。因此从主观方面对"安全"进行定义经不起实践的推敲。

从主客观相结合的角度来解释,有学者认为"安全"是指主观上不存在担心外来攻击的恐惧感,客观上不存在外来攻击的状态或现实。②《牛津高阶英语词典》指出"安全是保护国家、人、建筑免于攻击、威胁的状态;感到幸福免于危险的状态"。③

笔者认为对于"安全"的定义应从主客观相结合的角度进行解释。由于"恐惧感"具有较强的主观性,笔者认为主、客观两方面中,客观因素应当占据优势地位。同时考虑到"安全"是一种价值观念,主观因素也不可忽视。因此,"安全"是指客观上不存在外来危险或攻击,主观上无恐惧感。

2."国家安全"的范畴

国家安全随着国家的产生而产生,许多学者认为国家安全涉及价值判断,因此界定其内涵是困难的。国家安全是一个与日俱进的概念。据相关材料显示,"国家安全"一词最早出现在1943年出版的《美国外交政策》中,作者为美国新闻评论家和作家沃尔特·李普曼(Walter Lippmann),其认为一个国家有安全是指能够不牺牲合法利益避开战争以及遇到挑战能够通过战争维护合法。④ 该解释把国家安全理解为战争。从历史的角度来看,沃尔特·李普曼对国家安全的定义完全与当时美国卷入第二次世界大战的背景有关。在战火纷飞的年代,国家安全的含义集中体现在军事和政治领域。众多学者认为国家安全就是本土免受侵略、外来攻击以及毁灭。

第二次世界大战后,国际社会进入"冷战",亚非拉国家民族独立运动兴起。国家安全被定义为本国免受外来攻击,争取民族解放,维护民族独立。此时的国

---

① 子杉.国家的选择与安全:全球化进程中国家安全观的演变或重构[M].上海:上海三联书店,2005:9.
② 李瑛.多极化时代的安全观:从国家安全到世界安全[J].世界经济与政治,1998(5):42.
③ 韦迈尔.牛津高阶英语词典[M].北京:商务印书馆,2004:1155.
④ 李军.论外资国家安全审查中"国家安全"的蕴意:兼论我国外资国家安全审查立法中国家安全的界定[J].广西政法管理干部学院学报,2016(3):19.

家安全仍然集中在国防和政治等传统领域。20世纪90年代苏联解体后,国际社会进入一个相对和平的状态,但局部战争、能源与环境、种族冲突、恐怖主义、粮食与贫困、人权等全球性问题频繁地出现在人们的视野中,人们不得不重新思考国家安全的内涵与外延。自此,国家安全观从原来比较单一的军事国土安全,扩展到涵盖军事、政治、经济、生态、文化、信息等的综合安全观体系。以上结论可在其他国家、国际组织的正式文件以及学者的观点中得到印证。

马克思认为经济是政治的基础。在一个主权国家中,政治安全是前提,军事安全是保障,经济安全是政治安全与军事安全的支撑,具有重要的战略性地位。在经济全球化的背景下,经济安全在综合安全观体系中的地位愈来愈重要。阿根廷经济危机就是一个很好的典型案例。20世纪90年代末,阿根廷爆发金融危机。为应对此次危机,阿根廷采取了众多的措施,在此过程中损害到了外资的切身利益。美国LG&E等公司向国际投资争端解决中心(ICSID)提起诉讼,指控阿根廷政府的行为损害了其利益。经审理后,仲裁庭认为阿根廷虽然违反了公平公正待遇条款,但鉴于其处于危机时期,有必要采取措施维护本国的基本利益。由此可见,在全球化时代,国家安全会受到来自经济方面的影响。

美国在《2007年国土安全国家战略》中这样描述到,"9·11"事件发生后,美国国内致力于发动反恐战争,但自经历了建国后破坏力最大的飓风——卡特琳娜飓风后,美国开始意识到国土安全的威胁不仅来自恐怖主义,也有可能来自自然灾害。[1]

随着网络信息技术的飞速发展和全面普及,人类的生活、工作、思维方式等发生了翻天覆地的变化。网络信息技术的发展,使得国与国、文化与文化之间的联系愈发紧密。各类主体,各行各业,均因网络而互联,因信息而交互,由此产生的问题是部分带有破坏性目的的国家、政党、企业通过病毒、木马等手段获取他国的机密信息以制造颠覆性事件,对他国的国家利益造成毁灭性打击,网络信息安全因此进入国家安全的范畴。美国新颁布的《外国投资风险审查现代化法案》(*Foreign Investment Risk Review Modernization Act of 2018*,简称FIRRMA)就把信息安全列为安全审查机构应当考虑的因素之一。

历史演变性的特征说明"国家安全"与"国家利益"有着紧密的联系。国家安

---

[1] 王小琼.西方国家外资并购国家安全审查制度的最新发展及其启示:兼论开放经济条件下我国外资并购安全审查制度的建构[M].武汉:湖北人民出版社,2010:5.

全的范畴由国家利益决定。国家与国家之间的利益冲突是国家安全受到威胁的缘由。"国家安全"与"安全"的主要区别在于:"国家安全"注重的是国家的安全,而"安全"可包括个人安全、集体安全等。

目前,新的国家安全理论在我国流行。根据《中华人民共和国国家安全法》等相关法律法规的规定,我国认为国家安全应当包括政治、经济、军事、文化、社会、国际安全等方面。

3."国家安全"概念在法律中的体现

1)国家安全概念在外资安全审查立法中的体现

由于国家安全概念的模糊性,以及考虑到法律的稳定性,大多数国家没有在外资安全审查立法中对"国家安全"进行定义。

美国2018年新修订的FIRMMA没有明确国家安全概念,只是在《2007年外国投资与国家安全法案》(*Foreign Investment and National Security Act of 2007*,简称FINSA)的基础上新增6项参考因素:交易涉及"特别关注国家";外国政府或个人对美国关键技术、能源、科技等潜在的与国家安全相关的影响;外国主体是否存在遵守美国法律的历史;外国主体对美国实业或商贸活动的控制与国家安全的影响;交易是否暴露美国公民个人信息等敏感信息;交易是否危及美国网络安全。现阶段美国把工作重点放在网络安全与核心技术上,显然已经考虑到当今人工智能与数字贸易等新技术的发展对国家安全可能产生的影响。

德国在相关立法中没有使用"国家安全"一词,而是用"公共秩序与安全"取代,且未对其进行详细阐释。《对外经济法》和《对外经济条例》是德国外资安全审查的重要法规,每隔一段时期,德国会结合实际情况对其进行修订。在以往的修订中,德国对国家安全的理解多集中在国防安全、经济安全等方面。2017年德国出台《对外经济条例》第九修正案,将受保护行业的范围扩大到重要基础设施,包括能源、信息、交通运输、水资源、食品生产、金融以及从事信息软件行业的公司。2018年德国国会决议将国防、重要基础设施、媒体行业、关键技术等领域的门槛提高至10%。

韩国法律对国家安全也没有定义,仅列举几项安审考虑因素:包括可能妨害《国防工业法》第3条第7项规定的国防工业产品生产;《对外贸易法》第19条和《技术开发促进法》第13条规定的出口许可或批准条件下、有较高可能性专用于军事目的的物品或者技术等;《国家情报院法》第13条第4款规定的作为国家保密的合同等;严重危及联合国等为了保障国际和平与安全而做出的国际性努力。[①]

英国也没有明确界定国家安全的内涵。2018年7月,英国政府公布《国家安全与投资法案》,进一步完善外资安全审查制度。在白皮书中,英国把安全审查领域从军事、能源、通信、电力等领域扩展到计算机硬件、量子科技等前端科技领域。同样,加拿大、澳大利亚等国家的立法中也没有对国家安全做出界定。

综合上述国家的立法,以上国家均没有界定"国家安全"的内涵,但为了提高法律法规的确定性、透明度,相当多的国家列举了安全审查考虑因素。目前绝大多数国家持新型的国家安全观,且呈扩展趋势,而韩国等国家仍旧坚持传统的国家安全观。

2) 国家安全概念在国际条约中的体现

国际条约同样体现国家安全理念,表现形式是国家安全例外条款。国家安全例外条款允许缔约国在面临严重的经济、社会、政治等危机时,可采取必要的措施维护其根本安全利益,不需要承担事先承诺的义务。由于国家安全例外条款可以平衡投资自由和东道国国家安全利益的关系,许多国家对此较为重视。目前,国家安全例外条款被许多国际条约所接受,主要有国际组织缔结的条约和双边投资协定(Bilateral Investment Treaty,简称BIT),包括经济合作与发展组织(OECD)的《资本流动自由化法典》第3条,1994年的关贸总协定(GATT)第21条、《北美自由贸易协定》第2101条。在双边投资条约的实践中,《中国—芬兰双边投资协定》第3条第5款、《中国—日韩双边投资协定》第18条、《中国—加拿大双边投资协定》第33条、《中国—新加坡双边投资协定》第11条等设置了国家安全例外条款。

OECD所制定的《资本流动自由化法典》(*Code of Liberalization of Capital Movements*)第3条规定:"在出现以下情况时,本法典并不阻止成员国采取其认为必要的措施:第一,维持公共秩序或保护公共健康、道德与安全;第二,保护基本安全利益;第三,执行维护世界和平的任务。"

WTO要求成员国严格遵守WTO/GATT体制下的各项规则,但在特殊情况下,为维护成员国的根本安全利益,WTO允许其不履行相关义务。GATT1947第21条规定:"GATT的缔约方可以为保护国家基本安全利益以及根据联合

---

[①] 李军.论外资国家安全审查中"国家安全"的蕴意:兼论我国外资安全审查立法中国家安全的界定[J].广西政法管理干部学院学报.2016(3):21.

国宪章为维护国际和平与安全而采取相关措施,如不提供其根据国家基本安全利益认为不能公布的资料;对军火、核材料及可用于军事目的的物资实施贸易控制等。"①

2019年3月欧盟理事会通过了《关于建立欧盟外国直接投资审查框架的条例》,其第4条第1款列举了安全审查参考因素,具体包括:① 关键基础设施,主要涉及与国民生计息息相关的领域,如能源、交通运输、医疗卫生、文化媒体等,以及承载上述设施的不动产,不管有形的还是无形的;② 关键技术及军民两用物品,主要列举现阶段先进技术;③ 能源、食品等关键物品的供应;④ 敏感信息获取或控制能力;⑤ 媒体的自由与多元。②

在双边投资条约中,中芬BIT第3条第5款规定:"本协定不得解释为阻止缔约一方在战争、武装冲突或其他在国际关系紧急情况下为保护本国基本安全利益所采取的任何必要行动。"中日韩BIT第18条明确,出现下列情况时,各缔约方可采取规避本协定条款(第12条除外)规定义务的措施:(一) 被认为是保护该缔约方的实质安全利益的,① 在该缔约方或国际关系出现战争、武装冲突或其他紧急情况时,或② 涉及落实关于不扩散武器的国家政策或国际协定;(二) 执行联合国宪章规定的维护世界和平与安全的任务。除上述情况外,各缔约方不得滥用国家安全例外条款。

综上可知,"国际和平与安全""军火""核武器""战争""武装冲突"等表述体现出绝大多数国际条约仍然坚持传统的国家安全观,但不乏部分国际条约向新型国家安全观靠近,如欧盟《关于建立欧盟外国直接投资审查框架的条例》已开始关注关键基础设施安全、关键技术安全、信息安全等。另外,除"基本安全利益"外,国际条约在表述中还使用了"公共秩序""公共道德""公共安全"等术语,但这些术语的范畴非常模糊,无法达成一致认识。

4. 外资并购中国家安全的基本特质

1) 演进性

国家安全具有历史性,历史时期不同,含义也不同。在第二次世界大战及冷战时期,国家安全以军事安全和政治安全为主。冷战结束后,随着经济全球化的深入,经济安全成为国家安全中最需要予以关注的一部分,主要表现之一是跨国

---

① 李群.外资并购国家安全审查法律制度研究[D].重庆:西南政法大学,2012:26.
② 廖凡.欧盟外资安全审查制度的新发展及我国的应对[J].法商研究,2019(4):187.

公司的扩张。众所周知,跨国公司资金雄厚,组织庞大,不仅在经济上具有重要的影响力,而且在政治方面也扮演着重要的角色,如美国巨头公司可通过游说等途径影响政府决策。为实现自身的经济利益以及出于服务母国的动机,跨国公司通过并购等方式控制东道国的支柱企业,削弱东道国企业以及相关产业的竞争力,以此向东道国政府施压,牟取巨大的政治利益和经济利益,损害东道国的国家利益。由此可见,跨国公司对东道国的威胁主要集中在两方面:一是政治安全,二是经济安全。

随着网络信息技术的快速发展,一国的政治机构运转以及信息传递发生了重大变革,部分国家及地区可通过黑客攻击的途径窃取其他国家的军事国防机密,给其他国家带来极大的威胁,因此信息安全成为国家安全的一部分。

总体来说,从"国家安全"一词诞生之日起,国家安全的内涵经历了从单一化到多元化的过程。国家安全不仅包括军事安全、政治安全等传统性安全,而且包括经济、信息、能源、环境、文化等新型安全。随着科技的发展、制度的创新升级,一国国家安全体系的脆弱性变得明显,国家安全的范畴必然进一步扩大。

2) 相对性

国家安全具有相对性,因时间、地点、对象、条件的不同而不同。正如上文所述,国家安全的内涵由国家利益来决定,不同的国家对国家安全的阐释也不同。从历史的角度来看,同一个国家由于所处的年代不同会对国家安全做出不同的解释。正如美国学者小霍姆斯(Oliver Wendell Holmes)所言,安全是一种活生生的外皮,它所应用的时间与环境不同,它的色彩和内容就截然不同。[1] 以美国为例,美国于1947年出台的《国家安全法》把国家安全定义为国防军事安全。20世纪八九十年代,美国外来投资大幅增长,随着科威特石油公司收购美国Santa Fe石油公司、日本富士通收购美国Fairchild等并购案的发生,美国开始重视尖端技术安全的保护。"9·11"事件以及卡特琳娜飓风后,美国于2007年发布《本土安全国家战略》,提出阻止恐怖主义,保护人民、基础设施和关键技术,以及关注自然灾害和人为灾害等。可见,此阶段美国侧重于国土安全。随着网络信息技术的发展,国家与国家之间、人与人之间的信息传递速度加快,美国开始关注信息安全。

从国别的角度分析,不同的国家有着不同的国家利益,也有着不同的国家安

---

[1] 王东光.国家安全审查:政治法律化与法律政治化[J].中外法学,2016(5):1292.

全观念。美国等发达国家由于手持全世界最顶端的技术,因此较为关注关键技术的保护。而中国等发展中国家,为防止发达国家的入侵,较为关注国防、政治、文化等方面的安全。从保护国家安全的意识强度分析,尤其在经济方面,美国、德国等西方发达国家对外资并购的审查力度较大,而大多数发展中国家往往对外资持开放态度。

3) 假设性

外资安全审查制度中的国家安全具有假设性,主要体现在主动性和防范性等两个方面。主动性指的是东道国政府如果认为某一外资并购行为可能对本国的国家安全造成威胁的,其可以主动对该项交易进行审查。在实践中,为了保护外国投资者的合法权益,以及平衡对外开放与维护国家安全之间的关系,部分国家鼓励外国投资者向外资审查机构主动申报。对交易影响或者可能影响国家安全,同时外国投资者不主动申报的情况下,外资安全审查机构有权决定启动审查程序。防范性指的是在外资进入之初,尚未对东道国国家安全产生威胁之前,安全审查机构对该交易进行审查,主要是预测及评估外国投资对国家安全可能造成的负面影响,以及权衡不利影响与有利影响之间的比例关系,最大限度地维护国家安全。因此,维护国家安全并不在于外资活动对东道国造成的实际影响,而是预测外资活动可能给东道国带来的负面影响。

外资安全审查制度中国家安全所具有的假设性,探其本质,主要在于投资开放与国家安全维护之间的矛盾性。外国投资在对东道国带来利好的同时,也会尽可能攫取东道国的经济利润,难免与东道国的经济政策、产业政策相冲突。外资在垄断市场、攫取资源、控制龙头企业等方面,也会给东道国带来一定压力,由此不可避免地对东道国的国家安全产生实质性的影响。研究外资安全问题必然在预测外国投资可能带来风险的基础上,采取有效措施加以防范,尽可能地维护国家安全。

4) 综合性

外资安全审查制度中的国家安全是一个综合的实体,涉及军事安全、经济安全、政治安全、文化安全、信息安全、社会安全、能源安全等国家各个领域的安全。各个领域的安全互相联系、互相交织。在安全审查过程中,要尽可能地考虑每一个安全因素,避免顾此失彼,以至威胁到其他安全,最终损害整个国家安全。因此,对于外资安全审查制度问题,需要东道国政府从整体上予以把握,且需要与时俱进,以更好地维护国家安全。

5）层次性

正如上文所述，外资安全审查制度中的国家安全不断与时俱进，具有丰富的内涵，包含军事安全、政治安全、经济安全、能源安全、文化安全、社会安全、信息安全等方面。审查机构在审查过程中需从整体上把控，考虑每一方面的安全可能带来的国家安全风险。由此可知，国家安全的内涵越丰富，外国投资者进入东道国的门槛就越高。如果在安全审查过程中力求面面俱到、绝对安全，就意味着任何一个外国投资者都无法进入东道国，这显然与投资自由化的观念相违背，也不利于东道国自身的发展。据有关研究表明，外国投资行为可为东道国带来巨大的利益。为克服上述问题，平衡国家安全维护与开放投资之间的关系，东道国政府需对国家安全的层次进行区分，根据特定情形权衡孰轻孰重，分清以哪类安全为先。

在我国，究竟哪类安全占据重要地位的问题，笔者认为在"和平与发展"的时代主题下，在我国大力发展生产力的背景下，国家经济安全首当其冲，在我国占据重要地位。经济实力是一国的硬实力，是发展军事、政治、社会、文化等其他领域的基础。美国学者约翰米尔斯海默也认为："经济很重要，因为如果一国没有金钱和技术来准备、训练，并不断使其战斗部队现代化，它就不可能建立强大的军事力量。"[1]

6）主客观二元性

外资安全审查制度中的国家安全具有主客观二元性，主要表现在国家安全的客观状态与主观认识相统一。如上文所述，国家安全需要从主客观两方面予以解释，客观上是国家不存在外来危险或攻击，主观上是国家不处于恐惧感的状态中。在国家安全审查过程中，审查机构要以客观事实为基础，做出外国投资行为是否危及国家安全的判断。这一过程并无逻辑严谨的推算公式，而是客观信息之下的包含主观认知的主客观综合判断。

7）法律性

外资安全审查制度的内核是一个政治问题，但其作为一国的外资管理制度，必须将其纳入法律的语境之下。准确地说，外资安全审查制度是一个带有政治内核的法律制度。其主要涉及两个核心概念：一为"外国投资"，二为"国家安全"。"国家安全"虽然多次被写入有关国家安全的立法之中，但法学界一直未能

---

[1] 约翰·米尔斯海默.大国政治的悲剧[M].王义桅,唐小松,译.上海：上海人民出版社,2014：91.

对其做出一个明确的界定,造成外资安全审查制度的法律建构与完善较为复杂与困难。因此,对外资安全审查法律化的路径选择较为重要,笔者认为可从以下几方面入手:

一是外资安全审查程序充分法律化,确保程序的透明性、确定性和效率性。相较于审查标准,审查程序并未触碰安全审查的政治内核,不存在法律化的障碍。同时法律程序具有普遍的价值,不仅有利于塑造审查结论的正当性,而且可促使审查机构有效完成工作。

二是国家安全审查标准有限法律化,保持一定的适变性和软约束力。由于国家安全审查标准与国家安全审查的实体判断直接相关,而实体判断触及政治内核,因此只能对国家安全审查标准给予模糊化处理。在美国《外国投资风险审查现代化法案》(以下简称 FIRRMA)中,仅列举了安全审查机构需要考虑的因素,而非直接给出结论性的判断标准。该项设计也是考虑到适应多样化外资并购交易的现实环境。

## 二、外资安全审查的理论依据

### (一) 国家经济主权原则

1. 经济主权原则的提出

国家主权理论的起源可追溯至 16、17 世纪的欧洲国家,随着资本主义生产方式以及民族国家的产生而逐渐形成。经过百年的发展,国家主权理论成为国际公法中最基本的原则。国家拥有主权不仅意味着对国内一切事务享有最高统治权,也意味着它在国际社会中享有平等地位,无须听从任何国家的指令。这也是第二次世界大战后,第三世界国家致力于摆脱殖民主义者的操纵,通过长期的艰苦斗争,最终在国际社会中占有一席之地。由于成果来之不易,第三世界弱小民族国家极其重视和坚持主权原则,从而使国家主权理论有了新的发展。

国家主权理论实则是一个很宽泛的概念,它不但包括政治主权,也包括经济主权、文化主权、社会主权等等。现代社会中,经济主权占据重要地位。一是从历史方面来看,第二次世界大战后,被压迫的殖民地、半殖民地国家虽然通过一系列斗争在政治层面上取得了独立自主权,但是在经济层面上,他们往往被迫签订不公平的国际条约或协定,同意原宗主国继续享有境内的自然资源或者把控其他经济活动。因此第三世界国家在取得独立后仍然在经济上遭受西方发达国家的剥削。由此可以深刻地认识到政治主权与经济主权密不可分,政治主权是经济主权的前提条件,经济主权是政治主权的重要保障。二是在经济全球化的背景下,跨国企业在不同的国家不断扩张发展。由于拥有强大的经济实力、雄厚的资本、核心的技术、优越的管理制度,跨国企业往往会挤压东道国企业的生存空间,抑制东道国的创新能力,扰乱东道国的市场秩序,甚至控制东道国的经济命脉,从而影响东道国的政治决策。除此之外,跨国企业在经营过程中也会借机宣传母国文化及其价值观,同化东道国文化,削弱东道国的文化软实力,因此不得不予以重视。鉴于此,众多发展中国家不断态度鲜明地提出经济主权原则,要求国际社会予以确认及维护。

2. 经济主权原则基本内容

经济主权是国家主权在经济领域中的表现,也具有对内的最高属性以及对外的独立性。对内的最高属性体现为:主权国家有权自主选择自己的经济制度;自主决定自己的经济发展战略;自主立法建立本国国内的市场经济运行规则;自主开发和利用本国的经济资源。对外独立性表现为:主权国家无论是否参与国际经济活动,都有自己的生存权和发展权;主权国家可以自主决定是否参与国际经济活动;在承担国际经济规则的义务的同时,享有平等的权利;国家之间的经济交往以平等互利为基础,主权国家有权保护自己不受外来经济势力的掠夺和剥削。①

早在1952年初,联合国第六届会议就通过了《关于经济发展与通商协定的决议》,即第523(Ⅳ)号决议,首次肯定了独立国家的经济自主权。同年12月,联合国通过了《关于自由开发自然财富和自然资源的权利的决议》,即第626(Ⅶ)号决议。该项决议首次将自然资源问题与国家主权联系起来。随后的几十年间,联合国陆续通过了《关于自然永久主权的宣言》《建立国际经济新秩序宣言》《建立国际经济新秩序行动纲领》和《各国经济权利和义务宪章》。上述文件是众多发展中国家不断协同奋斗的成果,意味着不平等、不合理的国际经济旧秩序的逐步崩坍,新的国际经济秩序的逐步建立,尤其是《各国经济权利和义务宪章》是国家经济主权的纲领性文件。

---

① 徐泉.国家经济主权论[M].北京:人民出版社,2006:11-12.

根据联合国上述文件以及其他有关决议,国家经济主权包含以下内容:①

(1) 各国对国内以及涉外的一切经济事务,享有独立自主的权利,不受任何外来势力的干涉。对内,各主权国家有权自由选择适合本国的经济制度,独立制定国内和涉外的经济法规以及经济政策。对外,各国可独立自主地缔结和参加国际经济条约。当然在这一过程中,各国需要受到所缔结和参加的国际条约的束缚。由于是缔约国经过自我权衡后自愿接受的结果,因此不违背国家经济主权原则。

(2) 各国对本国境内的自然资源享有完整永久主权。各国对本国境内的自然资源以及其他资源享有所有权,不受外来势力任何形式的胁迫。同时,曾经遭受过外国占领、殖民统治的国家可向殖民者主义国家等追回自己固有的自然资源,并有权向相关国家提出赔偿的请求。目前,国际社会对自然资源的定义从陆地资源扩展到了该国邻近水域以及大陆架上覆水域的资源,顺应了时代潮流。

(3) 各国有权管理和监督本国境内的外资活动。各国有权根据本国国家利益制定相应的法律法规,约束和监督境内外资企业的经营行为,以确保外国资本的经营活动符合本国的经济政策、政治政策和社会政策。该项内容的确定主要是考虑到跨国企业逐利的本性。为追求超额利润,跨国企业常常无视东道国的经济政策、政治政策和社会政策,给东道国的生存与发展带来威胁。

(4) 对境内的外国资产,各国有权征收或收归国有。各主权国家有权对本国境内的外国资产收归国有、征收或者转移其所有权,但是各国有必要依据本国国内法对该外国资产予以合理的补偿。

(5) 各国在世界性的经济会议中享有平等的参与权和决策权。该权利可有效保障国家经济主权原则。各国无论大小、强弱和贫富,在国际社会上均具有平等的地位,有权决定参与各类世界性经济会议,并享有决策权。

3. 国家经济主权原则对外资安全审查制度的影响

国家经济主权原则已被国际社会所接受和认可,同时为国家建立和完善外资安全审查制度,规避外资并购风险打下了理论基础,具体体现在以下几个方面:

一是主权国家可自主决定是否建立外资安全审查制度,是国家经济主权原则中"对内最高权"的体现。目前国际社会中已经建立安全审查制度的国家有美国、加拿大、澳大利亚、德国、俄罗斯、日本等。同时巴西、菲律宾、泰国等国家和地区虽然没有确立专门的安全审查制度,但是在自然资源等领域设置了条件,事实上

---

① 陈安.国际经济法学[M].6版.北京:北京大学出版社,2013:64-72.

对外资形成了一定的限制。随着经济全球化的不断推进,各国生产水平的提高,其经济安全意识将显著增强,越来越多的国家将会选择建立外资安全审查制度。

二是主权国家可根据本国国情决定外资安全审查制度的具体内容。外资安全审查制度的核心概念是国家安全,主权国家对外资的审查标准主要为是否威胁到国家安全。国家安全具有政治属性,各国对其理解各有不同,进而影响到各国对安全审查标准、审查对象、审查程序内容的建构。同时,各国可根据世界形势变化自主修改国家安全审查制度内容。

三是主权国家可自主决定是否启动外资安全审查制度,实现对外国资本的管制。一旦发现外资投资影响或者可能影响国家安全,并且无其他措施可解决此类问题时,主权国家即可自主启动国家安全审查程序。由于国家安全一词具有抽象性,一直被学者和外国投资者所诟病。为提高法律法规的确定性,部分国家设置了国家安全审查程序启动门槛。例如德国确定外资并购比例25%以上为触发条件。英国《国家安全与投资》白皮书中明确外资审查五种触发领域以及并购比例25%以上为触发条件等。

### (二)国家干预理论

国家干预理论诞生于20世纪30年代,取代了西方国家政府原有的管理理念,它反对自由放任,要求政府运用财政政策、货币政策、产业政策等宏观调控手段实现对经济活动的干预和控制,以达到资源有效配置、收入分配平衡、经济稳定和持续增长的目标。

1929—1933年,一场有史以来最严重、波及范围最广、持续时间最长的经济危机席卷西方发达国家,使得欧美国家的经济与社会受到重创。面对该危机,越来越多的经济学者呼吁放弃自由放任主义,要求政府发挥职能调节经济。在此背景下,国家干预理论逐渐成形。1936年,凯恩斯发表《就业、利息和货币通论》,提出了国家干预经济理论。该理论立刻在社会上引起了轰动,并被部分欧美资本主义国家所接纳。凯恩斯的经济干预理论反对传统的国家不干预政策,要求加强政府职能,通过兴办公共工程,建立社会保障制度,重新调节国民收入分配机制,通过执行最低工资、限制工时等手段提高消费需求、投资需求。虽然凯恩斯理论侧重于管理和控制国内资本,但无论是国内资本还是国外资本,资本逐利的属性是不变的,在产生正面效益的同时,也不可避免对国家的产业发展、经济结构、市场秩序、社会秩序等带来负面效益,因此国家干预理论也包括对外国资本的控制。

国家干预理论为各国建立外资安全审查制度提供了理论依据,但各国并不能以此为理由随意对外国资本进行打压,此非一个主权国家遵守资本自由流动规则的体现。为约束东道国的行为,实现资本自由流动与维护国家安全的平衡,国家安全审查制度法治化是必要举措。

(三) 国家利益理论

国家利益源于国家主权,是国家一切行为的出发点和归宿,是国家决定对外政策以及开展国际活动的基本动因,是影响国际关系的根本因素。国家利益与安全审查制度具有密切联系。安全审查制度建立在识别国家利益的基础之上,国家利益决定安全审查制度的基本内容。可以说,安全审查制度的主要变量是国家利益。对于国家利益内涵的界定,主要有传统现实主义和科学行为主义两种理论。传统现实主义把国家利益界定在政治权利和军事安全范围内。而科学行为主义打破了传统现实主义的限制,认为经济利益在国家利益中占有核心地位。一旦各国意识到经济利益是保证国家安全以及获取更高国际地位的重要手段时,其国家安全审查制度内容也会随之向经济方面延伸。

目前已经建立国家安全审查制度的国家一般是发达国家或者发展迅速的发展中国家,而大部分经济欠发达的国家或地区并未建立起国家安全审查制度。究其根本原因,主要是经济因素会影响经济制度的走向,经济发展阶段会影响到本国经济政策的制定。经济欠发达国家或地区由于经济发展较为缓慢滞后,亟须输入外国资本刺激本国经济增长,因此对外资持开放态度。由此可知,一国所处经济发展阶段也会对国家利益的界定产生影响,与之对应的理论是经济成长阶段理论。该理论把经济发展分为六个阶段:第一阶段为传统社会,以农业为主;第二阶段为起飞前阶段,此时市场初步形成,但生产力水平仍在较低水平;第三阶段为起飞阶段,该阶段经济持续增长;第四阶段为成熟阶段;第五阶段为高额群众消费阶段;第六阶段为追求生活质感的阶段。前三个阶段由于资源的稀缺性,国家需要通过外资实现资本的积累。后三个阶段,为了防范外资窃取或干扰本国已经取得的经济成果,实现本国经济的良好健康发展,东道国会决定对外资进行一定程度的干预。[①]

---

① 田昕清.外资安全审查制度比较研究及对我国的借鉴意义.[D].北京:外交学院,2019:44-45.

综上可知,安全审查制度来源于国家利益。经济利益在国家利益中具有重要地位。各国对外资的态度取决于其所在的经济发展阶段。一旦外资带来的负面影响盖过正面效益,各国将采取一些系列外资管控措施,维护本国的国家利益。

(四)国际法治理论

国际法治理论,指的是国际社会各行为体共同崇尚人本主义、和谐共存、持续发展的法律制度,并以此为基点和准绳,在跨越国家的层面上约束各自的行为,确立彼此的关系,界定各自的权利义务,处理相关事物的模式与结构。[1] 国际法治理论是法治理论在国际社会上的延伸,致力于全球治理。国际法治实质上是主权国家将自己部分主权让渡给国际公权力组织,允许其在授权范围内开展工作,协调各国利益,维护国际社会稳定。国际法治与国内法相似,同样遵循"良法"和"善治"两条标准。

虽然国际法治理论处于初级阶段,但是对外资安全审查制度具有直接的影响。各国对外国投资的限制主要通过国内立法和缔结国际条约实现。对内单独立法或综合立法,例如美国制定 FIRRMA,加拿大在本国的《外资法》中确定国家安全审查制度,对外缔结国际投资条约,共同明确国家安全例外条款。囿于各种因素,各国的国内立法和缔结的国际条约常常出现不协调的情况,有碍国际法治协调进程。在国际法治理论的影响下,各国将通过世界贸易组织、世界银行、经济合作与发展组织、国际法院等国际组织平台开展国际协调。经过国际协调后,国家与国家之间、国内立法与国际条款之间的差异将进一步缩小,国家安全审查制度的透明度、可操作性大大提升,以期平衡资本自由流动与维护国家安全之间的关系。

# 三、外资安全审查制度的价值定位

(一)外资安全审查制度的功能设计

1. 国家安全最后的"防火墙"

近年来,外国投资数量的快速增长以及由此带来的对东道国的负面影响,引

---

[1] 何志鹏.国际法治论[M].北京:北京大学出版社,2016:2.

起各国政府的普遍关注。为解决产业准入制度等其他常规措施对国家安全利益保护不足的问题,不少主权国家针对外国投资设置了"国家安全审查制度",阻止或限制外资进入,以达到维护国家安全利益的目标。国家必须保卫本国的安全,国家安全与国家利益中最高层次的利益相联系。利益本身带有强烈的政治性和主观性,各国往往需要根据具体情况来界定国家利益的内涵,而"国家安全"基本上可以涵盖国家利益的各个方面。正如上文所说,国家安全的概念建立在识别国家利益的基础之上,国家利益是国家安全的主要变量。因此外资安全审查制度可以成为全面保护一国国家利益的有效手段。

在外资安全审查制度下,主权国家可以灵活、有效地处理已经或者可能对本国主权带来冲击的外资并购活动。主要体现在:一是在未造成实际损害之前,只要有相关证据证明该项外资并购存在威胁国家安全的可能性,东道国政府即可决定对该项交易启动国家安全审查。二是考虑到"国家安全"带有浓厚的政治性,大多数国家在对该制度中的核心标准,即"国家安全"的内涵进行界定时往往采取模糊的手法,从而使东道国政府拥有较大的自由裁量权,例如美国、德国、澳大利亚等国家。

OECD《投资接受国与国家安全相关的投资政策指南》明确提出监管平衡性原则,即对投资的限制或交易中的附加条件,不应大于保护国家安全的需要。同时,当现有的措施能充分且适当地处理国家安全问题时,也应当避免采用上述的限制或条件。[1] 这就意味着外资国家安全审查制度虽然是保护国家安全利益最全面、最有效的工具,但考虑到资本流动自由化以及监管平衡性原则,只有在其他措施无法消除外资带来的负面影响之时,外资国家安全审查制度才可以作为最后的补救者登上舞台。综上,安全审查制度是维护国家安全利益的最后一道屏障。

2. 平衡自由投资和国家安全维护的工具

对于东道国来说,外国资本具有积极面,也有消极面。一方面,外资的进入可为东道国带来资金、技术和设备,尤其是发达国家投资者进入发展中国家,发展中国家可利用"知识差距"学习他国先进的技术、优秀的管理制度等;另一方面,外国资本的终极目标是实现利益最大化,难免与资本输入国的经济政策、产

---

[1] 王小琼.西方国家外资并购国家安全审查制度的最新发展及其启示:兼论开放经济条件下我国外资并购安全审查制度的建构[M].武汉:湖北人民出版社,2010:18.

业政策产生冲突,甚至可能发生垄断市场、攫取自然资源、控制东道国企业、影响政治制度的情形。因此,主权国家既要充分利用外资,发展本国经济,又要限制外资,规避其带来的风险。良好的外资安全审查制度可维持引进外资和国家安全维护之间的平衡。通过审查,其可以得到一个基本的价值判断,预测交易是否对本国的国家安全产生威胁性,从而做出否定、限制、同意的决定,既能够保证外国资本自由流动,又能够对外资形成一个威慑力,有效控制外资进入的程度以及领域。

### (二) 其他相关法律政策在维护国家安全方面的局限性

1. 外国投资准入审查制度

外国投资准入审查制度是指资本输入国行使国家经济主权,对外国资本进行审查,并决定是否允许该外资进入或者以哪种方式进入。外国投资准入审查制度是各国普遍的做法,但其不完全具备维护国家安全利益的功能。主要存在以下局限性:

(1) 设立外国投资准入审查制度的目的是控制外资进入的领域及深度,以此实现外国资源的充分利用,促进本国经济增长和经济结构的优化调整。但是经济自由化比保护主义更能带来经济的增长,伴随着经济全球化的进程,原来禁止或限制外国投资者进入的产业领域将进一步缩小,且进入方式更加多元化,外资准入制度的作用被进一步削弱。

(2) 外国投资准入制度强调非歧视原则,且国民待遇原则已经向准入阶段延伸,所有国家都将享受到同等的待遇,因此难以处理特定的外资所带来的国家安全风险。

(3) 外国投资准入制度是在外资进入东道国之初进行的审查,侧重外资事前监管,无法约束外资进入后的交易行为。外资国家安全审查制度虽然主要设置在外资并购之初,但也延及外资经营的全过程。一旦外资存在威胁或者可能威胁国家安全利益的情形,安全审查机构即可重新启动审查程序,形成事中事后监管。

2. 反垄断政策的局限性

根据经济学理论,市场垄断在绝大多数情况下是不利的。当某一产业被个别企业垄断后,就会出现低效率综合征,包括资源配置低效、组织低效和动态技术低效等。可以说,市场垄断必然会损害到一国的产业安全。反垄断政策的制定正是出于规范市场主体的竞争行为,创造和维护公平竞争的市场环境,提高经济运行效率,维护社会公众利益的目的。其审查内容是经营者集中行为是否具有或者可能具有限制、排除市场竞争的效果。从这个意义上来说,反垄断政策在维护市场秩序的同时,也维护了产业安全。但是根据产业控制理论,外资对东道国产业的控制手段包括市场控制、股权控制、技术控制和品牌控制等。其中技术控制和品牌控制虽然不直接影响企业在市场上的市场份额,但是其对产业安全的威胁程度不容小觑。[①] 因此,反垄断政策的适用范围决定其对产业安全的维护存在空白区域。同时,产业安全虽然在国家安全领域内占据重要地位,但只是国家安全的一个方面,并不能全方位地维护国家安全利益。此外,在政府介入时间方面,反垄断政策侧重于企业集中前的审查,难以全过程监管外资行为。综上所述,反垄断政策在维护国家安全方面存在局限性。

### (三) 外资安全审查制度与反垄断审查制度的功能区分与协调

#### 1. 与反垄断审查制度比较的理论基石

在外国投资者并购东道国境内某一敏感行业,且形成行业控制的情况下,国家安全审查与反垄断审查存在交叉,经常被人混为一谈。为证实两种制度的独立性,前提需要对两者的相同点进行分析。两者存在的相同点包括:

(1) 立法宗旨方面。从表象上看,两者的立法目的较为不同,但从本质上分析,两者的终极目标是一致的,即通过对外国投资者交易行为进行审查,保护市场公平有序竞争,维护社会公共利益乃至国家安全利益,促进市场经济健康发展、国民经济稳定增长。仔细深究,表面上看,反垄断审查防范的是经济风险,国家安全审查的是政治问题,两者存在区别,但是在现代经济社会中,人们很难将经济问题和政治问题严格区分开来。经济基础决定上层建筑,经济实力甚至是评判一国国家安全水平的重要标准之一。上述国家安全内涵的讨论中也分析到国家安全包含国家经济安全,因此两种制度的最终目标是相同的。

(2) 规范对象方面。就外国投资而言,两者的审查对象是相同的,都是针对外国投资者获得国内企业经营权或控制权的交易活动。如果交易行为存在扰乱市场公平竞争秩序,损害社会公共利益和国家利益的情况,两种制度即刻对并购行为进行限制或否决。

---

① 王小琼.西方国家外资并购国家安全审查制度的最新发展及其启示:兼论开放经济条件下我国外资并购安全审查制度的建构[M].武汉:湖北人民出版社,2010:19-22.

2. 外资安全审查制度的独立性

国家安全审查制度与反垄断审查制度虽然存在一定交叉,但是两者是各自独立的管理制度。两者的理论基础、立法目的、适用范围、审查对象、审查标准、审查机构等存在差异,并不能混为一谈也不能相互取缔。

(1) 理论基础不同。反垄断审查的理论基础是法学理论和经济学理论。在实践中,经济学理论在各国反垄断审查过程中发挥着越来越重要的作用。反垄断审查制度内容的设计无不以提高资源配置效率、组织效率、促进市场竞争力为目标。而国家安全审查的理论基础是政治学理论和法学理论。

(2) 立法目的不同。反垄断审查的立法目的是规制市场经营者的垄断行为,促进市场竞争活力。而国家安全审查的立法目的是在促进和保护外国投资的同时,有效防范和化解外国投资带来的国家安全风险。

(3) 审查对象及适用范围不同。关于审查对象,反垄断审查适用于任何涉嫌垄断的企业,无论是外国投资者并购境内企业,还是境内企业并购境内企业。只要市场经营者涉嫌滥用市场支配地位,都要进行反垄断审查。一般情况下,反垄断审查的对象是大型或特大型企业。而国家安全审查适用于涉嫌威胁国家安全的外资交易行为。无论是特大型、大型企业,还是中小型企业,只要威胁到东道国的国家安全,均需列为安全审查对象。

关于审查范围,反垄断审查适用于一切可产生垄断的行业,无论行业在国民经济中的重要性如何,只要市场经营者达到一定规模,威胁到正常的市场竞争秩序,均要对其进行审查。而国家安全审查主要限于关系到国计民生和国家长远发展的战略性、敏感性行业及领域,如军事领域、制造业、金融业、信息领域等等。

(4) 审查标准不同。反垄断审查的审查标准较为确定,主要对两方面进行审查:一是在市场结构上是否形成了行业垄断;二是是否存在滥用市场支配地位、扰乱市场竞争秩序的行为。受制于国家安全概念的不确定性,国家安全审查的审查标准是模糊的。绝大多数国家通过采取列举安全审查考虑因素的方式提高法律透明度。同时因国情不同,各国对国家安全的理解不同,所设计的安全审查标准也各有不同。但综合来看,绝大多数国家的审查标准集中在:一是是否涉及国防安全;二是是否对本国战略性行业和领域造成或者可能造成实质性影响;三是是否影响本国的自主创新能力,本国的核心技术是否会流失等。

(5) 审查机构不同。从各国的法律法规来看,国家安全审查与反垄断审查分别由不同的政府机构完成。安全审查主体一般由经济管理部门牵头,是多部门联合参与的审查体。例如美国的国家安全审查机构(CFIUS)是联合一系列政府职能机关和总统办事机构的一个办事机制,包含财政部、国防部、国土安全部、商务部、司法部等多个成员单位。中国是由发改委、商务部牵头的外资安全审查机构。如此设计主要是考虑到安全审查内容包含多个领域,例如军事、能源、交通、信息等,单一部门难以独自完成任务。反垄断审查则由专门的反垄断审查机构完成,如日本的公平交易委员会、德国的卡特尔局等。

3. 与反垄断审查制度的协调

1) 安全审查制度与反垄断审查制度的互补性

安全审查制度与反垄断审查制度之间可取长补短、功能互补,主要体现在:一是如果外国投资导致在某一敏感行业形成垄断,国家安全审查机构必然会考虑该垄断行为对产业安全乃至整个国家安全的影响,此时国家安全审查制度与反垄断审查制度在审查内容上存在一致,反垄断审查机构可为国家安全审查机构提供共享数据和案件事实,减轻外国投资者负担,提高行政机构工作效率。二是反垄断审查并不区分国内投资和外国投资。随着国际环境的日益复杂,反垄断审查不局限在外资市场结构和竞争行为上的判断,而要越来越多地考虑外界各种因素,权衡各界利益。此时国家安全审查可为其提供帮助。

2) 安全审查制度与反垄断审查制度的衔接

两种审查制度具有功能上的互补,为充分发挥制度的作用,加强不同审查机构间的协作,提高工作效率,需要讨论两种制度在程序上的衔接。实践中,外国投资行为是否需要审查,主要分为四种情形:一是外国投资行为不需要接受上述两种制度的审查;二是外国投资行为只需接受反垄断审查;三是外国投资行为仅需进行国家安全审查;四是外国投资行为需要接受两种审查。此处存在的问题是,如果一个国家同时存在两种制度,且均鼓励外国投资者自愿申报时,外国投资者是否需要同时向两个机构提出申请。笔者认为,考虑到减轻外国投资者的申请负担,提高外国投资者自愿审查的积极性,减少审查机构的审查成本,外国投资者仅需向一个审查机构提出申请。同时在反垄断审查机构和国家安全审查机构之间搭建信息共享平台,互通信息,互相合作。此外,当外国投资者仅需对其中一个审查机构提出申请时,是否可让其自由选择。笔者认为外国投资者可根据两种审查制度的特点以及自身的实际情况选择其中一个审查机构提出申请。审查机构在审查过程中发现该外国投资行为不属于其审查范围内时,可移交另一个审查机构加以处理。

# 第二章

# 外资安全审查实体要件

一个法律制度一般由实体要件和程序要件构成。在外资安全审查制度中,实体要件主要包括审查对象、审查范围和审查标准。审查对象主要聚焦于外国投资者的识别和认定,便于各国审查机构对交易进行审查;审查范围主要锁定潜在的受管辖交易,明确进入审查程序的具体条件;审查标准主要解释"国家安全"内涵,综合国家安全战略考察、考量因素、影响程度评估等为审查机构提供审查方向。外资安全审查制度立法方面,目前世界范围内主要采取专门立法和混合立法两种模式。模式的选择会影响安全审查制度实体要件条款制定的系统性和深入性。

## 一、外资安全审查制度立法模式

考察各国的外资安全审查制度立法模式,可探究各国制度的系统性和完整性如何,是专门立法还是依附于其他法律,具体条款的深度怎样,等等。上述均是研究国家安全审查制度的基础性内容,可分析出该国对外资监管的重视程度,以及在外资国家安全问题上的研究深度。一般来说,大多数国家采取专门立法模式或混合立法模式。

### (一)专门立法模式

专门立法模式指的是国家通过立法机关对外资国家安全审查进行单独立法,授权行政机构或者委托有关机关根据审查标准和审查程序,对主动申报或者对可能威胁国家安全的外资进行审查,并采取相应措施消除外资并购行为所带来的负面影响。这种模式以美国、加拿大、俄罗斯为典型代表。

1. 美国

美国是建立外资国家安全审查制度最早的国家之一,经历了从分散立法到专门立法的发展过程。

在20世纪80年代以前,美国对外资国家安全审查的规定散见于《与敌贸易法》(Trading with the Enemy Act)、《1926年商业航空法》(Air Commerce Act of 1926)、《1950年国防生产法案》(Defense Production Act, 1950)、《国际武器交易管理条例》(International Traffic in Arms Regulations)、《出口管理法》(Export Administration Act)、《国际紧急经济权力法》(International Emergency Powers Act, 1977)等。

随着20世纪80—90年代日本经济的崛起,以及日本对美投资的迅速增长,美国开始感受到巨大的外资压力并对本国的国家安全产生了担忧,甚至美国国民也对外资产生了抵触心理。在强大的社会舆论压力下,美国出台了《埃克森-佛罗里奥修正案》(The Exon-Florio Provision)及其实施细则。《埃克森-佛罗里奥修正案》的出台标志着美国初步建立了外资国家安全审查制度。但是国会出台该法案并不以限制或阻止外资进入为主要目的,而是提供一种审查机制,在总统认为该交易存在威胁国家安全可能性的情况下采取必要的限制性措施。

进入21世纪后,随着日本泡沫经济的破灭,美国对日本的恐慌有所缓解。2001年"9·11"事件发生后,美国开始关注与国土安全有关的问题,包括加强对关键技术、关键基础设施等领域的外资并购审查。2007年美国颁布了《外商投资与国家安全法案》(Foreign Investment and National Security Act of 2007,简称FINSA)。为配合FINSA的实施,2008年美国财政部又颁布了《关于外国人收购、兼并和接管的条例》(Regulations Pertaining to Mergers, Acquisitions and Takeovers by Foreign Persons)作为FINSA的实施细则,进一步细化审查原则、对象范围、标准和程序等问题。上述法律扩展了国防军事安全、政治安全、经济安全等领域的内涵,对外资审查实体性规则和程序性规则进行了更详细的修订。同时强化了国会对审查机构的监督权,赋予了审查机构对并购案件进行审查并做出决定的权力,授予美国总统中止或禁止并购案件的权力,意味着美国外资国家安全审查制度趋向于成熟。

近年来,中国的崛起对美国的世界霸权地位形成了强烈的冲击,为遏制中国的经济发展以及维护自身的世界领先地位,美国的外资政策开始趋向于保守。2018年美国通过了《外国投资风险评估现代化法案》(Foreign Investment Risk Review Modernization Act,简称FIRRMA),并在中美贸易战的背景下生效并执行。该法案进一步强化了国家安全审查制度的实体规则和程序规则,试图解决 FINSA 规定中较为模糊的问题以及进一步加强制度对现实世界的适应能力。在美国制度进一步完善的同时,我们也不要忽视其中存在的贸易保护主义和违背歧视主义原则的问题。2020 年 1 月,美国财政部公布了《关于外国人在美国进行特定投资的规定》(*Provisions Pertaining to Certain Investments in the United States by Foreign Persons*,以下简称《特定投资新规》)和《关于外国人在美国进行有关不动产特定交易的规定》(*Provisions Pertaining to Certain Transactions by Foreign Persons Involving Real Estate in the United States*,简称《不动产投资新规》)(以下合称《新实施细则》),与 FIRRMA 共同形成了一个完善的外资国家安全审查制度体系。

2. 加拿大

加拿大是世界上最早采用成文法的形式规制外资投资行为的国家之一,经历了最初的部门单一立法到现在综合外资立法阶段。

1973 年之前,加拿大主要通过单行立法限制外资进入能源、广播通讯、保险等部分重要领域。为解决外资引进中的突出问题,1973 年加拿大联邦议会颁布了《外国投资审查法》(*Foreign Investment Review Act*),1974 年又颁布了《外国投资审查法实施细则》,进一步扩大了审查对象。1985 年,加拿大颁布了《加拿大投资法》,标志着加拿大正式建立了产业安全审查制度。为应对"9·11"事件发生后世界安全局势的变化,2005 年加拿大政府出台了《加拿大投资法》修正案(C-59 号法案),规定加拿大政府可对涉及国家安全问题的外资交易行为进行审查,意味着加拿大初步建立了外资国家安全审查制度。2009 年,加拿大颁布了《加拿大投资条例》(*Regulations Respecting Investment in Canada*)、《外国投资国家安全审查条例》(*National Security Review of Investments Regulations*)两部法规,对外国投资者申报和安全审查机构审查程序要求进行了规范。自此,加拿大建立了完整的安全审查制度。

3. 俄罗斯

在外资国家安全审查制度方面,俄罗斯也经历了从分散式立法到统一集中立法的过程。2008 年之前,俄罗斯通过《俄罗斯联邦电力法》《俄罗斯联邦天然气供应法》等单行法限制外资进入。随着限制外资进入成为维护国家安全的国际通行做法,以及考虑到 2004 年美国康菲石油国际公司(Conoco Philips)收购俄罗斯卢克石油公司事件对俄罗斯国家安全的冲击后,俄罗斯开始着手制定外资国家安全审查制度。2008 年 5 月,俄罗斯总统签署了《关于外资进入对保障国防和国家安全具有战略意义经营公司程序法》(以下简称《战略投资法》)。该法对相关概念、审查对象、范围、程序、法律责任等进行了详细的规定,标志着俄罗斯建立了统一的安全审查制度。

随后的 2010 年 12 月、2011 年 7 月、2011 年 11 月、2014 年 3 月、2015 年 12 月、2017 年 7 月、2018 年 1 月、2021 年 7 月,俄罗斯对《战略投资法》的实体内容和程序内容进行多次修改,扩大了安全审查的适用对象和范围,增加主权投资规则,扩展战略性业务清单内容提高预先审批认定条件等。俄罗斯安全审查制度进一步趋于成熟。为提高《战略投资法》的可操作性,俄罗斯政府制定了一系列配套政策,包括《关于政府委员会监督外国投资者在俄罗斯投资活动的规定》《关于外国投资者从事战略性公司法定资本股份交易的信息披露规则》《外国投资者根据俄联邦 57 号法律第八条规定递交战略性公司商业计划的格式》《关于外商投资战略性公司时外国投资者承诺履行义务协议书的格式标准》等。①

总体来说,俄罗斯安全审查制度正日渐趋紧,对外资并购限制的力度也逐日加大,但是与美国等国家相比,俄罗斯对外资的态度还是相对较为宽松的。

## (二) 混合立法模式

混合立法模式是指国家没有对外资国家安全审查制度进行针对性立法,该制度的相关内容分布在外资法、反垄断法等法律法规中,通过适用上述法律法规,对可能威胁国家安全的外资并购进行审查。相对于专门立法模式,混合立法模式更具灵活性,但同时在完善制度方面也相对较弱。该模式以德国、法国为代表。

### 1. 德国

历史上的德国是一个对外开放程度较高的国家。尤其是第二次世界大战后,德国百废待兴,亟须引入大量外资刺激本国经济增长,在很长的一段时间内均奉行资本自由流动原则。1957 年德国颁布《反对限制竞争法》(the Foreign Trade and Payments Act),提出保护市场自由竞争。1961 年德国联邦议会通过《对外贸易和支付法》,规定在一般情况下德国坚持经济对外交流自由原则,其他法律规定的限制性条款可不适用,包括武器控制规定、卫生政策规定、关税法等,但没有制定外资国家安全审查内容。直至 2002 年,美国投资公司 OEP(One

---

① 王佳慧.《俄罗斯战略外资法》内容、变化及实施效果[J].俄罗斯学刊.2014(4): 19 - 21.

Equity Partners)收购德国霍瓦尔特造船公司(HDW)的案件引起德国、欧盟和市民的广泛关注,直接推动德国在《对外贸易和支付法》中增加国家安全审查条款,要求收购德国军工企业股份25%以上的,需要向政府申报并获得批准。

随着中国、俄罗斯等国在德投资数量的增多,以及受"9·11"事件和美国、加拿大、澳大利亚等国的影响,2009年德国联邦政府通过了《对外贸易和支付法》第十三次修订以及配套细则《对外贸易和支付条例》,正式确立了外资国家安全审查制度。随着中国等国在德收购规模的扩大,以及逐步将收购目标瞄准在市场上占有领先地位、拥有高新技术的德国企业后,德国开始感受到前所未有的外资压力。为应对外国投资者在德收购井喷式发展以及考虑到本国的关键技术安全,2017年德国联邦经济和能源部通过《对外贸易和支付条例》第九修正案,对外资国家安全审查内容做出了重大修改,包括扩大受保护行业以及变更申报方式和延长审查期限。2018年,德国联邦议会再次通过关于安全审查的新决议,明确进一步降低审查门槛,扩大审查范围。2020年,德国通过了被第三次修订的《对外贸易和支付法》,将强制备案义务的投资范围从"关键基础设施"扩大到"关键技术",即除了能源、信息技术和电信、运输和交通以及金融和保险业等部门外,还涵盖人工智能、机器人、半导体、生物技术和量子技术等领域。此外,原本的审查标准是"是否会对公共秩序或安全构成威胁"的交易,但本次被修改为"是否可能会对公共秩序或安全造成损害",这意味着审查当局将来不必再列举并证明一项具体而严重的风险,就可介入交易审查。

目前,德国形成了以《对外贸易和支付法》《对外贸易和支付条例》为核心,《民法典》《商法典》《股份公司法》《有限责任公司法》《反限制竞争法》《证券并购法》等法律法规为补充的外资国家安全审查体系。

2. 法国

相比较于其他欧盟国家,法国对外资的态度相对较为谨慎,对外资的监管也较多。总体来说,法国对外资的开放是一个循序渐进的过程。法国没有专门的外资法,对外资的规制散见于《公司法》《商业法》《劳动法》《海关法》《税收法》《专利法》等法律法规中。

1996年之前的法国外资法规定,影响国家安全、公共健康、安全或秩序的外国投资都需要得到相关政府部门的事先审批。1996年法国制定新的外资法,对欧盟投资者和非欧盟投资者制定不同的国家安全审查政策,规定欧盟投资者投资国家安全、公共健康、安全或秩序等领域并取得法国公司控制权的,不需要事先申报，而非欧盟投资者仍需事先申报。2000年欧洲法院裁决法国1996年的外资法阻碍了外资投资，违背了资本自由流动原则，要求法国明确其外资限制领域。于是2004年法国颁布了2004-1343号法令，修订了外资国家安全审查程序。2005年法国又颁布2005-1739号法令，规定当涉及博彩业等11个敏感行业时，该外资并购活动需要由经济部部长批准。2006年欧盟再次要求法国改革其外资法。2008年法国对欧盟的要求做出回应，并修改了外资审批程序。

作为欧盟成员国，法国的外资国家安全审查制度是在欧盟的推动下逐步完善的。欧盟屡次要求法国修改法律的原因在于：法国的外资国家安全审查制度缺乏透明度和可预见性，很有可能阻碍资本自由流动，存在投资保护主义的嫌疑。

（三）立法模式比较分析

考察各国的国家安全审查制度立法可知，各国的外资国家安全审查立法模式一般为专门立法模式和混合立法模式，是各国考虑自身的法律传统以及经济发展战略所确定的。

1. 专门立法模式

美国是采取专门立法模式最早的国家，随后美国的经验做法被加拿大、俄罗斯等国家效仿。专门立法模式具体表现为：将外资国家安全审查制度单独立法，在此基础上，为提高条款的务实性和操作性，一般会配套制定一部或多部法律法规。例如美国制定《外国投资风险评估现代化法案》后，随后又出台《特定投资新规》和《不动产投资新规》。加拿大在颁布《加拿大投资法》后，又颁布了《加拿大投资条例》和《外国投资国家安全审查条例》。俄罗斯在颁布《战略投资法》后，又公布多部法律予以配合。此外，在外资国家安全审查制度较为成熟的国家，政府还会公布一些指引性文件指导并监督审查机构的审查工作，以及引导外国投资者理解和实施法律。例如加拿大在工业部网站上公布《投资国家安全审查指南》，对《加拿大投资法》中的法律条款进行了详细的解释。通常情况下，上述指引的法律层级不高。

采用专门立法模式能够形成较为完整、层次清晰的外资国家安全审查体系，便于外国投资者了解国家安全审查对象、审查范围、审查标准和审查程序，具有较强的可预见性，是外资国家安全审查立法的最佳选择。但是采用该种模式对立法技术的要求较高，政府的自由裁量权相对缩小，同时与国家的外资政策密切相关,例如美国、加拿大的社会经济发展阶段已发展到第四阶段及以上,更加侧重于维护本国的发展成果,需要对外资进行一定规制。

2. 混合立法模式

德国、法国是采用混合立法模式的典型代表。混合立法模式的具体表现形式为:安全审查制度的内容散见于外资法、反垄断法等多个法律法规中。采用混合立法模式需要根据本国国情予以确定。例如德国因经济发展需要以及受欧盟层面条约的约束,一般情况下支持外资自由流动,因此不需要制定专门的外资国家安全审查立法对外资进行变相限制。即使近几年德国缩紧了外资国家安全审查制度,但与美国等国相比,德国的外资政策较为宽松。与德国不同的是,法国历史上对外资的态度较为保守,对外资的限制已渗透在各个法律法规之中,不需要另外制定专门的外资国家安全审查立法。

由此可知,采用混合立法模式需要考虑本国的立法传统、经济发展战略、外资政策等因素。相比较于专门立法模式,混合立法模式的完善性、可预见性较差,但灵活性较强,给予政府自由裁量权的空间也更大。

## 二、外资安全审查对象:外国投资者认定

### (一)一般外国投资者

1. 外国私人投资者

在外资并购国家安全审查制度的体系下,识别外国投资者是至关重要的,因为其便于各国家安全审查机构对交易进行审查。外国投资者可以是自然人,也可以是法人或者非法人组织。在多数国际投资案例中,投资者一般为法人,但不乏自然人作为投资者进行投资。

对于外国自然人投资者身份的确定,一般情况下以国籍为认定标准。根据国际法的一般规则,个人的国籍由其所拥有国籍的国家的国内法确定,属于国内法管辖范围。例如,苏丹与瑞士1974年订立的关于鼓励和相互保护投资的协定第一条对"国民"一词定义为:依缔约各方各自的立法,被认为是该国国民的自然人。[1]《中德双边投资协定》中规定,德国方面,投资者是根据德国《基本法》意

---

[1] 余劲松.国际投资法[M].5版.北京:法律出版社,2018:17.

义上的德国人;中国方面,投资者是拥有中华人民共和国国籍的自然人。当然各国的国内法规定不能与国际条约、国际惯例以及其他普遍接受的规则相冲突,不然将面临不被承认的风险。由于各国法律确定国籍的方式不同,再考虑到个人后期申请入籍等行为,不排除个人可能拥有一个以上国籍。为避免该现象所带来的混乱秩序,国际社会上通过了《关于国籍法冲突的若干问题的公约》,坚持平等原则、有效国籍原则。

在外资并购国家安全审查领域,为确保监管外资交易行为的有效性,国籍并非唯一的识别方法,部分国家在国家安全审查立法中引入了国民概念或者居民概念以及其他确定方式。2019年欧盟通过的《关于建立欧盟外国直接投资审查框架的条例》(以下简称《欧盟外资审查条例》)规定,"外国投资者"是指已经或者意图进行外国直接投资的第三国(非欧盟)自然人或企业。[①] 由此可知,来自非欧盟国家的自然人投资者可能会面临欧盟的审查。作为《欧盟外资审查条例》的积极推动者,德国在《对外贸易和支付法》中将国家安全审查对象分为外国投资者、欧盟投资者和德国投资者。其中,外国自然人投资者是指来自欧盟以外国家的自然人投资者;欧盟自然人居民指的是欧盟境内的自然人或者经常居住地在欧盟的人。德国自然人居民包含住在或经常居住在德国的人。需要说明的是,来自欧洲自由贸易联盟成员国的自然人投资者等同于欧盟居民。法国作为欧盟的成员国之一,其对外国投资者的定义与德国存在相似之处。根据法国第2005-1739号法令,外国投资者分为欧盟投资者、非欧盟投资者和被外国投资者控制的法国投资者。欧盟自然人投资者指法国国民、欧盟成员国国民以及与法国签订行政合作协议的欧洲经济区成员的国民。[②] 在欧洲占据重要位置的俄罗斯,其《战略投资法》把俄罗斯联邦或纯正的俄罗斯公民,或者与俄罗斯签订有条约的金融国际组织排除在审查对象范围之外。俄罗斯在法规中使用了"公民"这一概念。"公民"一般涉及人的社会属性,是指取得某国国籍,享有相应权利以及承担相应义务的人。由此分析可知,俄罗斯以国籍为主要标准确定外国私人投资者身份。

日本在《外汇及外国贸易法》中规定外国私人投资者是非居民个人。根据日本民商事法的规定,日本法律中"居民"身份由住所地或者经常居住地来确定。

---

① 廖凡.欧盟外资安全审查制度的新发展及我国的应对[J].法商研究,2019(4):186.
② 李军.外国投资国家安全审查实施要件研究[D].上海:华东政法大学,2015:38.

但是拥有日本居民身份并不完全排除在安全审查对象之外。一旦日本居民被认为其投资行为服务于外国投资者,也需要接受国家安全审查。中国在《外商投资法》中规定,外国投资者包括外国自然人。"自然人"的概念偏向于人的自然属性,中国相关法律法规并未对"外国自然人"做出详细释义。一般理解上,外国自然人是拥有中国国籍以外的个人。

综合以上规定来看,日本、德国在外资安全审查立法中引进的是居民概念,俄罗斯、中国对外国私人投资者身份的识别采用的是国籍标准。两种标准各有优缺点,采用居民标准的更有利于识别国家安全风险,维护国家安全利益。采用国籍标准的有助于减轻安全审查机构的负担,同时增强了法律的确定性。无论采取何种识别方法,均应从本国国情出发。此外,对于来自欧盟成员国的私人投资者,德国和法国往往予以更多的优惠,这主要出自共同的经济利益。

2. 外国实体投资者

外国实体投资者包含法人实体和企业分支机构、社会组织等非法人实体。由于不同的法律采用不同的确定方法,相较于外国私人投资者,外国实体投资者的识别更为复杂。综合各国国内法及国际条约的规定,对外国实体投资者的识别标准一般包括成立地或登记地标准、住所地或者主要营业地标准、实际控制标准、复合标准等等。

成立地或登记地标准是识别外国实体投资者最常用的方法之一。《能源宪章条约》(*Energy Charter Treaty*)对投资者的定义是根据签署国法律成立的公司或其他组织。英国和波兰签订的双边投资条约中规定,外国投资者是根据缔约国现行有效的法律成立的企业、店面商铺、协会和组织。[①] 其他国际条约采用了住所地或主要营业地标准。如德国和阿根廷签订的双边投资条约规定,公司是缔约国境内有住所的法人。除此之外,一些国际条约超越了登记地或者住所地标准,采取了实际控制标准。《解决国家与他国国民之间投资争端公约》(ICSID公约)在第25(2)(b)条规定,外资控股的依据本土法律成立的公司也将被认定为外国实体。在部分情况下,国际条约将上述标准组合成多种形式的复合标准。例如委内瑞拉和荷兰的双边投资条约中,将外国实体定义为根据缔约国法律成立的法人,或者是缔约国国民直接、间接控制的企业。多边投资担保机

---

① [德]鲁道夫·多尔查,[奥]克里斯托弗·朔伊尔.国际投资法原则[M].祁欢,施进,译.北京:中国政法大学出版社,2014:49.

构(Multilateral Investment Guarantee Agency，MIGA)制定的公约中规定"合格投资者"是指在成员国内成立且拥有主要营业场所，或者一个及以上成员国或者国民对企业形成控制。

在安全审查制度中，绝大多数国家采用了上述识别标准。美国《关于外国人收购、兼并和接管的条例》规定"实体"是指任何分支机构、合伙、集团或子集团、联合、地产、信托、公司、公司的部门、组织，由上述实体在特定地点或对特定产品/服务所运营的资产、任何政府及其所属部门。[①] 同时主要采取控制标准识别外国实体，兼成立地标准。例如一家依据美国法律成立的企业，如果其绝大多数权益由外国国民控制，则这家企业应当被认定为外国投资者。新出台的FIRRMA及其《实施细则》对安全审查对象进行进一步的修订。FIRRMA规定，针对某些非控制性投资，如果其投资者为"例外国家"的国民，且不拥有其他非"例外国家"的双重国籍，同时与外国政府不存在联系，则该项交易可豁免审查。为提高条文的操作性，《实施细则》把加拿大、澳大利亚、英国等三个国家列入最初的"例外国家"名单中，此三个国家同时是五眼联盟的组成成员。

德国《对外经济法》新修订法案规定国家安全审查机构主要对"非欧盟投资者"的交易行为进行审查。根据规定，欧盟投资实体包括：① 主要机构设置在欧盟境内的法人；② 营业场所设置在欧盟境内，并具有独立账户的第三国企业分支机构；③ 管理机构设立在欧盟境内来自第三国的永久法人。由此可知，德国对"外国投资实体"的界定主要采用住所地或主要营业地标准。此外，为防止投资者滥用主体资格躲避国家安全审查，住所地位于欧盟境内的企业对德国境内企业的并购行为也可能成为安全审查的对象。

日本《外汇及外国贸易法》规定外国投资实体是指：① 根据外国法律成立或者主要管理机构位于外国的实体；② 外国自然人或实体控制50%以上投票权的实体；③ 外国自然人占高级管理人员半数以上的实体。因此日本的国家安全审查制度主要采用成立地标准和住所地标准，兼采控制标准。

俄罗斯《俄罗斯联邦外国投资法》规定外国投资实体是指根据外国法律成立的外国法人、非法人机构、外国政府、社会组织等。此外《战略产业法》规定，依据俄罗斯法律成立的组织若由外国投资者控制，则应当被认定为外国投资实体。

---

① 王小琼.西方国家外资并购国家安全审查制度的最新发展及其启示：兼论开放经济条件下我国外资并购安全审查制度的建构[M].武汉：湖北人民出版社，2010：147.

通过美、德、日、俄等国之间的比较可发现，上述国家安全审查制度均采用了控制标准。部分国家运用了混合标准，例如日本采用了"成立地标准＋住所地标准＋控制原则"的混合标准。采用控制标准、混合标准的优势在于可有效评估投资者的实际情况，避免部分投资者规避审查行为，使得国家安全审查制度成为空中楼阁。

中国《外商投资法》规定外国投资者包括外国的自然人、企业或者其他组织。如何识别外国企业、其他组织，《外商投资法》并未进行深入的分析。结合其他民商事法律可知，中国对外国企业或者其他组织的识别依据主要为成立地原则。此外，相比较于美、德、日等国，中国的《外商投资法》并没有强调控制原则，说明中国现阶段采取较为宽松的外商投资政策，倡导资本自由化，鼓励外国投资者在中国境内投资。从深层次分析，根据经济发展阶段理论，中国目前处于经济持续增长的起飞阶段，需要外国资本参与国内经济建设。而美、德、日等国属于发达国家序列，经济已经进入第四及以上阶段。为了防范外资窃取本国经济发展成果，以上国家更加关注外商投资目的。综上所述，各国外资管理政策的确定取决于国家利益。

3. 跨国企业

跨国企业是国际投资领域中一个不可忽视的主体。根据一般法学理论，跨国企业并不是严格意义上的国际主体。其依据各国国内法设立，受各国政府管辖，理应属于国内法人，与一般国内企业无异。但是考虑到跨国企业的跨国性、公司战略的全球性、公司内部的相互联系性以及雄厚的资本实力，随着经济全球化的发展，其在国际社会上的地位将会逐步上升，国际影响力也将扩大，因此有必要对其进行单独探讨。

跨国企业诞生之初，均是有母国型的。经过百年的发展，跨国企业的发展进入一个当地化的趋势，产生了一些弱母国型甚至是无母国型的跨国企业，例如米塔尔钢铁公司(LNM集团)。但是在实践中跨国企业作为一个庞然大物，其生存发展或多或少不能离开母国给予的养分，这些养分不仅是物质层面上的，也包括精神价值层面。迄今为止，绝大多数跨国企业的身上仍旧存在母国色彩。虽然为了更好地融入东道国的市场环境，部分跨国企业会弱化母国色彩，但其母国属性的本质依旧没有改变。在跨国企业进行国际经营活动过程中，会不可避免地向东道国宣传母国的价值、思想以及行为规范，潜移默化改变东道国的文化气氛，削弱东道国的文化软实力。鉴于此，相比较于一般外国投资者，跨国企业更容易成为国家安全审查的对象。

除文化价值之外,跨国企业的经营行为看似是一种纯商业活动,但是为了争取到有利于自身发展的政策,实现利润最大化,跨国企业会不可避免地参与到东道国的政治活动中去,影响东道国的政策走向,甚至干涉东道国内政,颠覆东道国政权,或者是依靠母国向东道国政府施压,以此实现自身利益。此外,部分跨国企业的身上带有母国的政治使命,例如寻找能源资源等,使得其有可能被牵扯到母国与东道国的政治中去。因此,跨国企业本身蕴含着一种政治属性。例如,1970—1971年,国际电话电报公司(ITT)为了维护其在智利电话系统中的利益,建议美国政府干预智利内部政治事务,并与中央情报局联合,最终造成智利的左派政府倒台。① 因此,各国需要对跨国企业引起重视。

由于跨国公司背后的国家是东道国启动国家安全审查程序的重要考虑因素,所以跨国企业母国的认定具有重要意义。目前,世界范围内的跨国企业形态主要为三种:单母国型跨国企业、多母国型跨国企业、无母国型跨国企业。多母国型跨国企业已接近于无母国型跨国企业,母国色彩弱化。从国家安全利益方面考虑,东道国应当着重考虑单母国型和多母国型,但考虑到跨国企业的逐利性以及资本实力雄厚的特点,也不能完全排除多母国型与无母国型跨国企业。

(二) 特殊外国投资者

1. 外国政府投资者

外国政府投资者进行的投资,可以称为"主权投资"或者"政府投资",又或是"国家控制的投资"。外国政府投资者一般包含两种形式:主权财富基金和国有投资企业。经过十多年的发展,政府投资已经成长为国际投资的重要类型,成为东道国经济发展的重要推力。政府投资为东道国带来了积极的影响,但由于政府投资者身份的特殊性,绝大多数情况下政府投资多集中在能源、基础设施、核心技术、房地产等具有战略性的领域,同时在公司股权结构、运行管理等方面存在不透明的问题,因此许多国家对政府投资较为谨慎。例如1915年,一位德国官员将一份秘密文件不慎遗落在纽约的一个电梯中,该秘密文件记载部分德国企业对美国进行投资的主要目的是帮助德国提高部队作战能力以及获取情报等。因此政府投资被认为是潜在的"特洛伊木马"并不为过。

---

① 王东光.国家安全审查:政治法律化与法律政治化[J].中外法学,2016(5): 1295–1296.

目前没有足够的证据表明政府投资会对东道国的政治、经济、社会等造成重大损害，各国对政府投资的担忧更多地来自其带来风险的可能性。笔者选择了几个代表性国家，例如美国、加拿大、澳大利亚等国家对政府投资规定予以考察，主要情况如下。

1) 美国主权投资特别规范

受中国航天技术进出口公司收购美国曼科公司等案件的影响，美国开始特别关注外国政府与收购企业之间的关系，并于 2000 年通过《伯德修正案》，规定如果外国政府控制的外资企业收购、合并或接管美国实体，国家安全审查机构理应对其进行长达 45 天的调查，除非国家安全审查机构有足够的把握确定该项交易不会对国家安全产生威胁。2007 年，美国通过了 FINSA。FINSA 承继了《伯德修正案》关于政府投资的规定，并进行了更为严格的规制。FINSA 对主权投资的定义是：外国政府控制或代表外国政府利益的实体对美国实体进行控制。美国外资投资委员会（The Committee on Foreign Investment in the United States，简称 CFIUS）应当启动国家安全审查程序对被认定为外国政府控制的交易进行审查。通过第一道审查程序后，财政部秘书长和牵头机构负责人联合认为该交易不损害美国国家安全，则该交易不进入调查程序。总统及其委托的人在评估安全时，应当将政府控制的交易考虑在内。[①]

2018 年 8 月 13 日，FIRRMA 正式生效，这是 FINSA 实施十年后的首次修订。该法案对国有资本以及外国国有企业采取了更为谨慎的态度。FIRMMA 规定提高风险减缓标准，需要考虑下列情况：① 外国政府在外交、核、反恐、出口限制等问题上是否与美国保持一致；② 外国投资者投资美国敏感资产是否服务本国政府及其军队；③ 即使成功通过安全审查，也需接受后期跟踪。一旦被认为交易威胁到国家安全，外国投资者将面临巨额处罚。[②]

此外，FIRRMA 增加了"特别关注国家"的规定，即并购美国某项核心技术，可能对美国的国家安全形成威胁的国家。涉及"特别关注国家"的投资交易将面临更高级别的审查，能够间接地对主权投资形成影响。相较于其他一般国家，来自特别关注国家的主权投资更有可能成为国家安全审查制度约束的对象。虽然美国没有明确列出"特别关注国家"名单，但是从美国总统和其他政客的公开讲

---

① 李军.论主权投资的国家安全审查及我国的制度完善[J].东方法学.2016(1)：108-109.
② 沈伟.美国外资安全审查制度的变迁、修改及影响[J].武汉科技大学学报.2019(6)：660-661.

话,以及美国近几年和中国之间引发的贸易摩擦可分析出,该规定主要针对中国、俄罗斯等国。同时CFIUS公开的年度报告中可发现,中国、日本、加拿大、法国、英国、德国等国被审查案件数量相对较多,考虑到加拿大、英国被美国明确列入"白名单",日本、德国在经济、国防上与美国合作密切,仅中国在国家政策上与美国存在差异,由此可推断出中国大概率被美国视作特别关注国家。以下为相关CFIUS审查覆盖交易数量情况(2017—2019年):

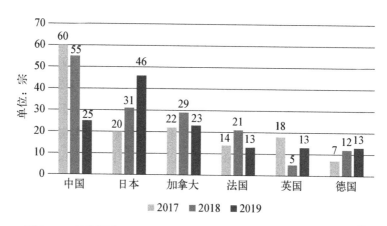

图2-1 相关国家CFIUS审查覆盖交易数量情况(2017—2019年)①

外国政府与收购企业之间是否存在联系是确定主权投资的关键一环。美国在认定"受外国政府控制的交易"这个问题上并未有一个明晰的公开的答案,也许外国投资者可在"三一集团诉奥巴马案"中寻找到答案。2012年9月,美国总统奥巴马否决了罗尔斯公司收购美国TERNA公司四个风力发电项目的交易,理由是罗尔斯公司的母公司——三一集团的主要控制人是中国共产党员,曾多次担任全国人大代表和党代表,并获得中国共产党和政府的多次表彰。② 因此三一集团很可能是一家受中国政府或政党间接控制的企业,有威胁美国国家安全的可能性,即使其大部分的股票由公司雇员所拥有。在罗尔斯公司并购案中,CFIUS对主权投资的认定有滥用因果关系的嫌疑。在美国的认知中,只要企业高级管理人员为中国共产党人,或者企业内部设立党支部,都应当被认定是被政府控制的企业,甚至认为中国企业一定是中国政府控制的企业,中国政

---

① 数据来源CFIUS历年年报.
② 李善民,习超,万自强.罗尔斯公司收购案与美国的安全审查:美国的外资并购审查规制框架及其对我国的启示[J].中山大学学报,2014(1):206.

府控制的企业必然会对美国国家安全造成威胁。由此可知，CFIUS在判定主权投资时拥有极大的自由裁量权，虽然美国对外宣称国家安全审查不针对个别国家，但是只要该外国投资者来自美国认为的敏感国家或地区，则要面临更为严苛的审查。

2）加拿大主权投资特别规范

20世纪50—60年代，外资大量涌入加拿大境内，并充斥在加拿大各关键领域，成为加拿大经济发展的重要推力。随着国际社会局势的变化以及国家安全观念的演进，加拿大意识到外资是一把"双刃剑"，如果处理不善，很有可能对国家安全造成威胁。1973年，加拿大通过了首部外资统一立法——《外国投资审查法》，确定"重大利益"原则和"逐案筛查"制度。20世纪80年代，受美国的影响，加拿大着手修订外资法，并于1985年通过《加拿大投资法》，取代原有的《外国投资审查法》。《加拿大投资法》建立了"净利益审查"和"国家安全审查"制度，明确了外国投资者等重要概念，确定了审查程序，却没有对主权投资进行特别的规定。① 进入21世纪后，受美国"9·11"事件的影响以及主权投资的增多，加拿大开始关注外国主权投资所带来的国家安全问题。2007年加拿大联邦工业部发布《外国投资指南》，规定涉及国有企业投资的，在鼓励的同时也应强调企业必须要有"净收益"。国有企业在进入加拿大时需要向加拿大政府提供企业控制方式、股权、商业定位等材料。审查机构在审查过程中需要考虑外国国有企业是否遵守加拿大公司治理规则，包括信息披露制度、独立审计委员会、独立董事等；是否对加拿大的出口、加工、技术研发、就业等具有积极意义。为确保外国国有企业促进本国经济和社会的发展，加拿大鼓励外国国有企业任命加拿大籍的高级管理人员、独立董事等。通过审核的外国投资，加拿大审查机构依法进行监督。②

为提高法律的透明度以及实操性，《加拿大投资法》对外国国有企业进行了定义。外国国有企业是指：① 外国政府及其机构；② 外国政府及其机构直接或间接控制的实体；③ 行为受外国政府及其机构直接或间接影响的私人投资者。③ 2018年加拿大修订《加拿大投资法》，对私人投资者与国有企业投资设置

---

① 田昕清.外资安全审查制度比较研究及对我国的借鉴意义[D].北京：外交学院，2019：72.
② 王淑敏.国际投资中"外国政府控制的交易"之法律问题研究：由"三一集团诉奥巴马案"引发的思考[J].法商研究，2013(5)：104.
③ 李军.外国投资国家安全审查实施要件研究[D].上海：华东政法大学，2015：42.

了不同的审查门槛。同时明确自 2019 年 1 月开始,每年的审查门槛根据《加拿大投资法》14.1(2)规定的公式变动(具体公式:当年的国内生产总值×上一年阈限值)。而到了 2021 年,加拿大的审查标准为:① WTO 成员方国有企业投资数额 4.15 亿美元以上;② WTO 成员方私人投资者投资数额 10.43 亿美元以上;③ 与加拿大签署自由贸易协定国家的私人投资者投资数额 16.65 亿美元以上。① 相对来说,加拿大对国有企业投资者采用更为严苛的标准。

3) 澳大利亚主权投资特别规范

澳大利亚所奉行的国家安全观具有鲜明的历史烙印。在英国殖民期间,澳大利亚无独立的国家安全战略。1901 年摆脱英国殖民统治后,澳大利亚开始大力发展经济,但依旧没有形成一个成熟的外资管理制度。第二次世界大战期间,受战争的影响,澳大利亚对国家安全的理解主要集中在国防安全方面。战后,因境内矿产资源丰富,澳大利亚着重于初级产品的生产,并且设置较高的外资准入门槛,以保护国内幼稚工业。在此背景下,外国国有企业的投资主要集中在矿产和金融领域,并扮演着重要角色。随着外国投资者的增多以及外国投资对境内产业的不断侵蚀,澳大利亚政府开始关注外资带来的国家安全风险。1975 年,澳大利亚颁布《外国收购与接管法》。该法案全文没有出现一处"国家安全"的表述,而是以"国家利益"代之,勾勒出了外资国家安全审查制度的雏形。为应对日益复杂的国际投资环境以及多样化的投资途径,澳大利亚分别于 1976 年、1989 年、2010 年、2015 年、2017 年、2020 年六次修订《外国收购与接管法》,并于 2020 年 12 月 11 日通过《外国投资改革法》以进一步保护澳大利亚国家安全。根据法案规定,外国政府投资者包括国有企业和主权财富基金,具体情况是:① 外国政府,或者独立政府实体;② 上述实体单独或与一个及以上联营公司持有 20% 以上的权益,或者是一个以上外国政府或独立政府实体,连同一个或多个联营公司持有 40% 以上的实质性权益。综合来看,澳大利亚虽然对主权投资进行了限制,但是该方面的规定还是较少。

美国、加拿大、澳大利亚对外国政府投资者的定义大同小异,均包含外国政府、外国政府控制的实体等。不同的是,美国针对外国政府投资者设置不同的国家安全审查程序。加拿大、澳大利亚区分了外国政府投资者与私人投资者

---

① 信息来自加拿大工业部网站.2021[2021 - 02 - 09]. https://www.ic.gc.ca/eic/site/icalic.nsf/eng/home.

的界限,但在国家安全审查程序和审查标准方面无特殊规定。除美国、加拿大、澳大利亚对主权投资进行规定以外,德国、俄罗斯、韩国等国也对政府投资进行了一定的规制。此外,法国、中国等国的国家安全审查制度无主权投资的特别规定。

2. 国际组织

国际组织根据相应国际条约或文件设立,具有国际法律人格,可在国际条约规定的范围内独立参加国际活动并有承受国际法上权利和义务的能力。[①] 由此可推断出国际组织理论上可成为国际投资领域的主体,也可成为各国国家安全审查制度规范的对象。例如俄罗斯在《战略投资法》中规定"外国投资者"是指外国政府、国际组织以及上述主体控制的实体。韩国《外国投资促进法实施法》规定国际经济合作组织涵盖处理国际复兴开发银行、亚洲开发银行、国际金融公司金融发展事务的国际组织及为自身或他人从事外国投资事务的国际组织。[②] 整体来说,已经建立外资国家安全审查制度的国家对国际组织的规定较少。随着国际投资环境的日益复杂以及国际组织活动范围的扩大,越来越多的国家会考虑将国际组织列入国家安全审查对象范围内。

## 三、外资安全审查范围:受管辖交易认定

### (一) 投资意图

判断外国投资是否有危害国家安全的可能性,主要依据是外国投资者是否带有不利于东道国的意图,且实际上具备损害东道国国家安全的力量,两者缺一不可。有损害意图的外国投资者会给东道国国家安全带来负面影响,如间谍、恐怖分子等。"9·11"事件发生以后,恐怖分子等问题引起了美国、法国等欧美国家的关注。2006 年迪拜环球港口公司收购美国港口经营权案在美国引起巨大轰动,成为媒体和民众的热门话题。当时的白宫认为阿联酋与美国关系良好,是美国重要的合作伙伴,该项收购不会危及美国的国家安全,但国会以及绝大多数民众却不如此认为,理由是阿联酋与恐怖分子存在联系,该项交易可以为恐怖分

---

① 余劲松.国际投资法[M].北京:法律出版社,2018:第 5 版 30.
② 李军.外国投资国家安全审查实施要件研究[D].上海:华东政法大学,2015:42.

子创造恐怖袭击的机会。在强大的社会舆论下,迪拜公司放弃了该起收购。受该案件的影响,美国于 2007 年通过了 FINSA。该法案列出的 11 项国家安全审查考虑因素中的第 4 项规定向支持恐怖主义、涉及化学及生物武器扩散等对美国存在潜在军事风险的国家销售军事装备或技术等展开安全审查。法国在立法中明确规定对带有恐怖主义、刺探情报、洗钱、贩毒、犯罪等意图的外国投资者应当禁止其投资。[1]

投资者意图是东道国国家安全风险评估的重要因素,但此处存在一个关键问题,即意图属于一种主观因素,国家安全审查机构很难了解到外国投资者内心真实的想法,只能从外国投资者外化的行动中找到蛛丝马迹,例如投资者投资领域、持股数量、市场份额等,甚至也可通过外国投资者的身份予以判断,由于国有企业极有可能承担母国的战略任务,相较于一般的私人投资者,国有企业投资者更具有损害东道国国家安全的可能性。为预防主权投资可能带来的国家安全风险,美国、加拿大、澳大利亚、德国、韩国等对主权投资进行了规制。总体来说,外国投资者意图是评估国家安全风险的重要依据之一。意图具有极强的主观性,安全审查机构并不能得出精准的判断,因此安全审查机构可综合投资者的身份、外在行动、遵法守法历史记录等信息予以判断。

### (二) 审查覆盖行业类别

安全审查制度的功能是防御国家安全风险。各国的国家安全系统并不是完美的,均存在一些脆弱点。这些脆弱点往往是一个国家至关重要的产业领域,易受外来势力攻击且难以补救,例如网络信息方面,信息一旦泄露将覆水难收,尽管国家及时修复了网络系统。考察各国的安全审查制度立法,部分国家区分一般产业领域和关键产业领域,并适用不同的审查标准;部分国家罗列重点审查领域,以便于安全审查机构分析国家安全风险。实践层面,从各国的审查覆盖领域也可发现各国所关注的重点领域。分析审查领域,不仅可提醒外国投资者审慎投资,免受经济损失,同时也有助于安全审查机构评估圈定安全审查范围,及时排摸出安全风险,保证资本自由流动与维护国家安全之间的平衡。综合比较美国、德国、加拿大、俄罗斯的安全审查制度可发现,各国的审查覆盖行业类别呈扩

---

[1] 李军.外国投资安全审查中国家安全风险的判断[J].法律科学(西北政法大学学报),2016(4):194.

张趋势,受现代信息社会以及科学技术快速发展的影响,各国的国家安全观念正在发生转变,具体情况如下。

1. 美国

2018年美国出台的FIRRMA在FINSA的基础上扩大和细化了CFIUS的审查领域,包括:① 外国投资者在美国军事设施附近或者其他与国家安全相关的设施附近购买或租赁房地产;② 外国投资者投资与核心技术、关键基础设施相关的美国公司;③ 通过权属变更等方式造成外国投资者控制美国企业;④ 美国核心技术企业以任何方式向外国投资者提供技术支持;⑤ 任何规避安全审查的行为;⑥ 任何通过破产或者债权债务行为造成上述行为。[①] 从中可知,美国关注军事、关键技术、关键基础设施等领域。

自2006年开始,CFIUS开始发布年度安全审查报告。根据2019年的年度报告,主要内容包括:① 近十年涵盖交易的案件审查宗数;② 本年度审查的案件和撤销审查案件的数量;③ 覆盖交易的行业领域;④ 近三年涵盖交易涉及的国别情况;⑤ 撤销案件以及采取缓和措施案件的情况;⑥ 覆盖交易案件带来的负面影响;⑦ 关键技术试点计划(包括年度申报信息、国家和其他经济体的声明等)。CFIUS发布的年度报告虽然不属于严格意义上的法律文件,但是对外国投资者并购美国企业具有重要的参考价值。在"国家安全"概念模糊的情况下,年度审查报告可增强FIRRMA等法律的透明度,对吸引外国投资具有重要意义。查看2019年以及往年的年度报告可发现,CFIUS的审查领域从国防军事领域、核心技术领域逐步扩展到信息行业、金融及服务业、零售业等新兴行业,说明美国对外国投资的态度日趋谨慎。具体内容如下:

(1) CFIUS审查力度逐年加大。2010—2019年,相关国家或经济体投资者向CFIUS申报并审查的交易数量为1 574件。受审查交易数量基本上呈逐年上升的趋势。由于FIRRMA扩大了国家安全审查范围以及受"美国优先"政策的影响,将来受CFIUS审查的案件数量将不断增多(见图2-2)。

(2) 审查行业类别集中在制造业和金融、咨询和服务业。从审查行业看,制造业和金融、咨询和服务业是历年审查数量最多的行业。2010—2019年,制造业为集中审查领域(达635件),占被审查案件总数的40.3%。其次为金融、咨询

---

[①] 董静然.美国外资并购安全审查制度的新发展及其启示:以《外国投资风险审查现代化法案》为中心[J].国际经贸探索,2019(3):102.

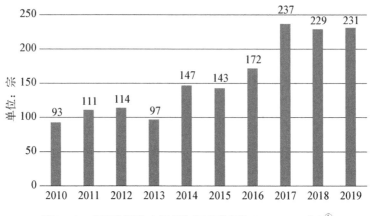

图 2-2 CFIUS 覆盖交易历年汇总数据(2010—2019 年)①

和服务业,受审查案件数量为 572 件,占被审查案件总数的 36.3%。矿业、公共事业和建筑业受审查案件数量占总数的 14.7%,其中公用事业领域涵盖交易数量较多。批发、零售和运输业受审查的案件数量最少,占比 8.6%,其中交通运输支持领域审查数最多(见图 2-3、图 2-4)。由此可知,对于制造业和金融、咨询和服务业,外国投资者投资需谨慎。从中也可说明,以上行业是美国国家安全系统中较为薄弱之处。下文将着重对这两个行业进行分析。

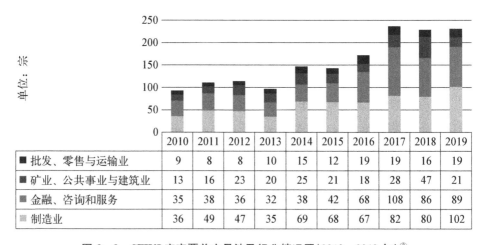

图 2-3 CFIUS 审查覆盖交易涉及行业情况图(2010—2019 年)②

---

① 信息来源:根据 CFIUS 发布的 2019 年年度报告整理所得.
② 信息来源:根据 CFIUS 发布的 2019 年年度报告整理所得.

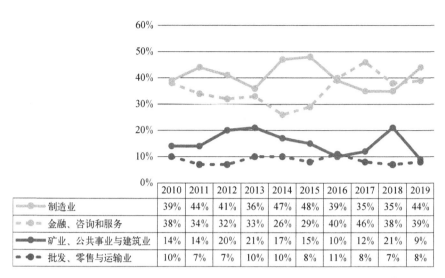

图 2-4　CFIUS 审查覆盖交易涉及行业占比情况图(2010—2019 年)[①]

(3) 制造业中,计算机和电子产品行业受审查数量较多。涉及计算机和电子产品行业的,2019 年 CFIUS 的审查数量达 39 件,占制造业受审总数的 38%。其次是电气设备、家电及其组件行业,审查数量 16 件,占比 16%;交通运输设备行业,审查数量 14 件,占比 14%。从中即可得出,美国对投资本国优势领域的交易审查较严(见图 2-5)。

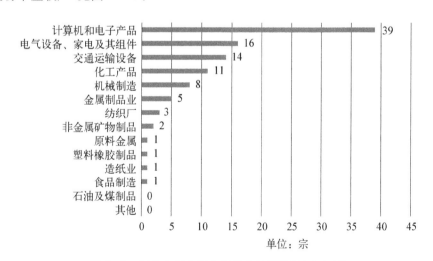

图 2-5　制造业细分行业涵盖交易情况(2019 年)[②]

---

① 信息来源:根据 CFIUS 发布的 2019 年年度报告整理所得。
② 信息来源:根据 CFIUS 发布的 2019 年年度报告整理所得。

(4) 金融、咨询和服务业行业中,专业、科学及技术服务行业受审查案件最多。从细分行业来看,专业、科学及技术服务业被审案件数量为 37 件,占比 41.6%,其次是出版业(不含互联网),审查数量为 11 件,占比 12.4%;数据处理、托管和相关服务的审查数量为 7 件,占比 7.9%(见图 2-6)。图中可知,美国较为关注专业、科学及技术服务业。

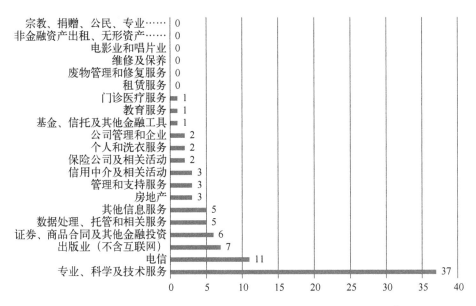

图 2-6　金融、咨询和服务业细分行业涵盖交易情况(2019 年)①

2. 德国

在德国外资国家安全审查法律体系下,审查领域分为一般领域和特殊领域审查。德国在国防、军事领域向来实施较为严格的准入政策。早前在《战争武器控制法》中规定,不允许非德国居民生产、购买、出售、进出口及运输战争武器。如果非德国居民并购德国军工企业,相关部门可撤销原批准文书。2017 年德国修订《对外经济条例》,进一步扩大特殊领域范围,从原来的军工、IT 行业和太空探测设备行业,扩展到消防、目标监视和跟踪系统、军用电子设备、成像和反成像设备和材料、机器人和数据库领域(包含生产上述产品材料的领域)。② 2018 年 12 月,德国修订《对外经济条例》时将印刷产品、广播、电视媒体等媒体行业纳入

---

① 信息来源:根据 CFIUS 发布的 2019 年年度报告整理所得.
② 沈小蕙.德国外资并购国家安全审查制度及对我国立法启示[D].上海:上海外国语大学,2019:17.

特殊领域审查。2020年4月,德国再次修订《对外经济条例》,将机器人、半导体、生物技术和量子技术等纳入特殊领域中。除《对外经济条例》外,其他与外资并购相关的立法散见于《信贷法》《电信法》《电力和煤气供应法》《保险法》中,德国对外国投资者并购银行、电信、金融服务和保险等行业采取限制性措施。

需要注意的是,德国是欧盟主要成员国之一,欧盟层面的立法会对德国产生约束力。2017年德国联合法国和意大利督促欧盟建立统一的外资审查机制。2019年《欧盟外资审查条例》通过,并于2020年10月11日起实施。《欧盟外资审查条例》规定重点关注以下领域(见表2-1)。

表2-1 欧盟委员会和成员国重点审查领域[①]

| 考虑领域 | 具 体 内 容 |
| --- | --- |
| 关键基础设施 | 国防、航空航天、能源、交通、通讯、媒体、水、卫生、金融基础设施、数据储存或处理,以及用于上述关键基础设施的不动产等 |
| 关键技术及军民两用物品 | 国防、航空航天、能源、人工智能、半导体、机器人、核技术、网络技术、生物技术、纳米技术等 |
| 关键输入品供应 | 原材料、能源、食品等 |
| 敏感数据 | |
| 媒体自由及多样性 | |

总之,德国的安全审查领域随着国际社会形势的变化而不断扩展,从侧重国防、军事领域,再慢慢地向战略性行业、高新技术领域延伸。即使德国对外批判反全球化理念,支持资本全球化自由流动,但德国对外资设置障碍是一个不争的事实。另外可以观察到的是,德国的安全审查领域相似度较高,德国安全审查制度的变革可能与美国相呼应。

3. 加拿大

20世纪50—60年代,加拿大奉行资本自由原则,大量外资涌入境内,成为推动加拿大经济发展的重要因素。数据显示,当时加拿大74%的石油和天然气产业领域、65%的采矿和冶炼产业和57%的制造业被外资所控制。[②] 随着国际

---
[①] 廖凡.欧盟外资安全审查制度的新发展及我国的应对[J].法商研究.2019(4):187.
[②] 田昕清.外资安全审查制度比较研究及对我国的借鉴意义[D].北京:外交学院.2019:69-70.

形势的发展,加拿大认识到外资是一把"双刃剑",在给本国经济带来腾飞的同时,也使得关键产业被外资垄断,正常市场竞争秩序被破坏,本国经济政策执行效果降低,如果继续听之任之,国家可能丧失对本国经济的控制权。因此在1973年之前,加拿大已经在单行立法中确定保险、金融、能源、文化等为重点管控领域。《加拿大投资法》出台后,进一步明确了金融(银行、证券信贷、保险及信托业)、能源(石油及天然气生产、电力、核能)、交通(铁路、航空事业)及文化和通讯(广播、出版、电讯等)等为敏感产业领域,限制外资进入或者限制外资控股比例。[1] 加拿大政府近年来重点关注的主要是能源资源、制造业、批发和零售业、商业和服务业等领域。与美国、德国相类似,加拿大对关键技术和关键基础设施也较为重视。

4. 俄罗斯

为掌握本国的经济主导权,维护国家利益,俄罗斯在2008年之前通过制定行业单行法限制外资进入特定领域,例如《俄罗斯联邦电力法》《俄罗斯联邦天然气供应法》等法律规定限制外资进入电力、天然气供应等行业或者限制外资持有股权比例。2008年金融危机以及俄罗斯格鲁吉亚冲突发生后,大量外资撤资外逃,俄罗斯陷入经济低迷时期,亟须再次吸引大量外资发展国内经济,同时随着国际经济形势的变更,俄罗斯也深刻认识到外资是一把"双刃剑"。为平衡两者的关系,俄罗斯借鉴美国、日本、欧盟等的做法,出台了俄罗斯《战略投资法》。《战略投资法》的问世意味着俄罗斯建立了独立的外资国家安全审查制度。该法将42个战略性行业纳入国家安全审查范围内,限制外资投资,具体情况见表2-2。

表2-2 俄罗斯国家安全审查覆盖的战略性行业[2]

| 序号 | 行业类别 | 具 体 内 容 |
|---|---|---|
| 1 | 军工领域 | 武器和军事装备的研发、生产、维修、处理处置、贸易;武器和枪支弹药主要零部件的生产、销售、处置;工业爆炸材料的生产和贸易 |
| 2 | 宇航业 | 航空安全活动和空间活动;航空技术的研发、测试、生产、维修等 |
| 3 | 核工业 | 核材料、放射性物质的勘探、开采、储存、设计、制造、运输、使用、回收;核设施和储存库的设计、建造、运营、撤出等 |

---

[1] 李群.外资并购国家安全审查法律制度研究[D].重庆:西南政法大学,2012:78.
[2] 王佳慧.《俄罗斯战略外资法》内容、变化及实施效果[J].俄罗斯学刊,2014(4):18.

续 表

| 序号 | 行业类别 | 具 体 内 容 |
|---|---|---|
| 4 | 信息领域 | 信息和电讯系统的研制、使用;加密信息技术服务、用于秘密获取信息的设施的研制、生产和销售等 |
| 5 | 通信业 | 在覆盖俄罗斯人口一半及以上地区进行电视和无线电传播;承担5个及以上俄罗斯联邦主体或联邦级城市的固定电话通信服务;为自然垄断主体的活动提供服务(自然垄断主体包括通信、公共电信服务、电力和热力服务、天然气及石油或石油制品的运输、公共运输服务等) |
| 6 | 自然资源领域 | 矿产资源的研究、勘探和开采,水生物资源的开发和捕捞 |
| 7 | 印刷出版业 | 印刷品经营实体和执行定期印刷或出版社的活动 |
| 8 | 其他行业 | 水文气象类、对地球物理现象产生影响的行业以及与传染病相关的活动 |

俄罗斯审查覆盖领域与国情有着密切的关系。历史上俄罗斯经历了苏联社会主义工业化、美苏冷战等,对军工行业、核工业尤为重视。考虑到苏联解体的主要原因之一是西方思想理念和政策对苏联的侵蚀,最终导致社会主义失败,因此媒体行业需要引起重视。同时俄罗斯资源能源十分丰富,数据显示,俄罗斯石油储备量为全世界的十分之一,天然气储备量占全世界的三分之一,因此自然资源领域是外国投资的主要领域之一。进入20世纪后,外国投资发生变化,逐步向其他领域扩张。因此俄罗斯的规定实际上考虑到了本国的情况。

(三)"控制"标准认定

除意图外,能力也是判断外国投资者是否能够运用其资金对国家安全造成损害的重要考虑因素之一。能力细分成两个层次:第一层次是外国投资者是否能够有效控制被收购者;第二层次是被收购者是否拥有影响东道国国家安全的能力。判断第二层次的能力主要依据有:① 外国投资者是否收购在敏感领域活动的东道国境内企业;② 被收购者是否在东道国市场中占有重要地位。如果不具备该项能力,即使外国投资者完全控制被收购者,也不足以震撼到东道国的国之根本。东道国重点审查行业类别在上文已经进行了论述,本节主要讨论外国投资者达到"控制"能力的认定条件。为有效甄别带有不轨意图的外国投资者和促进资本自由流动,大多数国家将审查范围集中在达到一定控制权的外国投资。总结主要国家的做法,认定"控制"标准大致分为实际标准、比例标准和复合标准。

1. 以实际标准认定

实际标准是指并不以外国投资者在并购后持有的股权比例、表决权比例等客观数据为主要认定标准,而是以外国投资者是否对被收购企业的重要事务拥有决定权为准。美国是采取该标准的典型国家。美国 FIRRMA 对"控制"并没有提出具体持股比例的要求,仅提出收购美国企业的外国投资者对企业中的重大事务拥有决定权即可被认定控制了美国企业。由于 FIRRMA 对"控制"一词定义模糊,间接扩大了 CFIUS 的审查权,弱化了对外国投资者的保护,存在国际投资保护主义抬头之嫌疑。因此 FIRRMA 规定由实施细则对"控制"做出较为细致的定义。2020 年 1 月 13 日,美国财政部公布 FIRRMA《新实施细则》,即《特定投资新规》和《不动产投资新规》。《特地投资新规》对"控制"定义为通过收购、表决权、董事会席位、特殊股权、代理投票、一致行动安排或其他方式影响、引导或决定一个实体的重要事项。《新实施细则》并没有实质性地缩小原"控制"内涵,意味着即使外国投资者仅收购少数股权,但只要在美国企业中拥有绝对的话语权,也包含在审查范围内。因此外国投资者的持股比例并不与"控制"直接挂钩。

此外需要注意的是,FIRRMA 以及其《新实施细则》将 CFIUS 的审查范围扩展到非控制投资交易。只要具备下列三个条件之一,尽管外国投资者没有达到控制标准,也可能纳入 CFIUS 的审查范围:① 研发、设计、测试、生产、组装"关键技术";② 拥有、生产、运营或提供"关键基础设施"及其相关设施,具体内容见《特定投资新规》附录 A 第 2 部分;③ 直接或间接收集和持有美国公民敏感个人信息。[①] 另外为进一步明确审查范围,这里也需要对外国投资者并购对象——"美国企业"进行说明。《特定投资新规》规定"美国企业"是指在美国境内从事州际贸易活动的实体,以及与美国境内贸易活动存在关联的境外商业活动。

从上可知,比起持股比例,美国更加注重实际控制功能的存在,除了符合"控制"条件的外国投资需要接受审查,与该企业存在联系的上下游企业以及其他与之相联系的企业均可能被列入安全审查范围。美国改革安全审查范围除了考虑

---

① 宋瑞琛.美国外资安全审查制度的新动向与国际投资保护主义[J].当代经济管理,2020(11):2.

到外资交易结构日趋复杂、全球经济化影响日益加深之外,在立法面纱的背后也隐藏着美国经济保护主义的兴起。

2. 以比例标准认定

比例标准是指外国投资者并购后所持有的股权比例、投票权比例、任命高级管理人员的比例等。相比较于实际标准,比例标准更为关注客观数据,在审查过程中更容易确定审查范围。德国和日本是采取比例标准的典型例子。日本2019年《外汇及对外贸易法》规定国家安全审查程序分为事前申报和事后申报。如果外国投资涉及军工制造业、航空航天产业、公共基础设施、农林牧渔业、信息服务业、人工智能等行业,外国投资者只要取得上市公司1%以上的股权比例或者取得非上市公司任意股权比例,就需要向日本财务省进行事前申报。相比较于原有规定,日本大大提高了审核门槛。早在《外汇及对外贸易法》修正案出台之前,美国、德国、法国、澳大利亚、韩国等国已经缩紧外资投资限制,因此外界怀疑日本有效仿美欧做法的嫌疑,日本已不再是自由投资之地。但是安倍政府及其众议员透露,除涉及国家安全领域外,其他领域将放宽限制,鼓励外资投资。

德国《对外经济条例》规定,外国投资者直接或间接收购德国企业,其在收购对象中的投票权达到或者超过25%就会触发国家安全审查程序。如果涉及特殊敏感领域的投资,外国投资者在德国企业中的投票权达到或超过10%即可触发安全审查程序。在计算投票权时,外国投资者持有的股权比例和其实际控制的第三方在被收购企业中持有的股权应当合并计算。[1]

总体来说,采取比例标准的国家较少。比例标准拥有定义明确、透明度较高的优点,但其缺点也不可忽视,即涵盖范围小于采取实际标准的范围,无法有效地维护国家安全。在日益复杂的国际社会背景下,单一采取比例标准的国家将会越来越少。

3. 以复合标准认定

复合标准是指结合实际标准和比例标准来判断外国投资者是否对收购目标形成控制。澳大利亚、英国、俄罗斯、韩国、中国等国家均采用该项标准。

早前,只有收购金额超过审查门槛的外商投资才必须接受国家安全审查,但现实中考虑到澳大利亚存在一些外商投资活动虽然低于安全审查门槛,但存在或可能存在国家安全隐患,例如含敏感信息的个人或政府数据等。因此2020年

---

[1] 徐程锦.欧盟及其成员国外资安全审查制度改革与中国的应对策略[J].区域与全球发展,2019(6):36.

3月澳大利亚莫里森政府对外资国家安全审查制度做出了修改,提出自2020年3月29日后,无论是外国私人投资者还是外国政府投资者,国家安全审核门槛金额均为0元。由此可看出,澳大利亚外资国家安全审查制度趋紧。

2020年11月11日,英国政府向议会提交了《国家安全与投资法案(草案)》,这是英国首次对外资涉及的国家安全问题进行专门立法。虽然法案正式批准需要多个流程,但其中的草拟条款可供外国投资者及其他国家参考。《国家安全与投资法案(草案)》规定,国家安全审查触发事件是外国投资者取得目标实体或者目标财产的控制权。其中,取得目标实体控制权的情形有:① 收购目标实体25%、50%或75%以上的股权或投票权(包括从较低持股比例提高到较高持股比例),对需要强制申报的交易事项,这一比例降低至15%;② 拥有充足的投票权影响目标实体重大决议做出与否;③ 外国投资者能够对目标公司决策产生重大影响。取得目标财产控制权的情形是取得对土地、可移动有形资产、知识产权、有商业价值的构想、信息或科技的控制。① 相比较英国《2002年企业法》,该法案扩大了安全审查范围,一反过去宽松的外资管理政策。英国作为五眼联盟的重要成员,其与美国在外资安全审查领域的合作已属必然。

俄罗斯《战略投资法》规定"控制"的认定依据是:① 外国投资者直接或间接占有一般战略性企业50%以上的股权和表决权(投资矿产类战略性企业,这一标准为10%);② 具有战略性行业公司独任执行机构或者集体执行机构50%及以上的人事任命权,或者拥有无条件选派公司董事会以及其他集体执行机构50%及以上的成员的权力(投资矿产领域战略性公司,这一标准是10%及以上)。对于外国政府、国际组织及其控制的组织对俄进行的投资,按照下述标准进行处理:① 直接或间接占有一般性战略企业25%以上的股权和表决权(投资矿产类战略性企业,这一标准为5%);② 可能影响战略性公司管理层决策的。②

韩国《外国投资和技术引进条例》规定,"控制"是指外国投资者或者与之相关联的第三方联合获得韩国国内企业50%以上的股份;或者所持股份没有达到50%,但作为最大股东能够影响企业重大政策或者任命高级管理人员;或者外国投资者通过托管人、承租人、受托人的身份单独或联合与之相关联的第三方实际管理韩国国内企业。

---

① 刘海燕,黄明星.加强外商投资监管:英国推出外商投资国家安全审查新规.2021[2021-02-16]. http://www.zhonglun.com/Content/2020/11-25/1451575131.html.
② 王佳慧.《俄罗斯战略外资法》内容、变化及实施效果[J].俄罗斯学刊,2014(4):17-18.

中国《外商投资安全审查办法》对实际控制权的定义是：外国投资者持有目标企业50%以上的股权。如果所持股权比例没有达到50%，但其享有的表决权可以对董事会、股东会或者股东大会的决策产生重要影响。

4. 小结

总体而言，在定义"控制"方面，呈现出以下特点：

第一，越来越多的国家降低安全审查门槛，甚至是零门槛，安全审查制度呈日益收紧的趋势。尤其是英国，从2007年发布《国家安全和基础设施投资审查》（又称"绿皮书"）开始，英国的外商投资管理政策日趋严格，恐有跟随美国的态势。

第二，越来越多的国家开始重视关键技术、敏感信息等内容。其背后的目的是：① 维护本国的技术领先优势以及竞争优势；② 在数字贸易和互联网技术快速发展的时代，防止个人和政府敏感信息泄露，以免造成不可挽回的损失。

第三，部分国家区分不同投资领域、不同身份投资者设置不同的安全审查触发条件，以保持对外开放和维护国家安全之间的平衡，例如德国和俄罗斯。

## 四、外资安全审查标准：国家安全影响判定

外国投资接受东道国的国家安全审查，其最终是否能够进入东道国境内，最重要的判定依据是外国投资是否威胁本国的国家安全。因此本部分主要探讨各国对国家安全的理解、影响国家安全的主要因素、国家安全威胁程度判断和各国国家安全审查制度保护目标的异化及规制。

### （一）国家安全战略国别考察

随着国际竞争日趋激烈以及生产要素在世界范围内的快速流动，各国遭遇国家安全威胁的可能性越来越大，因此越来越多的国家将国家安全审查制度纳入国家安全战略。针对外国投资，美国、加拿大、英国、中国等国审查的是"国家安全"，日本衡量的是"国家安全、公共秩序和公共安全"，澳大利亚审核的是"国家利益"，德国等部分欧盟成员国审查的是"公共秩序与安全"。虽然各国的提法不同，但外资审查的目标和内容却大同小异，无疑是一个包括国防、经济、政治、社会、文化、信息、网络等各方面的综合审查体系。由于"国家安全"一词涉及政治内核，因此各国只能对国家安全审查标准实施有限的法律化，造成"国家安全"

"国家利益""公共秩序与安全"等核心词定义模糊,法律透明度不足。如果要了解各国国家安全的内涵,需要从各国的国家安全战略中找寻方向。

1. 美国

美国的国家安全战略从第二次世界大战后开始发展。1947 年美国建立国家安全委员会,此时的美国把国家安全战略放在国防、军事领域,着眼于国内稳定与国际合作。至克林顿执政时期,美国将经济安全纳入国家安全战略,强调经济安全在国家安全中的地位至关重要。进入 21 世纪后,美国对国家安全的内涵有了新的理解。"9·11"事件发生后,美国着重于国土安全与恐怖主义。随着全球经济的纵深发展以及先进科技的进步,美国将国家安全内涵延伸至核、信息、网络、人工智能等非传统因素。

2017 年美国发布《国家安全战略报告》,提出"美国优先"的国家安全战略。《报告》主要包括四方面的内容,即维护国土安全、促进美国经济繁荣、维护和平和提升美国国际影响力。特朗普政府在《报告》中表明,现阶段核武器、恐怖主义、非法移民、毒品、犯罪、不公平贸易等不断威胁美国,中俄两国正寻求向美国发起挑战,美国所处环境危机四伏,需要通过提升军力、加强边境执法、改革经济政策、寻求盟友等措施维护美国主权和公民利益。2019 年美国发布《国家情报战略报告》。《报告》表明,由于技术的飞快发展,战略环境和战略威胁向多元化发展。美国的竞争对手(中国、俄罗斯、朝鲜、伊朗)不仅在军事、国防等传统领域向美国发起挑战,而且在太空、网络、人工智能、计算机等新型领域威胁美国的发展与繁荣。

由此可见,一方面,随着国际社会的发展,美国对国家安全的内涵有了不同的理解,国家安全内涵从传统领域向非传统领域扩张。另一方面,美国看重国别因素,中国、俄罗斯、朝鲜和伊朗是美国重点关注对象。为应对快速发展的时代,全方面维护国家安全,美国没有对"国家安全"的内涵予以解释,在设置国家安全审查考虑因素时设计了兜底条款。同时,美国在立法中规定了"特别关注国家"规则以及"白名单"国家。

2. 澳大利亚

澳大利亚作为曾经的英国殖民地,历史上一向属于西方资本主义国家阵营,但作为大洋洲国土面积最大的国家,其在地缘政治方面偏向于亚太地区。20 世纪,澳大利亚的国家安全战略主要集中在传统的军事领域。进入 21 世纪后,随着"9·11"事件的爆发、全球经济融合速度的加快、中国等发展中国家的崛起、先进技术飞跃发展,世界格局发生深刻变革,使得澳大利亚不得不审视自身所处的国际环境。

2008年澳大利亚政府发布《国家安全声明》,构建了国家安全体系,深刻阐述澳大利亚所面临的国际局势,首次将网络安全纳入国家安全战略。但可惜的是该份文件没有详细的落地规定。2012年10月28日,澳大利亚政府发布《澳大利亚亚洲世纪白皮书》,该白皮书以亚洲崛起为主要发展目标,得到澳大利亚各界人士的支持。澳大利亚前总理吉拉德在演讲中提到,不论21世纪会带来什么,亚洲重返全球领导地位的趋势势不可挡。澳大利亚经济的发展依靠矿产资源和对亚洲国家的出口,澳大利亚需要加强与其他亚洲国家的社会文化联系。同时吉拉德强调,要加大与美国的军事合作和与中国的经济合作。[1] 此时的澳大利亚采取了积极的开放政策。但是随着中国综合国力的快速提升以及南海局势的日趋紧张,澳大利亚的国家安全战略也随之发生变化。2013年1月23日,澳大利亚发布《国家安全战略》,阐述了澳大利亚在国际社会所处地位以及面临的挑战,强调在今后五年内的战略任务,由此开启了以网络安全为主导的国家安全新时代。2020年澳大利亚发布《网络安全战略》,提出要保护国家网络安全。

综合来看,澳大利亚的国家安全战略根据国际形势不断发生变化。对外资的政策从严格到开放再到趋紧,在国家安全审查制度的设计上采用的是"总体开放+个案审查"的模式,总体上仍具有对外资的吸引力,但是鉴于近期中美关系的紧张和疫情的发展,澳大利亚对外资尤其对中国投资者持谨慎的态度。

3. 法国

法国作为欧盟成员国之一,需接受欧盟层面法律法规的约束,也受欧盟安全战略的影响。长期以来,欧盟和法国把安全战略的重心放在军事防御上。在经济领域,欧盟和法国坚持资本自由流动原则,寻求国家经济发展的最大值。受国际安全形势和欧洲主权债务危机的影响,以及区域一体化发展的深入,2013年法国政府发布了《国防和国家安全白皮书》,概述了2008年以来国际安全形势变化情况,分析地域冲突、恐怖主义、核扩散、走私、网络攻击为法国面临的主要外部威胁。为应对这些威胁,法国将计算机网络安全和情报安全作为未来的工作

---

[1] 搜狐出国.澳大利亚发布亚洲世纪白皮书 率先大胆应对亚洲崛起.2021[2021-02-17].http://news.sina.com.cn/o/2012-10-30/175825472906.shtml.

重点,强调发展卫星侦察技术和本国的计算机安全防御系统。同时法国强调北约的重要性,希望借助北约的力量维护本国的国土安全。该份白皮书是法国自1972年来的第四份国防和国家安全白皮书,是观察法国国家安全观的重要文件之一。

2014年10月,法国国防部部长公开发表演说,直指网络安全对法国来说具有重要的战略意义。网络防御力量可以成为陆海空三军之外的第四支队伍。法国长期处于恐怖主义的阴影之下,据官方数据统计,自2013年来,法国共挫败了61起恐怖袭击意图。因此法国制定并颁布《加强国内安全和反恐法》,并于2017年11月生效。由此可知,法国的国家安全战略随着国际形势的变化而变化。现阶段法国的国家安全工作侧重军事、网络防御和反恐工作。法国的国家安全战略也对国家安全审查制度的设计产生了一定的影响。

4. 加拿大

经过多次调整,加拿大国家安全战略从传统的军事国防安全向新型的国家安全转变。加拿大对外资的态度,从最开始的完全开放转变为缩紧政策。加拿大国家安全战略转变特征与美国等西方发达国家相似,第二次世界大战结束、冷战结束、"9·11"事件是国家安全观念转变的重要节点。第二次世界大战结束之前,加拿大作为英联邦成员,国家安全战略的主要内容侧重在军事安全和政治安全。冷战结束、"9·11"事件发生后,加拿大的国家安全战略开始变革,恐怖主义、网络安全等非传统国家安全纳入国家安全体系。在反恐方面,加拿大颁布了《建设反恐应变能力——加拿大的反恐战略》《加拿大恐怖威胁的公开报告》。[①] 在网络安全方面,2017年加拿大颁布C-59法案,提出加强网络监视以及与五眼联盟成员国的合作。2018年6月12日,加拿大发布国家网络安全战略,提出保护加拿大公民的数字隐私,增强打击网络犯罪的力度以及提升本国网络犯罪防范能力。2018年6月19日,加拿大国会通过《国安安全法案》。该《法案》修正了一系列有关国家安全的内容,包括政治、军事、经济、公共服务、情报、人权、恐怖主义、犯罪、海关、信息、网络、渔业等领域,基本上涵盖了现阶段加拿大对国家安全内涵的全部理解。从该法案中可看出,加拿大的国家安全观已经从单纯的国防、军事领域向恐怖主义、网络、信息等新兴领域延伸,这与时代的发展密切相关。另一方面,加拿大将会加大对外国投资者的审查,外国投资者投资

---

① 田昕清.外资安全审查制度比较研究及对我国的借鉴意义[D].北京:外交学院,2019:68.

需谨慎。

5. 中国

对于中国而言,国家安全概念属于"舶来品"。与其他国家相似,随着时代的发展,我国的国家安全理念从"传统国家安全观"向"总体国家安全观"转变。从改革开放开始,我国的国家安全观念共经历了四个阶段。

第一个阶段:1978—1993年。中国百废待兴,既需对内改革,也需要对外开放。自1949年以来境外间谍组织以及其他反动势力对中国虎视眈眈,恰逢20世纪90年代初苏联解体,中国面临着生死考验,提高综合国力对抗外界已是必然。要发展国内经济必须要有一个良好的国际国内环境,这段时期我国尤为重视国防安全和政治安全,防止境外敌对势力渗透,颠覆我国政权。而维护国家安全,必须要有法律保驾护航,由此我国出台了《宪法》《刑法》《保守国家秘密法》《军事设施保护法》《国家安全法》等一系列法律法规。此时的国家安全侧重防止外敌入侵,防止外来反动势力渗透、离间人心,维护国家主权和领土完整等。该时期我国坚持传统国家安全观。

第二个阶段:1994—2009年。此时,我国改革开放已近三十年,外资大量涌入中国境内,负面影响显现,引发我国对国家安全的担忧。正值2007年美国通过FINSA,促使学界开始研究国家安全法治,关注非传统国家安全,包括经济安全、环境安全、文化安全、社会安全等。学界对国家安全观念的转变对日后我国修改《国家安全法》奠定了理论基础。同时,我国又出台《反垄断法》,初步建立外资国家安全审查制度的雏形,为我国日后修订《国家安全法》,通过《外商投资法》提供了立法基础。

第三个阶段:2010—2014年。经过三十多年的发展,我国开始进入社会转型期,国家安全研究进一步深化,开始重视国家安全法律体系的建设。2011年国务院办公厅发布《关于建立外国投资者并购境内企业安全审查制度的通知》(以下简称《安审通知》),同年商务部发布《商务部实施外国投资者并购境内企业安全审查制度的规定》(以下简称《安审规定》),由此我国正式建立了外资并购国家安全审查制度。该段时期,我国学者以及政府人员开始探讨将网络安全、海洋安全、反恐怖主义纳入国家安全范畴。我国向新型国家安全观念转变已经成为一个不可逆转的趋势。

第四个阶段:2014年至今。2014年习近平总书记提出总体国家安全观,要求构建一个包含军事安全、国土安全、政治安全、经济安全、文化安全、社会安全、信息安全、科技安全、生态安全、资源安全、核安全等为一体的国家安全体系。① 2015 年新的《国家安全法》正式通过，提出国家安全工作应当坚持总体国家安全观。2019 年《外商投资法》通过，正式建立外商投资国家安全审查制度。2020 年国家发改委、商务部联合发布《外商投资安全审查办法》。至此，我国开始有意识地建立起一个完善的国家安全审查法律体系。现阶段我国开始关注较为前沿的基因安全、人工智能安全等因素的影响。

### (二) 国家安全审查考虑因素

"国家安全"是外资国家安全审查制度的核心内容。因此解释"国家安全"一词的含义至关重要。据考察，绝大多数国家对"国家安全"没有进行明确的定义，仅是通过列举国家安全审查考虑因素对"国家安全"进行侧面解释。因此有必要对国家安全审查考量因素进行解读。

#### 1. 军事国防安全

从各国的国家安全政策中可知，军事国防安全是许多国家设计国家安全审查制度时首要考虑的因素。"国家安全"一词首先出现于 1943 年，当时正值第二次世界大战时期，许多国家面临着前所未有的生存危机，各国国家安全意识的觉醒也是从军事国防安全开始的。

美国 FIRRMA 在列举国家安全构成因素时，除新增网络安全、信息安全、核心技术安全等内容外，还保留《1950 年国防产品法》以及 FINSA 在国防安全方面的规定。包括：① 国内产品能否满足国防需要；② 国内产能是否满足国防需要，包括人力、技术、材料以及其他物品和服务；③ 外国投资者是否控制能够影响国防需要的美国企业以及其他商业活动；④ 是否向涉嫌恐怖主义、核扩散、生化武器扩散的国家出售、转移军用设备、物资和技术；⑤ 是否影响美国国防安全技术领先地位；⑥ 交易是否涉及影响国防安全的关键技术、关键基础设施等。② 由此可知，美国并不简单地关注军事国防产业、产品或者设施本身的安全，最主要的审查点是外国投资者的交易行为是否会影响美国国防需要。

一直以来，俄罗斯把军事、政治作为维护国家安全的主要手段。从历年颁布的《俄联邦安全法》《战略投资法》《俄罗斯联邦国家安全战略》等法律文件中看

---

① 肖君拥，张志朋.中国国家安全法治研究四十年：回眸与展望[J].国际安全研究，2019(1)：5.
② 王小琼.西方国家外资并购国家安全审查制度的最新发展及其启示：兼论开放经济条件下我国外资并购安全审查制度的建构[M].武汉：湖北人民出版社，2010：165 - 166.

出,俄罗斯在维护国家安全方面始终将国防安全放在首位。被俄罗斯《战略投资法》纳入国家安全审查的42个战略行业中,涉及军事与核工业的达18个之多,足见俄罗斯对国防安全的重视。

法国2005-1739号法令规定,当外国投资者并购交易涉及敏感产业领域时,需要得到经济部部长的审批,受保护的敏感产业包括涉及军事秘密的部门和军火部门、军民两用工业等产业。经济部部长在审查过程中需要考虑经营军事国防产品的法国企业是否会受外商投资影响。由此可知,军工、国防是法国外资国家安全审查的重要内容之一。历史上,法国曾质疑多个可能威胁国防、军事安全的交易。例如2003年,美国一家企业决定收购意大利菲亚特艾维欧(Fiat Avio)航空公司。该公司曾经多次参与部分欧洲国家有关军事工程的建设工作。对此,法国政府公开提出反对意见。

2. 国家产业安全

国家产业安全是国家经济安全的一个重要组成部分。考虑到外国投资进入东道国后的主要冲击对象是一国的产业发展,绝大多数国家把敏感产业是否受外国投资者控制作为评估国家安全风险的重要因素。各国产业发展情况不同,意味着各国需要保护的敏感产业也存在不同。

澳大利亚《外资并购与接管法》明确敏感产业领域包括:① 能源产业,包括铀或钍的提取以及核相关产业;② 房地产行业,包括收购土地、住宅等;③ 银行业;④ 交通业,细分民用航空、航运、机场设施等领域;⑤ 国防及军事产业,包括人力资源、军用物品和设备、用于军事用途的技术和服务等;⑥ 媒体业,包括广播业、报纸等;⑦ 电讯业。

日本《外汇及外国贸易法》列举了如下需要重点关注的领域:运用于军事领域的制造业、农林牧渔产业、交通运输业(包括航空、海运、铁路、旅客运输等)、能源产业(包括石油、煤气、电气、供暖、自然水供应等)、通讯业、媒体行业、安保行业等。

法国在2005年颁布的部长法令中规定,如果交易涉及11个产业领域,并且获得了控制权或者取得一定比例的股权,外国投资者需要向有关部门申请批准。这些产业领域包括:① 博彩业;② 安保行业;③ 研发、生产用于对抗恐怖分子的生化武器相关的产业;④ 窃听、窃照等器材制造业;⑤ 与信息产品有关的审核服务业;⑥ 为关键领域的法国公司提供信息系统安全的产品与服务的行业;⑦ 军民两用产品相关的行业;⑧ 提供密码技术设备和服务的行业;⑨ 生产、研发、销售武器弹药、爆炸性物质等禁止性物品;⑩ 个人信息保护相关的行业;⑪ 与法国政府存在合作关系的企业进行武器弹药、军民两用技术等的研发、生产、销售。① 由上可知,法国敏感行业多集中在国防、军事等传统领域。随着科技和新兴产业的发展,法国政府扩大了敏感行业的范围,将能源行业(包括能源供应、管理和交通运输)、农业、信息业(包括数据储存、信息交流等)、关键技术行业(包括人工智能、机器人、半导体、量子技术等)等纳入保护范畴。

3. 重要基础设施安全

重要基础设施安全是许多国家较为关心的基本安全问题之一。由于历史和地域元素不同,各国对重要基础设施的理解也不同。一般情况下,绝大多数国家会把重要基础设施理解为对国家安全具有重要意义的有形的物理基础设施。从这个概念中也可间接得出各国重点关注的行业或部门。

美国格外关注外资对重要基础设施的影响。FIRRMA 在 FINSA 的基础上进一步扩大和细化了重要基础设施的内容。FIRRMA 把"关键基础设施"定义为 CFIUS 明确的、对国家安全相当重要的、物理或者虚拟的体系和资产。"美国关键基础设施公司"是指制造、供应或维修保养 CFIUS 所列重要基础设施的经济实体。《特定投资新规》列举了 28 项 CFIUS 需要审查的基础设施领域(包括但不限于),主要有:

(1) 能源:石油、天然气管道、炼油厂等。

(2) 金融市场公共设施。

(3) 交通运输:铁路、机场、港口等。

(4) 国防设备。

(5) 公共服务:供水系统、发电系统、工业控制系统等。

(6) 电信、互联网:海底电缆、互联网交换、卫星系统等。

《欧盟外资审查条例》对重要基础设施的定义为对国家安全具有重要影响的有形的或无形的资产或设施,以及承载以上重要基础设施的土地或不动产。相关行业领域包括国防、航空航运、能源、交通、水、医疗卫生、电信、媒体、数据存储、金融。

德国法令规定外资收购德国重要基础设施运营商,需要受到安全审查机构的特别关注。重要基础设施包括但不限于能源、水、电信、信息技术、食品等

---

① 李群.外资并购国家安全审查法令制度的研究[D].重庆:西南政法大学,2012:78.

领域。

4. 关键技术安全

随着科技时代的到来,科技成为衡量一国综合实力的重要参考因素。为维护自身在国际社会中的地位以及掌握更多的国际话语权,各主权国家需要保证自身所拥有的核心技术以及科技创新能力位于世界前列。因此绝大多数国家把关键技术安全列为国家安全审查考虑因素之一。

美国是世界科技强国之一。随着科技的发展,外资并购的目的不再局限于获取经济利益,而是尽可能获取东道国的先进技术,因此国家安全问题已经突破了传统的军事安全和国防安全的范畴,逐步向关键技术安全等新兴领域延伸。FIRRMA的出台正是对现实世界的回应,反映出美国的不安全感以及未来美国发展的重心。FIRRMA规定,判断交易是否影响或者可能影响国家安全,应当考虑:① 交易是否会威胁到美国技术的世界领先地位;② 交易是否可能威胁核心技术方面的国家安全;③ 美国所确定的特别关注国家是否拥有某些核心技术。为提高法案的透明度,FIRRMA对"核心技术"一词进行了界定,即对国家安全具有重要战略意义的技术、技术项目和组件等。包括:①《国际武器贸易条例》(ITAR)中所列的国防物品或国防服务;②《出口管制条例》(EAR)中列明的商业管控清单中的项目;③ 联邦规则汇编所列的专门设计,与"核"相关的设备、零件、材料、软件与技术,以及试剂和毒素;④《2018年出口管制改革法》中所列的新兴基础技术。

为防止国家关键技术外流,以及出于对华为等中国新兴科技巨头的担心,日本在新修订的《外汇及外国贸易法》中加入关键技术审查,包括半导体、终端产品PC、闪存设备等。除美国、日本之外,英国、德国、澳大利亚、加拿大、韩国等国家纷纷收紧安全审查制度,均把关键技术安全列为安全审查考虑因素之一。

5. 网络信息安全

网络技术的发展,一方面促进信息在世界范围内的流动,加强了世界各国之间的沟通;另一方面网络也给各国敏感信息的保护带来了挑战。顶级黑客有可能突破一国的防火墙,窃取该国的国家机密,给一国带来不可估量且不可弥补的损失,威胁到国家的生存与发展。因此绝大多数国家在修订相关投资法规时把网络安全、信息安全纳入国家安全范畴。

在加强重要基础设施和关键技术安全的同时,美国FIRRMA也强调将网络安全、信息安全等新要素归入国家安全战略中。为维护网络安全和信息安全,

FIRRMA明确CFIUS在审查外资过程中,需要考虑下列因素:一是该交易是否会暴露美国公民的个人身份、基因信息或者其他敏感信息。二是该交易是否可能给美国带来网络漏洞或者扩大现有的网络漏洞。三是该交易是否可能利用网络影响美国的日常运行,例如利用网络影响美国大选。四是该交易活动是否会泄露国家安全敏感信息。[①] 在网络安全和信息安全中,美国对信息安全尤为看重。过去几年,CFIUS就介入多起涉及敏感个人信息的交易,例如蚂蚁金服收购万里汇(World First)案、抖音(TikTok)收购案等,以上案例足够表明现阶段的美国对信息安全的关注。

为削弱中国等新兴经济体对欧盟网络领域、个人敏感信息领域的负面影响,《欧盟外资审查条例》确定在判断交易是否威胁或者可能威胁国家安全或公共秩序时,可考察以下因素,涉及网络方面和信息方面的规定有:① 网络安全;② 控制或获取包含个人信息在内的敏感数据能力。

随着数字贸易的发展,互联网已经成为各国贸易不可或缺的工具,一旦网络被攻破,各国将面临巨大的经济损失或其他损失。同时随着互联网以及各类软件的开发,个人敏感数据以及国家安全数据更易被运营商获取。为防止上述事件的发生,越来越多的国家会关注网络安全和信息安全。

6. 其他考虑因素

除上述考虑因素之外,部分主权国家提出了其他考虑因素,例如澳大利亚的"国家利益测评"、加拿大的"净利益"标准。

澳大利亚对外资审查的标准是"是否违背国家利益"。对于"国家利益"的内涵,澳大利亚政府没有做出一个明确的固定定义,而是根据国家政策的调整不断注入新的内容。因此"国家利益"与"国家安全"相似,是一个灵活的概念。2011年,澳大利亚政府明确了"国家利益"审查考虑因素,包括:① 外资是否会威胁国家安全;② 外资是否影响本国的市场竞争秩序;③ 外资投资是否以牺牲本地环境资源为代价;④ 外资是否影响本国整体经济的正常运行;⑤ 是否为主权投资。综上,澳大利亚虽然使用"国家利益"一词,但该词与"国家安全"无异。"国家利益"审查考虑因素的第一项,根据上下文推断,应理解为国防安全。

加拿大外资审查制度包括"净利益审查"和"国家安全审查"。外国投资是否

---

① 董静然.美国外资并购安全审查制度的新发展及其启示:以《外国投资风险审查现代化法案》为中心[J].国际经贸探索,2019(3):103-104.

给加拿大带来净利益,工业部部长需要考虑以下因素:① 外资投资是否对加拿大的经济活动有益,包括就业、资源利用、服务、出口等;② 外资投资中,加拿大人参与的比例以及重要性;③ 外资投资是否对加拿大的工业效率、生产能力、核心技术研发、产品创新和产品多样化等提供助力;④ 在加拿大任何行业竞争中取得收益;⑤ 外资是否与加拿大的产业、经济、文化等政策兼容;⑥ 外资投资是否可以提高加拿大在国际市场上的竞争力。①

### (三) 国家安全影响程度评估

与自然科学研究相比,外资并购国家安全影响程度评估更大程度上是一个主观意识形态上的判断,并无一个清晰的客观标准。国家安全风险具有不确定性,在国家安全风险引发之前,任何人无法保证该交易一定会引发国家安全风险,但国家安全风险一旦产生必然会产生巨大冲击力,动摇国之根本。国家安全具有政治属性和主观性,一切论证都是带有证据的主观推理,一切论证工具均为辅助性工具。以上特性可能带来的问题是,为维护国家安全,国家有可能滥用国家安全审查制度,以最谨慎的态度审查交易,限制外资进入。为防止国家安全审查泛政治化,维持对外开放与维护国家安全之间的平衡关系,保障国际市场健康发展,有必要对国家安全影响程度评估进行论证分析。

1. 外资国家安全风险的评估基准

一般来说,判断外国投资是否对东道国国家安全造成损害应当是实然性分析,即估量外国投资对东道国造成的实际损失。但是由于国家安全风险的不确定性和强大的破坏力,实践中的国家安全审查更倾向于盖然性分析,即重视国家安全风险的提前预防,而非国家安全事件的事后处理。基于此,许多国家在判断外国投资对国家安全影响程度的"度"时,基本采用"威胁""有可能损害""危及""与国家利益相悖"等术语。

考察各国立法,实行"威胁"基准的有美国、德国、韩国等。例如美国法律规定,如果总统认为外国投资对国家安全存在威胁时,可以采取合适的措施暂停或禁止该交易。德国《对外贸易和支付法》规定,交易涉及非欧盟投资者收购德国境内企业或其股份,如果这种交易损害了公共秩序或公共安全,或者对社会根本利益造成实质性威胁时,德国政府可以限制该交易进入。韩国《外国投资促进法

---

① 李群.外资并购国家安全审查法律制度研究[D].重庆:西南政法大学,2012:84.

实施法令》规定,国家对威胁国家安全的投资进行审查。

实行"有可能损害"基准的有法国、日本等。法国《货币和金融法典》规定,政府对有可能损害公共秩序或公共安全的外资进行限制。日本法律规定,对于有可能损害国家安全、扰乱公共秩序、影响公共安全保护的投资行为,应当向财务省或者其他相关部门申请接受安全审查。

澳大利亚《外资收购与接管法》规定,对外资限制或禁止的基准是"交易行为是否与国家利益相悖"。为避免出现有益的外国投资无法流入的现象,澳大利亚并未对该基准进行定义,保证概念的动态与灵活。

"威胁""有可能损害""与国家利益相悖"等术语的内涵基本上大同小异,均意味着外资国家安全审查是否通过,不以实际损害事实或损害结果为判断依据。虽然东道国政府禁止或限制一项外国投资不需要实际损害事实或结果,但也绝不是无端猜疑,而是建立在充分的证据的基础上。审查结果应当保证可信度与合理性。

此外,从上可知,绝大多数国家均未对审查基准进行明确定义,该项举措虽然可以保证审查基准具备极强的环境适应性,防止安全审查制度僵化,但同时也暴露出法律透明度不足的问题。考虑到国家安全影响评估涉及政治内核,许多国家仅能采取列举安全审查考虑因素的方式促使审查基准有限法律化。例如美国FIRRMA在FINSA的基础上新增加12项安全考虑因素。《欧盟外资审查条例》第4条列举了8项判断影响安全或公共秩序的考虑因素。从近几年的趋势来看,各国的安全审查考虑因素呈扩张趋势,从穷尽式列举逐步向非穷尽式列举转变,同时着重于核心技术、关键基础设施、个人信息保护等方面的考察,东道国对外国投资的限制门槛进一步抬高。

无论各国对国家安全审查考虑因素如何扩展,根据美国学者西奥多 H 莫兰的研究,外国投资者给东道国带来的风险主要分为三种威胁:

(1)第一种威胁是东道国依赖外国投资者供应对国家经济功能关键的产品和服务。该类威胁的主要表现是外国投资者控制某一关键行业领域,使得东道国无法找到其他供应者,或者是找到其他供应者的代价较高,造成外国投资者可随意设置条件、延迟或拒绝为东道国提供相应产品与服务,对东道国国家安全构成威胁。

(2)第二种威胁是得益于收购,外国投资实体获得东道国的核心技术或其他知识产权,从而提高投资者母国的军事实力或者其他能力,进而用其损害东道国的国家安全。

(3) 第三种威胁是收购使得关键领域的产品和服务供应被渗透、监测或破坏。具体表现形式有窃取东道国的国家秘密,或者监测东道国的重大活动,或者破坏东道国的重要基础设施等。[①]

2. 外资国家安全风险的评估维度

为防止大量有益的外国投资无法进入东道国境内,国家安全风险评估并不是预测国家安全风险是否发生,而是预测外国投资可能引发的国家安全风险的大小,国家是否可以采取有效措施降低国家安全风险,做到风险可控。判断外国投资是否会给东道国带来较大的国家安全威胁,主要考察外国投资者是否带有损害国家安全的意图,并有能力对交易形成控制,进而成为工具威胁一国之安全。

1) 意图

从上可知,外国投资者意图是国家安全影响程度评估的重要维度之一。考察意图主要是考察外国投资者是否存在威胁东道国国家安全的目的,而非意图的强弱。考虑到意图难以探查,东道国在审查过程中只能从外国投资者的母国、身份、从前的活动记录等外化特征中予以分析。例如美国 FIRRMA 规定"特别关注国家"规则,对来自中国、俄罗斯等特别关注国家的投资者予以重点审查。如果外国投资者属于外国政府或其组成部门控制的企业,则需保持高度关注。同时美国还将外国投资者是否遵纪守法,是否在美国拥有良好的行为记录等作为判断投资者意图的参考。以上规定均为 CFIUS 核实投资者意图的重要工具。法国立法规定相关部门单位在判断外国投资者是否存在损害国家安全的意图时,可以考虑其是否具有恐怖主义、洗钱、贩毒、间谍等犯罪目的。以上所述犯罪从法国的实践中得出,均可能对法国国家安全造成威胁。需要注意的是,由于现实的复杂性,东道国难以做出精准判断,所需分析的意图分为有意图或意图不明。

2) 控制

控制的程度意味着外国投资者操纵外资工具能力的大小,也意味着损害东道国国家安全的大小。因此一般规定外资并购在达到一定控制门槛时,需要进入国家安全审查程序。控制是评估国家安全风险的重要维度之一,也是最为客

---

① 李军.外国投资安全审查中国家安全风险的判断[J].法律科学(西北政法大学学报),2016(4):195-196.

观的维度,主要运用方式如下:第一,在投资者非法意图较为强烈时,不需要过多考虑控制的程度;在投资者意图不明时,可结合控制程度和投资领域等情形评估风险程度。第二,西奥多·H. 莫兰设计的第一种威胁对外国投资者控制东道国市场能力的要求较高,因此在这种威胁下,控制程度是一个重要的考虑因素。第三,对于第二种威胁来说,控制能力的大小意味着外国投资实体转移核心技术或其他知识产权能力的大小,因此一般情况下该种威胁对控制程度有一定的要求。但是当外国投资实体投资军事、国防等敏感领域时,控制标准将会缩紧。第四,第三种威胁与第二种威胁情况相似,在并购一般领域时需要考虑控制因素,在并购敏感领域时可忽略控制因素。

3)威胁行为

对于威胁行为需要结合投资者意图、控制以及投资领域等综合判断。前已述及的第一种威胁指的是外资控制东道国某一产业领域,东道国无法在国际市场上找到其他供应者或者寻找的成本较高。从上可知,评判该风险应当着眼于国际市场,而不是国内市场。如果东道国可在国际市场上找到其他替代者,则该投资实体对东道国该领域的控制构不成较大的国家安全风险。所以控制因素在该种威胁下只是一个评估国家安全风险的充分条件,而非必要条件。对于第二种威胁和第三种威胁来说,更多的是考虑控制的程度以及控制的领域是否属于敏感领域,对意图这一因素可适当忽略。当然,如果有证据证明外国投资者具有损害国家安全的意图,可成为评估国家安全风险的有力佐证。

3. 外资国家安全风险的评估逻辑

2020年特朗普总统叫停TikTok收购案的事件在中国掀起轩然大波,引发人们的广泛关注和讨论。TikTok收购案是否威胁到美国的国家安全,美国是否将经济问题政治化,可用西奥多·H. 莫兰设计的三种威胁评估框架予以分析。

2017年11月10日,北京字节跳动科技有限公司以10亿美元的价格收购上海闻学网络科技有限公司旗下产品Musical.ly。2018年8月,字节跳动开发的国际版应用软件TikTok与Musical.ly合并,新产品仍沿用TikTok的名称。此后TikTok迅速成为欧美市场最受欢迎的App,下载量长期居于榜首。随着TikTok的爆红,美国政府及其议员开始关注TikTok收购案,并对此开展国家安全审查。2020年8月,美国前总统特朗普签署总统令要求字节跳动公司在40天内剥离美国TikTok业务。理由是TikTok收集了大量可供外国政府运用的美国个人数据,给成千上万的美国人带来重大风险。受各种因素影响,TikTok

并未遵循总统令的要求剥离业务。2021年2月,拜登总统上台后暂停TikTok禁令,对之进行无限期搁置。

对于该案就第一个威胁风险来说,字节跳动以10亿美元的资金收购Musical.ly,事实上的确是控制了该项业务。但TikTok始终是一种文化产品。在当前文化多元化且社会发展迅速的年代,即使停用TikTok,人们也可快速创造其他文化产品或服务取代TikTok。同时TikTok并非一家独大,Facebook、YouTube、Instagram在世界市场中也占据着重要位置。因此第一种威胁的可信度较低。对于第二个威胁来说,该案中被收购者是上海闻学公司,是由阳陆育、朱俊两位中国人创立的。字节跳动实际上收购的是中国公司的产品。同时TikTok的中国版本——抖音,早已在中国境内风靡多时。因此字节跳动公司并未窃取美国的核心技术,综上,第二种威胁缺乏可信度。对于第三个威胁,字节跳动是否可通过TikTok侵入美国的网络系统,窃取美国的国家机密或者美国公民个人敏感信息,识别美国政府、军队或者其他国民的弱点,以此损害美国国家安全。根据调查,字节跳动对TikTok拥有绝对的控制权,拥有操纵TikTok平台以及管理用户数据的能力。但是目前TikTok美国用户数据存储在美国本地,且对员工访问进行了严格限制,数据保存得严密妥当,并未泄露给中国政府或是发生意外泄露事件。可以说,字节跳动拥有数以百计的美国用户数据,虽然目前数据未泄露或透露给中国政府,但不排除未来具备这种可能性,因此该种威胁具有较高的可信度。但是从另外一个角度来看,在大数据时代,无论是哪一个国家的投资者运营该App,均存在泄露的风险。美国之所以对TikTok反应如此强烈,原因在于TikTok运营者的背景是中国,是美国现阶段最为强劲的竞争对手之一,出于国家战略的要求,必须对其保持一定的警惕心。

外资国家安全风险评估是一种价值判断,容易发生主观武断,将威胁分为三大类,并结合意图、控制、投资领域等因素,可促使国家安全风险评估做到相对客观、相对可信。当然国家利益是复杂的,国家安全风险评估不是一个简单的过程,在现实世界中也不可能找到客观标准。

### (四) 安全审查政治化及规制

外资国家安全审查制度建立的初衷是维护国家安全,且触发该机制的条件是严苛的,即外资对国家安全的威胁必须是切实存在的、充分的、严重的、采取其他措施不可避免的。随着经济全球化的深入和科技的高速发展,美国、德国、澳大利亚、加拿大等率先建立国家安全审查制度的部分国家对安全审查制度价值的理解产生了偏移。他们将安全审查制度作为实现其政治目标的障眼法，变相限制外资进入，即使他们公开宣称其仍然鼓励外资投资。国家安全审查政治化主要表现在贸易保护主义、歧视主义等方面。

1. 贸易保护主义

自2008年全球金融危机及其后的欧洲主权债务危机爆发后，欧美国家经济增长速度放缓，贸易保护主义逐渐抬头，尤其是近几年，中国、俄罗斯、印度等国家在欧美国家的投资数量和投资额快速增长，经济触及面逐渐扩展，综合国力和国际经济影响力不断增强。在该大背景下，部分国家不可避免地担心中国计划"架空"欧美国家，尤其是中国、俄罗斯、印度等国与欧美国家在意识形态上存在较大差异，更是加深了这一层怀疑。为维持自己的世界领先地位，美、德、澳、英、法等国，以及欧盟等国际组织陆续修订、建立外资国家安全审查制度，其间充斥着鲜明的贸易保护主义色彩。

1）美国制度中隐含的贸易保护主义色彩

美国是最早建立外资国家安全审查制度的国家。从其外资安全审查制度演变历史和最新颁布的FIRRMA来看，美国制度中的贸易保护主义色彩愈来愈强，也可反映出美国的安全感正在逐渐流失。总体来说，FIRRMA是为了维护美国的世界霸权地位以及增强其自信心而诞生的。FIRRMA的贸易保护主义色彩主要体现在：

一是核心概念界定模糊。"国家安全"和"控制"一直是美国安全审查制度中的核心概念，但从《与敌贸易法》《埃克森—佛罗里奥修正案》到2007年的FINSA再到现阶段的FIRRMA均未对上述两个核心词语进行明确定义，仅增加了安全审查考虑因素。该做法的理由是给美国政府留出充分的解释空间以适应千变万化的世界，避免法律僵化。但另一方面，立法的不确定性减弱了法的可预见性，赋予了国家安全审查机构极大的自由裁量权，可能会造成安全审查武断的情况发生。同时安全审查机构也容易受政治因素干扰。例如特朗普在任期间推行"美国优先"政策。受该政策影响，安全审查机构会在潜意识中将美国领先与国家安全相捆绑，违背安全审查制度建立的初衷。

二是扩展和延伸CFIUS安全审查权限。中国等发展中国家高科技能力的崛起，对过去美国主导的高科技垄断地位形成了冲击，为维护自己绝对领先的地位，FIRRMA在FINSA的基础上新增了六项CFIUS安全审查权限，着重强调美国核心技术、关键基础设施等方面的国家安全问题,并将不动产交易纳入安全审查范围。此外还需要注意的是,FIRRMA及其《实施细则》弱化了"控制"概念对CFIUS审查范围的限制,规定涉及关键技术、关键基础设施、个人敏感信息等领域的交易,在存在下列情形时,即使没有达到传统的控制的标准,也需要接受CFIUS的审查:① 对重大非公开技术信息享有访问权;② 董事会等其他管理机构的成员或观察员;③ 对关键技术、关键基础设施、个人敏感信息等活动享有决策参与权。由此可知,美国扩大安全审查范围并非是维护国家安全,而是出于维护霸权地位的政治目的。

三是安全审查程序缺乏透明度。在审查过程中,CFIUS仅就相关审查事宜与交易者沟通,并将最终审查决定告知交易者,同时对外公布。考虑到审查过程中很有可能涉及政治内容,因此审查中涉及的所有资料都不会对外公开,甚至不会对最终结果进行说明。例如罗尔斯公司收购中,美国总统奥巴马并未给出禁止交易决定的理由依据。审查程序的不透明给了CFIUS和总统暗箱操纵的机会,不利于外国投资者合法权益的保护。

四是问责机制匮乏。2012年罗尔斯公司诉奥巴马案在中美等国获得广泛关注,各界人士从该案入手,探讨美国司法系统是否可对国家安全审查程序及决定进行审查。即使最终罗尔斯公司没有获得实质性的胜利,但让人们开始重新审视外国投资者权益救济问题。受该案影响,FIRRMA明确CFIUS和总统的决定在一般情况下享有司法豁免权,只有当主动申请或提交审查的外国投资者对上述决定不服时,可向哥伦比亚特区巡回法庭就合宪性问题提起诉讼,法院仅就程序性内容进行审查。问责机制的匮乏进一步加深了安全审查制度的不透明性。

2)《欧盟外资审查条例》中潜在的贸易保护主义

在外资投资方面,欧盟向来以自由开放著称。随着欧洲经济日渐疲软,中国等新兴国家对欧盟投资数量日趋增长,尤其是近年来鑫茂集团收购荷兰特雷卡、美的收购库卡等案件的发生,欧盟不得不反思和探讨外资监管政策。在德国、法国、意大利等国的督促下,欧盟制定了《欧盟外资审查条例》。尽管欧盟强调投资自由的政策不会变,但条例中的细节内容却反映出欧盟已然存在意识形态偏见的倾向。主要体现在:

其一,"安全和公共秩序"内涵模糊,审查考虑因素泛化。"安全和公共秩序"是欧盟外资审查制度的核心词,但《欧盟外资审查条例》并未对其做出明确定义。

为尽可能提高立法的确定性,《条例》第 4 条列举了判断可能影响安全和公共秩序的考虑因素,内容主要涉及关键基础设施、关键技术、敏感信息保护、关键输入、媒体自由及多样化等。同时《条例》强调,上述的列举为无穷尽式的。在笔者看来,《条例》所列的审查考虑因素扩展到了高科技新兴领域,已经超出了传统国家安全的界限,并且为无穷尽式列举,给予了欧盟足够大的自由裁量空间,欧盟很有可能出于纯粹的政治需要或经济需要限制并购,使得《条例》成为欧盟贸易保护主义的工具。

其二,"相当数量""重要份额"等概念模糊。《欧盟外资审查条例》第 8 条规定,如果欧盟委员会认为外国投资可能对"事关欧盟利益的项目或计划"产生影响,威胁到欧盟安全和公共秩序时,则可以向投资所在国发表意见。"事关欧盟利益的项目或计划"是指涉及相当资金或重要份额的欧盟资金,或者对欧盟安全和公共秩序具有重要意义的关键基础设施、关键技术、关键输入的计划和项目。[①] 尽管《条例》对"事关欧盟利益的项目或计划"进行了定义,又在附件中列举了 8 个项目和计划以供参考,但可惜的是《条例》对"相当数量""重要份额"等概念没有进行下一层次的解释,且项目和计划列表为无穷式列举。因此欧盟委员会在该方面仍然具有较大的自由裁量权,《条例》对其无较大的约束力。

其三,欧盟成员国安全审查制度双重设置。《欧盟外资审查条例》是在德、法、意等国的推动下制定的。《条例》制定的初衷是希望在欧盟层面建立外资国家安全审查制度,与成员国共同配合形成一种外资"双重监管体制",以确保监管的有效性。虽然最终版本的《欧盟外资审查条例》更加侧重于欧盟境内外资国家安全审查制度的协调与合作,偏向于软法,但不可否认的是《条例》仍然对成员国的行为产生了深远的影响,仍然对外国投资者形成双重监管。例如已经建立审查制度的国家在进行安全审查时,需向欧盟委员会通报并提供相关材料,欧盟委员会根据具体情况决定是否发表意见。另外,在涉及"事关欧盟利益的项目或计划"时,虽然欧盟委员会给出的意见不强制要求成员国一定要接受,但成员国必须尽可能考虑欧盟委员会的意见,在不予采纳的情况下需做出解释。上述举措无疑给外国投资者的投资带来了压力。

**2. 歧视主义**

除贸易保护主义以外,国家安全审查政治化的其他表现形式包括党派之间

---

① 廖凡.欧盟外资安全审查制度的新发展及我国的应对[J].法商研究,2019(4):186-190.

的斗争、立法机关与行政机关的权力之争、国与国之间的关系等。其中,国与国之间的关系中,因意识形态不同、社会经济发展不同或考虑到地缘政治,容易引发歧视主义。在美国、欧盟的立法及活动中可感受到歧视主义的存在。

早在颁布 FIRRMA 前,美国 CFIUS 的审查行为已透露出歧视主义的端倪,例如迪拜环球收购美国港口案、罗尔斯公司收购案等。FIRRMA 的颁布则更加明确了美国的国家安全审查制度存在歧视主义色彩,主要体现在:FIRRMA 规定了"特别关注国家"的规则。即使 FIRRMA 及其《实施细则》并未列举"特别关注国家"名单,但从 FIRRMA 制定的背景来看,该规则的矛头无疑直指中国、俄罗斯、委内瑞拉、朝鲜、叙利亚等。其中中国、俄罗斯等国在经济和高科技领域的发展使得美国的世界领导地位摇摇欲坠,为维护自身的霸权地位,美国需要采取措施遏制中国、俄罗斯的发展。而朝鲜、叙利亚等国涉嫌与恐怖分子具有联系,作为"9·11"事件的最大受害者,美国需要对来自上述国家的投资予以限制。美国的做法违背了"非歧视原则",是对中国等国的歧视待遇。

欧盟及其部分成员国的立法已经呈现出一种态势,即在法律上推定带有国有背景的外国投资者具有威胁国家安全的可能性。《欧盟外资审查条例》第 4(2)条规定,成员国和欧盟委员会需要重点考察下列因素:

> (1) 外国投资者是否通过所有权结构或重大资助等方式,直接或间接地受到外国政府的控制……

由此可知,欧盟委员会及成员国判断外国投资者与外国政府是否具有联系,主要关注资金的来源,即外国投资者是否接受外国政府的补贴或者其他资金资助。该条规定对中国投资者带来较为不利的影响。中国不仅给予国有企业一些特殊的优惠,确保其在关键领域的主导地位,而且会对从事国家重点战略行业的企业给予优惠,例如生物科技、高新技术产业等。《欧盟外资审查条例》混淆企业的国有性质和一国的产业政策,带有浓厚的歧视主义色彩。同时欧盟成员国对来自中国国有企业的投资给予较为严苛的待遇,例如德国撤回爱思强收购案的无异议证明,正是因为宏芯基金具有政府背景。

3. 安全审查政治化规制

以国家安全为理由对外资进行审查是一国行使经济主权的外在体现之一。但是因为国家安全触及政治内涵,且存在定义模糊的问题,给审查机构评估外资国家安全影响程度带来了困难,也给贸易保护主义、歧视主义提供了较大的空间。为避免国家安全审查措施使用不当所引发的制度泛政治化,以及较好地平衡资本自由和维护国家安全之间的关系,OECD 自 2006 年起对该问题进行了深入的讨论,并于 2009 年发布《投资接受国与国家安全相关的投资政策指南》。为有效防止泛政治化问题的出现及蔓延,需要重新审视该指南提出的四大基本原则。

1) 无差别待遇原则

无差别待遇原则指的是各国政府应当采用类似的措施对待条件类似的外国投资者。这里所指的"条件类似的外国投资者"是对东道国国家安全威胁程度相等的外国投资者。因此需要东道国政府根据个案的具体情况进行处理。由于现实情况的复杂性,实践中经常出现东道国是否违背无差别待遇原则的争议。例如美国 FIRRMA 设置"特别关注国家"规则和"白名单"国家名录,对不同国家设置不同的待遇,显然违背了无差别待遇原则,但是由于国家利益,国与国之间的关系并不能保持长久的和谐关系,国家之间不友好的状态也会在一定程度上威胁国家安全。可以说,国家安全问题并不能完全地法律化。

2) 透明度或可预见性原则

透明度或可预见性原则指的是政府可以因利益的需要对机密信息进行保密,但是对监管目标与审查实践应尽量保持透明度,增加结果的可预见性。投资审查透明化需要做到:第一,基本法律及其配套条例的编纂与出版;第二,事先通知与协商,如投资政策有变,政府需要提前通知利益各方,并征求各方意见;第三,程序公正与规则的可预见性,同时要求保护投资者的敏感商业信息;第四,披露投资政策。在考察各国实践后可发现,绝大多数国家在法典编纂与出版、披露投资政策、机密信息保密等方面做得较好。大多数国家将其投资法法典化,并提供一个专门渠道,运用多种语言向外国投资者提供投资政策和信息,例如美国、加拿大、澳大利亚等国会定期公开披露审查报告。但是在审查程序方面,各国的透明度大打折扣。除要求外国投资者提供必要的材料或告知外国投资者审查结果以外,审查程序中结果做出的过程及依据不对外公开,给外国投资者申请启动问责机制制造了阻碍。

3) 监管均衡性原则

监管平衡性原则指的是政府对投资采取的限制措施不应超过维护国家安全之需要,当现有的其他措施可以应对外国投资者带来的威胁时,国家应当避免采取限制性措施。遵守监管均衡性原则的前提是国家安全审查机构能够准确并客观地评估外资国家安全影响程度,并判断采取何种补救措施可以消除外资带来的国家安全问题。达到上述要求,需要国家向审查机构提供明确的审查标准,并要求国家安全方面的专家参与。由于国家安全概念的模糊性以及相对性,大多数国家无法提供客观的审查标准,为国家安全审查制度政治化提供了空间。在专家方面,大多数国家的审查机构由多个部门组成,例如美国的安全审查机构(包括财政部、商务部、国防部、司法部、国土安全部、能源部、国家情报部、劳工部等)缺乏专业的国家安全审查专家。在采取应对措施方面,部分国家会采取缓和协议或附加条件的方式允许外资进入,例如美国等。

4) 问责性原则

OECD的责任约束原则要求通过政府内部程序监督、议会监督、司法监督、定期监管效果评估等途径规范东道国的行为,一些重要的决定必须由政府高层做出,以确保日后对行政权的问责。以美国为例,CFIUS由多个中央部门组成,属于联合执法部门。美国总统享有中止交易权,可审查与交易无关的行为,符合OECD中"重要决定必须由政府高层做出"的规定。在议会监督方面,美国FIRRMA扩展了CFIUS向国会汇报的范围,加深国会对国家安全审查的监督。在司法监督方面,FIRRMA则规定CFIUS和总统做出的裁决和决定具有司法豁免权,只有在符合一定条件下,外国投资者才可就程序性问题向特定法院提起诉讼。由此可知,美国限制了外国投资者的救济途径,但由于国家安全问题很难完全法律化,美国拒绝就实质性内容进行司法审查具备一定的道理。考察全世界的问责机制可发现,绝大多数国家对该问题并未达成一致的意见,包括是否可对国家安全审查决定进行司法审查,是否可进行国际层面的救济,等等。

# 第三章

# 外资安全审查制度程序要件

程序要件是外资国家安全审查制度的重要组成部分,主要包括审查主体、审查程序和审查监督机制。基于历史沿革、政治制度以及国情的不同,各国对审查主体的规定各有不同,但大致可以分为双层监管模式和单层监管模式。审查程序方面,绝大多数国家将程序具体分为启动、核查、决定三个阶段。为防止审查主体滥用自由裁量权,部分国家在立法中明确审查监督程序,主要有国会监督、司法监督和行政监督。

## 一、外资安全审查主体

外资安全审查机构的设置,包括性质、法律地位、组成部门、职责等,是考察一国审查机构专业性、权威性、运行有效性的重要标准,也是判断一国安全审查制度法律化进度的重要因素。审视各国外资安全审查主体的设置,大致可以分为双层监管模式和单层监管模式。

(一)双层审查主体结构

双层审查主体结构指的是审查权、决定权分属于不同机构,代表性国家包括美国、加拿大、俄罗斯等。

1. 美国

美国外资安全审查主体结构发展得较为成熟,CFIUS、总统和国会分别履行审查、决定、监督的职能。

1)审查受理主体:CFIUS

1975年,美国总统福特创建了CFIUS,作为一个机构间委员会,其主要任务是监测中东国家在美的"石油美元"投资。随着国内外投资环境的变化以及国际形势的更替，CFIUS 经历了四次改革，第四次改革发生在 2018 年，当年美国通过了 FIRRMA。

CFIUS 并不是一个简单的实体，而是由多个中央职能部门联合组成的办事机构。财政部部长是 CFIUS 的主席，秘书处设置在财政部下，专门负责通知的接收、处理和协调。作为由多个部门组成的联合机构，CFIUS 成员历经多次变动。目前 CFIUS 由财政部、司法部、国土安全部、商务部、国防部、国务院、能源部、美国贸易代表办公室、科技政策办公室等九个机构组成。为提高审查的效率和专业性，管理与预算办公室、经济顾问委员会、国家安全委员会、国家经济委员会、国土安全委员会等部分白宫办公室以观察员的身份酌情参与安全审查。①

由上可知，CFIUS 的成员构成呈现以下特点：一是组成部门之间相互制衡。财政部、商务部、国务院、美国贸易代表等为经济性部门，国土安全部、国防部、司法部等为国家安全机构。经济部门和国家安全机构之间的关系是天然敌对的。审查过程中，两种不同性质的意见交锋，可制约部门权力，保证资本自由流动和维护国家安全之间的平衡。二是高级别层次、专业性运作。CFIUS 代表为高级别成员，可保证安全审查的严肃性和保密性。同时司法部、国土安全部、商务部、国防部、能源部、科技政策办公室从敏感信息、关键基础设施、产业、军事、能源、科技等多个角度对外资进行审查，可保证安全审查的全面性和专业性。三是秘书处的协调机能。财政部秘书处通过信息的传达和接收将十多个部门良好地协调起来，确保审查工作的高效率。

2018 年 FIRRMA 颁布后，CFIUS 的权力进一步扩大。第一，授予 CFIUS 识别权。CFIUS 可审查在管辖范围内没有提交通知或正式申报的外国投资。第二，授予 CFIUS 中止交易权。在审查过程中，如果交易可能威胁到美国的国家安全，CFIUS 可自行决定中止该交易，而无须得到总统的指示。第三，强化 CFIUS 施加减缓措施的权力。对已经完成的交易或者交易方自动放弃的交易，CFIUS 可以施加减缓措施，并监督缓解措施的实施。第四，CFIUS 所做决定享有司法豁免权，法院无权改变 CFIUS 的决定。第五，授予 CFIUS 收取安全审查费的权力。支持设立 CFIUS 基金，为 CFIUS 推进审查工作提供物质保障。总体来说，自美国建立外资国家安全审查制度以来，CFIUS 的权限在不断扩大。

---

① 信息来源于美国财政部网站. 2021［2021-03-22］. https://home.treasury.gov/policy-issues/international/the-committee-on-foreign-investment-in-the-united-states-cfius/cfius-overview.

2) 审查决定主体：总统

1988年《埃克森—佛罗里奥修正案》授予美国总统决定权，即在有充分证据表明交易可能威胁美国国家安全情况下，总统可暂停或禁止该交易，且该决定权是唯一的、最终的。在延续1988年规定的基础上，2007年的FINSA赋予了总统执行权，即总统有权命令司法部部长执行总统的决定。2018年的FIRRMA再次对总统权力进行了调整。包括：① 总统可采取与交易无关的措施；② 总统所做决定享有司法豁免权。总体来说，总统的权力范围在不断扩大，即使其不再享有唯一的交易中止权。近年来，美国总统禁止的交易有三一集团Butter Creek（黄油溪）风电项目收购案、宏芯基金收购爱思强案、峡谷桥收购莱迪思半导体案、博通收购高通案、TikTok收购Muscial.ly案等。这其中，中国是被叫停次数最多的国家，说明近年来中国的高速发展使得美国心生担忧。

3) 审查监督主体：国会

美国国会在国家安全审查制度中充当监督者的角色。在FINSA的基础上，FIRRMA扩展了国会的监督范围，主要包括：① CFIUS应当就审查的当事人情况、业务性质、审查与调查结果向国会作更深入的报告；② CFIUS应当分析经济与机构资源状况、对其他资源的需求，并向国会报告；③ 至2026年为止，美国商务部应当分析中国对美投资情况，每两年向国会报告。显然，美国将中国投资者与其他投资者区别对待，违背非歧视原则和资本自由流动原则，存在经济问题政治化的倾向。

从美国安全审查制度建立至今，随着CFIUS审查权的不断强化，国会的监督权也随之扩张。国会的监督可防止CFIUS滥用审查权，维护外国投资者的合法权益，但也需要警惕国会的过度介入以及对CFIUS工作方向的刻意引导。国会虽然对外资交易没有否决权，但根据实践操作，交易方通常在国会的压力下主动放弃并购交易。由于美国政治体制的特点，部分国会成员或者国内竞争者可能通过游说国会的方式向CFIUS审查程序施加压力，有可能导致国会监督权滥用，从而给外资造成难以预估的损失。因此国会在安全审查制度中拥有重要地位，需谨慎行使权力。

2. 加拿大

加拿大外资国家安全审查机构分为两层结构，部长行使审查权，总督负责做出限制或者禁止外资的决定。

1) 审查受理主体：部长

《加拿大投资法》第四条明确了国家安全审查机构及其职责。一般外来投资由创新、科学与经济发展部部长负责审查；涉及文化产业方面外国投资的审查事宜另由加拿大文化遗产部负责制定与实施。在外资安全审查过程中，部长的主要职责为通知和审查。具体工作内容为：当有充足的、合理的理由相信某一外国投资威胁或可能威胁国家安全时，部长根据总督的指令向外国投资者发出审查通知，并对外国投资者提供的信息进行审查。审查结束后，创新、科学与经济发展部部长应当与"公共安全和应急部"协商，如果认为交易存在威胁国家安全的可能，则需要向总督报告审查结果。除创新、科学与经济发展部和文化遗产部以外，根据《外国投资国家安全审查条例》(2009)第七条，公共安全和应急局、安全情报局、加拿大皇家骑警、边境服务局、国防部通信安全机构、国防部、外交和国际贸易部、自然资源部、司法部、枢密院办公室、运输部、公共工程和政府服务部、税务局、移民局、公共卫生署、财政部，以及各省、区和市警察部队，也需要参与国家安全审查调查工作。[1]

从上可知，加拿大审查主体的组成结构与美国 CFIUS 相似，主要表现在：一是由高层次部门组成，体现安全审查的严肃性和权威性；二是由多个部门共同参与审查，体现安全审查的完整性和全面性；三是审查权和决定权分别由不同机构行使。鉴于《加拿大投资法》等法律出台时间晚于 FINSA，且加拿大与美国的意识形态相近，加拿大借鉴美国经验的可能性较大。

2) 审查决定主体：总督

加拿大安全审查过程中，总督主要行使决定权。包括：一是总督根据部长的建议做出是否启动安审程序的决定。二是根据部长提交的报告，总督认为该项交易可能威胁到国家安全时，可采取下列措施：① 通知外国投资者终止投资；② 必要时要求外国投资者提供承诺书；③ 要求外国投资者放弃对加拿大实体的控制权等。

3. 俄罗斯

俄罗斯外资安全审查中，俄罗斯联邦反垄断署（Federal Anti-Monopoly Service，FAS）和外资审查政府委员会分别负责审查和裁决。

1) 审查受理主体：联邦反垄断署

联邦反垄断署为俄罗斯安全审查主管机关，下设外资控制战略性企业调查

---

[1] National Security Review of Investments Regulations，Section 7.

部,主要负责接收外资申请和进行初步审查。根据初审结果,联邦反垄断署可做初步同意或不同意的决定,并向外资审查政府委员会报告。对于可能控制俄罗斯战略性企业的交易,反垄断署在做出不同意的决定后,将开展进一步调查。在了解该战略性企业基本情况的同时,联邦反垄断署需向俄罗斯联邦安全局咨询意见;如果交易涉及国家机密信息业务,还需向国家保密委员会咨询外国申请人及其工作人员是否能够接触到国家秘密。结束调查后,联邦反垄断署应当向外资审查政府委员会提交调查材料和各部门答复意见。

俄罗斯将联邦反垄断署作为安全审查主管机构具有一定的历史渊源。俄罗斯外资审查法律体系由多部法律组成,《反垄断法》属基础法律之一。在2008年《战略投资法》发布前,俄罗斯的外资国家安全审查制度以《反垄断法》为基础进行发展。

2) 审查决定主体:外资审查政府委员会

外资审查政府委员会是由总理领导,多个部门共同参与的机构。成员包括总理、副总理、反垄断署负责人、工业和贸易部部长、联邦经济发展部部长、国防部部长、自然资源部和生态部部长、能源局局长、司法部部长、通讯和传媒部部长、航天署署长、联邦安全局局长、保密委员会主席、国家原子能公司总经理等。[①] 外资审查政府委员会的主要工作内容是根据反垄断署提供的信息做出批准、不批准或者附条件批准的最终决定。

由上可知,外资审查政府委员会呈现以下特点:第一,成员背景涉及军工、宇航、核、通信、自然资源、媒体、信息等领域,基本覆盖俄罗斯外资审查战略性行业。第二,由多名政府高级成员组成,体现安全审查的权威性,同时防止国家机密信息泄露。

## (二) 单层审查主体结构

单层审查主体结构指的是审查权、决定权由同一个机构行使,代表性国家包括澳大利亚、德国、法国和日本等。

1. 澳大利亚

澳大利亚国家安全审查由财政部负责,其中财政部的外国投资和贸易政策司(the Treasury's Foreign Investment and Trade Policy Division)承担审查的

---

① 李军.外国投资国家安全审查实施要件研究[D].上海:华东政法大学,2015:26.

日常管理工作,外国投资审查委员会(the Foreign Investment Review Board,简称 FIRB)负责审查工作,财政部部长行使决定权。

1) 外国投资和贸易政策司

外国投资和贸易政策司作为 FIRB 的秘书处,主要负责安全审查的日常管理工作。具体工作内容为:① 对外国投资者提交的申请作初步审查,并向财政部部长或其他有决定权的官员提供建议;② 与外国投资者及其代理人建立联系,向其提供各类信息以及建议措施。

2) FIRB

FIRB 是成立于 1976 年的一个非法定机构,本质为咨询机构。主要职责是:① 审查在澳大利亚外资政策下提交的申请,并向财政部部长提出建议;② 就法案和政策的实施向财政部部长提供建议;③ 增强国内外对澳大利亚外资政策和法案的了解和理解;④ 向外国投资者及其代理人提供法律指导;⑤ 监督并确保法案和政策正常执行等。截至 2021 年 1 月 4 日,FIRB 由八名成员组成,包括七名非执行成员和一名执行成员。成员专业背景涉及国家安全、法律、税务、金融、能源等多方面。

3) 财政部部长

财政部部长拥有国家安全审查的决定权。根据 FIRB 的建议,如果认为外资有损害"国家利益"的可能时,财政部部长可决定禁止该外资进入,或者对外资进入附加条件以确保国家利益。对于不涉及敏感问题的外资申请,财政部部长可授权 FIRB 执行成员或外国投资和贸易政策司的高级成员定夺,FIRB 实施监督。

2. 德国

德国外资安全审查主体结构采取的是"一主多辅"的模式。根据德国《对外贸易与支付法》《对外贸易与支付条例》以及相关政策规定,联邦经济与能源部为国家安全审查主导机构,德国外事办公室、国防部、财政部、运输建筑与城市发展部、内务部、德国联邦银行等部门或者机构参与国家安全审查。[①]

联邦经济与能源部在安全审查过程中主要承担下列职责:一是对欧盟和非欧盟投资者主动申报的,或者对有可能威胁公共秩序与安全的交易开展调查;二是对有可能威胁公共秩序与安全的交易予以否决或者附条件通过,相关决定需经过联邦政府的同意才可生效;三是对已经完成并购的交易采取措施,使其恢复

---

① 田昕清.外资安全审查制度比较研究及对我国的借鉴意义[D].北京:外交学院,2019:100.

原有状态。

为防止联邦经济与能源部和联邦政府滥用权力,德国国会对外资安全审查享有监督和干预的权力。德国柏林行政法庭可对联邦经济与能源部做出的决定进行约束。

3. 法国

法国外资安全审查主体结构为单层结构。根据《法国货币和金融法典》和第2005-1739号法令的规定,法国财政部为国家安全审查的全权机构。财政部部长享有对外国投资的安全审查权,并根据调查结果决定外国投资的通过、禁止或者附条件通过。对于违反决定的外国投资者,财政部部长可对其实施处罚。除财政部外,根据第2005-1739号法令,国务部部长、国防部部长、内政和领土政治部部长、经济部部长、外交部部长、国民教育与研究部部长、财政和工业部部长、卫生部部长等多个部门共同参与。①

4. 日本

日本外资安全审查主体结构采取的也是"一主多辅"的模式,财务省(原大藏省)为主要审查机构,经济产业省、农林水产省、厚生劳动省、建设省、海关、邮电省、海关省等多个部门为重要的安全审查参与机构。②

财务省是主管财政、金融和税收的行政机关,同时也是外国直接投资的审批机关。依据《外汇及对外贸易法》,财务省在国家安全审查工作中主要履行下列职责:一是审批涉及国家安全的外国投资,包括绿地投资和外资并购;二是依政令,变更投资交易或者禁止外资活动。

为更好地调查外国投资事项以及为财务省大臣提供咨询,依据《外汇及对外贸易法》,日本在财务省下设置外汇等审议会。审议会由15名委员组成,均为兼职,由财务省大臣从学者中任命。审议会的主要职责是为财务省大臣提供意见及建议,不能单独行使国家安全审查决定权。

(三) 审查主体结构模式比较评析

1. 两种主体结构相同点分析

双层审查主体结构和单层审查主体结构存在部分相似之处,或为国家安全

---

① 李军.外国投资国家安全审查实施要件研究[D].上海:华东政法大学,2015:29.
② 田昕清.外资安全审查制度比较研究及对我国的借鉴意义[D].北京:外交学院,2019:128.

审查制度主体结构设置方面的共性,可为其他国家建立或完善安全审查制度提供经验。主要体现在以下几点:

第一,美、加、俄、澳、德、法、日等国的安全审查过程均要求高级别政府官员参与。主要是考虑到:① 外资安全审查的本质是限制外资自由流动。在全球经济化时代,资本自由流动是促进各国经济发展的重要因素,是联合国、OECD、WTO等世界国际组织所倡导的基本原则。要求高级别政府官员参与,能够体现做出限制外资进入决定的严肃性和谨慎性。② 国家安全审查的内核为政治问题,其中牵涉诸多国家机密信息,要求高级别政府官员介入,有利于保证机密信息不被泄露。③ 安全审查过程中往往涉及多个部门,包括国防、金融、情报、外事、法律等,高级别政府官员的参与有利于部门之间的协调与合作,提高安全审查工作效率。④ 高级别政府官员的参与有利于建立问责机制,落实法律责任。

第二,美、加、俄、澳、德、法、日均确定一个主导机构来启动安全审查程序,主导机构可以是单独设立的专责机关,也可以指定其中一个中央部门担任。例如美国的CFIUS、加拿大的创新、科学与经济发展部、俄罗斯的联邦反垄断署、澳大利亚的财政部、德国的联邦经济与能源部、日本的财务省等。确定主导机构,一是可防止各部门之间相互掣肘,造成安全审查程序启动困难;二是容易确定责任承担主体,有利于接受国会、司法机关、社会公众等主体的监督。

第三,美、加、俄、澳、德、法、日等国的安全审查均要求多个部门共同参与。考察上述国家成员名单时可发现,各国会根据本国明确的敏感产业领域来确定相应的介入部门,例如美国重视关键基础设施、核心技术、个人敏感信息等方面的安全,则相应安排国土安全部、科技政策办公室、司法部等参与安全审查。此外,还包括加拿大、俄罗斯、日本等国家。由于审查涉及国家安全方面的专业知识,为确保审查的专业性,以及符合监管均衡性原则,部分国家把国防部、情报部门、国家安全机构等涉及国家安全和情报方面的部门列入参与成员名单之中,如美、加、俄、澳等。

此外需要注意的是,由于国情不同,各国在安全审查过程中虽然要求多部门参与,但也存在细微区别。上述国家中,各部门参与模式主要分为两种模式:多部门联合审查制以及部门、专家咨询联合制。美、加、俄等国为部门联合审查制,各参与部门均可能对决定的形成产生实质性影响。而澳大利亚、日本等国采取的是部门、专家咨询联合制,审查参与主体在审查过程中仅发挥咨询作用,其意见是否被采纳取决于主管部长。

2. 双层审查主体结构模式评析

双层审查主体结构模式为审查权、决定权相分离的模式。一般情况下,采用该模式的国家也是对外资审查采用专门立法模式的国家,例如美、加、俄等。值得一提的是,美国另外设置国会作为监督机构,主要监督CFIUS运行。美国的举措与其分权与制衡的政治制度相关。该种设计有利于权力规范运行,强化权力制约,平衡对外开放和维护国家安全之间的关系。反观加拿大、俄罗斯等国家无专门的监督机构。可以说在诸多国家中,美国的安全审查主体结构是最为完善和成熟的。

由于绝大多数国家对"国家安全"等核心概念无明确的定义与解释,造成审查机构自由裁量权较大,审查意见主观色彩浓厚。双层审查主体的设计结构可通过程序使审查机构的审查行为受上一层机构的监督,防止审查机构滥用权力。双层审查主体结构的弊端是相互掣肘的部门过多,导致行政效率低下。

3. 单层审查主体结构模式评析

单层审查主体结构是一种审查权和决定权集中在单一部门或机构的模式。在该种模式下,其他中央部门或机构虽有机会参与安全审查,但仅就各自擅长的领域发表意见及建议,以提高安全审查的专业水平。

单层审查主体结构的弊端在于监管机构将审查权、决定权、执行权等集于一身,审查程序透明度较低,同时监督力量较少介入,权力难以制衡,容易使外国投资者产生自我合法权益难以有效保障的担忧。其优点在于行政效率较高。

## 二、外资安全审查的启动

外资安全审查启动代表着国家监管机构正式介入该并购交易。考察各国法律,外资安全审查的启动主要包括投资者申报、审查机构通知等两种路径。此外,为提高安全审查的透明度、可预见性,以及审查机构的工作效率,部分国家设置了非正式磋商程序。

(一) 交易者申报

交易者申报是指交易者一方或双方向审查机构递交申请,从而启动安全审查程序。交易者申报又可细分为主动申报和强制（法定）申报两种形式。考察各国立法，大多数国家把交易者申报作为启动安全审查程序的主要方式。

1. 美国

在 FINSA 的语境下，美国安审程序启动方式主要有：一是交易者主动申报，二是审查机构依职权启动。为缓解 CFIUS 的办案压力，以及进一步强化对外资的监管力度，FIRRMA 对安全审查程序作了重大调整，首次引入强制申报程序，确定将"自愿为主，强制为辅"作为外资申报基本原则。根据 FIRRMA 的规定，当涉及下列情形时，交易者应当向 CFIUS 申报：① 主权投资者享有"实质性利益"的某些交易；② 涉及关键技术、关键基础设施、个人敏感数据的某些交易。为提高法案的可操作性，FIRRMA 实施细则对"实质性利益""涉及关键技术"等进行说明。"实质性利益"是指外国投资者直接或间接持有美国企业 25% 以上的投票权，同时外国政府所持表决权在外国投资者中占比 49% 及以上。可以说，只要外国投资者不符合其中一个条件，就不需要履行申报的义务。"涉及关键技术"是指 CFIUS 启动关键技术试点计划中，涉及关键技术 27 个行业的控股和非控股投资。从表面上看，FIRRMA 虽然引入强制申报程序，但适用范围较窄，审查启动仍然以自愿申报为主旋律。从深层次分析，FIRRMA 虽然不要求大部分交易进行强制申报，但由于审查制度本身包含对主动申报的鼓励以及对不申报的震慑，因此交易方仍然会自觉申报。

为应对日趋复杂繁多的并购案件，FIRRMA 创设性地引入"声明"程序，即正式书面通知的替代性简易程序。根据 FIRRMA 的规定，交易方可根据自身具体情况自愿提交"声明"，且仅需要就交易基本情况（包括涉及美国企业情况、交易安排情况等）提交 5 页纸以内的概述。CFIUS 需要在受理声明后的 30 天内做出审查结果，如果审查期限的最后一天为非工作日，则顺延至下一个工作日。根据交易可能会引发的风险情况，CFIUS 可采取下列审查措施：① 终止审查，赋予交易方"安全港"身份；② 要求交易方提交正式的书面通知；③ 通知当事人，其难以根据声明终止审查；④ 单方面启动正式的安全审查程序。[①] 由于声明程序材料简单、审查时间简短，既利于 CFIUS 对案件进行分流，加快案件处理速度，减少审查成本，又有利于降低外国投资者申报成本。一旦交易被归入"安全港"，意味着日后的交易可避免进入正式审查程序，不受国家安全问题干扰。

---

① 景湘媛.美国外资国家安全审查制度改革探析：兼论对我国的启示[D].北京：外交学院，2020：15.

### 2. 英国

为应对外国投资领域中的新型国家安全威胁,以及出于对现有外资安全审查制度的反思,2017年英国公布《国家安全和基础设施投资审查绿皮书》(以下简称《绿皮书》),提出了外资领域改革的具体措施。2018年通过《国家安全与投资——立法改革建议白皮书》(以下简称《白皮书》),全面改革英国外资安全审查制度。《白皮书》完善了安全审查程序规则,在原《2002年企业法》规定的自愿申报的基础上,引进了强制申报制度和政府介入审查制度。根据《白皮书》的规定,交易涉及英国关键经济领域,且为重要功能类投资时,外国投资者应当向审查机构申报,违者将面临严苛的处罚。需要强制申报的交易包括国防领域、军事设备、军民两用设备、能源、高科技产品、核设施、交通运输、通信、应急等方面的投资。[①]

### 3. 德国

为了能够让德国政府在外资并购事务中掌握主动权,2017年通过的《对外经济条例修正案(九)》对安全审查程序做了重要修改。根据相关法律规定,外国投资者自愿申报仍然是德国安全审查程序启动的主要方式,同时引入外国投资者主动申报义务。新修正案第55条第4款明确了该项义务,规定非欧盟投资者在并购五类可能对公共秩序与安全构成威胁的德国国内企业[②],或者获得上述企业25%及以上投票权比例时,应当在签订收购合同后向德国联邦经济与能源部申报。除上述六种情形外,外国投资者可以自愿选择申报并获得联邦经济与能源部颁发的"无异议证明"。联邦经济与能源部在收购方提出申请的两个月内对并购交易进行审查,当认定交易无害时,需要颁发"无异议证明"。如果联邦经济与能源部在两个月内未通知投资者,视为收购方已经获得"无异议证明"。"无异议证明"制度可以使外国投资者尽快获知德国政府的态度,增加并购交易的确定性。在德国安全审查制度趋紧,以及全球贸易保护主义抬头的背景下,外国投资者(尤其是非欧盟投资主体)获得"无异议证明"无疑是为其开启了一层保护罩。需要注意的是,《对外经济条例修正案(九)》将原来的审查期限从一个月延

---

① 田昕清.外资安全审查制度比较研究及对我国的借鉴意义[D].北京:外交学院,2019:108.
② 《对外经济修正案(九)》对"公共秩序与安全构成威胁"进行了具体化,即非欧盟成员国主体对五类德国国内企业实施并购可能威胁德国的公共秩序与安全,包括:① 关键基础设施的经营者;② 关键技术设施行业专用软件开发企业;③ 被委托从事《电信法》(TKG)第110条所规定的监控和信息共享措施,或者生产或者曾经生产过用于从事法定电信监控措施的设备并且掌握相应技术知识的企业;④ 提供云计算服务的企业;⑤ 拥有《社会法》所规定的电子通信技术基础设施组件或服务许可的企业。

长至两个月,反映现阶段德国对外资的态度较为谨慎,开始关注国家安全保护。

4. 俄罗斯

强制(法定)申报是俄罗斯安全审查程序启动的主要方式。根据俄罗斯《战略投资法》的规定,属于安全审查范围的交易,外国投资者应当向俄罗斯联邦反垄断署提出交易申请或控制申请。只有在反垄断署做出预先批准的情况下,外国投资者才可以收购俄罗斯战略性公司,且该批准具有一定的时效性。外国投资者向反垄断署提起申请,需要递交以下材料:① 申请书;② 申请人基本情况,包括申请人作为法人的注册文件以及设立文件、申请人作为自然人的身份文件、外国组织的设立文件等;③ 交易基本信息,包括交易协议、申请人2年内从事主要业务的信息、外国投资者组成情况、欲收购战略性公司的基本情况、战略性公司商业计划书、申请人获得战略性公司股份的文件等。如果外国投资者未按照相关规定进行预先申报,则可能会面临交易被撤销,以及投票权被剥夺的困境。

5. 澳大利亚

自愿申报和强制申报是启动澳大利亚安全审查程序的主要方式。《外资并购与接管条例》规定,达到安全审查门槛的外国投资者应当在交易前向FIRB提交交易审查申请。根据澳大利亚《2020年外商投资改革法案》的规定,一般外国投资者需要申报的情形包括:① 获得澳大利亚土地权益或澳大利亚土地实体的权益(包括采矿和生产单位);② 直接获取澳大利亚农业企业10%及以上权益;③ 获得澳大利亚普通实体20%及以上权益,或取得澳大利亚媒体企业5%及以上权益。外国政府投资申报门槛为:① 取得澳大利亚实体10%及以上的股份;② 在澳大利亚的绿地投资;③ 取得勘探、采矿、生产领域企业10%以上的股份。[①] 除此之外,为确保日后交易不被召回,外国投资者可主动向FIRB申请无异议证明。

6. 日本

日本《外汇及外国贸易法》规定,如果投资涉及国家安全、公共秩序等,外国投资者应当向财务省进行事前申报。经财务省及其他相关部门审查后,根据交易情况做出通过、禁止或变更的决定。对于普通的绿地投资,日本允许外国投资者事后申报。

---

[①] 根据《Overview: Australia's Foreign Investment Framework》整理所得,信息来源于FIRB官网.2021[2021-04-06].https://firb.gov.au/guidance-resources/guidance-notes/gn1.

## (二) 审查机构依职权启动

### 1. 美国

FIRRMA 延续 FINSA 的规定,对于不需要强制申报,且交易方没有主动提交声明或通知的交易,CFIUS 有权对交易主动发起审查,但行使这一权力需要受到通报成员身份限制,即仅允许副部级以上的成员,在有理由相信某一未申报的交易属于审查对象且可能对国家安全造成负面影响时,代表其所在部门通过常务主席向 CFIUS 提交通报。常务主席在接受成员机构通报时,正式开启安全审查程序。由此可见,CFIUS 依职权开启对通报成员行政级别具有较高要求,该种设定有利于锁定责任承担主体,符合问责性原则。在通报时间方面,CFIUS 成员既可以在交易筹划阶段提起通报,也可以在交易结束后三年内提起通报。但是如果 CFIUS 主席与成员部门共同协商确定针对某一交易提交申报的,则不受三年时间的约束。

### 2. 英国

根据《白皮书》规定,英国政府在鼓励外国投资者主动申报的同时,也将主动介入可能会引发国家安全隐患的某些外国投资,运用特定的测试方法评估该交易是否威胁国家安全。《白皮书》列举了几类英国政府可能会介入的情形,主要有:① 控制英国实体 25% 以上的股权或投票权的交易;② 控制或对企业具有重要影响力的交易;③ 持有英国企业 25% 以上的股权;④ 获得目标企业 50% 以上的资产;⑤ 对资产处分具有话语权。[①] 在介入审查后,政府可根据交易情况做出以下决定,即通过、限制或禁止,以及附条件通过。在介入时间方面,英国政府可随时介入,无论该交易是处于计划阶段还是在进行阶段。另外需要注意的是,即使是已经通过审查的交易,只要其未来的交易可能对国家安全构成威胁,英国政府也可再次启动安全审查程序。

### 3. 德国

《对外经济条例修正案(九)》在引入主动申报义务的同时,也强化了依职权启动。新修正案第 55 条第 3 款规定,在外国投资者未主动申报或申请"无异议证明"的情况下,联邦经济与能源部可以在获知外国投资者并购交易信息后的 3 个月内开启单方面安全审查,并通知交易主体。另外需要注意的是,联邦经济与

---

① 田昕清.外资安全审查制度比较研究及对我国的借鉴意义[D].北京:外交学院.2019:108-109.

能源部享有在五年内随时叫停或限制并购交易的权力,反映出德国对外资交易的谨慎。

4. 加拿大

《加拿大投资法》规定,加拿大情报机构或者安全机关发现某些投资可能对国家安全构成威胁时,应当将上述信息报告给创新、科学与经济发展部部长。创新、科学与经济发展部部长和公共安全与应急部部长经协商后,如果认为该投资可能威胁国家安全,则将信息报告给总督,由总督决定是否启动安全审查程序。

5. 澳大利亚

根据《2020外商投资改革方案》的规定,对于未进行申报的外国投资,财政部享有以"国家安全"为由召回审查的权力。

### (三)特殊程序——非正式磋商

非正式磋商是指在正式安全审查程序开启前,交易双方当事人,或者承担申报义务的当事人,就国家安全问题与审查机构进行私下互动式交流,包括是否属于国家安全审查范围、是否存在安全风险、是否需要递交申请等问题。非正式磋商对并购当事人和审查机构来说均具有重要价值。从当事人角度,非正式磋商可使当事人尽快甄别其交易可能存在的风险并及时进行调整,以避免进入正式的安全审查程序,造成公司经济利益以及社会形象受损。同时从审查机构的角度来看,非正式磋商程序可为其提供充足时间考虑并购交易是否可能对国家安全构成威胁,如果存在,可与交易当事人进行讨论并修改交易方案,以消除潜在的国家安全风险,从而缓解审查机构正式审查的压力,减少审查成本。需要注意的是,非正式磋商不是法定程序,进行非正式磋商一般为自愿的、选择的。非正式磋商可以出现在审查程序的任何阶段,但一般情况下为审查程序开启之前。考察各国实践,美国的非正式磋商已发展得较为成熟和出色。俄罗斯、韩国等国在立法中明确非正式磋商机制。澳大利亚等国虽然没有在立法中明确,但鼓励交易方在申报前与审查机构进行交流。以下为美国非正式磋商具体规则:

经过长期的发展,2008年美国公布《关于外国人收购、兼并和接管的条例》,明确将非正式磋商纳入自愿申报程序。根据相关规定,CFIUS鼓励交易双方在自愿申报前向其进行咨询,并在合适的情况下向CFIUS提交与交易相关的信息和文档,以便于CFIUS提前了解交易信息。交易方可以与CFIUS进行交流的内容非常广泛,包括:① 通过口头或书面的形式通知常务主席可能申报的交易及申报日期;② 通过口头或书面向常务主席咨询有关审查程序的问题;③ 邀请相关 CFIUS 成员面谈,并提供有关信息,咨询提交正式申报后自身所需要披露的信息。需要注意的是,交易当事人提交的信息和文档可以作为正式申报文件的一部分,按照相关规定提交给总统,以及享有保密条款的保护,不会给交易方带来额外的压力,同时非正式磋商的高效率经过多年实践检验,并为 CFIUS 所鼓励。因此《关于外国人收购、兼并和接管的条例》才会在自愿申报之前增加了非正式磋商。在时间方面,非正式磋商应当在自愿申报递交前至少 5 个工作日完成,否则将影响非正式磋商作用的有效发挥。非正式磋商在美国经历了几十年的实践,可充分体现美国安全审查制度的灵活性。

除美国之外,其他国家也对非正式磋商进行了规定。例如俄罗斯规定,如果外国投资者对控制战略性公司的事实存在疑惑时,可向审查机构咨询是否需要进行预先批准,审查机构应当在 30 天内做出答复并向外资审查政府委员会报告。

(四) 小结

启动外资国家安全审查程序有多种方式,包括自愿申报、强制申报,以及审查机构依职权介入等。在本文示例国家中,有些国家仅采用一种启动方式,有些国家采用两种甚至三种启动方式。例如美国、英国、德国、澳大利亚采用三种安全审查程序启动方式;采用两种启动方式的国家有德国,即自愿申报和强制申报;仅采用一种启动方式的国家有俄罗斯、日本、加拿大,其中俄罗斯、日本为强制申报,加拿大为依职权介入。由于安全审查启动方式是各国根据本国国情确定,因此研究各国启动方式可以反映出一国政府对外来投资的态度,以及未来外资政策的整体走向。

外资安全审查制度本质上是政治考量压过纯粹经济利益的机制。进入 21 世纪后,尤其是 2008 年美国次贷危机爆发后,世界经济进入持续低迷阶段,导致世界不稳定因素不断增多。同时高科技的发展在给世界带来利好的同时,也给全球带来了新型的不可估量的安全风险。近年来,中国等国对外投资的快速增长更是引发了美、英、德、澳、加等西方发达国家的担忧与恐慌,"中国威胁论"甚嚣尘上。一时之间,经济保护主义、民族主义、霸权主义等抬头,多边贸易体制逐渐式微。在此大背景下,世界部分发达经济体开始关注外资安全审查制度的功能,并对本国制度进行了修订。所做改变呈现出整体联动、趋于收紧、指向明确等特征。

本文示例国家在强化安全审查范围、审查标准等实体性内容的同时,也对安全审查程序进行了加强。在安全审查程序启动方面,各国的变化体现在:一是在启动方式方面,引入强制申报、审查机构依职权启动等方式,例如美国、英国、德国等。该种措施可以让东道国当局掌握主动权,但是也给外国投资者的投资带来诸多不确定因素。二是在启动时间方面,规定安全审查程序既可以在外资交易前、交易进行时启动,也可以在交易完成后启动。这就意味着,如果当事人没有在交易前及时向审查机构咨询或申报,则其可能面临被审查的风险,有可能导致自身经济利益受损。代表国家有美国、英国、德国等。往深层次分析,审查启动程序间接反映出各国在不断扩展"国家安全"的内涵,扩大安全审查范围,降低安全审查门槛。从美国、俄罗斯的规则中还可以看出以上两国对主权投资的警惕。上述变化在强制申报、依职权启动上体现得尤为淋漓尽致。

## 三、外资安全审查的流程

外资安全审查程序启动后,将正式进入审查流程。该阶段,审查机构会着手收集与外资交易相关的信息材料,并分析、判断该交易是否存在国家安全风险隐患。审查流程设计是整个审查程序的关键。考察各国立法,审查流程一般分为单阶段审查和双/多阶段审查。一般来说,单阶段审查流程较为简单。下文将对两种流程进行详细探讨。

### (一)单阶段审查

顾名思义,单阶段审查是指审查机构在一个阶段内完成所有的审查工作。采用该模式的国家较少,代表性国家有法国、韩国等。

法国外资安全审查仅有一个正式审查阶段。相比较于美国、德国、英国等西方发达国家,法国的审查流程较为简单。根据法国《战略性商业领域外国投资政府审查法令》的规定,法国经济和财政部是外资安全审查主管机构。法国对博彩业、私人安全、生化武器研究、信息系统安全行业、窃听技术、关键基础设施领域信息服务、军民两用技术与产品、密码学、机密信息获取、军事武器研发与销售等11个重要经济部门的外资投资进行监管和限制。需要注意的是,欧盟投资者和非欧盟投资者分别适用不同的审查标准。

外国投资者在投资上述领域之前,应当向经济和财政部报告。经济和财政部在接收外资申请后应立即开启安全审查程序,并在2个月内做出批准、禁止交易、附条件批准、变更交易的决定。如果外国投资在2个月内未收到经济和财政部的回复,则代表交易已被批准。另外,当经济和财政部发现外国投资者实施洗钱、毒品走私、非法拘禁、色情交易、恐怖主义、参与犯罪集团等行为时,可在12个月内禁止其继续投资,违者将受到重罚。图3-1为法国外资安全审查流程图。

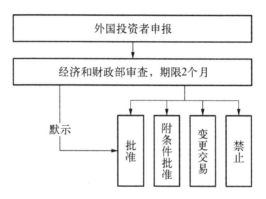

图 3-1  法国外资国家安全审查流程图

### (二) 双/多阶段审查

双/多阶段审查是指审查部门在两个/多个阶段内完成所有的审查工作,一般指通过初审和特别/详细调查。采用该模式的国家相对较多,主要国家有美国、德国、俄罗斯、澳大利亚、日本等。

1. 美国

美国的外资国家安全审查分为两个阶段,即初审(review)阶段和调查(investigation)阶段。在 FINSA 时代,美国整个安全审查周期为 90 天,包括审查期 30 天,调查期 45 天,总统决定期限为 15 天。在 FIRRMA 语境下,美国的审查周期被延长至 120 天,其中审查期延长至 45 天,调查期 45 天,如遇特殊情况可延长 15 天,总统决定期限为 15 天。详细情况如下:

(1) 初审阶段。经交易方申报或机构通报后,外资安全审查进入初审阶段。该期间自交易方申报或机构通报后的第二天起算,如果第 45 天为非工作日,则顺延至下一个工作日。CFIUS 在审查过程中将根据相关材料信息判断该交易是否威胁国家安全,如果有,是否可以采取其他措施予以化解。初审结束后,如果交易存在下列情形，则进入调查阶段：① 任一机构成员认为该投资对国家安全存在负面影响，且该问题未得到解决；② 牵头部门提议，CFIUS 批准对其进行调查；③ 该交易使得外国政府或者受其控制的实体取得美国企业的控制权；④ CFIUS 认为外国投资者取得美国重要基础设施的控制权可能存在国家安全威胁，且该威胁未消除。[1] 此外，对于不存在国家安全风险的交易，或者存在威胁但可以采取其他手段消除，且 CFIUS 成员达成一致的交易，CFIUS 可以做出同意的决定。

（2）调查阶段。调查程序在审查环节结束后立即开启，财政部工作人员应当通过书面的形式通知交易各方。CFIUS 应当在 45 天内完成（最后一日为非工作日，则顺延至下一个工作日）。如果因不可抗力事件或者为维护国家安全的目标时，调查期限可延长一次（顺延 15 天）。调查阶段的审查事项与初审阶段的审查事项基本一致，只是更加强调深入以及综合性。调查结束或者调查期限届满后，存在下列情形时，CFIUS 应当向总统递交报告：① 建议中止或禁止交易；② CFIUS 成员未能达成一致意见；③ 请求总统对相关交易做出决定。[2]

（3）总统的决定。在接到 CFIUS 的报告后，总统应当根据 CFIUS 的调查结果和建议做出决定。

目前来看，美国安全审查期限的延长会进一步压缩外国投资者的投资空间，给外国投资者在美投资带来难度，不利于资本的自由流动。此外需要补充的是，在初审阶段和调查阶段，CFIUS 可以与交易方进行互动，包括要求交易方提供补充材料，或者要求交易方对个别问题进行阐释，使得 CFIUS 能够尽可能得到全面的、精确的信息，确保 CFIUS 后续做出准确的判断以及适当的建议。另外，CFIUS 还可以要求交易方做出某种承诺，从而消除国家安全隐患，该内容会在下一节中进行探讨。为了让美国的安全审查流程更为直观，请见图 3-2 美国外资国家安全审查程序流程图。

2. 德国

德国外资国家安全审查程序分为两个阶段，即审查前阶段和正式审查阶段。根据《对外贸易与支付法》和《对外贸易与支付条例》的规定，跨部门投资与特定

---

[1] 邹明春.王婧.裴筱瞳.苏恒瑶.美国外国投资审查新规：解读 FIRRMA 实施细则.2021[2021-04-01]. http://www.zhonglun.com/Content/2020/03-06/1855072513.html.
[2] 王小琼.西方国家外资并购国家安全审查制度的最新发展及其启示：兼论开放经济条件下我国外资并购安全审查制度的建构[M].武汉：湖北人民出版社,2010：199.

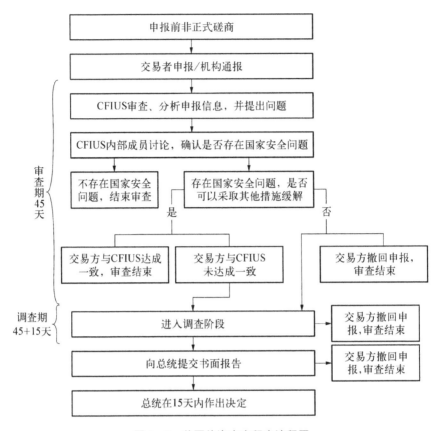

图 3-2 美国外资安审程序流程图

行业投资适用不同的安全审查程序。具体审查流程如下：

(1) 跨部门投资审查(一般行业审查)。根据《对外贸易与支付条例》第55—59条的规定，该流程的适用对象为非欧盟投资者和非欧洲自由贸易联盟投资者。一般情况下，外国投资者收购后直接或间接持有德国境内企业25%及以上投票权，则达到安全审查门槛。如果投资涉及关键基础设施领域的软件开发与修复，审查门槛将调至10%，且投资方需主动告知联邦经济与能源部。

此类审查分为两种情况：一是交易方自主申请无异议证明。审查机构进行第一阶段审查后，如果无疑问，则颁发无异议证明；如果存在国家安全问题，则进入下一个审查阶段，第二个阶段的审查期限为4个月。二是审查机构直接发起调查。联邦经济与能源部应当在得知交易双方签订收购合同或者公开收购要约的三个月内发起调查。需要注意的是，审查机构只有以书面形式通知交易双方以及其他受收购影响的境内企业，并满足当事人获悉的条件时，调查程序才正式开启。当事人在接到通知后,应当向审查机构提供完整的与交易相关的材料。此外,交易方订立合同满五年的,审查机构不再享有开启调查的权力。该项规定在一定程度上限制审查机构的权限,增加外国投资的确定性。

(2)特定行业投资审查。根据《对外贸易与支付条例》第60—62条的规定,该流程的适用对象为非德国投资者。如果外国投资者收购的德国境内企业涉及国防、IT安全等特殊领域,且直接或间接持有10%及以上的表决权时,则属于安全审查范围,收购方应当书面告知联邦经济与能源部。联邦经济与能源部在收到报告后,开启第一阶段的审查。在三个月内,如果审查机构认为该收购不存在国家安全隐患,则签发许可证,反之则进入第二阶段。该阶段最长期限为3个月,审查机构将根据相关人员提供的材料做出附条件通过或禁止的决定。在经联邦政府同意后,该决定的法律效力正式生效。

在进入第二阶段审查时,为避免做出附条件通过或禁止的决定,联邦经济与能源部可以与交易双方进行协商,通过签订合同的方式保障公共秩序与安全。在协商过程中,审查期间中止。该规则适用于整个安全审查流程。详见图3-3和图3-4。

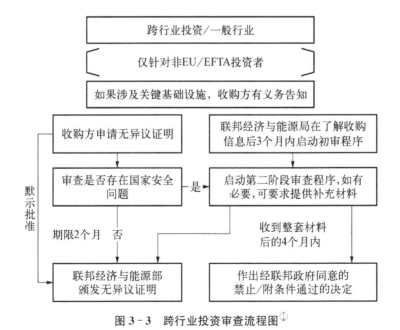

图3-3 跨行业投资审查流程图[1]

---

[1] 信息来源于德国联邦经济与能源局官网.2021[2021-04-02].https://www.bmwi.de/Redaktion/EN/Artikel/Foreign-Trade/investment-screening.html.

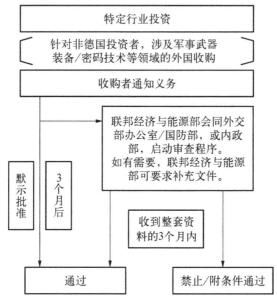

图 3-4 特定行业投资审查流程图①

### 3. 俄罗斯

俄罗斯外资国家安全审查流程主要分为三个阶段,包括:联邦反垄断署初审、调查,外资审查政府委员会决定。

(1) 初审启动前。在收到外资申请14日内,联邦反垄断署应当将申请进行登记注册,如果资料齐全,则进入初审阶段,反之可要求外资在1个月内补齐材料,否则将退回申请。

(2) 反垄断署初审。整理、分析外资所递交的材料,经综合考虑后,反垄断署可做出下列决定:① 外资不构成对俄罗斯战略性企业的控制,附带说明、退回申请,并同步向外资审查政府委员会报告;② 如果外资构成对俄罗斯战略性企业的控制,应当在得出结论后3日内开启调查阶段。

(3) 反垄断署调查。进入调查程序后,反垄断署对外资交易的调查主要包括但不限于下列内容:① 被收购战略性企业是否拥有相应的许可;② 5年内,被收购战略性企业是否向国防部提供产品或服务;③ 被收购企业的市场垄断情况;④ 被收购企业是否占有对国家安全具有重要意义的科技成果。在审查过程

---

① 信息来源于德国联邦经济与能源局官网.2021[2021-04-02].https://www.bmwi.de/Redaktion/EN/Artikel/Foreign-Trade/investment-screening.html.

中，反垄断署应当向联邦安全局征求意见。如果交易涉及国家机密信息行业，反垄断署还需咨询国家保密委的意见。调查结束后，反垄断署应当将在调查中获取的材料（包括其他两个部门的意见），以及对外资批准的建议，一同报送外资审查政府委员会。

（4）外资审查政府委员会决定。在收到反垄断署递交的材料后，外资审查政府委员会应当在30日内做出批准、附条件批准和禁止的决定。

从最初的登记申请到最终决定的做出，俄罗斯整个安全审查流程持续3个月，如遇特殊情况，可由外资审查政府委员会决定延长至6个月。图3-5为俄罗斯外资安全审查程序流程图。

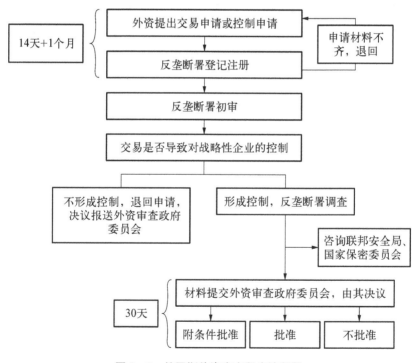

图3-5 俄罗斯外资安审程序流程图

4. 澳大利亚

澳大利亚外资安全审查程序分为预审阶段和正式调查阶段。根据《2020年外商投资改革法案》的规定，外国投资者在进行某些属于"应呈报行动"或者"应呈报国家安全行动"的交易之前，应当向财务部部长提交申请，并在申报后40天内（最长可以延续至临时行政命令做出90日之内）停止交易进程。

(1) 预审阶段。外国投资者在缴纳相应的申请费用后，FIRB 即可开启安全审查预审程序，该阶段为 30 日。根据 FIRB 提供的材料及建议，财政部部长可做出以下决定：一是该交易不对"国家利益"构成威胁，发出同意批准的行政命令。该命令应当在决定做出之日起 10 日内以书面的形式通知投资者。二是该交易可能影响"国家利益"，审查进入下一个阶段。

(2) 正式调查阶段。进入正式调查阶段后，财政部部长应当以书面的形式通知外国投资者。在该审查阶段中，财政部部长可根据实际需要数次延长审查时间，但最长审查期限不超过 90 日。调查结束后，财政部部长应当做出批准、不批准或附条件批准的决定，并在 30 日内再登记造册。

此外，需要注意的是，按照《2020 年外商投资改革法案》的规定，对于应当申报却不申报的外资，澳大利亚政府可对其进行处罚。对于已经获得批准的外国投资，如果进一步增加权益并超过允许范畴，则需要重新获得许可。同时授予 FIRB 更大的监督调查权，即在取得相关法令的前提下进行实地调查。扩大监督调查权，可保障 FIRB 获得充足的信息以尽可能做出准确的判断。综上可得，澳大利亚外资安全审查制度逐步趋紧。图 3-6 为澳大利亚具体审查流程图。

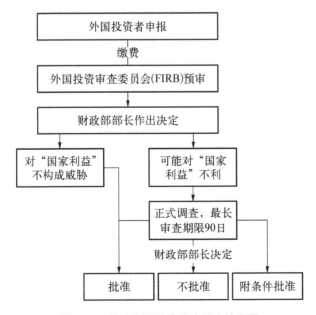

图 3-6 澳大利亚外资安审程序流程图

5. 日本

日本的外资安全审查程序分为两个阶段,即初步审查和审查。日本外资申报分为事前申报和事后申报。2009年《外汇及对外贸易法》对外资申报期限进行了明确,规定事前申报的期限为投资前6个月,事后申报的期限为投资实行之日所属月份的次月15日。财务省在接受外资申报后,应当对其进行初步审查。如果外资交易涉及国家安全问题,则进入下一个审查阶段,反之则终止审查程序。进入审查阶段后,外汇审议会陈述意见。财务省在听取外汇审议会的意见后做出变更投资或中止投资的劝告。外国投资者可选择接受或不接受"劝告"。该阶段的审查期限可延长至4个月,最多为5个月。根据日本政府介绍,日本的外资审查周期最短为2周,最长为5个月。

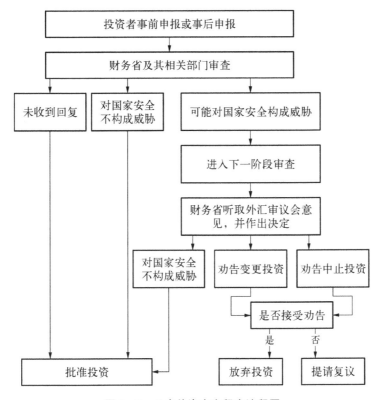

图3-7 日本外资安审程序流程图

(三) 审查流程比较评价

从上述示例国家的立法和实践来看,大多数国家采用的是双/多阶段审查流程,仅个别国家采用单阶段审查流程。单阶段审查程序相对较为简单,仅一个正式审查调查阶段。优点是程序简洁,便于外国投资者理解政策并主动申报,但同时缺点也是显而易见的。第一,由于审查主管机构需要对所有申报案件一一进行详细审查,工作量较大,且审查机构多为非专设机构,更是加重了工作负担。第二,该模式中审查机构与外国投资者缺少互动,审查机构难以获取准确、充分的材料,同时外国投资者也无法表达自我诉求,不利于投资者合法权益的维护。第三,从表面上看,该种模式的审查周期较短,便于外国投资者尽快拿到批准文件,从而促进投资,但在一般情况下大多数外资对国家安全不构成威胁,可适用更简易程序尽快结束审查。该种模式缺乏针对性,不利于资本自由流动。

双/多阶段审查流程中的第一阶段审查一般可视为简易程序,相对于第二阶段审查,该阶段的审查周期较短,主要目的是快速识别大多数对国家安全不构成威胁的、但被纳入国家安全审查范围的外国投资。审查结束后,被初步判定可能威胁国家安全的外资将立即进入第二个阶段,确保程序连接顺畅,便于审查机构快速熟悉交易基本情况,提高工作效率。第二阶段的审查周期相对较长,审查机构有足够的时间进行调查、分析、判断。一般情况下,第二阶段的调查事项范围与第一阶段基本一致,只是在审查程度上更加深入,考虑更为周全。在开启第二阶段之前或审查过程中,审查机构可根据工作需求再次要求外国投资者提交与交易相关的材料,或者进行面对面交流。审查结束或者审查周期届满后,相关机构或者相关高级行政官员将根据调查情况做出最终决定。综合来说,双/多阶段审查流程更具有针对性,可快速批准交易金额较小、敏感程度较低的简单案件,重点调查投资金额较大、敏感性较强的复杂案件,不仅有利于减少审查机构的工作量,降低审查成本,也有利于减轻外国投资者的负担,促进资本快速自由流动,保证对外开放和维护国家安全之间的平衡。

此外,无论是单阶段审查还是双/多阶段审查,各国立法均设置了法定审查期限。该项设计的主要目的是规范审查机构的行为,防止其滥用行政权力,同时也给予外国投资者合理的时间预期,维护其合法权益。各国根据本国实际情况确定审查期限,例如法国规定安全审查期限为2个月。为审查工作需要,审查机构可在法律允许的范围内一次或多次延长审查期限,但有最长审查期限限制,例如美国最长审查期限为120天,俄罗斯最长审查周期为6个月等。

设置审查周期,首先应当明确审查周期的起算点,一方面有利于外国投资者推算审查终止期限,监督审查机关工作;另一方面可增加立法的确定性,降低外国投资者的投资风险。考虑到外资安全审查中考虑因素较为综合,所需材料也较为繁杂,外国投资者在申报时可能出现材料缺失、材料不符合的问题,从而影响到安全审查进程,因此上述部分国家一般把收到交易方完整的、符合要求的申报材料作为安全审查期限的起算点,例如俄罗斯等。

除明确审查起算点外,上述国家也对审查期限的法律效果进行了规定。第一,安全审查期限届满后,相关机构或人员必须做出安全审查决定。一方面是督促安全审查机构的工作,另一方面也是为了提高外国投资的确定性和稳定性,吸引外国投资者投资。第二,如果安全审查机构在法定期限内未启动安全审查程序,或者在期限届满后未答复外国投资者,则视为批准,例如德国、日本等。该项规则主要是为了防止审查机构不作为,尽可能地控制安全审查期限。

## 四、外资安全审查的决定

审查结束后或审查期限届满后,审查决定主体需对该交易做出最终决定。对不威胁国家安全的外商投资,审查决定主体做出批准的决定,这类决定占多数。对可能威胁国家安全的外国投资行为,审查决定主体视情况做出附条件批准或禁止的决定。一般情况下,被禁止的外国投资仅占极少数。

### (一)通过

审查机构在审查结束或者审查期限届满后,如果认为该项交易不会对国家安全构成威胁,就需要做出批准或通过的决定。根据各国实践,外资并购顺利通过安全审查是常态化现象。各国的选择受以下几点理由支撑:

第一,第二次世界大战结束后,世界经济大楼亟须重建,而国际投资恰恰是发展经济的主要驱动力,此时经济自由主义思潮兴起,资本自由流动原则成为世界各国奉行的圭臬。外资国家安全审查制度在一定程度上会对一国的外资开放政策产生限制,违背经济全球化的要求,不符合世界发展趋势。该制度一旦被一国政府滥用,容易沦落为保护一国幼稚产业或落后产业的政治工具,不利于全球经济增长和可持续发展。

第二,第二次世界大战后国际组织数量迅速增长。国际组织主要由各主权国家组成。为维护国家利益以及对外树立良好的国际形象,各国需要遵守所在国际组织的规则。目前规模较大的国际组织,例如联合国、WTO、OECD 等均奉行资本自由流动原则,支持全球经济一体化。各主权国家作为缔约国,应当受其所在国际组织规则的约束。

第三,外资并购虽然会给东道国带来一定的负面影响,例如部分外资并购会在一定程度上把控东道国经济命脉、挤压东道国企业的生存空间等,但不可否认的是,东道国亦可从外资并购中获取利益,例如促进东道国市场充分竞争、提高东道国的创新能力、提升东道国劳动力素质并带来高工资等。有证据表明,外资并购可为东道国带来良好的经济效益和社会效益。因此,从国家利益出发,主权国家不应过多地限制外资交易。

第四,由于外资安全审查制度对资本自由流动的影响较大,因此各国普遍将其作为国家安全最后的"防火墙"。可以说,在外国投资准入审查制度、反垄断政策等其他相关法律工具无法化解国家安全问题的前提下,外资国家安全审查制度才可作为最后的救济措施予以适用。OECD于2006年发布的《投资接受国与国家安全相关的投资政策指南》将监管平衡性原则作为各国采取国家安全审查制度的基本原则之一。该原则明确对外资的限制不应当超过保护国家安全的需要,当现有政策可以合理且充分地处理国家安全问题时,应当避免采用上述措施。

综上所述,虽然现阶段大部分国家的外资国家安全审查制度不断趋紧,但允许外资进入仍然成为各国的共识。以美国实践为例,与其他国家相比,美国的外资国家安全审查制度已发展得较为全面和系统。近几年美国对待外资的态度较为矛盾,一方面,美国对外资具有较强的依赖性。据调查,全美5%的私人企业就业、17%的制造业就业机会、21%的出口、17%的企业所得税均来自外资。[①] 另一方面,美国却在不断加强对外资的监管。OECD对部分国家监管政策的评估结果显示,美国外资监管政策的严格程度远远高于其他被评估国家。2019年CFIUS致国会的年度报告显示,从2010年至2019年,受CFIUS管辖的交易数量从93宗增长至231宗,但是递交总统裁决的受管辖交易数量无明显变动趋势。另外需要注意的是,2010—2019年,进入调查阶段的受管辖交易数量占总审查交易数量的比例呈先增长后下降的趋势(详情见下表3-1、图3-8)。由此可知,美国虽然加大了对外资的安全审查,但绝大部分外资仍可获得批准。

---

① 贾英姿,胡振虎,于晓.美国近十年外资安全审查重点和趋势简析[J].财政科学,2016(9):80.

表3-1 2010—2019年美国覆盖交易数量、调查和总统决定交易数量陈列表[①]

| 年 份 | 交易覆盖数量 | 调查交易数量 | 总统决定 |
|---|---|---|---|
| 2010 | 93 | 35 | 0 |
| 2011 | 111 | 40 | 0 |
| 2012 | 114 | 45 | 1 |
| 2013 | 97 | 49 | 0 |
| 2014 | 147 | 52 | 0 |
| 2015 | 143 | 67 | 0 |
| 2016 | 172 | 79 | 1 |
| 2017 | 237 | 172 | 1 |
| 2018 | 229 | 158 | 1 |
| 2019 | 231 | 113 | 1 |

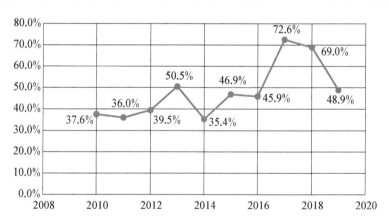

图3-8 2010—2019年被调查交易占总申报交易数量的比例图

(二) 减缓协议

减缓协议(Mitigation Measures),又称附条件批准,是指在交易可能对国

---

① 数据来源于2019年度CFIUS年报.

家安全构成威胁但整体风险较小的情况下,并购当事人与审查机构进行磋商,旨在达成可减缓或消除国家安全风险的协议,促使交易在不威胁国家安全的情况下顺利进行。减缓协议打破了要么批准要么不批准的僵硬局面,避免因过多限制外资而造成国内投资环境恶化,影响外国投资者的积极性,或者放松对外资监管,使本国国家安全受到损害。减缓协议因灵活性较强,且符合监管平衡性原则,从而被大多数国家所采用,例如美国、英国、澳大利亚、俄罗斯、加拿大等,其中美国采用减缓协议的时间较早,且运用较为广泛。

1. 减缓协议的理论基础——比例原则

比例原则是许多国家公法领域中的一项重要基本原则,其通过"目的"与"手段"之间的合比例框架规范公权力的运行,确保公权力行使的适度性。[1] 外资国家安全审查制度是东道国政府出于保护国家安全的目的而设置的,属于外资监管政策,具有公法色彩。因此比例原则可以成为外资国家安全审查领域的指导性原则。

比例原则最早可以追溯至英国大宪章,其明确人们不可因轻罪而受到重罚。19世纪,比例原则出现在德国警察法和司法实践中,成为一项规范警察行为的重要准则。例如1802年德国学者温·伯格在《德国警察法手册》中提到警察权力只有在"必要"的时候才可行使。该项规则正是考虑到警察、军队、法庭、监狱是国家的暴力工具,这种暴力工具如果不加以限制可能会对国民合法权益造成损害。因此对警察权力的限制是至关重要的。第二次世界大战后,比例原则得到了极大的发展,现今已在世界上不同的法律体系中得以广泛运用。不同学者虽然对比例原则的内涵有着不同的解读,但是通说认为比例原则包含三个子原则,即适当性原则、必要性原则和均衡性原则。适当性原则是指目的和手段之间的关系必须是适当的,为"目的导向"要求。必要性原则是指在有多种解决方案的情况下,行政机关应当选择对人民利益侵害最小的方案来达到相关目的,避免大炮打小鸟。均衡性原则是指行使行政权力所产生的负面影响与达到目的后所产生的积极影响应当相称。由此可知,比例原则对规范公权力运行具有积极意义。

在外资安全审查领域中引入比例原则具有重要意义。一是从本质上来说,

---

[1] 黄洁琼.论比例原则在外资国家安全审查中适用[J].河北法学,2020(1):152.

外资国家安全审查的内核是政治问题，由于其特殊性质，其无法做到真正意义上的充分法律化。因各国无法对"国家安全"一词做出准确清晰的定义，使得安全审查标准呈现出抽象、模糊的特征，各国政府可以在审查过程中具有极大的自由裁量权。这就意味着，如果政府的权力没有得到有效控制，很可能导致国家安全审查机制被滥用，从而成为国与国之间政治斗争的工具。这显然不利于资本的自由流动，与当今和平与发展的时代主题相违背。比例原则的引入可规范政府自由裁量权的行使，避免安全审查制度政治化。二是从外资安全审查功能定位方面来说，国家安全审查制度建立的直接目的是维护国家安全，避免外资对国家安全造成损害。但不可忽视的是，外资在带来负面影响的同时，也会给东道国带来巨大的利益。在全球经济化时代，外资所创造的价值超过其带来的负面影响。可以说，一味地因国家安全问题限制外资流动是不明智的举措。综上，外资国家安全审查制度建立的根本目标是外资在良好的社会秩序下健康有序地发展，国家在没有国家安全的困扰下充分利用外资以发展本国经济。比例原则恰恰可协调对外开放和国家安全之间的关系。

当东道国政府确定某一外资对国家安全构成威胁时，可选择适用禁止或减缓协议等限制性措施。依据比例原则，国家在选择时应当遵循下列准则：第一，遵循必要性原则，在减缓协议等其他手段可消除国家安全的情况下，避免采用禁止外资交易的手段。第二，减缓协议是在充分保护国家安全的前提下对外国投资者造成损害最小的限制性措施。从实践来看，各国运用减缓协议的情况较为普遍，具体措施包括股权削弱、放弃敏感资产收购、剥离外国投资者的控制权等。需要注意的是，减缓协议的达成虽然需要得到外国投资者的认可，但不可否认，东道国是协商过程中掌握主动权的一方。东道国政府应当从保护国家安全的立场出发，避免减缓协议滥用。

2. 减缓协议国别考察

1）美国

在 FINSA 颁布之前，减缓协议已经在 CIUFS 的实践中被广泛运用，FINSA 只是以法律的形式将其固定下来。根据 FINSA 的规定，只有在相关交易对国家安全构成威胁的前提下，CFIUS 或者牵头部门才可与交易方进行磋商，旨在达成减轻或消除国家安全风险的减缓协议。牵头部门具体负责减缓协议的谈判、变更和监督工作。如果减缓协议的实质性内容发生变化，该交易的牵头部门必须向国家情报局局长、司法部部长以及其他利益相关部门汇报。牵头部门还需负责跟踪、监督该交易的后续实施。对于交易方明显疏忽或故意违反减缓协议的，FINSA 允许 CFIUS 对交易方实施民事处罚。为保障外国投资者的权益，FINSA 赋予交易方申诉的权利。交易方可在收到处罚通知书的 15 日内向 CFIUS 常务主席提交书面申诉报告，常务主席在收到报告后的 15 日内做出终局裁定。由于执法者和终局裁定者为同一主体，该权利救济机制的合理性、公平性可能会遭到外国投资者的质疑。

美国安全审查制度下的减缓协议有多种形式，CFIUS 根据个案的不同采用不同的形式，经常采用的形式包括：① 特别安全协议/安全控制协议（Special Security Agreement/Security Control Agreement），主要对某些领域的保密或敏感合同提供保护；② 董事会决议（Board Resolution），通过董事会决议保证交易方不接触机密信息或者影响某些重要合同；③ 投票委托/代理协议（Voting Trust/Proxy Agreement），主要目的是隔绝投资者与公司的联系，防止其掌握公司控制权或者形成重要影响力；④ 网络安全协议（Network Security Agreement），主要为电信行业的保密措施；⑤ 技术控制计划（Tecnology Control Plans），主要目的是避免投资者接触核心技术；⑥ 限制设施清除（Limited Facility Clearance）。[①] 以上可知，美国重点关注技术安全、网络安全、信息安全等。

FIRRMA 在 FINSA 的基础上对减缓协议进行了强化，强调将减缓协议贯穿于安全审查的全过程，包括审查前、审查中以及审查后。主要变动有：一是如果交易方自愿放弃交易，CFIUS 可采取减缓协议消除该项交易可能曾对国家安全产生的任何负面影响；二是在安全审查程序结束前，CFIUS 有权对已经完成的外国交易采取减缓协议，避免其对国家安全产生暂时性的负面影响；三是 CFIUS 有权监督减缓协议的履行。如果交易双方未按照减缓协议的要求执行，CFIUS 有权对其进行惩罚。除了要求交易方采取补救措施弥补其对美国国家安全造成的损失，还要求其提供五年内所有的交易资料。值得注意的是，为确保交易方能够充分履行协议义务，首先要保证减缓协议的有效性和可遵守性。

作为负担成本较低的措施，减缓协议被 CFIUS 广泛应用。CFIUS 公开的年度报告显示（2015—2019 年）（见表 3-2）：

---

[①] 王小琼. 西方国家外资并购国家安全审查制度的最新发展及其启示：兼论开放经济条件下我国外资并购安全审查制度的建构[M]. 武汉：湖北人民出版社，2010：206-207.

表 3-2 　CFIUS 采取减缓措施案件情况表（2015—2019 年）①

| 年　份 | 覆盖交易数量 | 采取减缓措施案件数量 | 占　比 |
|---|---|---|---|
| 2019 | 231 | 28 | 12.1% |
| 2018 | 229 | 29 | 12.6% |
| 2017 | 237 | 29 | 12.2% |
| 2016 | 172 | 17 | 9.9% |
| 2015 | 143 | 11 | 7.7% |

由此可知，近年来被采取减缓措施的案件数量大致呈上升趋势，并逐渐保持稳定。该项情况一方面可以说明 CFIUS 在审查过程中重视比例原则，以最小的代价维护国家安全，另一方面也说明 CFIUS 加强了对外资的监管，安全审查制度趋紧。

2）法国

法国也在立法中对减缓措施做出了详细规定，明确财政经济部部长有权要求外国投资者附条件投资以维护国家安全。所附条件必须与维护国家安全相适应，主要形式包括：保持可持续商业活动；保护产业能力、研发能力以及专业知识的发展或者供应链的安全；要求公司注册办事处设在法国的企业履行政府采购合同，或者涉及武器、弹药等与公共安全、国防密切相关的生产或贸易合同；如果战略业务仅是被收购方的次要业务，可强行要求当事人将该业务转让给独立的第三方企业。如果所附条件无法保护国家安全，且存在下列情况时，财政经济部部长有权做出禁止投资的决定：一是未来无法保证商业持续能力、工业或技术研发能力；二是供应链被损坏；三是与公共安全、国防密切相关的生产或贸易的承包商或分包商履行能力受损。此外法国法明确对不遵守决定的外国投资者可施以处罚，甚至是做出禁令。

3）德国

德国联邦经济与能源局在审查结束后应当做出同意、禁止或附条件通过的决定。所附条件形式主要包括禁止外国投资者使用表决权等。外国投资者必须严格执行联邦经济与能源局的决定，一旦故意或过失性违反审查机关的决定，则

---

① 信息来源：根据 CFIUS 发布的历年年度报告整理所得．

需要支付高额的罚款。此外,德国规定了权利救济机制,明确当交易者不服联邦经济与能源局做出的"附条件批准"的决定时,可向柏林的行政法院提起诉讼以维护自身的合法权益。

4)俄罗斯

根据俄罗斯《战略投资法》的规定,外资审查政府委员会根据联邦反垄断署提供的材料做出批准、附条件批准或不批准的决定。一般情况下,所附条件主要包括采取保密措施保护国家机密、在组建战略性公司管理机构时依法选用可以接触国家机密的人员、在俄罗斯境内对所开采的矿产进行加工、继续向俄罗斯国防部门提供产品与服务、按照联邦自然垄断立法的价格提供产品或服务、执行申报者提出的商业计划、在国家或地区处于战争状态或进入国家紧急状态时采取联邦法律决定的措施、在特定期限内保持人力资源的平衡等。外资审查政府委员会根据个案决定采取具体措施。

5)加拿大

如果创新、科学与经济发展部部长认为该交易可能对国家安全构成威胁,须向外国投资者发出通知,告知其在特定时间内向部长提交保证。当外国投资者提交的保证或改变投资条件有利于减少或消除国家安全风险时,总督有权做出附条件批准的决定。

此外,澳大利亚、韩国、日本等国家也在立法中对减缓协议做了简单的规定。由于减缓协议对平衡对外开放和维护国家安全的关系具有重要价值,将来越来越多的国家会确立或发展减缓协议的规定。

(三)禁止

经审查后,如果审查决定主体认为该项交易违背国家利益,或者可能对国家安全构成威胁,且无法通过减缓协议等其他途径予以化解的,有权做出禁止的决定。在经济全球化时代,虽然部分国家贸易保护主义、霸权主义抬头,国家安全审查制度逐渐趋紧,但资本自由流动仍然是各国需要遵守的基本原则。从各国实践上看,虽然被限制的外资交易数量呈现逐年增长的趋势,但被禁止交易的数量占总审查数量的比例仍然处于低位。

例如美国,根据 FIRRMA 的规定,美国总统应当在收到 CFIUS 材料后的 15 日内做出最终决定。如果有充足的理由证明外资并购对国家安全构成威胁,并且除国家安全措施之外无其他途径可予以化解,总统可做出禁止的决定。近年来,虽然美国的安全审查制度不断趋于严格,覆盖的交易范围不断扩大,但在禁止外国投资事项上,美国仍然保持谨慎的态度。根据美国 CFIUS 历年报告,2015—2019 年间,总统只对 4 项投资下达了总统令。需要注意的是,美国对半导体、信息技术等新兴领域较为敏感。在国别方面,美国较为关注来自中国的投资。具体情况见表 3-3。

表 3-3 2015—2019 年美国总统禁止交易数量情况表[①]

|  | 2015 年 | 2016 年 | 2017 年 | 2018 年 | 2019 年 |
| --- | --- | --- | --- | --- | --- |
| 禁止交易数量 | 0 | 1 | 1 | 1 | 1 |
| 备注 |  | 中国宏芯投资基金收购艾思强在美业务案(中国) | 峡谷桥收购莱迪思案(中国) | 博通收购高通案(新加坡) | 北京中长石基信息技术股份有限公司收购StayNTouch案(中国) |

此外,澳大利亚外国投资审查委员会报告显示,2009—2018 年间,外资安全审查的平均通过率约 95%。加拿大外资安全审查报告显示,2010—2019 年间,政府仅对 4 项投资做出了禁止的决定。可见,上述国家在下达禁止性命令时,严格遵守比例原则谨慎适用。

## 五、外资安全审查的监督机制

为规范审查机构的权力,提高外资审查的透明度,保护投资者的合法权益,部分国家立法中明确规定外资安全审查监督程序。监督途径主要包括国会监督、司法监督、行政监督等。

### (一) 国会监督

美国是世界范围内明确规定国会监督程序的代表性国家。根据美国宪法第一条第八款的规定,美国国会享有提供公共防务和公共福利的权力,以及行使上

---

① 根据 CFIUS 历年报告整理所得.

述权力或宪法授予美国政府或相关部门和官员其他权力所必需的法律。可见，在外资安全审查领域，美国国会将其专有权力授予美国总统和CFIUS行使，意味着国会有权对总统和CFIUS的行为进行监督。

在FINSA颁布之前，由于CFIUS对国会披露信息不足，导致国会对CFIUS不信任而盲目干涉CFIUS工作，造成安全审查范围被迫扩大，多项不涉及国家安全问题的外资并购被否决，例如中海油收购案等。为避免上述混乱情况的发生，FINSA制定了国会监督程序。根据规定，CFIUS在审查程序结束后，应当向国会提交书面报告，除了介绍审查或调查的具体内容外，对于顺利通过审查的交易，CFIUS还需做出该交易不对国家安全构成威胁的保证。同时每年的7月31日前，CFIUS还需向国会递交年度报告，汇报前一年审查或调查的基本情况。该项规定大大提高了安全审查程序的透明度，增强了国会对审查机构的信任感，有效减少或消除国会盲目干涉的行为。

FIRRMA在FINSA的基础上进一步加强了国会的参与度：一是要求CFIUS就审查交易的当事人、业务性质、CFIUS的审查和调查结果向国会递交更为深入的报告；二是要求CFIUS对其经济与机构资源情况、对其他资源的需求进行持续性分析，并将分析结果向国会报告。另外需要注意的是，美国对中国在美投资情况较为关注，要求美国商务部部长每隔两年向国会和CFIUS提交中国在美的投资报告，直至2025年，并要求报告需结合《中国制造2025》进行分析。

综上所得，国会对总统和CFIUS的监督日益加强，在司法监督缺位的情况下，国会监督成为防止审查机构滥用自由裁量权、提高外资安全审查程序透明度的重要工具。此外，在国会规范审查机关行为的同时，还需重视国会介入国家安全审查的适当性问题，警惕国会过分介入安全审查程序，滥用监督权，沦为投资保护主义或者实现个人利益的工具。例如与交易相关的国内竞争者通过游说等途径促使国会对CFIUS审查工作进行施压，以此达到私人目标。

### (二) 司法监督

绝大多数国家的安全审查机构为行政机关，其做出的决定或命令在形式上属于具体行政行为。按此推理，外国投资者可以通过司法途径获得权利救济。目前，国际上主要存在两种立法例：一是可诉模式，二是不可诉模式。

1. 可诉模式分析

可诉模式指的是外国投资当事人有权向法院提起诉讼，请求法院对安全审查机构做出的决定或命令进行审查。代表性国家或国际区域组织有俄罗斯、英国、法国、德国、欧盟等。

1) 代表性国家基本立法情况

法国的安全审查制度设置了外国投资者救济渠道。根据《货币与金融法》的规定,外国投资者不服财政部部长做出的禁止交易、变更交易或恢复到交易前状态等决定时可以向法院提起诉讼。如果审查机构做出的错误决定对外国投资者造成损害,外国投资者可要求相关机构进行赔偿。需要注意的是,在法国,法院做出的裁决为终局裁决,意味着法院代替行政机关行使权力。此外,外国投资者也可根据相关欧盟条例,向欧洲法院提起诉讼。典型案例有山达基教派诉巴黎案。

英国《白皮书》第 10 章规定了司法救济途径,即上诉程序。上诉程序基于司法审查原则和国家安全审查裁决的合法性提出。根据《白皮书》的规定,只要有足够的证据,交易双方或者相关权益人可以在收到政府裁决书后 28 日内向高等法院提起诉讼。为保护外国投资者的合法权益,《白皮书》明确法院在进行诉讼活动时,应对案件进行不公开审理。

除主权国家之外,欧盟等国际区域组织也规定了外国投资者司法救济内容。《欧盟外资审查条例》明确,欧盟成员国在建立外资国家安全审查机制时应当遵守非歧视性原则、透明度原则和信息交换原则,保障外国投资者的异议权和救济权。根据《欧盟运行条约》(TFEU)第 263 条的规定,欧洲法院有权对成员国审查机构超越审查权限、违反安全审查程序规范、违背欧盟条约等国际法规、滥用权力等行为进行司法审查。如果外国投资者不服审查机构做出的决定,也可自行向欧洲法院提起诉讼。在审理过程中,欧洲法院通常秉持"两步走"的思路,首先对"公共安全"进行认定,即成员国所做决定是否出于"国家安全"的考量;其次,探讨成员国所采取措施的手段合法性。总体来说,欧洲法院虽然有权对成员国安全审查实体性内容进行审查,却很少否认成员国对"国家安全"的定义。例如在范杜恩案中,欧洲法院认为援引公共政策的特别情形,可能因时因地而有所不同,因此允许成员国在《欧共体条约》限制范围内保留一定的自由裁量权。在最后的裁决中,欧洲法院允许英国以公共政策为由限制外国人在英国境内从事英国政府认为是邪教的活动。[1]

此外,德国、俄罗斯也对外国投资者的救济途径做出了规定。根据德国现有

---

[1] 叶斌.《欧盟外资安全审查条例》与资本自由流动原则的不兼容性[J].欧洲研究,2019(5):72.

法律规定,如果外国投资者质疑联邦经济与能源部的决定,可以向柏林行政法院提起诉讼,以维护自身的合法权益。根据俄罗斯《战略投资法》的规定,外国投资者可以就外资审查政府委员会所做决定向俄罗斯联邦最高仲裁法院提起诉讼。

2) 模式评析

在可诉模式下,司法机关有权对审查机构所做决定的实体内容进行司法审查,外国投资者可采取司法途径对其权利进行救济。采取可诉模式,从外国投资者的角度来说,有利于保障其合法权益,增强其对东道国的投资信心。从东道国的角度来说,这是遵守 OECD 提出的问责性原则的表现,有利于提高国家安全审查工作的透明度,规范审查机构的行为,同时也容易塑造自由宽松的投资环境,吸引更多的优质外资进入,提高本国的经济实力。采取可诉模式有其优点,但也不可忽视其弊端,主要理由如下:一是国家主权问题。国家主权对内具有最高性,对外具有独立性。国家行为体现国家主权,国家行为不受司法审查。东道国为维护国家安全,授予行政机关对可能对国家安全产生负面影响的外国投资进行审查,并做出相应的限制性措施。由于外资国家安全审查牵涉到国家利益,属于一种国家行为,因此对安全审查决定进行司法审查实则是对国家主权的挑战。二是"国家安全"概念问题。正如上文所述,"国家安全"具有较强的相对性,其内涵因时间、地点、对象、条件的不同而不同,造成"国家安全"概念模糊、不可定义。因缺乏具体的、明确的考量因素,司法机关难以对外资安全审查案件做出裁决。另外,各国因国家利益不同,对国家安全的理解也各有不同。欧洲法院、国际投资争端解决中心(ICSID)等国际争端解决平台在审理过程中需要在一定程度上尊重主权国家的决定,对外国投资者的保护有限。

综合上述国家的情况可发现,可诉模式适用于对外资秉持开放态度的国家或地区。例如英国早在 16 世纪就开始鼓励对外贸易,英国的产品销往世界各地,成为当时名副其实的"世界工厂",更是世界上最早进入资本主义工业化的国家。强调自由市场、自由贸易理论的著名经济学家亚当·史密斯就出自英国。可以说,英国是历来崇尚资本自由流动的国家。俄罗斯在苏联解体后,采取的是鼓励的、开放的外资政策。至于欧盟历来以开放著称,谴责反全球化、贸易保护主义等行为。欧洲法院对"国家安全"的理解也一直秉持保守观念。法、德两国虽然在外资政策上稍显保守,但其作为欧盟的主要成员国家,需要遵守欧盟的相关规定。

2. 不可诉模式分析

不可诉模式指的是审查机构做出的决定或命令享有司法豁免权,法院对案件无管辖权。代表性国家有美国、加拿大、澳大利亚等。另外需要注意的是,可诉模式和不可诉模式的主要区分标准是司法机关是否可对实体性内容进行审查。因此不排除某些采取不可诉模式的国家允许外国投资当事人对程序性内容提起诉讼。

1) 代表性国家基本立法情况

以美国为例,根据 FINSA 及其实施细则的规定,美国总统的行为或者其所做的决定享有司法豁免权。2012 年 2 月 28 日,罗尔斯(Ralls)公司计划收购俄勒冈州 Butter Creek(黄油溪)的风场项目。同年 7 月 25 日,CFIUS 认为该交易存在国家安全问题,并颁布了临时禁令。9 月 28 日,考虑到交易可能威胁到国家安全,美国总统颁布禁令。10 月 1 日,罗尔斯公司将美国总统奥巴马和 CFIUS 列为共同被告,向美国哥伦比亚特区联邦地方分区法院递交诉状,共提出 5 项诉求。经审慎考虑后,法院决定受理罗尔斯公司提出的第 4 项诉求,即"美国总统未经合法程序剥夺罗尔斯公司的私人财产权,违反宪法第五修正案"。[①] 经开庭审理后,美国法院支持了罗尔斯公司正当程序的诉求,认为美国总统在未向罗尔斯公司提供非机密材料以及给予反驳权利的情况下,擅自剥夺了罗尔斯公司的合法财产权。同时法院也明确指出罗尔斯公司不能挑战美国总统的特权,其所获得的正当程序支持无法在根本上改变美国总统的禁令。罗尔斯公司诉奥巴马案是美国第一起司法干预安全审查程序的案件,由此引发了社会轰动,是美国外资国家安全审查史上的里程碑事件。该案说明法院对美国总统所做决定无管辖权,但宪法中程序正义不容他人挑战。该案发生后,美国开始重新审视 FINSA,并于 2018 年颁布了 FIRRMA。FIRRMA 在 FINSA 的基础上进一步扩大了司法审查豁免范围,同时也减少了外国投资者的救济途径。FIRRMA 明确 CFIUS 所做的决定和裁决享有司法审查豁免权。另外,只有主动申报或者提交申明的交易当事人才有权向哥伦比亚巡回上诉法院提起诉讼。法院仅能根据行政文件书面审查程序。

根据澳大利亚《外资并购与接管条例》及其相关外资政策的规定,澳大利亚普通法院虽然享有对财政部部长决定进行司法审查的权力。但是在实践中,法院尊重财政部部长的决定,认为外资交易是否对国家安全构成威胁在财政部部

---

① 龚柏华,谭观福.美国总统以国家安全为由否决外资并购令可诉性分析:兼析中国三一集团告美国总统否决并购侵权案[J].国际商务研究,2014(5):46-47.

长自由裁量权范围之内,法院仅对外资审查的程序性内容进行管辖。典型案例有休闲娱乐公司诉财政部部长拉尔夫·威利斯案。此外根据相关规定,如果外国投资者不履行财政部部长的命令时,财政部部长有权向州或地区最高法院提起诉讼,要求法院强制外国投资者执行其命令。

《加拿大投资法》是加拿大有关外商投资的主要指导性法案。自2009年正式建立外资国家安全审查制度以来,加拿大政府不断对该制度进行补充细化和完善。根据现有法律法规,加拿大并未明确赋予外国投资者就审查机构做出的决定向法院提起诉讼的权利。

2)原因分析

上述国家采取不可诉模式主要有下列几点原因:

第一,政治问题不可诉。外资安全审查制度涉及两个核心概念,即"外资并购"和"国家安全"。从深层次分析,两个核心概念均带有鲜明的政治色彩。"国家安全"是一个毋庸赘述但又无法准确定义的概念。如第一章所述国家安全涉及价值判断,其内涵难以界定。自"国家安全"一词诞生以来,众多学者尝试对其定义,虽各有不同,但可发现"国家安全"与"国家利益"有着千丝万缕的联系。"国家安全"一词从"国家利益"中衍生出来。"国家安全"的概念主要以"国家利益"的范畴来进行界定。

"资本"原是一个中性词,但与投资者相联系则具备了一定的政治属性。如上文所述,外国投资者主要细分为四类:一是外国民间资本,包括私人和实体;二是外国政府投资者;三是跨国企业;四是国际组织。除了第一类投资者控制的资本政治性较弱之外,其他三类投资主体均带有很强的政治色彩,尤其是外国政府投资者为实现国家战略目标,容易给东道国带来实质性影响。外资国家安全审查制度的核心是政治问题。

"政治问题不可诉"原则最开始是在马伯里诉麦迪逊案中得以确立。根据马歇尔大法官的论述,所谓"政治问题"即是宪法赋权,宪法委托立法或行政机关行使自由裁量权,司法机关不得干预。如果法院插手政治问题,则意味着法院代替立法或行政机关行使权力,法院的权力凌驾于立法或行政机关之上,违背三权分立原则。同时对法院来说,涉足政治问题容易陷入政治斗争的漩涡,不利于保持自身的中立地位,不利于司法权威的树立。鉴于此,对包裹有政治问题的外资国家安全审查,司法机关应谨慎待之。

第二,"司法失灵"。法律并不是万能的。在高速发展的年代,国家安全问题涉及外交、国防、经济、科技、文化等多个领域,具有较强的专业性和复杂性。法院难以胜任实质性审查工作。同时国家安全审查涉及较多的国家机密,出于保密的考虑,不便于法院公开审理。

第三,违背效率。效率和公平为对立统一的关系。在外资安全审查领域中,效率和公平表现为相互排斥、相互对抗的关系。在可诉模式下,如果外国投资者不服审查机构的决定,其有权通过司法途径实现权利救济。但要注意的是,司法程序不是高效的,投资者的维权之路往往是漫长的。即使在经历较长等待后外国投资者获得法院的支持,也可能错过最佳投资时机,与外国政府之间的关系也会变得较为微妙。另外从政府角度来说,维护国家安全是迫切的。如果并购案件进入司法程序,政府将无法及时减少或消除国家安全风险隐患。因此对双方主体来说,采取诉讼模式需要付出较大的金钱、时间、人力成本。

3) 模式评析

上述国家中,有些国家在立法中明确规定司法机关无权对审查决定实体性内容进行审查,有些国家没有明确的立法限制,但国内法院可能基于"政治问题"不具有可裁判性而拒绝审查实体内容。在采取不可诉模式的国家中,有些国家允许法院对程序性内容进行审查,有些国家则限制法院审查程序性内容。采取不可诉模式,有利之处在于东道国可及时减少或消除国家安全风险,保守国家机密,维护国家利益。弊端在于可能减少甚至阻断外国投资者的救济途径,损害外国投资者的合法权益,不利于增强外国投资者的投资信心,同时也违背了法治原则,导致审查机构权力不受制约,容易造成权力滥用。因此,为维护投资者的合法权益,继续保持本国对外资的吸引力,防止掉入反全球化的陷阱,采取不可诉模式的国家往往有着较为成熟的外资安全审查机制,审查范围、审查标准、审查程序等内容明确且具有可操作性,可为外国投资者投资提供指引,提高投资的确定性。例如美国,在审查主体权力限制方面,对内,CFIUS 由多个中央职能部门联合组成,各个部门之间相互牵制,相互制约;对外,国会和社会公众监督美国总统和 CFIUS 的工作。在审查标准制定方面,FIRRMA 及其实施细则对审查考虑因素进行了细化,例如对"关键技术""关键基础设施"的内涵进行了明确。在审查程序方面,美国采用多种灵活措施,如非正式磋商机制、撤回申报机制、减缓措施等,可有效保障外国投资者的知情权,加强外国投资者与审查机构的互动,避免外国投资者合法权利受损。

### 3. 小结

目前国家安全审查结论是否可诉在国际社会上并未形成统一认识。各国仅根据自身情况以及所缔结的国际条约的要求,决定安全审查决定争议是否通过法律途径解决,或者部分国家对该问题采取避之不谈的态度。笔者认为,考虑到外资国家安全审查的政治内核,各国可限制或排除司法机关对安全审查结论的实体审查。为了保护外国投资者的合法权益,外资国家安全审查虽然不能完全"去政治化",但也需要给予外国投资者一定的救济空间。审查程序是外资国家安全审查机制的一部分,相比较于实体内容,程序内容属于可裁判的法律问题,应当受到司法审查。在"国家安全"无法准确定义的情况下,正当程序可以规范政府行为,阻止政府肆意妄为。正当程序具有普遍的价值,是国家安全审查不可逾越的要求。在安全审查领域中,正当程序的价值主要体现在:一是严格的法律程序有助于提高审查结论的合法性和正当性;二是严格的法律程序可规范审查机构的行为,保证审查工作顺利推进,并促使审查机构尽快做出结论,避免审查机构不作为。综上,笔者认为,各国可以明确实体内容不可诉,但应当允许外国投资者就程序问题向司法机关提起诉讼。

### (三) 行政监督

以日本为例,当外国投资者对财务省做出的决定不服时,可以向财务省大臣提起复议。财务省大臣在收到异议申请或审查请求时,应当及时组织听证会,听取异议申请人或审查请求人的意见及建议。在会议召开之前,财务省应当预留充分的准备时间,并将听证会的时间、地点和听证内容通知利害关系人。听证会现场,财务省大臣应当给予利害关系人提交证据或陈述意见的机会。听证会结束后,财务省大臣应当制作裁决书。如果案件利害关系人不服裁决,可向法院提起诉讼。需要注意的是,复议是提起诉讼的必经程序。

# 第四章
# 外资安全审查制度的国内审视

我国外资安全审查制度发展演进过程,大致可分为四个阶段,即制度胚胎期、制度萌芽期、制度建立期和制度发展期。随着《外商投资法》《安审办法》的出台,我国安全审查制度开启了新的篇章。《外商投资法》《安审办法》在立法层级、审查范围、审查工作机制、审查决定执行监督和惩戒措施等方面做了较大的改进,进一步提高了我国安全审查制度的权威性、系统性、确定性和可操作性。但同时也需要看到我国安全审查制度尚存诸多薄弱之处,需进一步予以完善。

## 一、我国外资安全审查制度的演变

### (一)外商投资指导制度——制度胚胎期

1978年,中共十一届三中全会召开,经出席人员讨论后,全会正式做出实行改革开放的新决策。自此中国拉开了改革开放的帷幕,政治、经济体制开始发生深刻变革。1980年,中国中央、国务院决定将深圳、珠海、汕头、厦门四个出口特区定为经济特区。由于人们思想尚未完全转变,该阶段我国对外资仍然实行严格的管控。直至1992年邓小平南行讲话,在"特区姓'社'不姓'资'"的问题上提出了"三个有利于"标准后,人们对姓社姓资的思想桎梏终被打破,我国开始着力引进外资。据统计,1992年我国外商投资额超过1979—1991年间的全部投资总额。1993年我国更是成为世界上第二大外商投资引进国家。在外商投资规模不断扩大的同时,我国也在关注外商投资对国家安全的负面影响。在该大环境下,外商投资指导制度问世。该指导制度主要分为两大部分:一是外资投资方向制度,二是外商投资目录制度。[1]

---

[1] 李军.外资国家安全审查制度历史考察及我国制度选择[J].云南大学学报,2014(6):158-159.

1987年，国务院办公厅发布《指导吸引外商投资方向暂行规定》（以下简称《暂行规定》），明确三类禁止外商投资的项目，包括：一是威胁国家安全或者对经济、社会发展不利的项目；二是污染自然环境、破坏自然资源以及超过国家标准，对身体有害的项目；三是兜底性条款。1989年国务院发布《国务院关于当前产业政策要点的决定》，要求相关部门制定吸收外国投资序列表，以引导外资。1995年，国家计划委员会、国家经济贸易委员会、对外贸易经济合作部联合制定《指导外商投资方向暂行规定》《外商投资产业指导目录》，标志着我国外商投资产业指导制度正式建立。2001年我国加入世界贸易组织（WTO）后，开始清理与外资相关的法律法规，并制定与国际接轨的外商投资法。2002年中央政府颁布《指导外商投资方向规定》，设置鼓励、允许、限制、禁止等四类外商投资项目，除允许类项目外，其他三类项目均列入产业指导目录中。根据第七条的规定，禁止类外商投资项目基本沿袭了《暂行规定》的内容，并根据实际情况，增加了3项禁止类外商投资项目，包括：① 大量占用耕地，不利于土地资源保护、开发的；② 对军事设施构成威胁，以及影响军事设施使用功能的；③ 采用中国特有工艺、技术生产产品的。可知，该阶段我国外资准入规定中包含国家安全内容。虽然我国出台该文件的主要目的是引导外商投资方向，使其符合我国国民经济和社会发展规划，但不容置疑的是，此时我国已经埋下了外资安全审查的种子。

### （二）外资安全审查制度——制度萌芽期

2001年中国加入WTO前后，为适应新形势需要，我国开始改革行政管理体制。2004年，中央政府发布《关于投资体制改革的决定》，要求改革项目审批制度。除政府投资建设项目仍实行审批制外，其他企业投资类项目根据不同情形实行核准制和备案制。外资准入政策的放宽，使得我国营商环境优化，外资来华投资在数量和规模上大幅度上升。

20世纪80年代至21世纪初，中国颁布《关于国有企业利用外商投资进行资产重组的暂行规定》《外商收购国有企业的暂行规定》《利用外资改组国有企业暂行规定》等一系列法律文件，允许外资参与国有企业改制。2002年中国证券管理委员会、财政部、国家经济贸易委员会联合发布《关于向外商转让上市公司国有股和法人股有关问题的通知》（证监发〔2002〕83号），允许外资收购国内上市公司。上述举措出台后，外资不断收购我国国有企业和上市公司，例如美国凯雷收购徐工集团、美国柯达并购乐凯、法国欧莱雅并购小护士和羽西、法国威立雅收购深圳水务集团等。外资大规模的收购在给我国经济带来飞速增长的同时,也埋下了经济安全隐患,如形成市场垄断规模、造成我国国有资产大规模流失、窃取我国核心技术等。在我国继续实施对外开放、放宽外资准入的情况下,亟须采取适当措施约束外资以保护国家经济安全。

随着我国加入 WTO 和亚太经合组织(Asia-Pacific Economic Cooperation,简称 APEC)等多个国际组织,签订一系列国际投资条约,越来越多的中国企业走出国门,与世界经济不断融合。但在"走出去"的同时,中国企业也在不断遭遇东道国的外资国家安全审查,由此引发了我国对该制度的思考。

1987 年的《暂行规定》已经明确把对国民经济、社会发展不利的项目列入外商投资禁止类项目,但规定较为笼统,不具备实际可操作性。2002 年发布的证监发〔2002〕83 号文件,明确外商收购国内上市公司需要遵循"维护国家经济安全和社会公共利益"这一原则。同年我国发布《利用外资改组国有企业暂行规定》,明确规定:"利用外资改组国有企业应当遵循下列原则:(一)遵守国家法律法规,保证国家经济安全……"2003 年对外贸易经济合作部、国家税务总局、国家工商行政管理总局、国家外汇管理局联合发布《外国投资者并购境内企业暂行规定》,建立了外资并购报告制度和审核制度。2006 年我国出台《关于外国投资者并购境内企业的规定》(商务部令 2009 年第 6 号),明确外国投资者并购境内企业并实际控制,涉及重点领域,威胁或可能威胁国家经济安全的,收购方应当向商务部申报。如果收购方未申报,但其行为影响或者可能影响国家经济安全的,相关部门可要求交易方采取一定措施消除风险。该文件的出台标志着我国正式建立了外资并购国家经济安全审查制度,但不可忽视的是,这个制度也存在着立法笼统、可操作性较弱等问题。2009 年商务部组织修改该份文件,但未对外资经济安全审查制度进行较大的实质性修改。

(三)外资安全审查制度——制度建立期

进入 21 世纪后,我国继续深化改革外资管理制度,下放审批权限,简化审批流程,缩小审批范围,进一步扩大开放领域,激起了外国投资者的投资热情。外资大规模并购我国国内企业,并热衷于收购我国民族企业或者各行业的龙头企业,期望通过并购控制我国相关战略产业、市场与核心技术。影响较大的并购案包括荷兰飞利浦收购四川长虹、德国 FAG 公司并购西北轴承、美国 AB 公司收购青岛啤酒、法国 SEB 集团收购苏泊尔、花旗投资团队收购广东发展银行、百思收购五星电器、可口可乐收购汇源果汁等,涉及轻工、机械、食品、金融等多个行业。从上可知,这个时期的外资并购行为呈现出以下特征:一是热衷于斩首行动,目标直指龙头企业或民族企业,以快速占有我国市场,提高自身品牌的市场占有率;二是尽可能取得被并购企业的实际控制权,使得被并购企业丧失主导权并沦为外资的加工车间。外资并购使得我国面临巨大的国家安全风险,加剧了人们对我国国家安全的担忧,尤其是2008年可口可乐公司收购汇源案引发强烈的社会舆论。经审慎考虑后,商务部于2009年叫停该起收购案,成为《中华人民共和国反垄断法》(以下简称《反垄断法》)实施后首个未获批准的案件。

之后,我国开始与美国进行双边投资协定的谈判。为提高谈判的成功率,我国需要实施新型的外资管理制度,与世界经济大国保持一致。随着我国企业在海外投资过程中遭遇多起国家安全审查,且有少数收购案被东道国政府禁止,例如中海油收购优尼科案等。在上述多种因素的作用下,我国着手建立独立的外资并购国家安全审查制度。

2007年全国人大常委会通过《反垄断法》,根据第31条的规定,外资并购境内企业或以其他途径实现经营者集中,涉及国家安全的,除进行反垄断审查外,还应进行国家安全审查。该规定象征着我国开始建立外资并购国家安全审查制度,意味着我国已经认识到经济安全包含于国家安全之中,经济安全是国家安全的一部分。但是《反垄断法》关于国家安全审查制度的规定仅一条,缺少具体的可操作性条款,且国家安全审查内容包含在《反垄断法》中,尚处于混合立法阶段。为扩大对外开放水平,维护我国国家安全,国务院办公厅于2011年2月发布《国务院办公厅关于建立外国投资者并购境内企业安全审查制度的通知》(以下简称《安审通知》),对安审范围、安审内容、安审工作机制、安审程序等进行了具体的规定,标志着我国外资安全审查制度的主体结构已经搭建完成,并实现了从混合立法到专门立法的转变。同年8月,商务部发布《商务部实施外国投资者并购境内企业安全审查制度的规定》(以下简称《安审规定》),对安全审查程序进行详细的规定,包括审查机构的职责、审查程序的启动、审查期限、审查决定、灵活措施等。《安审规定》为《安审通知》的配套文件。

为进一步扩大开放程度、深化与周边国家或地区的合作,中国政府于2013年开启自由贸易试验区试点工作。自由贸易试验区主要实行负面清单管理模式,对标国际经贸规则。为适应该模式,2015年4月8日,国务院办公厅印发《自由贸易试验区外商投资国家安全审查试行办法》,决定在上海、广东、天津、福建4个自由贸易试验区实施。该文件在《安审通知》《安审规定》的基础上融入新时代元素,进一步扩大了安全审查范围和安全审查内容,但总体来说没有打破《安审通知》和《安审规定》的框架。

综上所述,该阶段我国的外资安全审查制度主体结构已基本呈现,并不断深化完善。但与美国等国家相比较,我国的制度仍然较为稚嫩,存在立法层级低、安全审查范围不够明确、安全审查标准模糊、安全审查机构成员组成和权限配置不确定、外国投资者权利救济机制缺失等一系列问题,有待进一步改进和完善。

### (四) 外资安全审查制度——制度发展期

近年来,我国所面临的国际或国内形势均发生重大变化。国际方面,2007年美国次贷危机爆发后,世界经济,尤其是发达国家的经济陷入低迷状态,同时中国等发展中国家的快速崛起也给发达国家带来了危机感,越来越多的国家开始建立或者强化外资安全审查制度。国内方面,我国欲对标国际经贸规则,进一步扩大对外开放程度,促进外商投资。在此情况下,我国着手修订中国外资立法。

2019年3月,国务院颁布《外商投资法》。根据《外商投资法》第6条的规定,外国投资者、外商投资企业在中国境内进行投资活动,应当遵守中国法律法规,不得有害于国家安全和社会公共利益。第35条明确我国建立外资国家安全审查制度,对影响或者可能影响国家安全的外商投资进行审查。相关机构做出的安全审查决定为最终决定。由上可知,我国进一步完善了外资国家安全审查制度,立法层级进一步提高,同时不再局限于审查外资并购,绿地投资也被纳入了安全审查范围。2019年12月12日,国务院颁布《中华人民共和国外商投资法实施条例》,其中第40条明确规定建立外资国家安全审查制度。需要注意的是,《外商投资法》及其《实施条例》对安全审查制度的理解虽然加深,但规定仍然比较简单,难以有效指导实践。2020年12月,为了在扩大对外开放水平的同时防范或化解国家安全风险,发改委、商务部颁布了《安审办法》,明确了审查范围、审查机构、审查程序、审查决定、监督执行等内容,提高了安全审查工作的规范性和透明度。《安审办法》是《外商投资法》的配套法律文件,其总结了十多年来我国外资安全审查的立法经验,并学习和借鉴了美国、德国、英国、日本、欧盟等国家或国际区域组织的做法,由此制定出符合我国国情、顺应时代潮流的规则,标志着我国的外资安全审查制度进入了一个新的发展阶段。

## 二、《外商投资法》及《安审办法》的制定动因及改进

### (一)《外商投资法》及《安审办法》制定动因

2019年3月,中国颁布《外商投资法》。次年12月,中国根据《外商投资法》颁布配套性文件《安审办法》。作为世界最受欢迎的外商投资目的地之一,中国的做法引发了世界的广泛关注与讨论。部分外商投资者担心《安审办法》可能成为中国实施贸易保护主义的工具,继而影响其在中国境内的投资。为消除世界各国及外商投资者的顾虑,激发外商投资的热情,有必要从国际、国内层面对《外商投资法》《安审办法》的制定动因进行分析,具体如下。

1. 国际层面

1) 外商投资不确定因素持续增长

经济方面,第二次世界大战结束后世界百废待兴,美国、法国、德国、英国、日本等主要国家以发展国内经济为主要任务。该阶段,经济自由主义在世界范围内兴盛,多数国家对外资采取低限管制的措施,使得外资呈现逐年增长的趋势,经济全球化向纵深化发展,但是快速发展的趋势在2008年时戛然而止。2008年美国国内的次贷危机升级为全球金融危机。因美国经济体量巨大,影响范围较广,此次金融危机快速波及世界各国,给全球经济带来了极大的打击。自此以后,全球宏观经济呈现疲软态势。后续欧洲主权债务危机爆发后,欧洲经济更是陷入困境。经济的衰退刺激经济民族主义和贸易保护主义抬头。越来越多的国家通过各种版本的贸易和产业保护政策,消除金融危机带来的负面影响,促使本国经济走向正轨。在复杂的国际投资背景下,中国国内经济形势异常严峻,如果未能采取合理的外资管理政策,中国极易受到来自外资的国家安全风险的侵蚀。针对新冠疫情冲击下的国家安全风险,新冠疫情的爆发造成部分战略行业面临的潜在风险增大,尤其是医疗健康领域。该种风险的主要表现形式是通过并购获得东道国境内医疗或防护设备研发、生产、销售的控制权,且不满足东道国国内需求,从而对东道国国家安全构成威胁。

政治方面,近年来全球地缘政治风险频发,包括美中竞争、英国脱欧、海湾地区紧张局势加剧、南亚局势紧张、拉美地区政策风险、朝鲜半岛问题、俄罗斯与北约冲突风险等。地缘政治风险可对国际投资市场构成重大威胁。尤其是2019

年全球经济放缓后,市场对地缘政治风险愈发敏感。在全球政治局势紧张的情况下,东道国面临不可预估的政治风险,不可避免地对来自重点关注国家或(地区)的外国投资者给予特别关注。

高端科技发展方面,现阶段以互联网为载体的数字经济在全球范围内快速发展,互联网成为国际商业活动中不可或缺的工具。值得注意的是,互联网等高端科技在给国际贸易投资带来便利、促进社会现代化的同时,也带着人类社会迈入了风险社会。现代化风险主要是人为制造的不确定的风险。信息安全风险正是因信息技术的发展而产生的一种现代化风险,具体表现形式包括国家机密、国家核心技术数据、公民个人敏感信息被泄露或攫取,使得所涉国家面临不可挽回的巨大损失。例如,2020年美国禁止TikTok收购案的主要原因之一是担忧运营商获取美国公民个人敏感数据,或者因保管不当造成公民个人信息泄露,从而给美国带来重大的国家安全威胁。总而言之,在数字经济时代,大规模数据不断积聚、积累、融合,对经济社会发展产生了重大影响。信息安全风险给各国国家安全维护工作带来了极大的挑战。此外,以物联网、智能制造为代表的高科技领域技术突破是第四次工业革命的核心。近几年中国等新型经济体重视科技能力的提升,科技研发、生产等能力逐渐逼近美欧等发达国家,使得美欧国家产生极大的不安全感,进而通过外资安全审查等手段阻止相关企业进行收购。在此背景下,中国需要建立外资安全审查制度予以回应。

2)外资安全审查制度被国际社会所接受

虽然部分学者认为外资安全审查制度是一种政治考量超过纯粹经济利益的机制,且目前存在泛政治化的趋势,但不能否认其存在的合理性。如上文所述,外资安全审查制度的功能定位是:一是维护国家安全最后的"防火墙",二是平衡自由投资和维护国家安全的工具。具体来说,外商投资在给东道国带来经济繁荣的同时,也在一定程度上给东道国带来扰乱市场秩序、控制东道国经济命脉等一系列负面影响。外资准入政策虽然能够对外资进行事前审查,决定外资是否进入或者以何种方式进入,但其维护国家安全的作用有限。另外需要注意的是,"准入前国民待遇+负面清单"的管理模式是全球未来发展方向,可以说未来外资准入政策在国家安全领域中的作用将变得微乎其微。关于反垄断审查,东道国政府虽然可以在反垄断审查中对涉嫌垄断的外资企业采取限制措施,以维护国家安全,但其作用仅体现在维护国家经济安全上,无法涉及军事安全、政治安全、生态安全、文化安全等方面。在外资监管制度改革和国家安全内涵不断扩展的今天,外资准入政策、反垄断制度等其他法律政策已经无法彻底满足东道国维护国家安全的需求。相比较而言,外资国家安全审查制度在维护国家安全方面更具全面性和有效性,是维护东道国国家安全的一把利剑。此外需要说明的是,外资国家安全审查并非一味地限制外资进入,而是在充分保障国家安全的前提下,尽可能地扩大开放程度。总而言之,国家安全是国家根本,在国家安全毫无保障的情况下,国家难以发展。

由于外资安全审查制度具备上述功能,美国、加拿大、澳大利亚、日本、德国、法国、英国等世界主要经济体进行了外资安全审查制度的立法。随着国际政治经济局势日趋复杂,霸权主义和国家主义政治思潮复兴,以及信息技术在全世界的广泛应用,各国所面临的国家安全威胁较之从前更为严峻。在此大背景下,越来越多的国家开始重视外资安全审查制度的功能,并着手建立或者完善该制度。自2017年美国开始起草FIRRMA以来,英国、德国等国家也陆续加入该序列之中。例如英国于2017年10月颁布《绿皮书》,并于次年7月发布《白皮书》,对政府权限、审查范围、审查程序等进行大范围修改。德国也于2017年和2018年两次修改《对外贸易和支付法》。同时在德国、法国等欧盟成员国的积极推动下,欧盟层面也设立了外资安全审查机制。总体来说,各主要世界经济体的国家安全审查制度日益严苛,对待外商投资的态度也日趋谨慎。综上所述,中国强化外资安全审查制度符合时代趋势。

2. 国内层面

1) 我国实施新型外资管理模式的需要

2019年初通过的《外商投资法》,替代"外资三法",成为外商投资领域的基础性法规。该法对外资管理制度做了重大修改、完善和提高,包括确定在全国范围内实行"准入前国民待遇+负面清单"管理模式。准入前国民待遇预示着我国逐案审批制管理模式消亡。负面清单制度表明除个别特殊领域外,外资可自由平等地进入中国市场。新型的外资管理模式在深化开放的同时,也带来了一定的副作用。实行准入前国民待遇,意味着政府主动放弃事前监管,减小对经济的干预力度,市场得到极大的解放。由于现阶段国际政治经济局势瞬息万变,高科技技术迅猛发展,新兴行业不断更替,使得市场的不确定性和开放风险变得难以把控。为应对该模式带来的风险隐患,较好地实行这一外资监管模式,政府需要加强事中事后监管,其中包括建立完善的外资国家安全审查制度。考察各国实践可发现,发达国家普遍实行准入前国民待遇,再辅之以外资国家安全审查制度,例如美国等。另外,《外商投资法》颁布之前,中国虽然在上海等自贸区率先推行负面清单制度,但总体来说负面清单制度在中国的发展时间较短,尚处于不断探索与完善阶段。例如存在新兴产业调整预测性不强、清单措施法律依据不足、负面清单内容与地区经济发展不相适应、缺乏监管制度等问题。同时从2013年起,上海自贸区公布的负面清单中的管理措施条目正不断缩减。由此可见,中国负面清单中的条目数量逐步缩减将是未来的发展趋势,也意味着政府对外资的事前监管力度将逐步减弱。因此,在中国全面实行新型外资管理模式的背景下,完善外资国家安全审查制度迫在眉睫。

2) 法律发展的内在要求

主要考虑是:一是一项法律制度一般会经历从幼稚到成熟的一个发展过程。关于外资国家安全审查制度,在《外商投资法》及《安审办法》出台之前,主要有《反垄断法》《安审通知》《安审规定》等法律文件。上述法律文件虽然对推动我国外资国家安全审查制度建设具有积极的历史意义,但也存在诸多问题,难以阻挡威胁国家安全的外在因素,不利于我国国家安全的维护。主要问题有安全审查立法层级较低、安全审查对象界定不明、安全审查标准模糊、联席会议组成部门及权限制定不明确、安全审查程序缺少柔性规则等。在此背景下,我国有必要总结十多年来外资国家安全审查的实践经验,建立健全监管制度,填补监管空白。二是2013年9月,中国(上海)自由贸易试验区正式成立,随后国务院出台《中国(上海)自由贸易试验区管理办法》。该办法明确在自由贸易区内实行新型外资管理模式。该做法同时也释放出我国政府计划在未来实行新型外资管理模式的信号。同年,中共中央十八届三中全会召开,会议通过《关于全面深化改革若干重大问题的通知》,明确指出扩大外国投资准入,探索"准入前国民待遇+负面清单"的外资管理模式。经过多年的试点工作,我国的新型外资管理模式逐步成熟,具备了在全国范围内推广的条件。《外商投资法》的出台顺应时代潮流。由于我国取消了外资准入审批制度,事前监管力度减弱,为避免外资威胁我国国家安全,加强和完善外资国家安全审查制度显得尤为重要。三是解决法律协调性问题。国内方面,新型外资管理模式打破了以往我国对外开放和维护国家安全之间的平衡感,因此在我国进一步扩大对外开放程度的背景下,为维持两者的平衡关系,有必要加强和完善外资国家安全审查制度。国际方面,近几年中国经济与世界经济进一步融合,同时中国缔结并加入多个国际条约。在世界主要经济体逐步收紧国家安全审查制度的情况下,考虑到国际规则的协调性问题,我国有必要加强外资国家安全审查制度的作用和地位。

3) 应对我国外商投资数额快速增长的现实需要

商务部发布的《中国外资统计公报 2021》显示，2020 年全年中国实际使用外资实现逆势增长，以美元计达 1 493.4 亿美元，同比增长 5.7%，折 10 342.8 亿元人民币，同比增长 7.4%。中国实际使用外资规模占全球跨国直接投资总额的比重从 2015 年的 6.7% 提升至 2020 年的 15%。2017 年到 2020 年，中国连续四年保持全球第二大外资流入国地位。① 外商投资来源分布方面，2020 年全球 FDI 流入主要集中于亚洲地区，其中东亚、南亚和东南亚 FDI 流入占比达 49.9%。此外，北美 FDI 流入占比 18%，欧洲占比 7.3%。而 2020 年全球 FDI 流出排名前 10 的国家（地区）依次为中国、卢森堡、日本、中国香港地区、美国、加拿大、法国、英属维尔京群岛、德国和韩国。在华投资主要来源地区是亚洲、北美、欧盟主要国家及部分自由港，对华实际投资金额排名前十位国家（地区）依次为中国香港地区、新加坡、英属维尔京群岛、韩国、日本、开曼群岛、荷兰、美国、中国澳门地区和德国。需要注意的是，近几年国际局势发生重大变化，美国单边主义、贸易保护主义不断抬头，中美关系紧张，贸易摩擦不断。随着美国对华投资规模的不断增长，中国国家安全受到外来威胁的可能性将随之提高。外商直接投资产业门类方面，2020 年外商直接投资主要集中在批发和零售业，租赁和商务服务业，制造业，房地产业，信息传输、软件和信息技术服务业，金融业，科学研究和技术服务业等七个行业。② 随着信息化时代的到来，外商在科学研究和技术服务业及信息传输、软件和信息技术服务业这两个行业的投资可能带来关键技术安全、网络和信息安全等方面的风险。相对于传统的安全风险，其更具有隐蔽性和较强的破坏性，需要引起重视。综上所述，随着我国对外开放程度的加深，未来我国外商投资规模将进一步扩大，与此同时，我国国家安全遭受外资侵蚀的可能性也会增大。在此情况下，我国完善外资国家安全审查制度是必要的、紧迫的。

## （二）对我国现有外资安全审查制度的改进

### 1. 安全审查立法层级提升

在《外商投资法》及《安审办法》出台之前，立法层级低是我国外资国家安全审查制度面临的主要问题之一。我国外资国家安全审查立法体系中，《安审通

---

① 人民网.商务部：中国连续四年保持全球第二大外资流入国地位.2022［2022-1-22］.https://baijiahao.baidu.com/s?id=1715729557910662788&wfr=spider&for=pc.
② 信息来源：商务部发布的《中国外资统计公报 2021》.

知》由国务院办公厅发布。《安审规定》作为《安审通知》的具体实施细则,由商务部发布。根据《中华人民共和国立法法》的规定,法律由全国人大及其常委会制定;行政法规由国务院制定,由中央政府最高领导人签署国务院令公布;部门规章由国务院各部委制定,由部门首长签署命令予以公布。可知,《安审通知》《安审规定》不能被认定为法律、行政法规或者是部门规章。根据学界理论,《安审通知》的效力级别为国务院规范性文件,而《安审规定》则是部门规范性文件,属于行政机关为提高行政管理效率而发布的具有普遍约束力的政令。由此可见,我国外资国家安全审查立法体系中缺乏高位阶立法,制度作用难以充分发挥。

此次《外商投资法》将外资国家安全审查制度写入法律之中,大大提升了我国外资国家安全审查制度的立法层级,增强了该制度的法律权威性,便于相关部门有效管理外资。随后国务院发布《实施条例》,法律效力等级为行政法规。为提高法律的实际可操作性,国家发改委、商务部联合公布《安审办法》,对安审范围、安审对象、安审机构、安审工作程序等进行明确规定。自此我国形成了一个完善的从法律—行政法规—部门规章—国务院规范性文件—部门规范性文件的外资国家安全审查立法体系。上述立法措施将督促外国投资者遵守国家安全审查相关规定,保证我国国家安全审查制度落地。

2. 安全审查范围扩展

根据《安审通知》的规定,我国安全审查范围主要分为两类:一是外国投资者并购境内涉及国防军事领域的企业;二是外国投资者并购境内涉及重点领域的企业,并取得实际控制权,包括农业、能源产业、重要基础设施、运输业、关键技术、制造业等行业。该规定存在安全审查范围过窄等问题,主要表现在:

其一,绿地投资被排除在安全审查范围之外。国际直接投资主要有两种方式:一是绿地投资,即外商投资者根据东道国的法律,设立合资企业或独资企业;二是跨国并购,即外商投资者通过收购目标企业的部分或全部股份,达到控制目标企业的目的。在中国,国际直接投资仍然以绿地投资为主,并购所占比重较低。相关数据显示,2010年,外资并购金额占我国利用外资总规模的3.1%,2012年,外资并购金额占吸收外资总额的4.1%,2015年,外资并购金额快速增长,占我国利用外资总额的14.1%。同年跨国并购占全球跨国投资的41%。[①] 相比较

---

① 产业信息网.2018中国利用外资投资现状及未来发展趋势分析.2021[2021-05-12].https://www.chyxx.com/industry/201804/629593.html.

于外资并购,绿地投资对国家安全的威胁性较小,但并不意味着绿地投资对东道国的国家安全不构成威胁。由于绿地投资需要大量的前期筹建工作,建设周期较长,速度慢,同时在筹备过程中也容易面临诸多不确定的风险,因此采取绿地投资策略的企业多为实力雄厚的跨国企业。因跨国企业经济实力较强,其进入中国境内后发展迅速,可能产生挤压国内企业生存空间等负面影响。例如新加坡的丰益国际在华设立全资子公司——益海嘉里,其旗下的金龙鱼品牌在中国的粮油市场中占据半壁江山,具有重要的影响力。[1] 由此可见,绿地投资也可能对东道国国家安全产生负面影响。考察各国立法,众多国家已将新设投资纳入安全审查范围,例如美国等。综上所述,绿地投资被排除在安全审查范围之外是不合理的。

其二,第二类行业企业审查范围有限。根据《安审通知》的规定,我国安全审查覆盖的行业类别包括军工领域、公共事业、交通运输行业、制造行业、能源行业等传统行业。随着全球信息技术和人工智能的快速发展,新兴产业不断涌现、壮大。因客观形势发生重大变化,世界各大经济体开始面临网络安全、信息安全、文化安全等新型国家安全风险。相较于传统风险,上述风险更具有隐蔽性和破坏性。在 2021 年 5 月,美国最大成品油管道运营商科洛尼尔管道运输公司(Colonial Pipeline)遭受了黑客攻击,使得公司关闭整个管道网络系统。该起网络攻击事件影响了美国东海岸 45% 的燃料供应。考察各国立法,许多国家已将技术服务业、信息行业、计算机和电子产品行业、人工智能等新兴行业纳入安全审查覆盖范围,例如美国、德国、俄罗斯等。综上所述,我国安全审查覆盖行业类别的规定已不能满足维护国家安全的需要。

为解决上述问题,《外商投资法》与《安审办法》进行了一系列的改进。对于第一类问题,《安审办法》第二条规定,对威胁国家安全,或可能对国家安全构成威胁的外商投资进行审查。外商投资是指外商投资者采取新设投资、并购等直接或间接的方式在中国境内开展的投资活动。由此可见,我国安全审查范围包括新设、并购以及其他形式的投资,同时包括直接投资和间接投资,意味着 VIEs 协议控制或其他实际控制的投资活动也被纳入管辖范围。对于第二类问题,《安审办法》在《安审通知》的基础上增加了"重要文化产品与服务""重要信息技术和

---

[1] 孙南申.外国投资国家安全审查制度的立法改进与完善建议:以《外国投资法(征求意见稿)》为视角[J].上海财经大学学报(哲学社会科学版),2015(4):83.

互联网产品与服务""重要金融服务"等内容,进一步扩大了安全审查范围。增加上述内容的考虑主要在于:

(1)文化是软实力的三种基本资源之一。在以"和平与发展"为时代主题的今天,军事力量的地位逐渐下跌,文化软实力的作用日渐凸显。维护文化安全不仅可以防范他国文化对本国文化的侵蚀,同时还可增强本国文化的吸引力,提高本国的国际影响力,其作用不亚于通过军事手段保卫边疆安全。[①] 中国作为一个拥有悠久文化传统的发展中国家,维护文化安全是至关重要的。2015年7月新通过的《中华人民共和国国家安全法》就提出文化安全是国家安全的一部分,需予以保障。同年公布的《国务院办公厅关于印发自由贸易试验区外商投资国家安全审查试行办法的通知》(以下简称《自由贸易试验区外商投资国家安全审查试行办法》)也规定外资国家安全审查应当考虑文化安全因素。但该试行办法存在法律位阶较低等问题,不利于实际工作落地。

(2)如上文所述,信息技术和互联网产品在拉近世界距离的同时,也给主权国家的国家安全工作带来了挑战。近年来我国利用外资的特征显示,外资投资信息传输、软件和信息技术服务业的比重较大且基本上呈逐年上升趋势。目前美国、日本、欧盟等发达经济体普遍加强了高科技领域的外资安全审查工作。因此,我国有必要加强对该领域的国家安全审查。

(3)我国金融业正在实行前所未有的全市场开放。随着金融外资准入门槛的降低,我国政府及人民开始关注国家金融安全问题。维护国家金融安全有其必要性:一是金融制度是经济社会发展中的基础性制度。金融安全作为经济安全的重要组成部分,在国家安全体系中拥有重要、独特的地位。[②] 二是金融系统内、外的风险。外部风险方面,2017年6月我国股票市场的"沪港通""深港通"及债券市场的"债券通"实现了资本市场互联互通。同时人民币债券纳入全球主流指数后,境外机构和个人投资者加强了人民币资产的配置,人民币流动速度加快。上述举措在提高我国金融效率的同时,也带来了挑战。近年来,世界经济的不确定性、以美国为首的发达经济体对新兴经济体的绞杀、外国投资者的盲目性等金融风险传导至中国,使得我国金融体系的外部风险大大增加。内部风险方面,我国经济发展中积累的系统性金融风险,在受到外部金融风险影响时,可能

---

① 赵海乐."软实力"视角下的外商投资文化审查进路探析:以加拿大法律实践为切入[J].上海对外经贸大学学报,2020(3):90.
② 武长海.我国国家金融安全的审查机构和范围[J].法学杂志,2020(3):18.

会加剧其溢出效应。① 三是美国、加拿大、英国等国已将金融安全纳入国家安全体系中。

3. 安全审查工作机制完善

安全审查工作机制方面，《安审办法》总体上延续了《安审通知》《安审规定》的相关规定，但对部分细节进行了完善，主要体现在：

其一，完善安全审查程序启动方式，重视社会监督的作用。根据《安审通知》《安审规定》的规定，国务院有关部门、相关企业认为外国投资者并购行为影响或者可能影响国家安全的，可以向商务部提出并购安全审查的建议。该规定忽视了社会团体和社会公众的力量。第一，根据《宪法》，我国是社会主义国家，一切权力属于人民，人民可依法依规参与国家事务、经济和文化事业、社会事务的管理。国家安全作为国家政权建设的重要组成部分，涉及人民群众的切身利益，人民有权对外商投资行为进行监督。第二，2008年可口可乐公司决定收购汇源。该信息一发布便收到来自网民和专家学者的反对意见，认为该起并购会导致民族品牌流失。在社会舆论之下，商务部对该起并购案件进行反垄断审查，最终做出了禁止的决定。虽然反垄断审查制度和国家安全审查制度是不同的两种制度，但不可否认广大人民群众的舆论力量。对此，《安审办法》第十五条允许有关机关、企业、社会团体、社会公众在认为外商投资活动有害于国家安全时，可以向审查机构提出安全审查建议。

其二，设置分层次、递进式的安全审查流程，提高安全审查工作效率，减轻外国投资者负担。《安审通知》《安审规定》明确安全审查流程主要分为两个阶段，即一般性审查和特别审查。一般性审查期限控制在30个工作日内，如果有部门认为该交易影响国家安全，则进入特别审查阶段。特别审查阶段为60个工作日。随着"准入前国民待遇＋负面清单"管理模式的实行，外资准入门槛进一步降低，外资大量涌入，继续实行原有规定可能会加重审查机构和外商投资者的负担。为营造良好的外资投资环境，《安审办法》第七条设置了初步申报机制，要求工作机制办公室根据申报材料在15个工作日内做出是否进行安全审查的决定。该规定大大缩减了安全审查流程，提高外商的投资效率，符合促进外商投资的立法目的。

其三，增加审查决定类型，提高安全审查的灵活性，防止"一刀切"。根据《安

---

① 李晓安.开放与安全：金融安全审查机制创新路径选择[J].法学杂志，2020(3)：12.

审通知》《安审规定》的规定,联席会议经过安全审查后仅能做出"通过"或"禁止"的决定,缺少一定的灵活性。《自由贸易试验区外商投资国家安全审查试行办法》虽然增加了"附条件通过"的规定,但其法律位阶较低,法律权威性不足。为避免过度限制外资进入而造成国内投资环境恶化,或者因过度放松外资监管而造成国家安全受到损害,我国根据国内实际情况,借鉴美国等国的立法经验,在《安审办法》中明确,通过附条件能够消除国家安全风险且外国投资者愿意接受并做出书面承诺的,工作机制办公室可以做出附条件通过的决定。

4. 安全审查决定执行监督和惩戒措施全面到位

安全审查决定执行监督和惩戒措施缺失是我国外资国家安全审查制度面临的主要问题之一,直接影响是无法对外资并购者形成足够的威慑力,导致安全审查制度形同虚设。我国安全审查制度中惩戒措施的缺位主要原因在于《安审通知》《安审规定》《自由贸易试验区外商投资国家安全审查试行办法》等仅为规范性文件,法律位阶低。而《安审办法》通过国家发改委、商务部令发布,属于部门规章,可在法律法规允许的范围内设置惩戒措施。为解决上述问题,《安审办法》明确了下列内容:一是对应当申报而未申报的并购当事人,或者向审查机构递交虚假材料或隐瞒有关信息的并购当事人,工作机制办公室可责令其采取措施消除国家安全影响。二是采取缓和措施通过审查的外商投资,如果交易方不按照事先承诺行动,我国审查机构可要求其采取有效措施消除国家安全风险。三是外商投资者出现上述情形时,有关部门应当在有关家信用信息系统中记录其不良信用行为,并联合其他部门依法实施惩戒。除监督外商投资者外,《安审办法》也加强了对国家机关工作人员的监督。上述一系列规定可维护国家安全审查制度的权威性,对外商投资者形成足够的法律威慑力,督促其履行相关义务。同时由于安全审查制度涉及政治内核,机关工作人员拥有较大的自由裁量权,极易发生滥用权力的情况。为维护外商投资者的合法权益,促进外商投资,有必要对机关工作人员进行监管。

## 三、我国外资安全审查制度立法中的短板

《外商投资法》《实施条例》和《安审办法》总结了十多年来我国外资安全审查的法律实践,参照了美国等发达经济体的立法成果,其内容符合我国总体国家安全观以及深化对外开放的要求,在促进外商投资的同时,也有效地防范和化解了

国家安全风险。总体上来说,《外商投资法》《实施条例》和《安审办法》完善了我国外商监管法律体系,提高了安全审查工作的规范性和透明度,符合国际发展趋势,但世界上没有完美的立法,我国外资国家安全审查制度也同样有待完善。

## (一) 实体内容方面的不足

### 1. 安全审查范围尚不清晰

上文所述,《安审办法》在《安审通知》的基础上扩大了安全审查范围,使其与"准入前国民待遇+负面清单"的管理模式相适应,防止产生立法真空地带。虽然我国对有关安全审查范围的规定进行了改进,但是相较于美国等发达经济体,我国的规定仍存在亟待完善之处。主要问题有:

第一,从《安审办法》第四条第一款第二项的规定可知,我国对行业的定义略显模糊。目前我国安全审查涉及的行业包括国防军事领域、重要农产品、重要能源和资源、重大装备制造、重要基础设施、重要运输服务、重要文化产品与服务、重要信息技术和互联网产品与服务、重要金融服务、关键技术以及其他重要领域。从上可知,我国对"重要""重大""关键技术"等重点词语未做进一步的定义或解释,使得工作机制办公室拥有较大的权力决定是否启动安全审查程序。在国家鼓励外商投资时,审查机构的制度执行力较松,但是在整体投资环境较为严峻、国家收紧外资政策的情况下,审查机构可能会加强制度执行力。同时我国设置了兜底性条款,除上述十大审查覆盖领域外,涉及其他领域但有可能威胁国家安全的交易也有可能被纳入安全审查。该项规定在有效维护国家安全的同时,也给外国投资者带来了极大的不确定性。总而言之,我国立法在一定程度上透明度不高,审查机构对待外资的态度可能会根据国家政策进行调整,对外商投资者权益的保护存在一定的不确定性。

另外,我国虽然对外放开了大部分领域,但对国家安全构成威胁的外商投资仅涉及特定领域,且部分特定领域已列入负面清单,因此进入安全审查程序的交易并不多。《安审办法》较为宽泛的表述可能会导致审查范围的扩大,这无疑会增加外商投资者的咨询或申报义务,且对工作机制办公室而言,将缺乏足够的人力、物力来应对繁多的申报或外商投资者的咨询。在繁重的工作中,审查机构可能会忽略真正对国家安全构成威胁的外商投资。为了进一步提高法律法规的确定性,减轻外商投资者和审查机构的负担,我国有必要对"重要""重大""关键技术"等重点词语进行解释,或者制定较为具体清晰的行业清单。除上述措施外,我国还可通过加强与负面清单制度的衔接、完善负面清单制度等途径来解决上述问题。通览《安审办法》全文可知，目前我国安全审查制度与负面清单制度缺乏衔接。一般来说，负面清单一般分为限制类和禁入类。在已有的负面清单下，我国可要求对属于限制实施目录中的投资进行安全审查申报；对未在限制实施目录中列明的投资，可明确不需要外商投资者主动申报。该项举措在一定程度上可减少安全审查案件数量，减轻外商投资者的压力，同时也有利于审查机构从繁重的工作中脱身出来，集中精力办大事。

第二，我国制度存在对"控制权"认定不合理的问题。根据上文所述，世界范围内对"控制"标准的认定主要分为实际标准、比例标准和复合标准三类。从《安审办法》第四条第二款中可知，我国对"控制权"的认定采用的是复合标准。该标准被绝大多数国家所采用，不仅可操作性较强，便于识别安全审查对象，而且能够有效地防止外商投资者规避法律的情形，因此我国在该方面的举措具有一定的合理性。我国对"控制权"设计不合理之处主要体现在：

一是我国将"股份50%以上"作为衡量标准具有一定的不合理性，具体又体现在以下两点：① 对"控制权"的判断依据仅局限于"股权"有欠考虑。该项规定容易出现漏网之鱼。以一致行动协议为例，外商投资者与中国投资者共同设立公司，各创始股东达成约定，就特定事项投票表决采取一致行动，或者某些股东跟随被授权股东进行投票。如果外商投资者为被授权股东，意味着外商投资者实际控制了企业。在此情况下，为避免漏网之鱼，我国也需要考虑表决权、董事会席位、特殊股权、代理投票、一致行动协议等其他因素。② 比例设置有待考虑。目前我国把控制线设在50%。考察各国立法可发现，部分国家的安全审查门槛较低，且根据不同情况划分不同的控制线，同时存在降低安全审查门槛的趋势，甚至有些国家为零门槛，例如俄罗斯、英国等。因此设置多大的比例还需要我国立法者进行更深层次的思考。

二是对"重大影响"等关键词未进行定义或解释，造成安全审查机构的自由裁量权较大。审查机构可对"重大影响"进行扩张解释，也可对其进行限缩解释。由于对"重大影响"的判断主要为主观判断，具有一定的政治色彩，所以即使设置了权利保护机制，外商投资者也难以进行有效维权，从而导致外商投资者面临一定的不确定风险，容易打击其投资信心。

*2. 主权投资审查机制缺失*

上文所述，外国投资者的类型包括外国私人投资者、外国实体投资者、跨国企业、外国政府投资者、国际组织等。其中外国政府投资者、跨国企业的身份具有较强的敏感性,在国家安全审查中需要予以特别重视。2006年OECD投资委员会主持FOI项目,该项目的主题是:如何在保护国家安全的同时,保持和扩大国际投资环境的开放性。论坛上提到,识别外国投资者身份是至关重要的,东道国可禁止来自敌对政府的投资和犯罪分子、恐怖分子的投资。① 由此可见,投资接受国需要对外国政府投资者予以区别对待。现有的《安审办法》缺失外国政府投资审查机制,需要我国立法者进行深层次的考虑。在我国现有情况下,对外国政府投资加强监管是必要的,主要有以下几点考虑:

其一,我国实行新型外资管理模式后,大量外资将进入我国境内,外国政府投资数量也会随之增长。同时《中国外资统计公报(2021)》显示,我国主要外商投资来源地包括英属维尔京群岛、韩国、日本、开曼群岛、荷兰、美国和德国等。近年来,国际政治经济局势异常严峻,尤其在新冠疫情的冲击下,为维护自身在国际社会中的主导地位,英国、韩国、日本、美国、德国等国与我国摩擦不断,美国更是把中国视为危险国家。在该大环境下,外国政府极有可能通过国际投资的方式对我国进行打击。因此我国需要重视对主权投资的安全审查,尤其要注意来自特别关注国家的投资。

其二,相较于一般外商投资,外国政府投资对投资接受国构成的威胁更大。以下通过意图、控制、威胁行为等三个维度进行具体分析:

(1) 意图层面:考虑到意图较为隐蔽,难以探察,东道国政府可通过身份识别的途径来进行判断。一般情况下,普通投资者进行国际投资的主要目的是追求经济利润最大化,而外国政府在进行国际投资时,除获取经济利益外,还可能带有国家战略意图。国家利益高于一切,外国政府投资者更易带有侵害东道国国家安全的非法意图。

(2) 控制层面:显而易见,相较于普通的外国投资者,外国政府投资者由于具有较强的经济实力,更易把控一国的市场秩序,或者是拥有获取或转移核心技术以及其他知识产权的能力,或者更易侵入我国的敏感关键领域。

(3) 威胁行为方面:该方面需要根据具体情况予以具体分析。但外国政府投资者极有可能带有威胁东道国国家安全的意图,可成为评估安全风险的有力

---

① 王小琼.西方国家外资并购国家安全审查制度的最新发展及其启示:兼论开放经济条件下我国外资并购安全审查制度的建构[M].武汉:湖北人民出版社,2010:254.

其三，美国、德国等发达经济体对来自中国的投资持谨慎态度。美国在FIRRMA中设置了"特别关注国家"条款。"特别关注国家"是指对美国国家安全产生负面影响的国家。虽然美国在FIRRMA中没有表明具体国家，但考虑到近几年美国实行"美国优先"政策，以及美国与中国在贸易等多方面摩擦不断，中国被列入"特别关注国家"名单的可能性极大。在实践中，美国安全审查机构也否决了多个来自中国的投资项目，例如罗尔斯公司收购案。美国审查机构认为罗尔斯公司实际控制人带有军方背景，因此禁止了该项收购案。除此之外，我国国有企业对美投资也容易遭遇美国的安全审查。除美国外，近几年德国等欧盟国家也在收紧外资安全审查制度，其改革的重要目的是更有针对性地限制中国投资者投资。同时，欧盟及其成员国对我国国有企业的歧视已趋常态化。欧盟法规规定将外国投资者是否被外国政府控制作为重要考察因素。德国撤回爱思强收购案无异议证明的理由之一是宏芯基金具有政府背景。[①] 在国际关系中，最好的报复是法律上的报复。为保障中国投资者的合法权益，我国有必要对外国政府投资实行对等的特别审查。

### 3. 安全审查考虑因素不全面

在确定安全审查范围后，审查机构需要对该外国投资是否对国家安全构成威胁进行判断，以做出批准、不批准以及附条件批准的审查决定。因此安全审查标准在外资安全制度中占据着核心地位。

虽然立法过程中追求法的确定性，但安全审查制度是一个例外。考察各国立法实践可发现，各国对安全审查标准采取的是模糊化的手法，即通过设计安全审查考虑因素的方式。我国同样也采取该类手法。该情况出现的主要原因是国家安全具有演进性、相对性，其内涵随着时间、地点、对象、条件的不同而不同，使得"国家安全"一词难以进行准确定义。

为了尽可能解决上述问题，平衡法的确定性与灵活性之间的关系，安全审查考虑因素的立法设计显得至关重要。由于《安审办法》对安审考虑因素未进行明确规定，因此我国现行立法对安全审查考虑因素的规定主要还是见于《安审通知》第二条"并购安全审查内容"，以及《自由贸易试验区外商投资国家安全审查

---

① 徐程锦.欧盟及其成员国外资安全审查制度改革与中国的应对策略[J].区域与全球发展，2019(6)：43-44.

试行办法》"审查内容"。需要注意的是,其被称为"审查内容",但实质为"审查标准"。《安审通知》和《自由贸易试验区外商投资国家安全审查试行办法》的出台虽然发挥了一定的积极作用,但随着时代的发展,其部分内容已不适应时代的需要,难以对实际工作形成有效指导,其中包括"并购安全审查内容"。目前我国安全审查考虑因素存在以下弊端:一是《安审通知》法律效力等级较低,造成安审因素法律约束力不强;二是用词过于笼统简单,可操作性较弱,容易产生行政效率较低和权力滥用的现象;三是安审考量范围不全面,与时代脱节。具体体现在以下几个方面:

第一,安全审查考虑因素范围较窄,且缺乏侧重点。根据《安审通知》的规定,我国审查外国投资从国防安全、国家经济稳定运行、社会基本生活秩序、关键技术研发能力等四个方面予以考量。可知我国存在安全审查考量因素不全面的问题,且所涉内容主要为传统国家安全观,无法应对新时代下的新型安全风险。《自由贸易试验区外商投资国家安全审查试行办法》在《安审通知》的基础上新增两项安审考虑因素,即国家网络安全和国家文化安全、公共道德,但仍然存在安审考虑因素不全面的问题,缺少能源安全、环境安全等方面的考虑。《自由贸易试验区外商投资国家安全审查试行办法》的另一个弊病是,其适用范围有限,无法在全国范围内适用。除全面性之外,设计安审考虑因素时也要立足国情,有所侧重。"国家安全"的内涵较为宽泛,包含国防、政治、经济、文化等多方面的安全。联席机构人力、物力有限,难以面面俱到。为加快风险排查速度,切实维护国家安全,各国基于本国国情,往往会做出一定的取舍和安排侧重点。例如美国FIRRMA显示,未来美国把安全审查工作重点放在外资对核心技术和网络安全的威胁上。加拿大侧重于国家经济安全和经济效益。因此,我国在设计安审考虑因素时也要有所侧重。《安审通知》和《自由贸易试验区外商投资国家安全审查试行办法》均未能充分体现以上两点要求。

第二,缺失兜底性条款,难以应对未来出现的新型国家安全风险。考察各国立法可发现,在罗列安全审查考虑因素时,绝大多数国家会设置兜底性条款,例如美国等。该设计的主要考虑:一是"国家安全"一词内涵丰富,并会随着时代的变化而变化。二是人类社会已进入风险社会,技术和经济所带来的力量正日益被风险的阴影所吞噬,人类面临着前所未有的威胁。现代化风险主要呈现以下特征:① 风险的多元化;② 跨越国界,全球化趋势引发全球化危害。由此可知,兜底性条款在识别新型国家安全风险方面具有重要价值。

综上所述,面面俱到的、有所侧重的安全审查考虑因素结合兜底性条款,可促使法律在确定性和灵活性之间寻求到平衡点,更好地维护国家安全。我国立法尚存在缺陷,亟待改进。

### (二) 程序方面的不足

#### 1. 外商投资安全审查工作机制设置不合理

《安审办法》第三条对于安全审查机构进行规定。明确我国建立外商投资国家安全审查制度,审查机构设在国家发改委,国家发改委和商务部为主管机构,承担安全审查的日常工作。《安审办法》承继了《安审通知》《安审规定》的部分内容,并对个别规定做了改进。例如《安审通知》《安审规定》规定的"联席会议"被学界认为法律地位不明确,难以有效开展安全审查工作。而《安审办法》设置的外商投资安全审查工作机制可认定为常设机构,法律地位明确,便于开展日常安全审查工作。虽然《安审办法》关于审查机构的规定具有一定的可取之处,但整体上来说规定仍然过于原则,内容简单,在实践过程中容易面临无法可依或者难以高效运转的困境。《安审办法》关于审查机构的规定主要存在以下问题:

第一,两大牵头部门的地位和分工不清晰。此处存在的主要问题有:国家发改委与商务部如何进行分工与合作?两个部门各享有哪些权力?需要承担哪些责任?根据我国行政管理机构的设置,国家发改委下设外资司等内设机构,承担提出利用外资战略、规划以及相关政策建议,制定外商投资产业目录、负面清单等职责。商务部下设外国投资管理司,具体承担指导全国外商投资工作,草拟外商投资政策和改革方案并予以实施,以及规范外商投资活动,包括负责外商企业设立及变更、监督检查外商投资企业执行法律法规等。由此可知,国家发改委与商务部各承担部分外资管理职责,但各有侧重,国家发改委侧重于宏观指导,商务部侧重于具体的外商投资管理工作。从《安审办法》现有规定来看,由于工作机制办公室设立在国家发改委,可推断发改委在安全审查工作中占据更为主导的地位。但要注意的是,商务部是传统意义上对外商投资进行审查的权力机关,且原外资并购安全审查系由商务部负责运行维护。如果我国法律法规无法明确两部门在审查工作中的地位和职责,会出现两部门间互相争权或者推诿责任的情况,不利于我国安全审查机制发挥应有的作用。

第二,安全审查参与部门的规定不清晰。《安审通知》规定联席会议由发改委、商务部牵头,根据实际情况,会同相关部门开展相关工作。但是《安审办法》

中无明确要求"相关部门"参与安全审查工作。该规定的缺失给安全审查工作带来三方面的疑问：一是"相关部门"是否有权参与安全审查工作？随着我国外资准入门槛的降低，如果"相关部门"不参与安全审查工作，国家发改委和商务部需要花费大量的精力处理繁多的申报案件，不利于两部门开展其他工作。同时由于国家安全审查具有较强的专业性，且涉及国防、经济、信息技术、文化等多个专业领域，国家发改委和商务部尚不具备相应的处理能力。因此《安审办法》在该方面欠缺合理性。二是如果其他部门可参与安全审查工作，发改委和商务部如何召集？哪些部门可参与审查？是否有正式成员和非正式成员之分？等等。上述内容在《安审办法》中无从体现。三是"相关部门"在安全审查工作中的权限如何配置？上述内容的缺失会对实际工作造成困扰，不利于工作效率的提高。

第三，安全审查制度决策机制规定不明晰。《安审办法》对审查机构决策机制无明确规定。在整个安审流程中，工作机制办公室需要做出三次决定：一为初步申报程序进入一般审查程序之际，二为一般审查程序进入特别审查程序之际，三为最终审查决定做出之时。安全审查决定的通过是采用一票否决制还是绝大多数同意制？各阶段是否采用同一种决策机制？以上内容均未能够在《安审办法》中找到答案，这不利于我国安全审查制度高效运行。

第四，安全审查机构缺乏有效监督。《外商投资法》第三十五条明确审查机构依法做出决定为最终决定。由此可推断出外商投资者无法就安全审查决定向有关部门或单位提起行政复议或者行政诉讼。《外商投资法》第二十六条规定，国家建立外商投资企业投诉工作机制，但考虑到该条所处位置及章节，该项规定无法适用于安全审查制度。由此可见，我国安全审查制度存在监督机制缺失的问题。《安审办法》第二十条规定，相关工作人员在安全审查工作中，出现违反相关法律法规的情形时，给予行政处分；涉及犯罪的，依法追究刑事责任，这是外资安全审查制度中唯一涉及行政监督的规定。但该条规定属于我国法律法规中的常设条款，设计较为宽泛，欠缺针对性，难以对安全审查机构形成有效监督。考察各国立法，绝大多数国家对安全审查制度设置了制约权力，如美国的国会监督、欧盟国家的司法监督等。监督机制能够督促审查机构依法行政，防止其滥用权力，保障制度有序推行。随着我国对外资的监管从事前监管走向事中、事后监管，安全审查制度的重要性愈发凸显，审查机构拥有的权力越大，越需要加强监管。

2. 安全审查期限透明度不够

《安审办法》第七条至第十一条对安全审查流程做出具体规定，现存在的主

要问题是安全审查期限透明度不足,主要体现在以下几个方面:

第一,《安审办法》第九条规定特别审查工作需在60个工作日内完成,特别情况下,可加长审查期限。该规定的主要问题是没有进一步明确具体可延长的期限,使得外商投资者无法准确预见最长安全审查期限。如果审查机构处置不妥当,可能导致该审查案件无限期拖延,一定程度上影响到外商投资项目的落地,增加外商投资的不确定性。部分国家在立法中明确具体可延长期限,提高了法律的透明度和确定性,例如美国调查阶段在特殊情况下可延长15天。此外,该条规定没有明确工作机制办公室是否可以自主做出延长审查期限的决定,或者需要经国务院等部门单位同意后,才可延长审查期限。根据《安审办法》的规定,现阶段我国立法对审查机构的监督不足。如果允许其自主做出延长期限的决定,可能产生审查机构滥用权力的问题。

第二,《安审办法》第十条规定审查机构在安全审查工作中,可以要求当事人补充材料,补充材料的时间不计入审查期限。该规定存在的瑕疵是没有明确当事人补充材料的时间,可能产生当事人不交或无限期拖延等现象,导致安全审查工作效率低下,影响结案率。考察各国立法,部分国家对交易当事人提交材料的时间做出明确规定。例如俄罗斯规定初审启动前,反垄断署在发现当事人材料缺失时,可要求当事人在一个月内补齐材料,否则退回申请。

第三,《安审办法》第十一条规定安全审查期间交易方可以修改投资方案,审查期限自审查机构收到修改后的投资方案之日起重新计算。该条规定引出的疑问是审查期限是从初步申报阶段开始?还是从一般审查阶段开始计算?抑或是当事人决定修改投资方案所处的审查阶段开始计算?对于该问题,我国《安审办法》有必要进一步明确。

3. 外国投资者救济机制缺失

自实行"准入前国民待遇+负面清单"管理模式后,我国对外国投资从原先的事前监管转变为事中或事后监管,外资国家安全审查制度的地位进一步提升。这一变化赋予了安全审查机构更多的权力,然而考虑到权力需要监管,相应的监督机制或救济机制也需要尽快建立起来。从我国《安审办法》的相关规定可知,我国对外商投资者的监督机制较为完善,但缺乏相应的外国投资者救济机制,很有可能导致外国投资者无法对外发声,合法权益难以得到有效保障。救济机制是评价一项制度是否完善的重要标准。纵观各国立法,部分国家为外国投资者设置了救济途径。美国FIRRMA虽然明确CFIUS所做决定和裁决享有司法豁免权,缩小了外国投资者的救济途径,但其允许主动申报或提交申明的交易当事人就程序问题向哥伦比亚巡回法庭提起诉讼。另外,除司法路径外,美国还可以通过国会对CFIUS进行监管。由于美国政治体制的特点,外国投资者在个人合法利益受到损害时,可以通过游说国会促使国会向CFIUS施压的方式维护自我合法权益。根据法国《货币与金融法》的规定,外国投资者不服财政部部长做出的禁止交易、变更交易或恢复到交易前状态等决定时可以向法院提起诉讼。俄罗斯《战略投资法》明确规定,外国投资者可以就外资审查政府委员会所做决定向俄罗斯联邦最高仲裁法院提起诉讼。除上述主权国家外,欧盟等国际区域组织也对外国投资者救济机制做出了规定。根据《欧盟外资审查条例》的规定,欧盟成员国在建立外资国家安全审查制度时,应当保障外国投资者的异议权和救济权。《欧盟运行条例》明确欧洲法院有权对欧盟成员国安全审查实体性内容和程序性内容进行司法审查。

我国现有外资国家安全审查立法缺乏对外国投资者救济机制的规定,同时也欠缺对审查机构的监管。上述问题很可能成为制约我国外资安全审查制度发展的重要因素,不利于激发外国投资者在中国境内的投资积极性。

## 四、我国外资安全审查制度的升级路径

《外商投资法》《实施条例》《安审办法》总结了我国十多年来外资国家安全审查制度的法律实践,吸收了国外优秀的经验做法,为我国实施更大范围、更深层次的对外开放提供了法律上的保障。但并不是每一项制度都是完美的,我国外资国家安全审查制度尚存部分瑕疵,还需在实践中逐步发展完善。

### (一)完善我国外资安全审查实体内容

1. 明晰安全审查范围

针对《安审通知》《安审办法》中关于安全审查范围方面的问题,我国可从以下几个方面予以完善:

第一,建议对《安审办法》第四条第一款第二项中"重大""重要""关键技术"等重要词语进行定义,以便于实际操作,并给予外国投资者明确的投资预期。倘若我国立法无法对上述词语进行明确定义,可通过划定范围、列举概括等方式予以确定。通过上述措施,可进一步提高我国的立法技术水平。考察美国立法,其

对定义较为重视，通常采用概括、列举、举例等方式予以解释。FIRRMA 对"核心技术""核心基础设施"进行详细解释，为审查机构工作提供了明确的方向。我国对"关键技术"的定义，可结合《中国制造 2025》予以确定，具体可以包括：① 对国防安全至关重要的核心技术，包括武器、弹药、作战物资等相关的防卫品或防卫服务；② 与"核"相关的材料、设施、软件和技术；③ 信息技术、人工智能、新材料、生物医药等领域的核心技术；④ 航空航天装备、海洋工程装备及高技术船舶、先进轨道交通装备、新能源汽车等方面的核心技术。为进一步提高法律法规的透明度，我国可在定义的基础上制定关键技术清单，并不定期进行更新，便于实际操作。

第二，科学设置与"控制"相关的规则。主要包括：

一是根据外国投资者身份信息的敏感度，或者根据外国投资者投资行业的重要程度，设置阶梯式审查门槛。我国立法不加区分对任何投资主体、任何投资行业采用 50% 的标准是不合理的。德国、俄罗斯等国对不同投资主体或不同投资领域设置不同的规则。例如德国《对外经济条例》规定，对于一般领域，外国投资者直接或间接享有 25% 以上的投票权时就会触发安全审查程序。对于特殊敏感领域，该比例只要达到 10% 以上即可触发安全审查程序。俄罗斯《战略投资法》明确普通外国投资者投资一般战略性企业，触发安全审查程序的条件是外国投资者直接或间接占有企业 50% 以上的股权和表决权；对于投资矿产类战略性企业，该标准达到 10% 以上即可。

二是降低安全审查门槛。考察各国立法，德国的审查门槛为 25%；澳大利亚的审查门槛为 15%；美国未设置具体的比例，但规定涉及关键技术、关键基础设施、美国公民敏感个人信息的投资，未达到控制标准也需要进行安全审查。我国可适当借鉴德国、澳大利亚、美国的规定，降低安全审查门槛。

三是对《安审办法》第四条第二款第二、三项中的"重大影响"做出更细致的规定。包括：① 人事方面，外国投资者有权任命董事会或类似决策机构半数以上成员，或者是有能力保证其提名人员取得董事会或类似决策机构半数以上席位；② 财务方面，外国投资者具备随意修改公司预算能力；③ 技术方面，外国投资者能够接触企业核心技术，并具备转移核心技术的能力等。

2. 建立主权投资审查机制

目前国际社会局势风云变幻，国际经济局势日益严峻，同时主权投资已逐渐成为国际投资的重要类型。近几年，美国、欧盟成员国等西方国家的外资安全审查制度呈日益收紧之趋势,且有明显针对中国的意图,中国国有企业更是西方国家重点审查的对象。由于我国没有正式建立主权投资审查机制,使得我国无法对西方国家进行反制,导致我国企业遭遇不平等待遇。为维护国家安全,我国亟须建立主权投资审查机制。需要注意的是,为避免落入贸易保护主义的陷阱,主权投资审查机制不应设置得过于严苛,应尽量与其他国家保持对等,具体设计框架如下:

第一,安全审查范围方面,界定主权投资概念。一般情况下,主权投资包括主权财富基金和国有投资企业。启动主权投资安全审查程序,首先需要对外国投资者的身份进行识别。鉴于此,我国立法需要对"主权投资"进行定义。考察各国立法可发现,各国对"主权投资"的理解大同小异。例如美国法案将"被外国政府控制或者代表外国政府的实体对美国企业进行的并购交易"被强制纳入安全审查范围内。《加拿大外商投资法》对国有企业的理解为:① 外国政府及其机构;② 外国政府及其机构直接或间接控制的实体;③ 受外国政府及其机构直接或间接影响的私人投资者。澳大利亚《外资并购与接管条例》对主权投资的理解是:① 外国政治机构外国组成部分的政治机构或政治机构的一部分;② 或是被上述主体所控制,或是与上述主体存在利益关系的一个实体。[①] 我国可借鉴美、加、澳等国的规定,将"主权投资"定义为被外国政府、外国政府组成机构直接或间接控制的实体,或者与上述主体存在利益关系的一个实体。需要注意的是,主权投资具有较强的隐蔽性,需要审查机构分析大量材料才可认定,这些材料可由外国投资者提供,也可由审查机构自行收集。

第二,安全审查对象方面,确定主权投资安全审查门槛。目前我国对一般外国投资者投资和主权投资采用同一审查门槛。相比较于一般外国投资者投资,外国政府投资经济实力更强,带有母国政治战略的可能性更高,对东道国的威胁性更强。因此有必要对主权投资设置相对严苛的审查门槛。据考察,俄罗斯等国对一般外国投资者投资和主权投资设置不同的规定。俄罗斯《战略投资法》明确,对于一般外国投资者,外国投资者直接或间接占有一般战略性企业50%以上的股权和表决权即认定为"控制"。对于外国政府、国际组织及其控制的组织对俄进行的投资,直接或间接占有一般性战略企业25%以上的股权和表决权即

---

[①] 徐程锦.欧盟及其成员国外资安全审查制度改革与中国的应对策略[J].区域与全球发展.2019(6):43-44.

达到安全审查门槛。因此对于主权投资,我国应当结合国情,适当降低安全审查门槛。

第三,安全审查程序方面,明确主权投资审查申报材料,延长安全审查程序。审查机构识别外国投资者身份信息的主要途径是:① 交易当事人提供;② 政府依靠调查系统获取信息。为尽快确定外国投资者的身份信息,我国需要明确外国投资者应当提交的具体材料,包括:① 法人的名称、建立地、成立日期,或个人投资者姓名、国籍;② 企业集团完整结构图,包括企业的总公司、直接母公司、中间各级母公司商业身份信息、商业战略信息等,以及详细的结构组织图;③ 协同行动协议,企业最终权益受益者与其他投资者之间达成的在某些事情上协同一致的安排;④ 财务信息;⑤ 企业管理机构和高级管理人员信息,包括企业内部组织架构,高级管理人员个人信息、简历、军队服务历史等;⑥ 外国政府控制方面的信息,外国投资者必须自觉披露其是否被外国政府控制或者以外国政府的名义行事。[①] 考虑到主权投资涉及情况较为复杂,审查材料较多,对东道国国家安全构成威胁的可能性更大,我国立法可适当延长主权投资安全审查时间,但是需要明确可延长的具体时间,增强制度的透明度和确定性。

3. 完善安全审查考虑因素

针对《安审通知》中关于安全审查标准方面的问题,我国立法可从以下几个方面予以完善:

第一,提高立法层级,明晰与安全审查考虑因素相关概念。《安审办法》缺乏安全审查考虑因素方面的规定,为增强《安审办法》的系统性,以及为审查机构提供有效的工作指引,我国有必要在《安审办法》中加入安全审查考虑因素。此外我国存在立法用语过于笼统简单的问题,造成法律法规难以落地。对此我国需要对关键词语进行明确:① 对"关键技术"进行定义,并制定关键技术清单目录。② "社会基本生活秩序"一词,在国际投资条约中难以寻找到其踪影。这主要涉及国际法与国内法衔接不紧密的问题。在没有明确描述的情况下,可能造成外国投资者无法理解"社会基本生活秩序"概念。为提高立法技术水平,我国应当把"社会基本生活秩序"修改为"社会公共利益与公共秩序",并对其进行定义。③ 关于"国家经济稳定运行",与"社会基本生活秩序"一样,在国际投资条约中

---

[①] 王小琼.西方国家外资并购国家安全审查制度的最新发展及其启示:兼论开放经济条件下我国外资并购安全审查制度的建构[M].武汉:湖北人民出版社,2010:258-260.

难以寻觅其踪迹。此处涉及"国家经济稳定运行"与经济安全是否属同一概念的问题。根据《现代汉语同义词词典》,"稳定"强调固定,表示能够长时间固定在一定位置、程度或发展状况上,不易起落。"安全"表示没有危险、不受威胁、不出事故。由于遭受外来威胁必然会导致经济不稳定,所以,"国家经济稳定运行"与"经济安全"存在一定关联,属于经济安全的一部分。综上,我国立法可把"国家经济稳定运行"修改为"经济安全",并对其进行释义,以便于实际操作。经济安全主要包括产业、能源、信息、金融等多方面的安全。其中产业安全应当考虑我国战略性行业、新型高科技行业,包括农林牧渔业、关键制造业、交通运输业、信息技术和网络设施相关行业、媒体业、金融业等。需要注意的是,产业安全并不包括任何产业的安全问题。

第二,健全安全审查考虑因素,突出侧重点。《安审通知》仅明确四项安全审查考虑因素,即国防安全、国家经济稳定运行、社会基本生活秩序、关键技术研发能力等四个方面。根据现有国际社会形势,安全审查考虑因素不应仅局限于上述内容。根据《国家安全法》的规定,我国安全审查立法可增加文化安全、网络信息安全、主权投资等考虑因素,同时提升立法层级。文化安全是指涉及精神状态的文化安全,包括防范他国文化对本土文化的渗透与侵蚀,以及增强本国文化的国际影响力。[①] 文化安全审查应集中在图书出版、杂志、影视等文化产业。由于人类社会已经进入了 3.0 信息化时代,数据的密集性、流动性、复杂性大大增强,引发了新型网络信息安全风险隐患。网络信息安全的审查重点是信息技术产品和服务的安全性和可控性,主要评估重要信息被泄露、窃取和损毁的风险。[②] 重要信息可包括军事信息、公民个人敏感信息、商业秘密等。同时,主权投资较强的经济实力和不纯粹的投资目的,需要我国引起重视。我国应当在安全审查考虑因素增加"外国投资实体受外国政府控制,或者代表外国政府进行交易活动"。

第三,设置兜底性条款,提高法的灵活性。我国需要在立法中设置兜底性条款,在最后增加"工作机制办公室认为应当考虑的其他因素"一项。兜底性条款的设计增强了立法的灵活性和环境适应性,为具体的安全审查工作预留了较大的自由裁量空间,促使安全审查更为全面。

---

[①] 杨丽艳,李婷婷.中国外商直接投资国家安全审查法律问题研究[J].武大国际法评论,2017(2):61.
[②] 刘金瑞.数据安全范式革新及其立法展开[J].环球法律评论,2021(1):20.

## (二) 完善我国外资安全审查程序内容

### 1. 确定工作机制办公室组织结构及决策机制

针对上文所提出的审查机构方面的问题,我国可从以下几个方面予以完善:

第一,明确工作机制办公室牵头部门职责分工。《安审办法》创建工作机制办公室,延续《安审通知》中"双头主导"模式的规定,其制定用意或是为了便于两部门相互监督制衡,防止权力滥用。但是在中国文化语境下,该种"双头主导"模式反而会增加组织成本,尤其在双方权限和职责不清的情况下,容易出现争权或推诿责任的情况。考察各国立法,美、加、俄、澳、德、法、日均确定一个主导机构来启动安全审查程序。因此我国立法需要尽快明确国家发改委与商务部的职责分工。上文所述,国家发改委与商务部各承担部分外资管理职责,国家发改委侧重于宏观指导,商务部侧重于具体的外商投资管理工作。同时考虑到审查机构设在国家发改委之下,因此可明确国家发改委为主管机构,主要负责外资安全审查工作的组织、协调和决策工作,同时负责信息传递工作;商务部为主导机构,主要负责外资安全审查工作的具体实施。

第二,要求其他部门参与安全审查工作,确定部门成员名单及职责。《安审办法》第三条创建了工作机制办公室,但是立法设计中存在诸多含糊不清之处,包括其他部门是否参与安全审查工作、哪些部门参与安全审查工作等,对安全审查制度的透明度、可预见性造成实质性影响。我国可通过以下途径予以完善:

(1) 要求其他部门共同参与安全审查工作。安全审查是一个极为复杂的过程,涉及国防、科技、网络、能源、金融等多个专业领域。为确保安全审查工作的准确性和全面性,需要多个部门共同参与。此外,从其他国家安全审查机构设置来看,审查机构结构大致分为双层审查主体结构和单层审查主体结构。无论采取何种模式,均要求多个部门共同参与,我国可予以借鉴。

(2) 确定工作机制办公室的组成部门。根据《国家安全法》《安审通知》《自由贸易试验区外商投资国家安全审查试行办法》等法律法规对"国家安全"一词的理解,以及我国行政管理体制的设置,可明确国防部、国家安全部、工业和信息化部、科学技术部、文化和旅游部、国有资产监督管理委员会和中国人民银行等其他部门单位参与安全审查工作。为保证安全审查的严肃性和效率,以及保护国家秘密的需要,需要由各部门部长或副部长参与安全审查工作。

(3) 明确组成部门职权,以及各部门在安全审查工作中扮演的角色,避免争权或责任推诿的现象出现。

第三，完善工作机制办公室决策机制。为平衡对外开放和维护国家安全之间的关系，我国可采取"先严后松"的决策机制。在初步申报阶段，只要有一个成员部门认为该项交易威胁或者可能威胁国家安全，则该交易进入一般审查阶段。在一般审查阶段，过半数成员部门认为该项交易威胁或可能威胁国家安全，则该交易进入下一个审查阶段。在特别审查阶段，为促进外商投资，增强外国投资者的自信心，该阶段主要采取"一致"原则，即成员部门一致认为该项交易可能威胁国家安全，且无法通过缓解措施缓解，则工作机制办公室可做出禁止的决定。

第四，建立有效的审查机构监督机制。我国可通过以下几条路径规范审查机构行为：① 允许外国投资者向国务院提起行政复议；② 允许外国投资者就程序性问题向人民法院提起诉讼；③ 要求工作机制办公室定期发布年度审查报告。

2. 明确审查程序时间框架

我国外资国家安全审查分为初步申报、一般审查、特别审查、工作机制办公室决定等四个步骤。一般情况下，我国初步申报时间是15个工作日，一般审查时间为30个工作日，特别审查时间为60个工作日（工作机制办公室的决定包含于特别审查中）。由此可知，我国外资国家安全审查程序时间框架基本形成。为进一步提高安全审查制度的透明度，规范审查机构工作行为，增强外国投资者的自信心，针对上文所提出来的程序瑕疵，我国需从下列几个方面予以完善：

第一，关于延长审查期限的问题。为了防止审查机构滥用权力，无限期延长审查时间，也为了提高《安审办法》的可操作性，我国应当明确特别审查阶段中工作机制办公室可延长期限的最长时间。需要注意的是，可延长期限不要超过特别审查期限的三分之一。主要考虑是：一是在决定延长审查期限前，工作机制办公室已经进行了长达60个工作日的安全审查，熟知外资交易基本情况，对该外资可能引起的风险也基本掌握，延长审查期限主要任务是对交易部分内容进行更深层次的调查，以做出慎重的决定，因此不需要过多延长审查期限。二是在无特殊情况下，我国整个安全审查程序长达105个工作日，用时较长。为促进外国投资，实现更高层次的对外开放，同时也为了督促审查机构提高工作效率，延长期限不应过长。三是根据美国立法，美国调查期为45天，因特殊情况可延长15天。美国的外资安全审查制度较为成熟，被众多国家所借鉴，其中也应包括中国。因此我国可适当吸收美国的经验做法。

关于由谁做出延长期限决定的问题。由于外资国家安全审查制度的重要性和特殊性，工作机制办公室拥有较大的自由裁量权。目前我国对审查机关的监督机制尚未完全建立起来，从约束审查机构的角度分析，不应当由工作机制办公室做出延长期限的决定。根据我国行政管理体制，工作机制办公室的牵头机关，即国家发改委和商务部，均属于国务院的组成部门。因此可考虑由工作机制办公室提出延长期限的请求，国务院做出延长期限的决定。

第二，关于交易方补充材料时间的问题。我国立法应当明确当事人补充材料的时间，同时明确，如果当事人未在规定时间内补充相关材料，则视为当事人撤销相关申请。确定当事人补充材料的时间，我国应当综合考虑所需提交材料的难度和复杂度、安全审查工作效率等多种因素。一方面约束当事人及时提交相关材料，否则需要承担一定的不利后果；另一方面规范审查机构行为，督促其提高安全审查效率。

第三，交易方修改投资方案后审查期限重新计算的问题。为减轻外国投资者的压力，提高审查机构的工作效率，保持促进对外开放和维护国家安全之间的平衡性，审查期限从何开始计算应当充分考虑当事人投资方案修改情况。如果当事人对投资方案进行大范围改动，使之可视为一份全新的投资方案，或者对方案中的关键性内容进行修改，则修改完成后，审查程序应当从初步申报阶段重新开始计算。如果当事人仅进行局部小范围变动，且未对实质性内容进行改动，则审查程序可从当事人要求修改投资方案所处阶段开始计算。

### 3. 增设安全审查救济和监督机制

对外国投资者权利的救济和对审查机构权力的监督是外资国家安全审查制度中的保障机制。考察各国立法，绝大多数国家采用国会监督（立法机关监督）、行政监督、司法监督等方式。根据我国行政法规则，对于行政机关做出的决定，当事人可以从知道该具体行政行为起六十日内向行政复议机关提起行政复议，或者向人民法院寻求司法救济。而外资国家安全审查制度不同于一般的制度，安全审查决定也不同于一般的行政决定。外国投资者权力救济难以适用我国一般行政法规则。为保护外国投资者的合法权益，约束审查机构的行为，我国有必要在现有法律规则下增设国家安全审查救济和监督机制。

其一，允许外国投资者就安全审查决定及程序向国务院提起行政复议。主要考虑是：① 审查机构由国家发改委、商务部牵头。国家发改委与商务部均为国务院的组成部门，受国务院指导。因此国务院有权对工作机制办公室做出的审查决定进行监督。② 安全审查制度本质上是对外国投资者的一种限制，具有一定的严肃性。同时其又涉及国家机密。考虑到以上两点，安全审查需要高级别层面的运作和决策。国务院是我国最高权力机关的执行机关，是我国最高行政机关，其有权对安全审查进行决策。需要注意的是，国务院所做决策应为最终决定。

允许外国投资者向国务院提起行政复议，优点在于国务院可对审查机构做出的安全审查决定进行调查，全方位保护外国投资者的合法权益。弊端是由于外资国家安全审查的专业性和复杂性，以及受限于调查时间，一般情况下，国务院会囿于工作机制办公室所提供的材料以及建议。因此国务院的监督效果并不凸显。

其二，允许外国投资者就安全审查程序向人民法院寻求司法救济。国家安全问题是否能够通过法制途径解决，目前世界范围内并未达成共识。无论采用可诉模式还是不可诉模式，均存在各自利弊，需要结合国情综合考虑。由于外资国家安全审查制度的内核涉及政治问题，同时国家安全审查是一个极为复杂的过程，涉及国防、科技、网络、能源、金融等多个专业领域。因此现阶段我国人民法院不具备对安全审查实质性内容进行审查的能力。不同于实质性内容，安全审查程序性问题不涉及政治问题，属于纯粹的法律问题，可实现充分法律化。安全审查制度中法律程序的价值体现在：① 严格遵循法律程序的前提下，可保障审查结论的正当性；② 严格遵循法律程序可保障安全审查工作顺利进行，避免审查机构拖沓，使外国投资者失去合理的时间预期。同时司法机关对程序正当具有天然的敏锐度，具备胜任此份工作的能力。综上，外国投资者可就程序性内容向我国人民法院提起行政诉讼。选择该救济途径的优点在于司法机关享有独立的地位，可保证结果的公正性。缺点在于不能就实质性内容进行审查，同时诉讼成本较高。

其三，要求审查机构发布年度审查报告，提高安全审查制度的透明度。建议审查机构定期发布年度审查报告，提高保障外国投资者的知情权，接受社会的监督。年度审查报告内容应当包括当年审查的案件数量、案件分布的行业领域、批准、不批准以及附条件批准的案件数量情况、受审查案件来源国等。

需要注意的是，为防止外国投资者故意拖延时间，提高安全审查的效率，外国投资者不服审查机构做出的决定时，其只能在提起行政复议与行政诉讼中选择其一。

# 第五章

# 外资安全审查制度：域外考察与启示

外资安全审查制度是经济全球化、投资自由化时代背景下的产物，对投资东道国来说，它既能促进投资，保证经济增长，又能保障国家主权免受外来投资的侵蚀，具有双重意义。这项制度对于正积极融入世界市场的中国而言是必要的。我国的外资安全审查制度在改革开放以后起步，从最开始的三资法到2011年的《安审通知》《安审规定》、2020年1月正式实施的《外商投资法》，再到2020年11月通过的《安审办法》，我国的安全审查制度逐渐羽翼丰满，让人欣慰。然而，与已发展较长时间的西方发达国家相比，我国的安全审查制度还稍显稚嫩，存在许多漏洞。

美国、澳大利亚、德国、俄罗斯作为发达国家，已建立起相当完善的外资安全审查制度，四个国家的制度既具各自本国特色，又存有共性。我国虽已正式建立了外资安全审查制度，但存在着诸多困境，低位阶的制度设计、粗线条的法律规定在安全审查实践中仍难免受到诟病。因此，分析和借鉴国外相关制度，结合国情构建并完善我国的外资安全审查制度体系，在有效保障我国国家安全的基础上，吸引外资进驻，最大限度地发挥外资并购的优势，实现保护国家安全和保持经济向世界开放的平衡就显得尤为重要。

本章将深入剖析和研究美国、澳大利亚、德国、俄罗斯的相关立法规定，吸取借鉴其精华，总结其经验教训，以便在法律体系、审查对象、审查机构、审查程序等方面更好地完善我国的相关制度。

## 一、外资安全审查机制的域外考察

剖析美国、澳大利亚、德国、俄罗斯等发达国家的外资安全审查制度，有助于我国察觉到自身相关制度的缺陷，更好地吸收域外国家安全审查制度的经验和精华，对我国进一步完善该制度大有裨益。

## （一）美国

### 1. 立法体系

美国是对外资安全审查制度进行单独立法的国家。1917年，美国国会颁布《与敌贸易法》，出现了美国外资安全审查制度的雏形，当时美国对外来投资的规制还相当宽松。随着1973年石油危机的爆发，美国开始加强对外资的规制力度。到了1988年，美国真正意义上的外资安全审查制度法案出台，即《埃克森—佛罗里奥修正案》。该修正案授予了美国总统特殊的权力，详细规定了外资安全审查制度的认定因素及具体程序。为适应时代的需要，在1992年美国对修正案进行了修改。《埃克森—佛罗里奥修正案》在当时发挥了积极的作用，但是随着时间的推移，其本身的缺陷被日益放大，亟须予以纠正。在2007年，美国出台了《外商投资与国家安全法案》（Foreign Investment and National Security Act，简称FINSA）。为配合FINSA的实施，2008年美国财政部又颁布了《关于外国人收购、兼并和接管的条例》作为FINSA的实施细则，进一步细化审查原则、对象范围、标准和程序等问题。随着国际交流的日益频繁，更多外资进入美国，为保护国家安全，美国于2018年颁布了《外国投资风险评估现代化法案》（Foreign Investment Risk Review Modernization Act，简称FIRRMA），进一步对外国投资加强了限制。2020年1月，美国财政部发布FIRRMA的《新实施细则》，即《关于外国人在美国进行特定投资的规定》（Provisions Pertaining to Certain Investments in the United States by Foreign Persons，简称《特定投资新规》）和《关于外国人在美国进行有关不动产特定交易的规定》（Provisions Pertaining to Certain Transactions by Foreign Persons Involving Real Estate in the United States，简称《不动产投资新规》）。这一系列法案构建起了美国国家安全审查制度的立法体系。

美国国家安全审查制度立法体系呈现出以下几种特点：第一，美国对国家安全审查制度独立立法，并以条文的形式予以固定。第二，美国对"国家安全"一词的解释采取模糊态度，条款设计较灵活，在外资审查中占有主导权。第三，美国外资投资委员会的审查权限进一步扩大并细化，对外国投资者的审查日趋严格。

### 2. 实体规则

#### 1）审查标准——新型国家安全观念显现

1988年美国所出台的《埃克森—佛罗里奥修正案》中列举了安全审查需要考虑的五项因素，这五项因素围绕着国防安全予以展开。由此可以看出，当时的修正案支持传统的国家安全观念,以军事、政治为主。2007年美国出台的FINSA在修正案的基础上增加了6条可供考虑的因素去判断并购交易是否影响了国家安全,从而把安全审查标准扩展至了11项,包括基础设施、能源资源等重要因素,这些因素属于新型国家安全观的范围之内。美国从传统的安全观转向新型的安全观,意味着国家安全审查范围扩大,安全审查制度更为完善。除FINSA规定的11项因素之外,美国在安全审查当中还会辅助参考其他因素,如美国当时的国内政治环境等。为应对复杂的世界局势以及信息网络行业迅速发展带来的威胁,FIRRMA在FINSA的基础上新增四项安全审查考虑因素,包括:① 关注"特别关注国家";② 关注外国投资者的历史背景;③ 关注交易是否可能泄露美国公民的个人信息、基因信息等;④ 关注交易是否可能对网络安全造成威胁。[①] 由此可判断出,美国已完全接受新型国家安全观念。

2) 审查对象——受管辖交易与控制

美国安全审查制度的审查对象所涉及的范围相当广泛。2008年出台的《关于外国人收购、兼并和接管的条例》对审查对象进行了详细的规定,采取的是"受管辖交易"(covered transaction)观点,即外国人能对美国企业掌握控制权的交易。条例把外国实体、外国政府、外国国民认定为"外国人",并具体列举了受管辖交易的四种类型,但是排除了分配股息在10%以下且不掌握控制权、仅以投资为目的且投票权在10%以下、绿地投资等交易类型。在划定审查范围时,"控制"(control)一词有着重要的意义,对"控制"定义的不同会影响到管辖范围的大小。总体上来看,美国对"控制"一词的定义采用了扩大的解释方法。

FIRRMA及其新实施细则《特定投资新规》《不动产投资新规》进一步扩大CFIUS的审查权限。涉及特定因素的非控制权交易、敏感的不动产交易一并纳入安全审查范围之内。法案表明,如果外国投资者买卖或租赁军事基地或国家安全设施周边的地产,或投资关键技术、关键基础设施、与个人信息有关的美国公司,或故意逃避审查机构审查,即使外国投资者没有达到"控制"的标准,也要接受审查机构的审查。从上可以看出,美国涉及的审查对象范围正日益扩大,有滥用安全审查制度的嫌疑。

3) 审查机构——三大机构各司其职的基础上,进一步增强CFIUS审查权

CFIUS、总统和国会是美国安全审查制度的三大机构,履行审查、决定、监

---

[①] 漆彤,汤梓奕.美国《2018年外国投资风险审查现代化法案》介评[J].经贸法律评论,2019(3):82.

督的职能。CFIUS为主要审查机构。FIRRMA在FINSA的基础上,进一步增强CFIUS审查权。第一,赋予其识别权。CFIUS可识别应该提交而未提交简短或正式通知的交易行为。第二,授予其中止交易权。CFIUS可自行决定暂停某一交易行为的审查。第三,设计缓和措施程序。对于交易方主动放弃或者已经完成的交易行为,CFIUS有权与交易方签署缓和协议,以减缓该交易给美国国家安全造成的风险。第四,享受司法豁免权。CFIUS做出的决定或裁决不接受司法审查。第五,建立CFIUS基金。CFIUS可收取国家安全审查的申请费,并可自行调配,减轻了CFIUS的财政负担,提高了CFIUS的审查效率。第六,建立信息公开机制。在保证国家安全,遵守相关保密要求的前提下,CFIUS的审查报告信息向任何行政或司法程序公开。同时FIRRMA要求CFIUS设立相关程序,便于与盟友进行交流,进一步增强CFIUS的审查能力。

3. 程序规则

从1988年的《埃克森—佛罗里奥修正案》到2008年的《关于外国人收购、兼并和接管的条例》再到2018年的FIRRMA,美国的安全审查制度形成了一个相当严谨的法律程序。主要分为四个步骤：第一步为申报。FIRRMA在FINSA的基础上,简化"通知提交"程序,引入"申报"制度,进一步提高CFIUS的审核效率。"申报"制度主要包括自愿申报与强制申报。其中强制申报主要适用于涉及外国政府利益,且可直接或间接获得被收购方25%以上表决权的投资交易,以及CFIUS基于自由裁量权,认为需要强制申报的投资交易等。第二步为初步审查。根据FIRRMA的规定,CFIUS应在45天内完成审查工作。与FINSA相比,初步审查时间延长了15天。第三步是调查阶段。CFIUS在这一阶段的调查时间一般为45天,但是在符合一定条件下,可延长至75天。第四步是总统决定。美国总统需要在15天内做出决定,如认为有安全风险,禁止或者中止并购交易,或者认为无安全风险,提议并购。[1]

(二) 澳大利亚

1. 立法体系——以FATA为基石

澳大利亚不似美国有单独的外资安全审查制度体系,而是把安全审查归入

---

[1] 沈伟.美国外资安全审查制度的变迁、修改及影响[J].武汉科技大学学报,2019(6):660-661.

一个总的监管制度当中。澳大利亚国家安全审查体系主要由1975年《外国收购与接管法》(Foreign Acquisition and Takeover Act，简称FATA)、实施细则、外资政策三大部分组成。1975年颁布的FATA是澳大利亚整个外资安全审查体系的基石，它规定审查对象、审查机构、法律责任等基础内容。因FATA的规定较粗浅，澳大利亚在1989年发布了《并购规则》。该规则对一些事项进行了具体的规定。之后，《并购规则》进行了一系列的修订以适应现实的需要。

2008年澳大利亚政府发布《国家安全声明》，构建了国家安全体系，深刻阐述澳大利亚所面临的国际局势，首次将网络安全纳入国家安全战略中。但可惜的是该份文件没有详细的落地规定。2012年10月28日，澳大利亚政府发布《澳大利亚亚洲世纪白皮书》，该白皮书以亚洲崛起为主要发展目标，得到澳大利亚各界人士的支持。澳大利亚总理吉拉德在演讲中提到，不论21世纪会带来什么，亚洲重返全球领导地位的趋势势不可挡。澳大利亚经济的发展依靠矿产资源和对亚洲国家的出口，澳大利亚需要加强与其他亚洲国家的社会文化联系。同时吉拉德强调，要加大与美国的军事合作和与中国的经济合作。[①] 此时的澳大利亚采取了积极的开放政策。但是随着中国综合国力的快速提升以及南海局势的日趋紧张，澳大利亚的国家安全战略也随之发生变化。2013年1月23日，澳大利亚发布《国家安全战略》，阐述了澳大利亚在国际社会所处地位以及面临的挑战，强调在今后五年内的战略任务，由此开启了以网络安全为主导的国家安全新时代。2020年澳大利亚发布《网络安全战略》，提出要保护国家网络安全。

2020年12月11日澳大利亚通过《外国投资改革法》以进一步保护国家安全，尤其对主权投资规范进行了明确规定。

2. 实体规则

1) 审查标准——以国家利益为基准

澳大利亚国家安全审查标准为国家利益，相比较于美国法案规定的11项考虑因素，澳大利亚的审查标准范围从字面上来看更为广阔，且侧重点不同。此外，澳大利亚与美国的不同点在于澳大利亚对安全审查标准进行了量化规定，而美国的考虑因素相对来说比较宏观。澳大利亚的国家安全利益标准的内涵主要由五方面组成：第一，国家安全；第二，竞争；第三，澳大利亚政府的其他政策；第

---

① 搜狐出国.澳大利亚发布亚洲世纪白皮书　率先大胆应对亚洲崛起.2021[2021-02-17]. http://news.sina.com.cn/o/2012-10-30/175825472906.shtml.

四,企业并购对经济和地区的影响;第五,投资者的品质。[①] 在更为细致的标准上,澳大利亚考虑"重大商业利益"标准,该标准考察所投资的领域是否敏感以及投资的规模数额。在敏感行业方面,主要涉及媒体、电讯、运输、国防等。在投资规模方面,采用双重标准。根据最新的规定,非敏感领域价值达到 2.61 亿美元及以上的投资需要进行审查,中国、新加坡、美国等国家可把门槛放宽到 11.34 亿美元,但该规定不适用于外国政府投资者。除要考虑投资价值外,还需考虑控股比例,澳大利亚最新规定,当个人在企业中持有 20% 以上或者与他人共同持有 40% 以上的权益时需要进行审查。澳大利亚还规定有货币门槛。

2020 年 12 月 11 日通过的《外国投资改革法》的规定,对外国政府投资者的审查标准为:① 外国政府,或者独立政府实体;② 上述实体单独或与一个及以上联营公司持有 20% 以上的权益,或者是一个以上外国政府或独立政府实体,连同一个或多个联营公司持有 40% 以上的实质性权益。

2) 审查对象——重要行动与控制权

澳大利亚的审查对象与美国相比部分相似。1975 年 FATA 法案规定澳大利亚外资安全审查对象为获取有关澳大利亚的资产、证券、土地利益的外国实体及自然人的重要行为,该行为能够导致企业控制权的变更。澳大利亚把外国自然人、外国公司以及外国托管人划为"外国人"的行列。在"外国人"这个概念中,外国公司最为主要,按性质可划分为私营企业与外国政府投资企业。澳大利亚对这两类性质的公司采取不同的措施,外国政府投资企业的标准与私营企业相比更为严格。外国政府投资企业在澳大利亚进行直接投资,无论投资价值如何,其投资行为均要事先获得澳大利亚的批准。"控制权"也是一个重要的概念,如何能引起控制权的变更,FATA 以及有关政策区分不同的主体、不同的领域进行了阈值的规定。

3) 审查机构——以财政部及下属部门为主要职能机构

澳大利亚国家安全审查由财政部负责,其中财政部的外国投资和贸易政策司(the Treasury's Foreign Investment and Trade Policy Division)承担审查的日常管理工作,外国投资审查委员会(the Foreign Investment Review Board,简称 FIRB)负责审查工作和外资政策的制定工作。FIRB 是一个非法定特设机构,目前由六名兼职成员和一名全职成员组成,其成员由财政部部长任命。FIRB 设立的主要作用在

---

[①] 张庆麟,刘艳.澳大利亚外资并购国家安全审查制度的新发展[J].法学评论,2012(4):64.

于：第一，对外国投资进行逐案审查，考察其是否威胁澳大利亚的国家利益并向财政部部长提出建议；第二，向外国人提供相关政策的指点；第三，监督外国人的投资行为。财政部部长的主要职能是根据FIRB所提出的建议行使决定权。

3. 程序规则

1) 一般程序

澳大利亚的外资安全审查程序与美国大体类似，主要分为申报通知、初审和调查。在申报通知方面，澳大利亚有别于美国，美国属于自愿通知或被动通知，而澳大利亚则强制达到审查门槛的投资人自觉申报，否则将会受到相应的民事处罚。对于一般的商业活动，澳政府要求价值超过2.61亿美元需要事先申报，中国、美国、日本、韩国、新西兰、智利的门槛是11.34亿美元。外国政府投资者，无论是对澳企业的直接投资，还是设立新的投资，无论价值如何均要事先审批。国防等敏感投资的门槛要求更为严格。申报以后将进入初审阶段，该阶段的主要内容是审查外来投资是否威胁澳大利亚国家利益，为期30天。审查结束后，如果财政部部长根据FIRB的建议认为该项投资行为不影响澳大利亚的国家利益，则允许该项投资的进行；如果财政部部长认为该投资行为会损害澳大利亚的国家利益，则进入下一个阶段，即调查阶段。调查阶段为90天，是初审阶段的延长，该阶段对外来投资行为进行进一步审查。在这90天内，财政部部长可做出临时命令，并有10天的通知期限。

2) 特别程序

澳大利亚同样在国家安全审查制度中设计了特别程序。① 咨询制度。澳大利亚政府鼓励交易方在签署协议之前与FIRB进行沟通，这种制度不仅能让FIRB了解情况，而且也能提高交易方申请的成功率。② 申报的撤回制度。1975年法案在第77条提到了申请的撤回，法案的第136条也提到撤回的申请无效。③ 减缓协议制度。澳大利亚对外资采取的是欢迎的态度，很少否决外来投资，但是会与交易方协商附加一些条件来消除投资对澳大利亚的消极影响。④ 救济机制。对于国家安全审查的决定，澳大利亚未排除司法审查，交易方可进行诉讼，而美国则不同，美国对总统所做出的决定免于司法审查。

(三) 德国

1. 立法体系——以《对外经济条例》为中心

目前德国外资安全审查制度已经形成了以《对外经济条例》为核心，《对外经济法》《对外贸易与支付法实施细则》《保险法》《电力和煤气供应法》《电信法》《反限制竞争法》《有价证券收购法》等法律文件为辅的法律体系。为发展国内经济,德国在较长一段时间内对外资并购持开放态度。良好的营商环境促使更多的外国投资者赴德开展并购业务。随着具有战略意义的企业不断被收购,国家安全不断受到威胁,德国开始意识到安全审查制度的重要性,于是开启法案的修订工作。2009年,《对外贸易与支付法》第十三修正案正式出台,首次在德国国内确立了安全审查制度。考虑到国内外严峻的经济形势,以及受美国等国家的影响,2009年后德国的国家安全审查制度不断收紧。2017年7月,德国联邦经济和能源部(以下简称为"德国经济部")公布《对外经济条例》第九修正案,正式把外资直接投资归入安全审查范围之内,并对其他内容进行较大范围的改动。《对外经济条例》出台仅一年,中国国家电网收购50Hertz案引起德国的极大关注。该案虽然没有触及25%以上股份的审查门槛,但德国政府认为其对国家安全具备一定程度的威胁。该事件迫使德国开始并适时修订《对外经济条例》。

此外,欧盟委员会于2017年公布了《欧盟外资审查条例》,建立起成员国审查为主,欧盟委员会为辅的"双规制"格局。

2020年5月德联邦政府收紧《对外经济法》,在新冠疫情期间保护欧洲疫苗、药品和口罩生产商免受外国企业收购。人工智能、自动驾驶、半导体、网络安全、航空航天、核技术、量子技术、数据网络、原材料等高科技和未来科技领域也将受到更密集的投资审查。但联邦政府也向经济协会做出让步,根据新的修正案,大多数工业机器人和3D打印技术企业将不受该法规约束,除非涉及关键基础设施安全敏感领域,但会收紧对后续增资的审查。政府还将收紧对可叠加投票权的不同投资商的审查,以防这些投资商受同一国家控制,此外军备领域投资审查已不限于特定军品,范围扩大至所有军备品,所有外国直接投资审查前提也由当前的"实际损害"扩大至"前瞻性损害"。

2020年10月7日,德国联邦内阁通过《对外经济条例》第十六次修正案,以此完成了在外资审查领域引入欧盟合作机制的准备工作。自2020年10月11日起,欧盟成员国将在审查外国投资时进行更深入的合作。欧盟成员国及欧委会将就正在进行的审查程序进行交流,并在本国外资审查框架下关注相关信息。为此,德国已在经济部设立了联络办公室。新的欧盟合作机制旨在加强对欧盟公共秩序和安全的保护,是在欧盟范围内实现外资审查公平竞争的重要一步。

该合作机制基于《欧盟外资审查条例》。2020年7月初,德国新修订的《对外经济法》正式生效,为引入欧盟合作机制提供了法律基础。《对外经济条例》第十六次修正案负责具体实施。①

2021年4月,联邦内阁通过《对外经济条例》第十七修正案,将外国直接投资审查门槛由25%降至20%。经济部称这是在安全政策需求和企业利益之间做出的妥协,这一门槛可以避免给企业增加官僚程序,更有利于初创企业和金融投资者。②

2. 实体规则

1) 审查标准——公共秩序与公共安全

德国外资安全审查制度的审查标准是公共秩序与公共安全。与美国等国的处理方式相似,德国在法律规范中并未对其范畴进行清晰界定,仅指出公共安全与武器弹药等军事装备、专门用于军事活动的物资、与国家信息安全相关行业等有关。由于德国与欧盟之间有着千丝万缕的关系,德国在法律中要求援引欧洲有关条约规定以及欧洲法院的司法解释。根据《欧盟外资审查条例》的规定,欧盟重点关注关键技术、重要基础设施两个方面,主要有人工智能、机器人技术、核技术、半导体、信息安全等关键技术,以及能源、运输、通信等重要基础设施等。根据欧洲法院过往的司法案例可知,能源供应、与公共生活至关重要的公共物品及服务提供、股东及雇员利益涉及国家安全。总体来说,德国审查标准呈现出以下特点:第一,审查标准概念模糊;第二,审查标准呈扩大趋势,包含新型国家安全因素;第三,受制于欧盟规定以及欧洲法院判决。

2) 审查对象——范围扩至"间接收购者"

根据《对外经济条例》的相关规定,联邦经济和科技部有权对非欧盟居民投资者对德国境内企业实施的资产并购和股权并购行为进行安全审查。但并不是所有的股权并购都会受到审查,法律仅把非欧盟外国投资者直接或间接持有德国境内企业10%以上表决权的交易列入审查范围内。原则上欧盟投资者不是安全审查机构的审查对象,但为了防止投资者规避法律,德国规定在有迹象表明投资者存在规避行为的情况下,相关部门可对其交易行为进行审查。有迹象的

---

① 何宇.德国联邦内阁通过《对外经济条例》第16次修正案.2022[2022-06-15]. https://www.imsilkroad.com/news/p/430181.html.
② 驻法兰克福总领事馆经济商务处.德联邦内阁修正《对外经济条例》降低外国直接投资审查门槛.2022[2022-06-15].http://swt.jiangsu.gov.cn/zcq/newsinfo.html?id=15503.

情况包括除该并购行为外,无其他经济活动,或者是在欧盟境内无工作场所、人员、设备等维持企业运转条件等等。如中国台海集团收购一家德国境内企业,虽然与德国企业签订并购协议的是法国企业,但是实际控制人为台海集团。此种情况也是审查机构的审查对象。

德国的审查对象规定呈现以下特点:第一,审查门槛进一步降低;第二,没有采取具体的数额标准,与澳大利亚相比略显单一;第三,缺少外国政府投资者的特殊规则。

3) 审查机构——经济部为主要负责部门

德国经济部具有安全审查权。在德国实施自由经济政策时,经济部仅仅对敏感领域进行监管,例如军事、网络信息安全等。但自《对外经济法》第十三修正案施行以后,经济部有权对德国境内所有的符合审查条件的外资并购行为予以调查。经济部经过审查,如果认为某项并购行为可能会对德国公共秩序与公共安全造成消极影响,则其有权采取限制措施或者禁止该项行为。经济部的工作会受到德国国会的监督。德国的审查机构也与其他部门进行协作,但不似美国的审查机构,而是根据个案与不同的机构进行协商,这其中外事办公室与财政部是相对合作比较密切的两个部门。

3. 程序规则

1) 一般规则

德国的外资安全审查程序包含两个阶段,即初审和正式审查。初审分为经济部主动审查和外国投资者主动申报(非强制)。对于审查机构主动发起的审查,审查工作需要在外国投资者缔结并购合同或者宣布并购后三个月内完成。对于外国投资者主动申报的,审查机构需要在两个月内认定其是否有威胁国家安全的可能。如若经济部认为该项交易有威胁国家公共秩序和公共安全的可能,则通知外国投资者提交并购相关的文件并进入正式审查阶段。一般情况下,正式审查阶段审查为四个月。与之前的规定相比,审查期限延长了两个月,德国对此主要有两方面的考虑,一是并购交易趋于复杂,两个月的审查时间较为仓促;二是给予充分的时间保证审查机构审慎审查并且可及时征询政府意见。在正式审查期间,经济部可做出三种选择:第一,无威胁国家安全的可能,同意并购;第二,有威胁国家安全的可能,但程度较轻,同意交易并附加条件;第三,有威胁国家安全的可能,不足以通过限制条件予以消除的,做出不同意并购的决定,并要求外国投资者恢复并购前的状态。

### 2）特别程序

德国设计有安全审查特别程序。① 无嫌疑证明制度。德国考虑到审查标准"公共秩序与公共安全"这个词概念模糊,容易给人带来不确定性,且在经济部审查期间,交易方的收购协议的效力被限制,影响并购效率,因此特别设计了无嫌疑证明制度。交易方可以主动申请无嫌疑证明,不仅使自身的收购行为得到法律上的承认,也可以把原来较长的审查期间缩短到两个月。[①] 德国的无嫌疑证明制度是美国和澳大利亚所没有的,是德国的一大特色。② 减缓协议制度。这项制度与美国、澳大利亚类似,德国审查机构对于有损于德国安全的并购行为可以附加条件通过。③ 司法救济制度。为避免不公,维护外国投资者的合法权益,德国赋予外国投资者司法救济权利。外国投资者可向德国法院或者欧洲法院提起诉讼。虽然欧盟颁布了《欧盟外资审查条例》,对外国投资者的绿地投资进行了限制,但由于该条例主要规制的是直接投资且欧盟崇尚资本流动自由,所以德国法院与欧洲法院可能出现判决结果不一致的情况。这是外国投资者需要注意的地方,也体现出德国国内法与欧盟规定存在一定程度不协调的问题。

### （四）俄罗斯

#### 1. 立法体系——以《战略投资法》为重心

从21世纪开始,随着外资不断控制俄罗斯关键领域,俄罗斯认识到外资安全审查的重要性,终于在2008年由俄罗斯总统签署了《外国投资者对保障俄罗斯国防和国家安全具有战略意义的商业公司投资程序法》(简称《战略投资法》)。俄罗斯《战略投资法》的出台,标志着俄罗斯外国投资国家安全审查制度的建立。为配合该法律的实施,俄罗斯出台了相应的配套法律,通过了《关于政府委员会监督外国投资者在俄罗斯投资活动的规定》《关于外国投资者从事战略性公司法定资本股份交易的信息披露规则》等法规。同时,俄罗斯也修改了部分法律,使这些法律能够与《俄罗斯战略外资法》相衔接。自2008年以来,俄罗斯对这部法律进行了多次修改,对国家安全审查制度的实体规定与程序规定进行了优化。在实体规定方面,新修改的法律增列了审查对象及审查范围的例外情况,重新确定"控制"标准,修改安全审查清单,变动"预先批准"条件。在程序方面,撤

---
[①] 孙立峰.德国对外国投资者并购德国公司的安全审查制度及其法律对策[J].西北大学学报,2012(3):43.

销部分投资的预先批准程序,延长有关机构鉴定时间以及申请人签订协议期间等等。

2. 实体规则

1)审查标准——采用新型国家安全观

俄罗斯是世界上少数几个对国家安全进行概念界定的国家,上述所说的美国、澳大利亚、德国均未对国家安全进行明确界定。俄罗斯虽然对国家安全进行概念界定,但其边界也较模糊。俄罗斯《战略投资法》制定了限制外资进入的战略清单,共13大类42项业务,包括核工业、军工业、宇航业、通信业、印刷出版业、自然资源领域等等,除了核工业、军工业、航空业等属于传统的国家安全,印刷出版业、自然资源领域、通信业则属于新型的国家安全。俄罗斯与上述的美国与澳大利亚一样持新型国家安全观念。

2)审查对象——审查范围缩减

俄罗斯外资安全审查的审查对象是外国投资者通过股权投资等方式能够控制俄罗斯具有战略意义商业公司的交易行为。新修订的《战略投资法》与2008年相比,审查对象的范围有所缩减。新的《战略投资法》把俄罗斯联邦或纯正的俄罗斯公民排除在审查范围之外,与俄罗斯签订有条约的金融国际组织也不属于审查范围之内。俄罗斯虽然缩减了审查范围,但还存在范围过大的问题。新《战略投资法》重新确定了"控制"标准,对一般外国投资者对矿产资源战略性公司的控制标准从以往的10%提高到了25%。除此之外其他控制标准不变,私人投资者控制一般战略性公司的控制标准为50%,外国政府投资者控制一般战略性公司的标准为25%,控制矿产资源战略性公司的门槛为5%。相对来说,俄罗斯对外国政府投资者的要求要高于私人投资者。

3)审查机构——由俄联邦反垄断署和外资审查政府委员会负责

俄罗斯外资安全审查中,由俄罗斯联邦反垄断署和外资审查政府委员会分别负责审查和裁决。

联邦反垄断署作为审查受理主体,是俄罗斯安全审查主管机关,下设外资控制战略性企业调查部,主要负责接收外资申请和进行初步审查。根据初审结果,联邦反垄断署可做初步同意或不同意的决定,并向外资审查政府委员会报告。对于可能控制俄罗斯战略性企业的交易,反垄断署在做出不同意的决定后,将开展进一步调查。在了解该战略性企业基本情况的同时,联邦反垄断署需向俄罗斯联邦安全局咨询意见;如果交易涉及国家机密信息业务,还需向国家保密委员会咨询外国申请人及其工作人员是否能够接触到国家秘密。结束调查后,联邦反垄断署应当向外资审查政府委员会提交调查材料和各部门答复意见。

外资审查政府委员会作为审查决定主体,是由总理领导、多个部门共同参与的机构。成员包括总理、副总理、反垄断署负责人、工业和贸易部部长、联邦经济发展部部长、国防部部长、自然资源部和生态部部长、能源局局长、司法部部长、通讯和传媒部部长、航天署署长、联邦安全局局长、保密委员会主席、国家原子能公司总经理等。外资审查政府委员会的主要工作内容是根据反垄断署提供的信息做出批准、不批准或者附条件批准的最终决定。

3. 程序规则

1）一般程序

俄罗斯外资安全审查程序看似繁杂,其实只分为三大阶段,即提出申请、反垄断署初审、外资审查政府委员会决定。俄罗斯《战略投资法》要求符合法律规定的交易人需要向主管机关反垄断署递交交易申请或者控制申请。反垄断署在收到申请后对其进行登记审查,如果发现无须事先批准则退回申请,如果发现交易已完成,不管是否已控制都需要向负责安全保障的执行权力机构咨询,并把最终的鉴定书和建议书上交外资审查政府委员会。外资审查政府委员会在收到主管部门的材料后需要在30天内对交易进行审查并做出决定。整个审查程序一般为3个月,特殊情况下可再延长3个月。俄罗斯的外资安全审查程序与美国、澳大利亚、德国有类似之处,也有差异,相比较于美国,俄罗斯尚缺乏程序细则。

2）特别程序

俄罗斯《战略投资法》对外资安全审查制度设计一些特别的制度。① 延缓协议制度。根据俄罗斯《战略投资法》的规定,外资审查政府委员会可以要求交易方承担一些义务从而批准他们的交易,这些义务包括为俄罗斯国防采购供应品、按照垄断法确定的价格提供服务等等。② 权利救济机制。俄罗斯与德国一样为申请人提供了权利救济机制。根据《战略外资法》的规定,申请人可以对主管部门的审查书、决议书以及作为与不作为向法院提起诉讼,并规定申请人可以对外资审查政府委员会做出的裁决向最高仲裁法院提出异议。以上可以看出,俄罗斯未免除司法审查,这与美国、澳大利亚不同。

## 二、当前我国外资安全审查制度现状分析

### (一) 我国相关法律规制简析

我国的外资安全审查制度与其他国家相比起步较晚。现行有效的外资安全审查法律法规包括《关于外国投资者并购境内企业的规定》、2008年的《反垄断法》、2011年的《安审通知》与《安审规定》、2020年1月1日施行的《外商投资法》、2021年1月18日施行的《安审办法》,总结了十多年来我国外资安全审查的法律实践,参照了西方发达经济体的立法成果,在一定程度上符合我国总体国家安全观以及深化对外开放的要求,在积极引资的同时也有效地防范和化解了国家安全风险。但世界上没有完美的立法规制,我国外资国家安全审查制度同样存在有待完善之处。

#### 1.《关于外国投资者并购境内企业的规定》与《反垄断法》

2011年2月颁发的《安审通知》开始建立了相当完善的安全审查体系,规定了安全审查制度的具体细节。在《安审通知》颁布之前,我国对外资安全审查制度的规定寥寥无几。早在2006年商务部等六部委联合发布的《关于外国投资者并购境内企业的规定》确立了我国外资并购国家经济安全审查制度。总则规定外国投资者不得有威胁我国经济安全的交易行为,如产业过度集中、限制竞争、取得我国重点行业控制权等。为配合该法规的实施,国家发布《外商投资产业指导目录》(以下简称《产业指导目录》),明确外国投资者限制或禁止投资的产业,保障我国经济安全。该《产业指导目录》在我国建立外资安全审查制度的历程中具有重要影响,但也存在着局限性:第一,法规层级不高,法律效力较低;第二,其强调的是"经济安全",而非"国家安全",较为片面。为弥补该缺陷,2008年出台的《反垄断法》正式建立了我国外资并购安全审查制度,即大名鼎鼎的第31条。从该条文可以看出,我国认识到了外资并购会对我国国家安全产生威胁,意识到经济安全属于国家安全领域,突破了原有思维的局限性。但是该条规定只是原则性条文,未对外资安全审查制度进行细致规定,因此该条文无法在实践中发挥实质作用。同时,国家把安全审查的内容挂在《反垄断法》下,显得不太贴切。

#### 2.《安审通知》与《安审规定》

因现实需要,2011年《安审通知》应运而生。《安审通知》规定了外资安全审

查制度的对象、内容、工作机制以及程序,初步形成一个外资安全审查体系。与之前的规定相比,《安审通知》向前迈进了一大步。《安审通知》规定安审对象为外国投资者并购我国境内敏感企业,且取得控制权的交易行为。对于"控制"的解释,法条规定外国投资者持有50%以上的股份即为"控制"。我国这里的规定主要采取了比例标准,相较于澳大利亚、俄罗斯等采用复合标准的国家,我国的"控制"标准稍显单一,且我国设置的控股比例要求也较低。在审查对象中,我国未对"外国投资者"进行详细的解释,在实践中审查机构无法快速识别外国投资者,不便于实践操作。在国家安全审查内容方面,《安审通知》列举了四项需要审查的内容,即国防安全、经济运行、社会生活秩序、国家安全关键技术。该规定虽然涉及的安全审查范围较广,但与美国、澳大利亚、德国、俄罗斯这四个国家相比,审查内容规定透明度较低。在工作机制方面,《安审通知》规定建立联席会议负责外资并购的审查,联席会议由国家发改委和商务部牵头,会同其他部门。在这里,我国与美国、俄罗斯类似,安审机构均采取委员会制。与其他国家相比,我国在审查机构方面的规定存在地位与分工不明、权责不清、决策机制缺失等缺憾。《安审通知》也规定了我国外资安全审查的程序,但规范不细致。为弥补《安审通知》程序上的漏洞,在2011年8月,商务部发布了《商务部实施外国投资者并购境内企业安全审查制度的规定》(即《安审规定》),这个《安审规定》在《安审通知》的基础上扩充了安审程序,确定了安审程序的发起方式,设置了预约商谈制度,规定了安审申请人所要提供的具体文件等。可以说,《安审规定》进一步完善了我国的安全审查制度。

3.《外商投资法》

由于《安审通知》与《安审规定》在现实运作中存在诸多弊病,为适应时代的发展需要,我国商务部借鉴他国经验于2019年9月颁布并于2020年1月1日起正式施行了《外商投资法》。这部法案参考了大量美国安全审查制度的立法经验,同时又带有我国的特色,立法技术与以往相比迈进了一大步。但遗憾的是,相较于2015年1月商务部发布的《外商投资法(草案征求意见稿)》,《外商投资法》的内容被大幅度删减,仅在第35条及《实施条例》第40条中笼统规定"国家建立外商投资安全审查制度,对影响或者可能影响国家安全的外商投资进行安全审查",导致对"外国投资者"的定性和监管模式问题态度模糊;非常设性"部际联席会议"审查效率低下,导致机制运行不顺畅,极易出现审查漏洞,等等。但是,《外商投资法》与以往的相关法规相比,可取之处也不容忽视:第一,提高了外资安全审查制度的立法层级。《安审通知》与《安审规定》均属于部门规章,而《外商投资法》属于法律层级,提高了国家审查制度的地位,体现了国家对外资安全审查制度的重视;第二,扩大了安全审查的范围,把审查范围从外资并购扩大到外商投资,防止法律规避现象的出现,增强了国家安全保护力度。如《安审通知》把外资安全审查的范围局限在外资并购,虽然外资并购在外国投资中占据重要地位,但是安全审查制度忽略绿地投资显然是不合理的。因此,《外商投资法》在此方面的规定是科学的。

4.《安审办法》

2020年12月19日,经国务院批准,国家发改委、商务部发布了《安审办法》,自2021年1月18日起施行。《安审办法》进一步完善了我国外商监管法律体系,提高了安全审查工作的规范性和透明度,符合国际发展趋势。如前所述,《安审办法》在《安审通知》的基础上扩大了安全审查范围,使其与"准入前国民待遇＋负面清单"的管理模式相适应,防止产生立法真空地带。虽然我国对有关安全审查范围的规定进行了改进,但相较于西方发达经济体,我国的规定仍存亟待完善之处。如根据《安审办法》第4条的相关规定,我国对"重要""重大""关键技术"等重要词语未做进一步的定义或解释,对国家安全构成威胁的外商投资仅涉及特定领域,而部分特定领域已列入负面清单,故真正进入安全审查程序的交易并不多。另外,我国对"控制权"设计尚存不合理之处,对"控制权"的判断依据仅局限于"股权"易出现漏网之鱼,且把比例设置线控制在50%有欠考虑,还需要我国立法者进行更深层次的思考和进一步完善。

(二) 相关法律规制缺漏剖析

我国现有的外资安全审查法律规制与美国、澳大利亚等发达国家相比还存在着诸多漏洞需要去克服。

1. 安全审查考虑因素略显笼统,审查范围不清晰

《安审通知》列举了四项外资安全审查考虑因素,用词含糊。审查机构以及外国投资者无法判断此四项安全审查考虑因素具体包括哪些领域、哪些方面,仅能依据《安审通知》第一部分内容判断,但是第一部分并未对"重要基础设施""关键技术""重要运输服务"等重要词语进行解释。

从《安审办法》第4条第1款的规定可知,我国对行业的定义有过于模糊之嫌。目前我国安全审查涉及的行业包括国防军事领域、重要农产品、重要能源和

资源、重大装备制造、重要基础设施、重要运输服务、重要文化产品与服务、重要信息技术和互联网产品与服务、重要金融服务、关键技术以及其他重要领域。显然,对"重要""重大""关键技术"等核心词语未做进一步的定义或解释,使得工作机制办公室拥有极大的权力决定是否启动安全审查程序。在国家鼓励外商投资时,审查机构的制度执行力较松。同时我国设置了兜底性条款,除上述十大审查覆盖领域外,涉及其他领域但有可能威胁国家安全的交易也有可能被纳入安全审查。该项规定在有效维护国家安全的同时,也给外国投资者带来了较大的不确定性。因此,我国有必要对"重要""重大""关键技术"等重点词语进行解释,或者制定较为具体清晰的行业清单。

2. "控制"标准设置不太合理,缺乏主权投资审查机制

《安审通知》认为外国投资者持有或共同持有50%以上的公司股权或者不足50%但会对公司产生重大影响即为控制,《外商投资法》并未对"控制"标准做出规定。《安审办法》也把控制线设在50%。考察各国立法可发现,部分国家的安全审查门槛较低,且根据不同情况划分不同的控制线,同时存在降低安全审查门槛的趋势,甚至有些国家为零门槛。比如澳大利亚把控股比例设置在20%这条控制线,除此之外还考虑到了投资价值。俄罗斯虽然也把控股比例设置在50%,但是对于矿产资源战略性公司,比例设置在了25%。我国过于宽松的控股比例设置,且不区分一般企业与敏感企业,容易发生规避法律的现象。显然,法规未规定价值标准,则可能造成控股比例达到50%以上,但是投资价值较少的交易也需要纳入审查范围,会加重我国的审查负担。相反,如果一家企业收购的股份低于50%,但实际的交易额大,这种情况会影响到我国的国家安全,但依据法律我国却不能对此交易进行审查,这容易造成漏网之鱼。

同时我国相关法规没有对外国政府投资者产生足够的重视,缺失主权投资特殊规则,连最新实施的《安审办法》也不例外,需要我国立法者进行深层次的考虑。主权投资与一般外国投资相比,经济实力更强,政治色彩也更浓。在主权投资日益增多的时代,缺乏主权投资的特别规定更容易使我国国家安全受到威胁。

3. 审查机构分工不清,权责划分不明确

《安审通知》和《安审规定》在并购安全审查工作机制中规定联席会议由国家发改委与商务部牵头,协同有关部门进行审查工作。《外商投资法》没有对安全审查机构做出规定。《安审办法》第3条对于安全审查机构进行了规定,明确审查机构设在国家发改委,国家发改委和商务部为主管机构,承担安全审查的日常

工作。《安审办法》承继了《安审通知》《安审规定》的部分内容,并对个别规定做了改进。例如《安审通知》《安审规定》规定的"联席会议"被学界认为法律地位不明确,难以有效开展安全审查工作。而《安审办法》设置的外商投资安全审查工作机制可认定为常设机构,法律地位明确,便于开展日常安全审查工作。虽然《安审办法》关于审查机构的规定具有一定的可取之处,但不足之处在于两大牵头部门的地位和分工不清晰,安全审查参与部门的规定也不明确,在实践过程中容易面临无法可依或者难以高效运转的困境。

因此,与美国、俄罗斯的规定相比存在着规则略显笼统,内容模糊不清的状况。究竟哪个部门具体承担哪些工作?两大牵头部门之间如何分工与协调?均未在法规中具体体现出来。因此整个审查机构的设置是不透明、不稳定的。

4. 预约商谈尚存瑕疵,安全审查期限透明度不够

我国的《安审规定》在一定程度上参考了美国的特别程序制度,规定外国投资者可以在申请前向外国投资主管部门就程序性问题请求预约商谈。但是我国的这条规定并未真正借鉴到位,我国预约商谈的内容仅限于程序性问题,外国投资者无法就实质性问题向外国主管部门进行沟通,以便获得一个调整性方案,节省审查时间。而我国安审机构也无法提前了解外国投资者的并购计划,会加大审查成本。因此,我国虽规定了预约商谈制度,但是该制度的作用却受限,优势未得以发挥。

《安审办法》第7条至第11条对安全审查流程做出了具体规定,但安全审查期限透明度不足,主要体现在三个方面:①《安审办法》第9条规定特别审查工作需在60个工作日内完成,特别情况下,可加长审查期限。但该规定没有进一步明确具体可延长的期限,使得外商投资者无法准确预见最长安全审查期限,增加外商投资的不确定性。②《安审办法》第10条规定审查机构在安全审查工作中,可以要求当事人补充材料,补充材料的时间不计入审查期限。但遗憾的是当事人补充材料的时间没有明确,可能产生当事人不交或无限期拖延等现象,从而影响结案率。如前所察,俄罗斯规定初审启动前,反垄断署在发现当事人材料缺失时,可要求当事人在一个月内补齐材料,否则退回申请。③《安审办法》第11条规定安全审查期间,交易方可以修改投资方案。审查期限自审查机构收到修改后的投资方案之日起重新计算。但该处的审查期限究竟是从初步申报阶段开始,还是从一般审查阶段起算,抑或是当事人决定修改投资方案所处的审查阶段开始计算?规定不明,易引发质疑。

### 5. 监督机制有待完善，外国投资者救济机制缺失

我国的《安审通知》《安审规定》与《外商投资法》并没有规定审查监督机制或外国投资者权利救济机制，欠缺对审查机构的有效监管。而从我国《安审办法》中可知，我国对外商投资者的监督机制开始实行"准入前国民待遇＋负面清单"管理模式，相应地，我国对外国投资的监管机制由原先的事前监管转变为事中或事后监管，对外商投资者的监督机制日益完善，但我国的安全审查程序以及审查机构所做出的安全审查决定是否具有可诉性，在我国法规中呈现空白状态，因此，我国缺乏相应的外国投资者救济机制，很难保障投资者合法权益的有效保护。在上述几个国家中，德国虽然没有明文规定可问责性机制，但是从实践中可以判断出德国不排斥外国投资者就安全审查决定以及程序提交法院进行诉讼。美国 FIRRMA 虽然明确 CFIUS 所做决定和裁决享有司法豁免权，缩小了外国投资者的救济途径，但其允许主动申报或提交申明的交易当事人就程序问题向哥伦比亚巡回法庭提起诉讼。另外除司法路径外，美国还可以通过国会对 CFIUS 进行监管。由于美国政治体制的特点，外国投资者在个人合法利益受到损害时，可以通过游说国会促使国会向 CFIUS 施压的方式维护自我合法权益。

## 三、域外经验对我国的立法启迪

我国现阶段的外资安全审查制度发展尚不成熟，而美国、澳大利亚、德国、俄罗斯的国家安全审查制度已相当完善，立法经验丰富。因此美国等国的立法经验，对完善我国的相关制度立法具有重要的参考价值。从美国、澳大利亚、德国、俄罗斯的立法经验中可获得如下启示。

### （一）提高立法层级，避免相关规制的碎片化

目前我国关涉外资安全审查的相关规制冗杂繁多，法律规定交叉现象严重，且大多规制只是部门法规或规章的层级，缺乏法律约束力。2020 年 1 月施行的《外商投资法》与《安审通知》《安审规定》《安审办法》相比立法层级更高，体现了国家对安全审查制度的重视，但该法对外资安全审查制度的规定条文甚少且略显笼统，并没有对该制度做出任何具体的规定，这是《外商投资法》的缺陷所在。而 2021 年 1 月实施的《安审办法》虽然对外资安全审查的规定最全面最详细，但

该办法尚未真正达到法律的位阶,可执行力不强。外资安全审查制度是一个专业性强、涉及门类较多的制度,从严格的法律层面而言,单单依靠《外商投资法》的其中一章来规范国家安全审查活动是远远不够的。从上述四个国家的立法实践也可看出,各国的立法模式虽有不同,但是规制外国投资国家安全审查活动不单纯靠一部法。美国的《埃克森-佛罗里奥修正案》主要规定审查程序,《外国投资与国家安全法》主要规制实体方面,《关于外国人收购、兼并和接管的条例》是配合 FINSA 的细则,还有新颁布的 FIRRMA,这些法规形成了一个实体法与程序法相结合的法律体系。澳大利亚则是以《外国收购与接管法》为核心,实施细则与外资政策为协助的立法体系,外资政策每年都会发布,颇具有灵活性。德国也是如此,公布了一个核心法规再配以实施细则。从这些国家的立法经验可知,我国的《外商投资法》及实施条例均需细化外资安全审查制度,切莫让《外商投资法》对该制度的规定流于形式。为配合《外商投资法》,我国也需要提升《安审通知》《安审规定》《安审办法》等相关规制的法律层级,修改部分法律以与之相衔接,例如《国家安全法》《反垄断法》等。

### (二) 明晰外资安全审查范围和标准,建立主权投资审查机制

#### 1. 明确安全审查范围,科学设置"控制"门槛

首先,建议明确《安审办法》第 4 条第 1 款中的"重大""重要""关键技术"等重要词语的定义,通过划定范围、列举概括等方式予以确定,以便于实际操作。考察美国立法,其对定义较为重视,通常采用概括、列举、举例等方式予以解释。FIRRMA 对"核心技术""核心基础设施"进行详细解释,为审查机构工作提供了明确的方向。我国对"关键技术"的定义,可结合《中国制造 2025》予以确定,具体可以包括:① 对国防安全至关重要的核心技术,包括武器、弹药、作战物资等相关的防卫品或防卫服务;② 与"核"相关的材料、设施、软件和技术;③ 信息技术、人工智能、新材料、生物医药等领域的核心技术;④ 航空航天装备、海洋工程装备及高技术船舶、先进轨道交通装备、新能源汽车等方面的核心技术。为进一步提高法律法规的透明度,我国可在定义的基础上制定关键技术清单,并不定期进行更新,便于实际操作。

其次,科学设置与"控制"相关的规则,并降低安全审查门槛。主要包括:一是根据外国投资者身份信息的敏感度,或者根据外国投资者投资行业的重要程度,设置阶梯式审查门槛。我国立法不加区分对任何投资主体、任何投资行业采

用50%的标准是不合理的。德国、俄罗斯等国对不同投资主体或不同投资领域设置不同的规则。例如德国《对外经济条例》规定，对于一般领域，外国投资者直接或间接享有25%以上的投票权时就会触发安全审查程序。对于特殊敏感领域，该比例只要达到10%以上即可出发安全审查程序。澳大利亚的审查门槛为15%。《俄罗斯战略外国投资法》明确普通外国投资者投资一般战略性企业，触发安全审查程序的条件是外国投资者直接或间接占有企业50%以上的股权和表决权；对于投资矿产类战略性企业，该标准达到10%以上即可。美国未设置具体的比例，但规定涉及关键技术、关键基础设施、美国公民敏感个人信息的投资，未达到控制标准也需要进行安全审查。以上各国的做法应当引起我国立法者的深层次思考，我国需要借鉴国外的立法实践并结合我国国情，收紧"控制"标准，设置价值标准。

2. 重视主权投资，建立主权投资审查机制

近几年来，主权投资兴起，主权投资即政府投资。主权投资与一般投资者相比潜在的威胁性更强，众多国家纷纷对主权投资进行了规范。美国在《外国投资与国家安全法》对主权投资进行了严格的规制。美国审查机构一般直接对政府投资者发起调查并要求其举证证明交易行为不威胁美国国家安全。澳大利亚规定不管政府投资者的交易价值如何，其都要接受国家安全审查，为零门槛。德国虽然未在《对外贸易与支付法》中规定主权投资的特别规则，但是德国在实践中表明了态度。政府投资对国家安全侵蚀性更强，而我国则缺乏主权投资的特殊规则。目前外资大量进入我国，其中不乏主权投资。因此，我国必须对这些主权投资予以重视，参考美国、澳大利亚、德国的做法，对政府投资者设置区别于一般外国投资者的规定。需要注意的是，为避免落入贸易保护主义的陷阱，主权投资审查机制不应设置得过于严苛，应尽量与其他国家保持对等。可以从三方面入手：① 安全审查范围方面，在对外国投资者身份进行识别的前提下界定"主权投资"概念，借鉴美、加、澳等国的规定，将"主权投资"定义为被外国政府、外国政府组成机构直接或间接控制的实体，或者是与上述主体存在利益关系的一个实体。② 安全审查对象方面，我国不妨借鉴俄罗斯等国对一般外国投资者投资和主权投资设置不同的规定，并结合我国国情，适当降低安全审查门槛。③ 安全审查程序方面，通过多种途径明确主权投资审查申报材料，适当延长并明确主权投资安全审查时间，增强制度的透明度和确定性。

### (三) 设立高效科学的审查机构,提高审查效率

1. 明确牵头部门职责分工,防止权力滥用及责任推诿

从目前所规定的条文来看,《安审办法》创建工作机制办公室,延续《安审通知》中"双头主导"模式的规定,以便于国家发改委和商务部两个牵头部门相互监督制衡,防止权力滥用。但是,该种"双头主导"模式在双方权责不清的情况下,容易出现争权或推诿责任的情况。考察各国立法,发现美国、俄罗斯等均确定一个主导机构来启动安全审查程序。比如美国审查机构组成成员稳定,共分为三大类,各类所扮演的角色均不同,所发挥的作用也不同。根据审查的具体情况,总统可增列其他部门来参加审查活动,兼顾了灵活性与透明度。俄罗斯的审查机构虽不如美国完整,但也具体规定了参与国家安全审查的固定成员。因此我国需尽快明确国家发改委与商务部的职责分工,明确国家发改委为主管机构,主要负责外资安全审查工作的组织、协调和决策工作,同时负责信息传递工作,其主要职责与美国商务部的职责相似;商务部为主导机构,主要负责外资安全审查工作的具体实施。

2. 要求其他组成部门参与审查工作,确定部门成员名单及职责

《安审办法》第 3 条创建了工作机制办公室,但是立法设计中存在诸多含糊不清之处,包括其他部门是否参与安全审查工作,哪些部门参与安全审查工作等,对安全审查制度的透明度、可预见性造成实质性影响。在这方面,美国的做法值得他国借鉴。美国的法规把审查机构组成人员分为三大类:第一类成员负责审查与决策;第二类成员,如美国情报局,主要负责信息的收集;第三类成员为观察员,如管理与预算办公室主任。美国审查机构各部门各司其职,权责清晰,大大地提高了审查效率。我国可通过以下途径予以完善:① 为确保安全审查工作的准确性和全面性,要求国防、科技、网络、能源、金融等多个专业领域的其他部门共同参与安全审查工作。为保证安全审查的严肃性和效率,以及保护国家秘密的需要,需要由各部门部长或副部长参与安全审查工作。② 明确各组成部门职权,以及各部门在安全审查工作中扮演的角色,避免争权或责任推诿的现象出现。

3. 采用"一致"原则,提升决策机制的科学性

在美国,审查机构的决策方式采用"一致"原则,俄罗斯审查机构的决策模式为"简单多数"原则。为平衡对外开放和维护国家安全之间的关系,我国应吸收

外国立法中的精华并结合我国国情,采取"先严后松"的决策机制。在初步申报阶段,只要有一个成员部门认为该项交易威胁或者可能威胁国家安全,则该交易进入一般审查阶段。在一般审查阶段,过半数成员部门认为该项交易威胁或可能威胁国家安全,则该交易进入下一个审查阶段。在特别审查阶段,为促进外商投资,增强外国投资者的自信心,该阶段主要采取"一致"原则,即成员部门一致认为该项交易可能威胁国家安全,且无法通过缓解措施缓解,则工作机制办公室可做出禁止的决定。

### (四)优化外资安全审查程序,增设外国投资者权利救济机制

#### 1. 完善预约商谈制度,体现制度优越性

《安审规定》设置了预约商谈制度,但是《安审规定》并未全部借鉴国外的经验,仅允许外国投资者就程序性问题请求预约商谈。我国并未真正理解预约商谈制度的意义,如此规定并不能发挥预约商谈本身的价值。我国外资安全审查制度借鉴美国的甚多,对于预约商谈制度,美国在2008年《关于外国人收购、兼并和接管的条例》中规定审查机构鼓励投资者在审查前就有关内容前来咨询,以帮助审查机构提前了解情况,这里咨询的内容是包括实质性内容的。澳大利亚也规定了咨询制度,咨询内容包含实质内容。我国应取消原有的限制,允许外国投资者就实体性内容进行商谈。

#### 2. 强化监督机制,保证权力在阳光下运行

当前,无论是国内法法规,对"国家安全"一词并未做明确的解释,事实上"国家安全"一词也难以做出解释,其外延甚大,主观意识较强,而且随着时代的变化其内涵也随之变化。"国家安全"含义模糊,审查标准也无法清晰,这给了审查机构极大的自由审查案件的空间,容易造成权力滥用。我国要授权,也要束权。目前我国缺乏强有力的监督机制。反观美国,国会拥有对审查机构的监督权,审查机构需要在每一个案件审查结束后向国会予以报告,在每年的7月31日前,审查机构需要向国会做年度报告,接受国会的监督。我国需要设置强有效的监督机制来规范审查机构行为:① 允许外国投资者向国务院提起行政复议;② 允许外国投资者就程序性问题向人民法院提起诉讼;③ 要求工作机制办公室定期发布年度审查报告,接受我国权力机关的监督。

#### 3. 设置权利救济机制,维护外国投资者合法权益

我国相关法律规范均未规定投资者权利救济机制。投资者权利救济机制的

缺失将影响我国外资的引进。德国和俄罗斯在法律中均规定了外国投资者可以提交诉求于法庭。美国虽规定免于司法审查,但"三一集团诉奥巴马案"使该规定有所松动。设置权利救济机制,不仅仅是对外国投资者合法权益的保护,也是对我国审查机构的一种监督。在安全审查程序方面,由于审查程序不涉及政治内核,属于纯粹的法律领域,同时程序正义可以实现实体正义,[①]所以我国在设置权利救济机制时,可允许外国投资者对程序性问题提出行政复议或就安全审查程序向人民法院寻求司法救济。

综上所述,随着国际经济形势的不断演变,全球贸易投资规则面临新一轮调整,各国对外资安全审查意识日益加强,规制外资并购第一道"安全阀"的外资安全审查制度日趋加固。目前我国该制度相较以美国为代表的发达国家而言,起步较晚,尚存立法分散条文粗糙、"控制"标准有待补缺、审查机构权责不清、监督机制暂不明确等短板。因此,无论是从立法体系的设置、审查标准、审查对象、审查机构的确定,还是一般程序和特殊规则的设计,以美国、澳大利亚、德国和俄罗斯为代表的域外国家的制度经验仍然值得我国借鉴与参考,通过优化外资安全审查立法体系,提高"控制"门槛,重视主权投资,明确审查机构部门权责,确立科学有效的"一致"决策模式,不断完善预约商谈制度,设置外资安全审查救济渠道及监督机制,我国的外资安全审查制度才不会在实践中招致各方诟病,在制定国际投资规则的关键场合才能彰显我国的话语权。

---

① 王东光.国家安全审查:政治法律化与法律政治化[J].中外法学,2016(5):1289-1312.

# 第六章

# 中资对欧美并购案评析

本章试图从欧盟及美国最新的安全审查变革趋势出发,结合中资对欧美境内的外资并购较有影响的经典案例,对于欧美的外资并购安全审查制度在这些案例上的适用进行解读和评析,从而系统地为中资企业面对欧美量身定制的严苛且极具政治意味的审查规则时提供法律上的启示、经验和教训,使我国企业能积极关注欧美外资安全审查制度发展动态,熟练掌握相关的实体和程序法律,最大限度地规避国家安全审查风险。同时,我国在出台《外商投资法》和《外商投资安全审查办法》(简称《安审办法》)的背景下,应深入剖析欧美外资安全审查制度变革的内容和态势,在规则和制度层面审慎设置安全审查门槛,在更广领域扩大外资市场准入,明确安全审查程序的司法救济等来应对欧美日益趋紧的外资安全审查压力和投资的不确定性。

## 一、从中资对欧投资并购案看欧盟外资安全审查制度的变革

近年来,随着以德国为代表的欧盟核心成员国对战略技术等保护力度的不断加码,外资审查政策的日益收紧,我国企业在欧盟的投资金额呈断崖式下降,中资在欧投资受阻案一再增加。如福建宏芯投资基金收购德国芯片生产商Aixtron公司、国家电网收购德国电网运营商50Hertz,均因德国政府以国家安全为由出手干预而被迫退出。2019年4月,欧盟委员会表决通过的《欧盟外资审查条例》正式生效,象征着欧盟建立起统一的外资安全审查制度,使得中资企业在欧投资遭遇更为严苛的安全审查。

(一) 中资对欧并购案简析

近年来,中资企业对欧投资的重大成功案例不断涌现,如美的集团成功收购

德国库卡,蚂蚁金服全资收购英国 World First,同时也不乏某些企业以失败告终,以下着重介绍中资对欧投资的三个典型案例,分析当前欧盟外资安全审查的变革趋势和特点。

1. 案情简介

表 6-1 中资对欧投资并购案及其审查情况

| | 美的收购库卡 | 宏芯基金收购 Aixtron 芯片生产商 | 中国国家电网收购 50Hertz |
|---|---|---|---|
| 时间 | 2016 年 | 2016 年 | 2017—2018 年 |
| 并购份额 | 超过 80% | 65% | 20% |
| 并购方所有制 | 民营企业 | 国有背景 | 国有企业 |
| 被并购方所在行业 | 关键技术 | 关键技术 | 关键基础设施 |
| 德国政府干预措施 | 审查是否损害公共秩序和国家安全。第一阶段:审查通过(30 天左右) | 审查是否损害公共秩序和国家安全。2016 年 9 月 8 日,德国经济与技术部颁发"不存疑证明"。但在次月 24 日,德国政府宣布撤销批准 | 邀请欧盟企业竞标;通过国有银行购入股份 |
| 收购是否成功 | 是 | 否 | 否 |
| 成功/失败的主要原因(审查层面) | 外资审查尚未趋紧;不对公共秩序和国家安全构成威胁 | 主要缘于美方的干预,基于两方面因素的考虑:一是该半导体行业属高新技术产业,二是怀疑福建宏芯基金有国家集成电路产业投资基金的背景 | 与关键能源基础设施相关,涉及公众利益和能源供应 |

数据来源:根据公开数据整理而得。

**案例一:美的收购库卡**

2016 年 5 月 18 日,美的集团对外宣布通过自愿要约的方式收购德国库卡集团(工业机器人巨头),由此引发行业广泛关注。5 月 26 日,美的集团公告涉及本次收购的议案已经通过,并于 6 月 16 日发出要约。后续实施过程中,交易遭到了来自德国当局、福伊特集团(库卡第一大股东)和社会舆论的压力。6 月 28 日,通过多方协商与谈判,库卡集团监事会及执行管理委员会达成共识,要求公司股东接受收购。7月4日,美的集团以人民币88.62亿元的价格,收购了福伊特所持的25.1%的库卡股份,最终美的以292亿人民币的价格收购德国库卡94.55%股权,迈出了家电企业转型的关键一步。次年1月6日,美的宣布完成所有的收购工作。

本案中,美的集团采取了"化整为零,逐步增持"的并购战略,既减轻了中资企业带给欧盟、德国当局和公众的现实压迫感,也规避了收购过程中可能出现的诸多风险。① 加上收购案在德国收紧安全审查制度之前完成,因此美的集团才能在短时间内顺利通过欧盟及其德国安审机构的审查,从而完成此次收购。

**案例二:福建宏芯投资基金收购Aixtron芯片生产商**

2016年,中国宏芯投资基金计划收购Aixtron约65%的股份,总交易额达6.7亿欧元。同年9月8日,该收购案获得德国安审机构的批准,并获取"不存疑证明"。但在10月24日,德国当局突然宣布撤销批准,重启审查程序。德国《商报》称,德国政府撤销批准在于美国的干预,美国情报部门向德国当局提交了一份报告,提醒德方中国收购Aixtron是为了获取与军事领域相关的关键技术,可能会威胁德国的国家安全。12月8日,宏芯基金宣布放弃对Aixtron的收购,该收购案以失败告终。②

一般情况下,如果德国安审机构认为某项交易不对本国公共秩序与安全构成威胁,则会向当事人颁发"不存疑证明"。"不存疑证明"象征着"免死金牌",相关交易不再面临因国家安全问题而被禁止或附加条件的风险。但是,从本案发展情况来看,"不存疑证明"并不意味着可完全避免上述风险,德国安审机构虽然出具了"不存疑证明",但受美国的影响,撤销了之前的许可并决定重新对该交易进行审查。德国政府的决定可能基于两个考虑因素:一是Aixtron主要生产芯片,属于高新技术产业,二是怀疑宏芯基金与中国政府存在联系。可见德国当局将保护德国先进技术作为一项重要考虑因素。本案之后,德国在立法以及实践中的保护主义日渐明显。③

**案例三:中国国家电网收购德国输电网运营商50Hertz公司**

2017年,中国国家电网收购德国输电网运营商50Hertz的20%股份。交易前,比利时电网运营商Elia拥有50Hertz的60%股份,澳大利亚基建基金IFM

---

① 杨天宇.以美的并购库卡看企业并购效果[J].北方经贸,2020(10):55.
② 王东光.外国投资国家安全审查制度研究[M].北京:北京大学出版社,2018:136-137.
③ 刘作奎.欧洲保护主义的兴起及其对"一带一路"建设的影响[J].国际问题研究.2018(6):58-71.

拥有40%的股份。该交易分为两个步骤推进,第一阶段:2017年,中国投资者以8亿—10亿欧元的价格,向IFM收购其持有的50Hertz的20%股份。虽然20%没有达到德国规定的审查门槛,但德国政府认为50Hertz经营项目涉及德国关键能源基础设施,因此阻止中国企业收购。第二阶段:2018年5月,中国企业再次计划购入IFM所持的剩余20%股份。德国政府以相同理由再次阻止,国家电网并购交易失败。①

虽然该起收购案没有达到德国法规所规定的安全审查触发条件(审查门槛为取得目标企业25%及以上股权),但是基于国家安全考虑,德国政府对并购进行了干预。本案是德国政府对低于交易门槛的关键领域并购交易进行的安全审查。本案之后,德国通过立法将安全审查门槛从25%下调至10%,从而将对德国敏感行业(特别是国防、关键基础设施、与安全相关的民用技术)的投资纳入审查范围,意味着德国进一步收紧对关键领域的控制。②

2. 案例评析

从上可知,德国安全审查制度逐步趋紧,同时德国的观念也体现在了《欧盟外资审查条例》中,德国的审查模式有可能会被欧盟其他成员国采用,中资企业需要充分认识到在欧盟成员国投资的政治风险正在不断上升。还需注意的是,虽然外资并购没有触发德国所规定的审查条件,但在特殊情况下,德国政府会采取非常规的手段进行干预,如国家电网收购50Hertz一案,这也正符合德国认为目前欧盟缺少对外资安全审查的政策工具的主张。这种非常规的手段虽然并未进入《欧盟外资审查条例》的明确规定之中,我国企业需要认识到其他成员国在《欧盟外资审查条例》形成的统一外资审查框架下进一步认可这种非常规手段存在的可能性,提前准备相应的应对措施,避免重大商业损失的发生。

上述三个投资并购案从一定角度反映了以德国为代表的欧盟对外资安全审查的整体态度。案例一中,对库卡来说,同意收购一方面可以帮助库卡打开中国市场,带来巨额利润;另一方面,美的集团提出了具有吸引力的未来发展规划和承诺,如收购后七年半时间内继续保持库卡的独立性、不退市、尊重库卡品牌及知识产权等,使得此次收购能够在短时间内顺利通过安全审查。案例二中,德国

---

① 寇蔻.李莉文.德国的外资安全审查与中企在德并购面临的新挑战[J].国际论坛,2019(6):106-108.
② 张怀岭.德国外资监管"风暴"下的中企并购困局与应对:基于中企并购个案的分析[J].海外投资与出口信贷,2019(6):33-35.

政府一开始对宏芯投资基金的并购颁发了"不存疑证明",但之后安审机构以交易可能威胁国家安全为由否决了该项目;案例三中,德国政府基于电网属于关键基础设施,以可能威胁德国公告利益和能源供应为由禁止中资收购。以上三个案例均反映出德国政府对国家安全的重视,但从交易收购过程中德国政府给出的禁止收购理由不难发现,德国对"国家安全"定义不清,造成审查机构拥有较大的自由裁量权,尤其在案例三中仅仅因为该并购交易涉及关键领域而不考虑审查门槛就进行安全审查并否定了此次并购,更体现其外资安全审查门槛的进一步降低,对"国家安全"进行扩张解释,强化对外资安全审查的趋势。

而实践中也确实如此。近年来,由于我国经济实力增强、对外投资增长迅猛、投资标的较为敏感等原因,许多发达国家对中资审查呈现趋严态势,自 2017 年至 2019 年上半年,中国对欧直接投资出现断崖式下跌,2018 年中国对欧直接投资总额仅为 65.9 亿美元,相比 2017 年下降 64.3%,2019 年中国对欧直接投资总额 105.2 亿美元,虽较 2018 年有所回升,但相比仍处于下降趋势,究其原因除了我国监管部门强化对我国企业非理性、高杠杆对外投资活动的监管之外,欧盟及其成员国对外资安全审查制度进行改革和不断的强化也是导致中资企业对欧投资骤降的重要原因。①

**(二) 欧盟外资安全审查机制的主要内容与评价**

在《欧盟外资审查条例》之前,欧盟层面上并没有建立正式的关于外资安全审查的协调机制与合作体系,往往由各成员国自行进行。基于此,《欧盟外资审查条例》的立法目的是为成员国的外资审查在欧盟层面形成安全或公共秩序的审查体系,并为成员国提供一定的合作机制以提高外资安全审查水平。② 因此,该条例并不会替代成员国现有制度,而是给予一个授权框架,保证成员国制度满足非歧视、透明度等基本原则。以下部分将从实体规则与程序规则出发,对条例的主要内容进行分析并做出评价。

1. 实体规则

《欧盟外资审查条例》第 2 条规定,"外国直接投资"是指外国投资者与被收购企业建立密切联系,从而能够使外国投资者在东道国内有效开展活动的投资,

---

① 沈伟,田弋滢.《欧盟外商直接投资审查条例》出台的背景、规则和应对[J].海关与经贸研究,2019(6):50-53.
② 孙珺,王雨蓉.欧盟新外国直接投资审查机制的缺陷及中国应对[J].对外经贸实务,2020(12):9.

从主体上将"外国投资者"限定为第三国自然人或企业。

《欧盟外资审查条例》第4条列举了判定影响安全或公共秩序的考量因素。根据第4(1)条规定,成员国和欧盟委员会可以从关键基础设施、关键技术、关键物品供应、获取或控制敏感信息能力、媒体的自由与多元等几个方面来考虑某项外国投资是否可能影响安全或公共秩序。不仅如此,第4(2)条还规定,成员国和欧盟委员会在必要时可以考虑以下特别因素:① 外国投资者是否与外国政府存在联系;② 外国投资者是否从事对某一成员国安全或公共秩序产生影响的活动;③ 该外国投资者是否有从事违法或严重犯罪行为的重大风险。

除此之外,依据《欧盟外资审查条例》列举的重点考虑因素,欧盟侧重保护对成员国或欧盟具有战略意义的基础设施、核心技术、敏感信息和能源物资供应,以避免他国借助外资投资途径来获得战略地位的可能性。而从特别考虑因素来看,欧盟委员会将重点关注外国国有企业或者与外国政府有着密切联系的企业的投资行为,根据企业的所有制属性对外国投资进行了歧视性的对待,这种做法可以说是为中国国有企业量身定制。[1]

2. 程序规则

《欧盟外资审查条例》第26、27条规定,所有成员国均须设立一个联络点,主要负责条例的实施。联络点由成员国政府负责设立,并应当为联络点配备相应保密级别的人员。联络点的作用主要在于外资流入和审查有关的通报、告知和信息传达,从而提高欧盟外资安全审查的透明度和信息交流水平。

《欧盟外资审查条例》第6条明确了主动通报制度,要求已建立安全审查制度的成员国在进行安全审查时,应当及时通知欧盟委员会及其他成员国,并提供相关信息。在收到通知后的15日之内,欧盟委员会以及其他成员国应当做出是否发表意见或评论的回复。尚未创设安审机制的成员国无须承担该项义务。

《欧盟外资审查条例》第8条为例外条款,如果欧盟委员会认为某项外国投资可能在安全或公共秩序方面对"事关欧盟利益的项目或计划"产生影响,则其可以向投资所在国发表意见。该意见虽然不具有法律约束力,但投资所在国必须尽力遵从;若不遵从,必须向欧盟委员会做出说明。[2]

---

[1] 孙珺,王雨蓉.欧盟新外国直接投资审查机制的缺陷及中国应对[J].对外经贸实务,2020(12):10.
[2] 廖凡.欧盟外资安全审查制度的新发展及我国的应对[J].法商研究,2019(4):187.

3.《欧盟外资审查条例》评析

《欧盟外资审查条例》对欧盟和成员国在审查主体、考虑因素上规定了分工与合作的二级综合考察体系,但在整体层面和具体规定方面存在一定罅漏,故笔者将结合《欧盟外资审查条例》的内容做出初步的判断与评析。

1) 初步建立起欧盟与成员国双重层面审查体制,成员国未达成一致意见

德、法、意三国作为条例的推动者,期望加强欧盟层面的外资审查和干预权,通过赋予欧盟层面外资审查的实体权力,形成统一性的审查制度,强化欧盟成员国之间的外资安全审查机制,弥补部分成员国的安全审查制度的空白,提高外资监管的有效性。但《欧盟外资审查条例》并没有赋予欧盟委员会上述权力,欧盟委员会只能做出建议,最后的外资安全审查结果仍由成员国做出。这与德、法、意三国原有初衷相违背,这实际上也体现了欧盟成员国并未就建立统一外资安审机制一事达成共识,其中以北欧与东欧国家为主。可以说,《欧盟外资审查条例》是欧盟成员国之间妥协折中的产物,在欧盟层面上建立了一个信息共享与监管合作的体质以确保监管有效性。尽管如此,《欧盟外资审查条例》通过赋予了欧盟委员会发表意见、相应成员国需要做出答复的权利和在第4条从实质内容上制定了外资安全审查的考虑因素以限定成员国的外资安全审查范围的形式,从一定程度上取得了欧盟层面上对成员国外资安全审查的主导权。

2) 强化外资安全审查与"资本自由流动"原则相违背

《欧盟外资审查条例》与美国安全审查制度发展趋势存在相似之处。美国《外国投资与国家安全法》(英文缩写为"FIRRMA")扩大了外国投资委员会(英文缩写为"CFIUS")的审查对象范围,强化了其审查权限并延长了相应的审查期限。《欧盟外资审查条例》第4条列举了大量的考虑因素,并以兜底条款的形式强调列举是并非穷尽式的,在附件中,《欧盟外资审查条例》出于欧盟整体利益考虑,将一系列涉及关键基础设施、关键技术的项目纳入适用的范围。欧盟外资安全审查范围可以说在明确的过程中得到了扩大,并且从条文文本角度理解,该安全审查范围仍有留待日后扩大的空间。当大范围的欧盟外资安全审查范围被确定下来,这将势必对欧盟的外资直接投资造成极大的影响,阻碍成员国接收外资进入。这将与欧盟一贯主张的"资本自由流动"原则不兼容。《欧盟外资审查条例》在制定过程的草案解释中提到其法律基础为《欧洲联盟运行条约》第207条(共同商业政策清单)。《欧洲联盟运行条约》第63—66条明确了资本自由流动与例外原则,该原则不仅适用于成员国之间,还适用于成员国与第三国之间。当

外国投资处于资本自由流动保障范围之内,条例的适用范围也已言明适用于成员国与第三国之间,《欧盟外资审查条例》违背了其所适用的法律基础。尽管《欧盟外资审查条例》没有赋予欧盟委员会以实体的审查权利,但其通过要求成员国做出必要的答复的方式也对外国投资进入产生了明显的阻碍。

3) 欧盟外国直接投资政策趋向阶段性保守,审查标准未形成统一

虽然《欧盟外资审查条例》并不强求成员国建立国内审查机制,但是条例的存在在一定程度上加大了各成员国设立本国审查机制的可能性。比如《欧盟外资审查条例》通过前夕,匈牙利建立了本国的安审机制,其为应对以后可能变化的欧盟外资安全审查趋势而保留本国安全审查主动权的目的非常明显。不仅如此,审查范围的扩大也为成员国留下了较大的立法空间。以德国为例,德国多次修订《对外经济条例》,将安全审查门槛不断下调至10%。《欧盟外资审查条例》仅仅是建立了统一的外资安全审查框架,具体的外资安全审查制度则依赖于各国国内制度,但各国的安全审查标准并不一致,接近一半的成员国并未创设国内外资安全审查机制。《欧盟外资审查条例》对"外国直接投资"做出了相对清晰的界定,但仍缺乏对"公共秩序与安全"这些关键词的定义,各成员国的解释可能会各行其是,进一步扩大安全审查标准间的区别,这将无法改变甚至加剧欧盟各国审查标准不一致的情况,那些审查标准较为宽松的成员国将更容易吸引外国投资的进入,或将仍有存在威胁欧盟整体利益的可能性。

4) 注意区分欧盟及其成员国在外资安审机制中的关系

根据《欧盟外资审查条例》,欧盟委员会在外商直接投资安全审查中发表的评议意见目前暂无法律约束力,其意见更类似于建议和咨询;而各成员国依据本国法对外资进行审查时,其他成员国和欧盟委员会可以就该交易发表评议意见,投资东道国需对意见予以慎重考虑,最终决定对投资交易的成败结果。除此之外,该条例还对欧盟委员会与各成员国的外资安全审查职能进行了严格的区分,这在一定程度上扩大了欧盟委员会对外资安全审查的介入度和话语权。

值得注意的是,《欧盟外资审查条例》并未提及安全威胁的认定标准,实践中欧盟可能仅仅基于经济利益因素就对外资进行安全审查,将产业竞争力等纯经济考量与国家安全直接挂钩,可见欧盟的外资安全审查机制正逐渐向美国靠拢。

## (三) 以德国为代表的欧盟外资安全审查变革趋势

2020年7月初,德国新修订的《对外经济法》正式生效,为引入欧盟合作机

制提供了法律基础。2020年10月7日,德国《对外经济条例》第16次修正案通过,由此完成了在外资审查领域引入欧盟合作机制的准备工作。自2020年10月11日起,欧盟成员国基于《欧盟外资审查条例》在审查外国投资时进行了更深入的合作,为此,德国已在经济部设立了联络办公室。新的欧盟合作机制旨在加强对欧盟公共秩序和安全的保护,正式开启欧盟范围内实现外资审查公平竞争的重要一步。总体而言,以德国为代表的欧盟外资安全审查变革趋势主要体现在以下几个方面。

1. 安全审查范围不断紧缩

德国外资安全审查制度的发展较其他国家略晚,其制度内容主要体现在《对外经济法》(AWG)和《对外经济条例》(AWV)中。根据上述法律,德国安全审查制度主要分为跨行业外资安全审查和特定行业外资安全审查,均由德国联邦经济事务和能源部(the Federal Ministry of Economics and Technology,德语简称BMWi)负责实施。[1]

早在2004年,《对外经济法》首次引入外资安全审查制度。2009年,在德国政治家及媒体的呼吁下,《对外经济法》进行了修订,允许BMWi对非欧盟居民的并购行为进行审查。根据规定,"欧盟居民"是指:① 欧盟境内的自然人或经常居住地在欧盟;② 主要机构设置在欧盟境内的法人及企业;③ 营业场所设置在欧盟境内且具有独立核算条件的第三国企业分支机构;④ 管理机构设置在欧盟境内的来自第三国的永久性法人。[2]"第三国"指的是欧盟以外的国家。另外,欧洲自由贸易联盟成员国等同于欧盟居民。

2017年、2018年和2020年,德国三次对《对外经济条例》进行修订。在主体适用条件方面,2017年通过的《对外经济条例(第九次修正案)》加强对滥用行为或规避行为的约束。其第55条第2款规定,若有迹象表明收购方存在规避国家安全审查的行为,则BMWi有权对其进行审查。为提高条文的可操作性,该修正案通过列举的方式对该迹象进行具化,包括:① 除案件涉及的并购外,投资方无其他独立的经济活动;② 在欧盟区域内,无营业场所、人员或者设施;③ 投资方的经营场所或分支机构不具有独立核算条件。[3] 此项规定可防止收购方采取特殊措施躲避安全审查。

---

[1] 王东光.外国投资国家安全审查制度研究[M].北京:北京大学出版社,2018:128-129.
[2] See (18) Sec.2, Foreign Trade and Payments Act, 2013.
[3] 张怀岭.德国外资并购安全审查:改革内容与法律应对[J].德国研究,2018(3):61.

2017年底2018年初,中国国家电网有意收购德国电力输送系统运营商50Hertz。虽然实践中收购股份并未达到安全审查门槛,却引起了德国社会的极大关注。最终,德国政府以威胁能源供应安全为由阻止了该项交易。这起交易也促使德国再次修订《对外经济条例》。2018年12月,《对外经济条例》第12次修正案通过,主要变化是降低了安全审查门槛,并扩大敏感行业范围。

对于外国个人投资者的规定,德国采用的是双重标准,即国籍标准与经常居住地标准相结合。对于外国企业的识别,采取成立地与主要营业地的混合标准,再加上控制原则。而面对主权投资,《对外经济法》虽然尚未设置主权投资的特别规则,但可在《银行法》等其他法规中找到零星规则。相较于以条文形式表明观点,德国对主权投资的态度隐藏在实践中。①

纵观《对外经济法》和《对外经济条例》的历史演化过程,可以发现德国在不断紧缩安全审查制度的主客体适用条件。原因主要在于:

第一,跟随效应。德国对外国投资者的态度随着美国等发达国家对外资态度的变化而变化。近几年,美国不断缩紧外资并购国家安全审查制度,并在公开场合上表示对中国、俄罗斯等国家的担忧。受美国等的影响,《对外经济条例》随之修改。

第二,世界及德国国内经济形势的需要。此方面的考虑主要来自:一是进入21世纪以来,中、印等国家经济发展飞速,世界经济呈现多元化状态,给德国带来了一定的竞争压力;二是受资源能源、劳动力、环境等因素的限制,德国发展速度趋缓,国内中小企业生存处境困难;三是外国投资者在德投资案件数量呈井喷式增长,同时收购领域从传统行业转向了高科技领域,在一定程度上对德国公共安全和秩序造成了威胁。

第三,美的收购库卡等多起案件的直接影响。以上案件引起了德国政府、德国主流媒体、社会民众对中国等国家的警觉,一定程度上加快了德国收紧安全审查范围的速度。

2. 安全审查标准发生转变

根据《对外经济法》规定,BMWi有权对外资并购进行安全审查,审查的标准是该交易是否对德国"公共秩序与安全"构成威胁。但德国法律并未对该标准的内涵进行解释,而是直接援引欧盟相关规定以及欧洲法院的相关判例。《欧盟运

---

① 李军.论主权投资的国家安全审查及我国的制度完善[J].东方法学,2016(1):111-112.

行条例》第63条至第66条规定了资本自由流动规则,适用范围包括欧盟成员国之间以及欧盟成员国与第三国之间,其中第65条第1款第2项为安全例外条款,允许成员国出于公共秩序与安全的考虑对外资进行限制。由于条款表述抽象,在处理具体案件过程中需适当考虑欧洲法院的相关判例。根据2005年葡萄牙在私有化中限制外国投资等案件可得出,欧洲法院不支持为了纯粹的经济利益或者实现某种经济政策的目的而对外国投资实行限制,如以保护就业等政治目的做出的外资限制决策就不符合资本自由流动原则。在成员国可做出外资限制决策的合理理由中,能源供应安全是至关重要的,其已经涉及东道国的国计民生。即便如此,欧洲法院在审查相关案件中仍坚持审慎的态度。德国作为欧盟的成员国,需要受到欧盟基本条例及相关判决的限制。[①] 总体上说,早先的欧盟条例及欧洲法院并没有赋予"公共秩序与安全"具体内涵,并且其内涵的范围是被严格控制的。

而2019年4月正式生效的《欧盟外资审查条例》开始对"公共秩序和安全"标准赋予了一定的变化。欧盟之所以出台《欧盟外资审查条例》,原因在于近几年外国投资者大量对关键基础设施等战略性领域进行投资,对欧盟的公共秩序与安全造成了威胁,并且这种投资带来的威胁并不能通过其他途径予以化解。因此,欧盟对"公共秩序与安全"的理解发生了变化,开始把范围扩展至关键基础设施等战略领域。而对德国而言,2020年的《对外经济条例》把安全审查范围从"关键基础设施"扩大到"关键技术"。审查标准从"是否会对公共秩序或安全构成威胁"改为"是否可能会对公共秩序或安全造成损害",只要该投资可能造成"损害"即可介入审查,进一步降低了德国外资安全审查的门槛。

因此,德国作为欧盟成员国,在判断并购安全是否涉及公共秩序与安全时不可避免参照欧盟的相关规定,两者之间有着千丝万缕的关系。在安全审查考虑因素方面,现阶段的《对外经济条例》与《欧盟外资审查条例》基本相符。可以说,国家安全观正在发生转变。

3. 安全审查程序日趋完善

首先,不排斥对安全审查决定的司法审查。有一些学者在叙述德国安全审查制度时认为BMWi做出的安全审查决定必须经过德国行政法庭的审查。[②] 其

---

[①] 孙立峰.德国对外国投资者并购德国公司的安全审查制度及其法律对策[J].西北大学学报,2012(5):43-44.
[②] 贺丹.企业海外并购的国家安全审查风险及其法律对策[J].法学论坛,2012(2):52.

实不然,纵观《对外贸经济法》可发现,德国并未对安全审查决定的可诉性问题进行规定。由"法无授权不可为,法不禁止即自由"中可推断出,德国并没有剥夺收购方的诉讼权。因此,欧盟没有禁止国家安全审查司法管辖,德国作为欧盟的成员国,同样也不排斥对安全审查决定的司法审查。

其次,未排除安全审查程序的司法监督。德国早先的《对外经济法》并没涉及司法审查的内容。但从欧洲法院的司法实践来看,欧盟并不因为安全审查决定有着浓厚的政治色彩而放弃对其的监督。安全审查程序与安全审查决定不同,其并未触及政治内核,可完完全全进行法律化。并且法院审查安全审查程序并没有像审查安全审查决定那般复杂,法院可完全根据法律的规定得出判断。欧洲法院尚且可对安全审查决定进行监督,那么自然也可对安全审查程序进行监督。德国是欧盟的成员国之一,自然需要遵守该项规则,并且德国一向信奉资本自由原则,对外国投资者持欢迎的态度,自然不会排斥安全审查程序司法监督。

(四) 中国因应

《欧盟外资审查条例》的出台标志着欧盟不再维持以往相对自由的外资市场。为削弱欧盟强化外资安全审查所带来的不利影响,面对量身定制的"歧视性"且极具政治意味的审查标准,我国需要做出妥善合理的应对,降低对外投资的法律风险,在对等条件下构建自身的国家安全审查制度。

1. 援引已有的多边规则和欧盟既有判例,促成 CAI 的尽快生效

国际投资领域目前尚无统一的多边条约,世界各国多采用区域性规则来规范彼此间的对外投资。2020 年 12 月 30 日,中欧领导人共同宣布,中欧投资协定谈判已完成。《中欧全面投资协定》(*China-EU Comprehensive Agreement on Investment*,简称 CAI)的施行将有力拉动疫情时期世界经济发展,促进全球贸易和投资自由化便利化,增强国际社会对国际经济的信心,为构建开放型世界经济做出重要贡献。虽然当前 CAI 尚未生效,欧盟表示"批准的前景将取决于形势的发展",但我国仍应采用各种积极的措施推动 CAI 的批准生效,全面加强中欧之间的投资合作,通过发挥各自优势,实现中欧共赢,从而减少欧盟国家对中资的忧虑。

另外,在多边条约空白的情况下,我国也可以尝试着从《服务贸易总协定》下成员国对"商业存在"承诺的市场准入与国民待遇出发,并依此为中国企业主张

权利的基础。《欧盟外资审查条例》对于"公共秩序"与"安全"的定义较为模糊，但欧洲法院对此定义做出的审查在一定程度上会对欧盟委员会审查外资安全行为进行约束。所以，有意向欧盟成员国进行投资的我国企业应及时掌握欧洲法院的相关判例，解读司法态度，以最大可能地避免投资风险。目前欧盟对外资安全审查的管理政策逐渐收紧，在对等原则视阈下，我国不妨在基于《外商投资法》与《外商投资安全审查办法》等构建的外资管理体系下进一步完善我国的外资安全审查制度，确定我国外资安全审查的适用范围、审查标准和监督制衡机制等具体措施来有效推动中欧BIT的谈判进程，为中欧之间的双边投资提供明确的审查标准、审查范围以及争端解决途径，考虑和回应外国投资者的关切，从而提高投资的可确定性和预期性。

2. 加强研究欧盟及其成员国外资安全审查制度，避免法律风险

欧盟外资安全审查的复杂性正在向美国靠拢，未来必然会给中资企业对欧投资带来重大的法律挑战。但从整体上来看，欧盟市场的国际竞争力不容小觑，对我国企业仍然具有较大的投资吸引力。《2019年全球竞争力报告》显示，在全球最具竞争力的141个国家和地区中，前10位有4个来自欧盟，按顺序分别是德国、荷兰、瑞典、丹麦。因此，即使欧盟各国强化了外资安全审查，我国企业也不应当就此放弃欧洲市场，而是应当加强对欧盟外资安全审查制度的研究以应对可能的法律风险。

一是要关注欧盟及其成员国外资安全审查制度发展动态，熟悉掌握与东道国国家安全审查制度相关的实体和程序法律，最大限度地规避国家安全审查风险。在实体法层面，要充分了解东道国国家安全审查相关立法的重要内容，比如《欧盟外资审查条例》、德国《对外经济条例》等实体法上的规定，以便企业及时优化投资方案和投资策略，谨慎选择投资方式和投资领域。在程序法层面，企业可以通过熟悉和掌握东道国国家安全审查制度的程序性规定，积极地寻求救济，不少国家还赋予本国司法机关对国家安全审查程序的合法性开展司法审查的权力，这有利于减少东道国政治因素对海外并购的干扰。比如德国在立法上规定，德国经济技术部拒绝了来自境外的并购交易时，外国投资者可以向德国法院提起诉讼。在投资启动前，外国投资者应当考虑安审风险和时间成本，可有效避免因对风险估计不足而造成的经济损失。

二是要提高主动申报意识，通过与东道国安审机构的沟通，加强安审机构对我国企业投资目的和效果的理解，以降低东道国的顾虑。从德国的规定来看，如

果外国投资者不主动申报,即使在交易完成后5年内,德国仍然可以开启调查,这使交易面临法律上的重大不确定性。因此,企业应当主动向东道国主管部门报告并接受审查,以掌握主动权,降低交易的不确定性。

3. 妥善处理对外开放与国家安全之间的关系,审慎设置安全审查门槛

2017年、2018年和2020年,德国在短时间内连续修订《对外经济条例》,不断强化外资监管,在外资审查领域引入欧盟合作机制。不断强化的外资安全审查意味着中资在欧投资将面临越来越多的非经济因素风险。有部分学者认为欧盟趋紧外资监管,有投资保护主义的倾向。笔者认为,出于保护国家安全而限制外来投资是必要的,但是需要符合合理原则,妥善处理对外开放与国家安全之间的关系。例如我国在规定安全审查范围时需要区分一般领域与敏感特殊领域。对于一般领域,我国的规则应该宽松,而对于敏感特殊领域,我国的规定理应缩紧。因为一般领域不似敏感特殊领域般关系到国计民生,外国投资者收购一般领域内的公司,即使被收购的公司是该领域的龙头企业,且达到控制标准,对国家安全的影响也很小甚至没有。因此我国在制定规则时需要遵循合理原则,具体问题具体分析。

当前,我国2021年1月正式施行的《外商投资安全审查办法》对外国投资者持有企业50%以上股权或不足50%但享有表决权能影响董事会、股东会决议的实际控制权认定略显宽松,能否真正构筑起国家安全防火墙和安全坝有待实证。如上所述,我国所设的安全审查门槛未区分一般领域与敏感特殊领域。对于一般领域,我国可以把审查门槛定在50%,但是对于敏感特殊领域,50%的门槛标准就过于宽松,不利于维护国家安全。因此,我国需要审慎设置安全审查门槛,适当降低审查上限。

4. 采取灵活多样的投资形式,提高民营企业在对欧投资中的主导地位

从欧盟主要成员国的立法来看,纳入外资安全审查的投资形式以取得控制权的外资并购为主,但绿地投资和非控制性的投资尚未成为欧盟外资安全审查的重点,这就给中资选择投资形式留下余地。从投资主体方面来看,当前国际经济环境对我国国有企业的投资并不友好,这一点在中国国家电网收购德国输电网运营商50Hertz案中可见一斑,国有企业遭受歧视性待遇在外资并购中的趋势越来越明显。相反,从近些年中资对欧投资并购案例来看(见表6-2),民营企业在外资安全审查中获得批准并达成交易的成功率更高,因此,我们应适当鼓励和引导民营企业成为对欧投资主力军,减少欧盟成员国对我国企业对欧投资具有战略目的的疑虑。

表 6-2　近些年中资对欧投资并购部分交易案例

| 投 资 方 | 投资方企业性质 | 被投资方 | 投资国家 | 时间 | 交易结果 |
|---|---|---|---|---|---|
| 中国国家电网 | 国有企业 | EANDIS 公司 | 比利时 | 2016 年 | 交易失败 |
| MECCA International (BVI)Ltd(美的) | 民营企业 | 库卡(KUKA) | 德国 | 2016—2017 年 | 交易成功 |
| 木林森 | 民营企业 | 朗德万斯（Ledvance） | 德国 | 2016—2018 年 | 交易成功 |
| 海能达 | 民营企业 | 赛普乐(Sepura) | 英国 | 2017 年 | 交易成功 |
| 中国国家电网 | 国有企业 | 50Hertz 公司 | 德国 | 2017—2018 年 | 交易失败 |
| 中国陕西炼石有色资源股份有限公司 | 民营企业 | 加德纳航空公司 | 英国 | 2018 年 | 交易成功 |
| 海航集团（HNA Group） | 民营企业 | C-Quadrat 资产管理公司 | 奥地利 | 2017 年 | 交易成功 |
| 长江和记（Hutchison） | 民营企业 | Tele 2 Osterreich | 奥地利 | 2017 年 | 交易成功 |
| 万东医疗联合云峰基金等 5 家医疗企业和机构 | 民营企业 | 意大利百胜医疗集团 | 意大利 | 2017—2018 年 | 交易成功 |
| 安踏体育用品有限公司 | 民营企业 | 亚玛芬体育公司（Amer Sports） | 芬兰 | 2018—2019 年 | 交易成功 |

数据来源：根据公开数据整理而得。

**5. 在规则和制度层面进一步厘清政企关系，扩大外资市场准入**

前述案例分析，欧盟对中国政企关系的不信任，反映出西方国家对中国特有经济体制和模式的不信任。笔者认为，只有在规则和制度构建上更加明确周全，在政企关系方面进一步厘清才有助于消除欧美国家对我国国有企业的刻板印象。以"TikTok"案为例，如果我国对《国家情报法》做出司法解释或者制定相关的实施细则，具体规定中国企业的信息收集程序，并将信息范围同保障国家安全之间的界限做出明确划分，这将在规制层面上不再给予美国政府以诟病的机会。

扩大外资市场准入,回应和消除欧盟在"对等"方面的质疑和顾虑。欧盟主张的对等开放市场,是中欧之间经济实力此消彼长的结果,这将成为未来中国在欧盟展开新一轮投资的总体大方向。[①] 面对欧盟日益收紧的投资保护措施,我国应采取一系列措施加深对外开放程度,这才是正确应对欧盟外资审查潜在压力的有效路径。

6. 充分利用外资审查特殊救济机制,明确安全审查程序的司法救济

权利救济机制是欧盟安全审查制度的重要组成部分,也是交易方针对东道国主管部门的审查决定寻求救济的重要机制。虽然各成员国在救济程序上存在差异,但都允许当事人向法院寻求救济。比如欧盟法院司法实践表明,只有存在实际且充分的严重威胁的情况下,成员国才可援引"公共秩序与安全"条款。为避免受制于具体的审查标准,欧盟立法者有意保持审查标准的高度概括性和灵活性,这种灵活性可能导致审查机构拥有极大的自由裁量权,极易侵犯外国投资者的合法权益,尤其是东道国政府会以"公共秩序与安全"为由阻止其交易行为。比如案例二"宏芯基金收购 Aixtron 芯片生产商案"中,在德国经济与技术部最初对该并购交易已出具"不存疑证明"的情况下,受到美国方面的影响,最终以"Aixtron 所处的半导体行业属于高新技术产业"以及"怀疑福建宏芯基金有国家集成电路产业投资基金的背景"为由撤销了之前的许可,导致交易失败。此时,我国投资者应当及时地寻求救济,借助司法权制约行政权,为自己争取合法利益。

我国并没有明文规定安全审查程序的可诉性。为了增强双方互信,提高投资的确定性,明确安全审查程序的司法救济是必要的,原因在于:第一,程序本身的价值。严格的法律程序可有助于推理出合法正当的安全审查决定,同时严格的法律程序可以规范安全审查机构的行为,防止其滥用权力,保护投资者权益;第二,安全审查程序并没有触及政治内核,不带有政治色彩,是完完全全的法律问题,法院有权力对其安全审查程序进行审查;第三,许多国家不排除安全审查程序的司法救济,例如德国。我国未明确安全审查程序的司法管辖,我国法院就有可能不接受外国投资者针对安全审查程序所提出的诉求。为保护外国投资者的权益,深化对外开放,我国需要明确安全审查程序的司法救济。

---

① 张怀岭,邵和平.对等视阈下外资安全审查的建构逻辑与制度实现[J].社会科学,2021(3):48.

## 二、美国对 TikTok 安全审查的合规性问题解析

美国 2018 年生效的《外国投资风险审查现代化法案》扩张了"受管辖交易"范围、扩大了安全审查考虑因素、改革了安全审查程序。不断收紧的外资并购国家安全审查制度,无疑给赴美企业带来了前所未有的挑战,TikTok 事件再一次证明中国企业赴美投资的艰难。虽然美国总统拜登于 2021 年 6 月 9 日撤销了特朗普政府对社交媒体应用 TikTok 的禁令,但接着宣布将颁布一项对外国运营的应用程序审查范围更加广泛的行政命令取而代之。根据美国商务部最新备忘录,该行政命令将处理对多个应用软件的审查申请,商务部将在标准决策框架下采取"严格的、基于证据的分析来评估和解决外国运营的应用程序带来的风险"。① 通过分析 TikTok 案的法律问题,查找出我国企业赴美投资失败的自身原因和外在因素。在难以改变既有制度、缓解中美之间紧张局势的情况下,中国企业可以通过穷尽所在国救济途径、制定多元化并购策略、推动建立国际数据保护体系等方法,尽可能维护自身的合法权益。

### (一) TikTok 事件始末

1. 基本案情

2017 年 11 月,中国企业字节跳动以接近 10 亿美元的价格收购了 Musical.ly。Musical.ly 是一款深受欧美青少年喜爱的强调音乐元素的短视频软件。收购完成后,字节跳动对 Musical.ly 进行整合,为下一步推出 TikTok(国际版)奠定基础。考虑到 Musical.ly 为上海闻学网络科技有限公司研发,字节跳动在收购之际并未向美国外国投资委员会(Committee on Foreign Investment in the United States,简称 CFIUS)申请审查,为后续事件的发生埋下了隐患。

2018 年 8 月,TikTok 与 Musical.ly 正式合并,且新产品继续使用 TikTok 名称。

2019 年 2 月 27 日,美国联邦贸易委员会以 Musical.ly 在收购前非法收集十三周岁以下未成年人信息为由,要求字节跳动支付 570 万美元的罚款。字节跳

---

① 时旸:【舆论场】拜登撤销对 TikTok 及微信的禁令,中国网.2021 [2021-06-11]. http://www.china.com.cn/opinion2020/2021-06/10/content_77560139.shtml.

动公司同意支付。

2019年10月,美国监管机构及部分议员对TikTok急速扩张的影响力感到担忧并给予特别关注。部分议员致信相关机构负责人要求对字节跳动收购Musical.ly行为进行国家安全审查。理由是TikTok有收集用户个人信息并向中国政府传递的嫌疑,可能存在潜在的国家安全风险。

2019年11月2日,CFIUS决定对字节跳动收购行为展开国家安全审查。据相关媒体报道,TikTok于2019年11月和次年3月两次拒绝出席美国参议院的听证会。但是该消息并未得到TikTok认可。对于CFIUS的决定,TikTok发表声明称美国用户数据中心设置在美国和新加坡两地,并未把相关信息传输给中国。TikTok与威胁国家安全之间不存在因果联系。

2020年6月,CFIUS决定开启正式的国家安全审查。在此之前,美国陆军、海军及部分政府部门已下达禁止使用TikTok的命令。

2020年7月30日,CFIUS发表声明称TikTok收购Musical.ly具有一定的国家安全风险,且无其他措施可以缓解。

2020年8月6日,美国总统特朗普签署行政令,认为手机移动应用程序TikTok对美国国家安全造成威胁,要求TikTok母公司字节跳动在45天内完成TikTok交易,否则将禁止其在美国境内运营。据悉,此次总统令的发布,并未经过调查和听证程序。

2020年8月14日,特朗普再次签署行政令,要求字节跳动在90天内出售或剥离在美国的TikTok业务,并授权总检察长可采取必要措施以保证命令得以执行。该行政令为字节跳动维护自身合法权益赢得了时间。

2020年8月24日,字节跳动公司向美国加利福尼亚州中区联邦地区法院递交起诉书,正式控告美国政府发出的行政令违法。TikTok官网上披露的细节和理由显示,TikTok的主张如下:第一,行政令程序违宪。TikTok认为该行政令发布之前,美国政府并未发起调查或给予公司回应的机会,违反宪法和《联邦行政程序法》的规定。第二,行政令的颁布缺乏合法性基础。美国《国际紧急经济权力法》(IEEPA)赋予美国总统在国家遭受不寻常或极其严重的威胁时,可对在美企业进行限制。但是该行政令并未有可靠证据表明TikTok对美国造成实际威胁。第三,因TikTok是字节跳动众多业务中的一项,该行政令扩大打击范围至字节跳动,构成越权。第四,行政令限制个人信息沟通、传输,构成越权。第五,该行政令依据的IEEPA本身违反美国宪法的三权分立原则。第六,强制要求 TikTok 出售在美资产,有剥夺私人财产的嫌疑,构成违宪。第七,禁止 TikTok 在美国运营,构成违宪。同时,TikTok 员工也向法院提起诉讼,认为美国政府侵犯其合法权益。

2020 年 9 月 18 日,美国商务部发表声明称:自 9 月 20 日起,美国境内用户无法下载 TikTok 应用软件,原有用户无法更新软件。如若 TikTok 在 11 月 12 前解决相关问题,该项禁令将被解除。TikTok 当即表示对此项禁令感到失望,将坚持以诉讼方式维护自身权益。

2020 年 9 月 27 日,美国哥伦比亚特区联邦地区法院裁决暂缓实施美国政府关于将 TikTok 应用软件下架的行政命令。2020 年 11 月 12 日,CFIUS 决定将 TikTok 剥离在美业务期限延长至 11 月 27 日。

2021 年 2 月 10 日,美国拜登政府要求联邦法院暂停抖音海外版 TikTok 禁令,以便重新审查这款移动应用程序对美国国家安全的威胁。[①]

2021 年 6 月 9 日,美国总统拜登撤销了特朗普政府对社交媒体应用 TikTok 的禁令。[②] 接着宣布将颁布一项对外国运营的应用程序审查范围更加广泛的行政命令取而代之。

2022 年 12 月 29 日,美国总统拜登签署了美国联邦政府装置正式禁用 TikTok 的法案,并于 2023 年 2 月前将 TikTok 从官方设备中彻底移除。[③]

2. 由该案引发的合规性拷问

显然,TikTok 收购 Musical.ly 案主要涉及三个法律问题需要厘清和探讨:其一,TikTok 收购中国企业旗下产品,CFIUS 是否可依据美国法律对其进行国家安全审查?其二,TikTok 收购案是否存在威胁美国国家安全的可能性?对于该问题,部分媒体与人士提出 TikTok 收购案无关国家安全,乃是美国政府在国家安全的掩护下,对 TikTok 进行的巧取豪夺。封禁 TikTok 更多的是美国政府出于自身政治经济利益的考虑。其三,TikTok 收购案是否具有可诉性?美国加利福尼亚中区联邦地区法院对其是否具有管辖权?

不可否认的是,外资并购国家安全审查制度作为美国外资准入的基本制度,

---

① 上观.美国政府要求联邦法院暂停 TikTok 禁令.2021[2021 - 02 - 11].https://export.shobserver.com/baijiahao/html/340684.html.
② 环球网.快讯! 外媒:美国商务部正撤销对 TikTok 和微信的禁令。2021[2021 - 06 - 21].https://world.huanqiu.com/article/43dC3KAzQx6.
③ 凤凰卫视官方账号.美国拟全面禁止使用 TikTok,民主党议员:1 亿美国人的言论自由将失去.2023[2023 - 03 - 02].https://baijiahao.baidu.com/s?id=17592314676788818242&wfr=spider&for=pc.

在进入21世纪后,不断呈现缩紧之势。在特朗普上台后,该趋势日渐明显。由于近期中美矛盾升级,而中国对美投资热度不减,美国政府对中国予以特别关注。为保障中国企业在海外的合法权益,有必要对美国国家安全审查制度及TikTok收购案进行分析,为我国企业在美国的投资活动提供助力和良策。

### (二)美国国家安全审查制度:投资保护主义抬头

为更有效地防御外资并购带来的国家安全风险,美国国会于2018年通过了《外国投资风险审查现代化法案》(Foreign Investment Risk Review Modernization Act,以下简称FIRRMA)。这是美国2007年《外国投资安全法》(Foreign Investment and National Security Act,FINSA)实施十年来首次重大修订。与FINSA相比,FIRRMA主要呈现以下态势。

#### 1."受管辖交易"范围扩张

根据FINSA的规定,"受管辖的交易"指的是1988年8月23日之后,由外国人或与美国人共同提出的任何可能导致在美国国内从事贸易的企业受到外国控制的收购、并购交易。① FIRRMA突破褐地投资的范围,在FINSA的基础上把审查范围扩张为:① 外国人购买或租赁靠近美国军事基地或者与国家安全相关设施附近的不动产交易。② 任何外国人对核心技术企业或者关键基础设施企业的交易,以及涉及维护或收集美国公民"敏感个人信息"的交易。为提高条款的确定性以及安全审查的效率,FIRRMA对"核心技术""关键基础设施"等概念进行了界定。③ 任何试图规避CFIUS审查的交易。④ 外国人对已经投资的美国企业进行权益变动,造成美国企业受到外国控制。⑤ 根据破产程序或者因无力偿还债务而产生的前述交易行为。②

值得注意的是,FIRRMA对"受外国控制"的"控制"一词进行了调整。根据FINSA的规定,外国投资在10%以下且不受外国控制的交易不纳入CFIUS的审查范围,但是FIRRMA打破了此项规定,提出对于外国投资者涉及"核心技术""关键基础设施"或收集(掌握)美国公民"个人敏感信息"的其他交易,无论控制与否,CFIUS均可介入审查。③

从上可知,美国方面开始重视"核心技术""关键基础设施"和"个人敏感信

---

① See Foreign Investment and National Security Act of 2007,Section 2(a)(3).
② See the Bill of Foreign Investment Risk Review Modernization Act of 2018 Section201. Definitions.
③ See 50 U.S.C. 4565(a),SEC. 721(a)(4)(D)(I).

息"等方面的安全问题。从侧面也可反映,在中国等国家的高科技研发能力快速提升的同时,Facebook、Google、亚马逊等美国本土产品受到一定程度的威胁,美国在上述领域已逐渐丧失安全感。

2. 安全审查考虑因素扩展

除扩大安全审查范围外,FIRRMA 在 FINSA 的基础上新增一系列安全审查考虑因素,主要包括:① 交易涉及的其他国家是否为"特别关注国家"。② 外国投资者对某一关键设施、能源、原料或科技的控制是否威胁到国家安全。③ 进行交易的外国投资者是否有违反美国法律的情形。④ 交易是否可能直接或间接暴露美国公民的个人敏感信息,包括个人身份信息、基因信息等。⑤ 交易是否会给美国的网络安全带来漏洞或者加剧现有网络安全漏洞。①

需要着重指出的是,FIRRMA 设置了"特别关注国家"规则,且该项考虑因素被置于首位,足以证明其地位的重要性。虽然 FIRRMA 没有具体列举特别关注国家或者是制定一份可公开的特别关注国家清单,但并不意味着无迹可寻。在 FIRRMA 制定过程中,众议院对"特别关注国家"进行阐释,中国、俄罗斯、委内瑞拉、伊朗、朝鲜、叙利亚和苏丹被点名。除众议院的立法报告之外,美国参议院共和党 John Cornyn 作为方案的提出者之一,不断在各大场合提出法案的制定背景为中国。同时 FIRRMA 新增中国投资报告内容,要求 CFIUS 每两年向国会递交中国在美投资情况报告。由此可知,中国、俄罗斯等国被列入"特别关注国家"名单的可能性极大。在 FIRRMA 制定之前,CFIUS 在审查过程中也存在外国投资差别待遇的倾向,如阿联酋迪拜世界港口公司收购案、中石油并购美国优尼科案、罗尔斯公司收购案等。此次修订是把实践中的措施以法条的形式予以固化。

3. 安全审查程序日趋严密

为降低审查成本,提高审查效率,同时也为了交易方可主动向 CFIUS 提出申报。FIRRMA 舍弃原烦琐复杂程序,探索出"声明书"制度,简化申报程序。FIRRMA 提出,交易方可主动向 CFIUS 递交声明书,一般情况下声明书仅包含交易的基本信息,页数不超过五页。CFIUS 需在收到声明书后 30 天内完成书面审查并做出反馈。反馈一般包括以下四种:一是要求交易方递交完整交易材

---

① 董静然.美国外资并购安全审查制度的新发展及其启示:以《外国投资风险审查现代化法案》为中心[J].国际经贸探索,2019(3):103-104.

料启动正式的审查程序;二是批准该交易;三是 CFIUS 单方面决定启动审查程序;四是在无法做出决定的情况下,要求交易方提供全面的交易信息作为决定依据。该项制度为外国投资者判断其交易是否可能威胁美国国家安全提供了一条路径。

同时,FIRRMA 引入了特定交易强制性申报规则,推翻了以往自愿审查为主的审查机制。FIRRMA 规定,符合以下条件的,交易方应当在交易完成前向 CFIUS 提交相关信息:① 涉及主权投资的;② 投资拥有"核心技术""关键基础设施""个人敏感信息"的美国企业,并取得实质性权益;③ CFIUS 认为其他需要强制性申报的"受管辖交易"。考虑到强制性申报给外国投资者带来较大的不便,CFIUS 可决定符合一定条件的交易不要求强制申报。

在审查时间方面,FIRRMA 延长了 FINSA 所规定的审查时间。目前,CFIUS 初审时间为 45 日,调查期限 45 日,在特定情况下 CFIUS 可延长 15 日,总计安全审查时间为 105 日。从 CFIUS 角度考虑,给予更多的审查时间一方面可减轻 CFIUS 的审查压力,另一方面可尽量保证决定的公平性。从外国投资者角度思考,审查时间的延长不仅提高了交易成本,而且不确定因素增多,可能影响外国投资者对美投资的积极性。

4. 司法审查豁免范围扩大

FIRRMA 在 FINSA 的基础上,进一步限制国家安全审查的司法审查范围,明确 CFIUS 所做出的决定和裁决在一般情况下享受司法审查豁免,但是,当主动申报或者提交申明的外国投资者对 CFIUS 的决定和裁决不满时,FIRRMA 允许其向哥伦比亚特区巡回上诉法院就合宪性问题提起诉讼,[1]法院仅就安全审查程序做出相应决定。

该项规则在一定程度上受罗尔斯诉美国总统否决并购案影响。2012 年,美国总统奥巴马签发总统令,宣布罗尔斯的收购行为可能威胁国家安全,因此禁止其并购活动。根据 FINSA 的规定,美国总统所做决定享有司法豁免权。但是为了维护自身合法权益,罗尔斯公司向美国哥伦比亚特区联邦地方分区法院递交了诉状,最终法院决定对程序进行审查。该起案件是美国国家安全审查历史上一次里程碑事件,使得美国政府进一步审视 FINSA。

在 FIRRMA 弱化国会监督权的同时,该项规则打破了资本自由流动与维护

---

[1] 50 U.S.C. 4565(a),SEC. 721(e)(2).

国家安全之间的平衡性。理由在于：一是FIRRMA透明度不足。因"国家安全"概念的特质，FIRRMA难以对其进行准确定义，造成安全审查标准模糊，CFIUS由此获得较大的自由裁量权。二是FIRRMA增强了CFIUS的审查权。在FINSA的语境下，CFIUS仅作为咨询机构。但此次修订赋予了CFIUS中止交易权，以及可自行决定免除某些交易审查的权力。在CFIUS职权增强，而问责机制弱化的情况下，难以保证CFIUS做出公平合理的决定，在一定程度上损害了外国投资者的权益。

### （三）由TikTok案引发的美国外资审查之合规性解析

#### 1. CFIUS开启国家安全审查的合法性认定

在TikTok收购Musical.ly案中，Musical.ly为上海闻学网络科技有限公司旗下产品。考虑到该公司由中国公民创立，且总部位于中国上海，不属于拥有纯正血统的美国企业，因此TikTok公司在收购之时未能向CFIUS主动申报。那么，美国对TikTok收购案开启安全审查是否存在争议？根据FIRRMA相关规定，可从以下几个方面予以分析：

（1）"收购交易时间"认定。TikTok收购案发生于2017年。根据FIRRMA的规定，符合"1988年8月23日之后交易"的时间条件。尽管FIRRMA是于2018年由美国总统签署生效的法案，但可怕之处在于FIRRMA具有一定的可溯性，可对发生于2017年的交易进行审查。

（2）"外国投资者"认定。根据FIRRMA的规定，对外国投资者的判定主要采取注册地主义和实际控制主义。在美国法律语境下，即使收购方是在美国注册的企业，但是企业的实际控制人为外国籍公民或企业时，也被认定为外国投资者。TikTok母公司字节跳动是由中国公民于2012年在中国北京创立的公司。尽管TikTok运营企业为美国企业，但由于实际控制人属于中国国籍，所以此案中，TikTok公司被认定为外国投资者不存在争议。

（3）"美国企业"认定。此案的主要争议点在于Musical.ly是否为美国企业？根据相关法律规定，美国对"美国企业"的判定不采取单纯的国籍标准和控制标准。只要该企业在美国两个及以上的州进行活动，即使其被他国国籍的公民和企业控制，也应当被认定为美国企业。在本案中，Musical.ly虽为中国企业旗下产品，但Musical.ly风靡于美国，在美国境内具有较大的影响力，可因此认定Musical.ly企业为美国企业。TikTok母公司在该问题上存在错判，导致其未能够在收购之前向 CFIUS 申请主动审查,造成后续一系列问题的发生。

(4)"控制及交易领域"认定。根据 FIRRMA 的规定,收购拥有"核心技术""关键基础设施"以及"个人敏感信息"的美国企业,无论是否形成控制,CFIUS 均可对其进行安全审查。在本案中,认为 Musical.ly 属于新一代互联网"杀手级"应用,以及其在用户使用过程中会采集一定的个人信息,涉及"核心技术"以及美国公民"个人敏感信息"。同时,TikTok 以将近 10 亿美元的价格收购 Musical.ly,已经对 Muscal.ly 形成实际控制。因此认定 TikTok 控制 Musical.ly 的事实不存在疑义。

综合以上考虑因素,TikTok 进入安全审查程序符合 FIRRMA 相关法律规定。

2. TikTok 并购行为与国家安全之间的因果关系辨析

TikTok 并购行为是否会威胁美国国家安全是该起案件的关键问题。针对该问题,美国政府和 TikTok 方持不同观点。美国政客认为 TikTok 存储了大量外国政府可以访问的美国公民个人数据,给美国带来了极大的风险。TikTok 则坚持表示用户个人数据并未与中国共享,TikTok 没有威胁到美国国家安全。判断 TikTok 并购行为是否给美国国家安全带来不可预测的风险,可从以下几个方面着手:

1) TikTok 是否由中国政府控制?

TikTok 案件中,美国政府和政客在阐述理由之时多次提到"中国"。美国全国广播公司(NBC)指出,美国用户对无法使用 TikTok 一事表示遗憾,认为如若 TikTok 母公司属于中国以外的国家,美国总统就不会发表相关禁令。长久以来,美国政府对中国存在一定的偏见。这种偏见是与生俱来的,是国家之间利益博弈产生的负面影响之一。在美国政府的意识中,中国企业必然与中国政府有所联系,被中国政府所控制。FIRRMA 中的"特别关注国家"规则和罗尔斯收购案、中石油收购优尼科案等均可证明这一事实。

抛开政治,从法律方面分析,因为 TikTok 属于中国公民控制的公司,所以并购行为可能对美国国家安全造成威胁。逻辑方面分析,原因和结论之间无绝对的因果关系存在。且 TikTok 母公司字节跳动属于中国民营企业,无政府力量参与。退一步而论,即使字节跳动与中国政府有联系,也无法绝对得出 TikTok 并购行为会给美国国家安全带来威胁的结论。因此该结论的得出更多地在于主观臆想,并无相关可靠证据予以印证。同时从法律条文方面分析,在

FIRRMA所列举的国家安全审查考虑因素中,"外国政府控制的交易"和"特别关注国家"更多地偏向于主观标准,所得结论易缺少相应依据。

2)用户数据收集是否威胁美国国家安全?

由于TikTok在美国境内的下载量超过1.1亿,美国政府认为TikTok收集大量的用户信息,可能给成千上万的美国人带来灾难。在此需要判断收集用户数据是否会给国家安全带来威胁。在互联网时代,一个应用程序的运行需要用户必要的信息。不单单是TikTok,美国的应用程序也是如此,《洛杉矶时报》如是报道。即使TikTok案属于涉及美国公民"个人敏感信息"的交易,也无理由证明该交易与美国国家安全有着直接或间接的联系。目前为止,TikTok尽可能保管用户数据且未泄露,不存在威胁国家安全的事实。

3)TikTok是否把美国用户数据分享给中国?

美国政府及政客多次提到TikTok可能把美国用户的数据传递到中国政府。对于以上判断,TikTok始终持否定态度,称美国用户的数据存储在美国本地,相关备份信息保存在新加坡,并未把美国用户数据交由中国政府审查。TikTok是否把数据分享给中国政府可从技术上予以判断。目前无明确证据显示TikTok向中国政府分享数据。美国所做判断正如上文所述更多的是美国政府的臆想。

4)小结

总体而言,TikTok收购行为威胁美国国家安全的判断无可靠证据支撑,更多的是美国政府对中国的偏见。TikTok是放在美国互联网市场上的一条鲶鱼,不该上升到国家层面。根据目前情况,TikTok不仅不会给美国国家安全造成威胁,而且在一定程度上可帮助美国增加就业岗位,促进美国经济发展和维护社会秩序。

3. TikTok案可诉性分析

TikTok是否可通过诉讼的途径维护自身合法权益,首先需分析美国加利福尼亚中区联邦地区法院对该案是否具有管辖权,其次是分析TikTok的诉求是否会得到法院的支持。

1)美国加利福尼亚中区联邦地区法院对该案是否具有管辖权?

根据FIRRMA的规定,除主动申报或者提交声明的外国投资者可就CFIUS的决定向哥伦比亚特区巡回上诉法庭提起民事诉讼外,CFIUS所做决定和裁决以及美国总统所做决定均享有司法豁免权。本案中,TikTok未能向

CFIUS 主动申报,且 TikTok 主要就美国总统令提起诉讼。因此从法律条款上分析,TikTok 无法通过诉讼途径解决自身问题。但是美国为普通法系国家,受 2012 年罗尔斯公司诉美国总统否决并购侵权案的影响,加利福尼亚中区联邦地区法院决定受理 TikTok 案存在一定的可能性。

罗尔斯案件与 TikTok 案具有一定的相通性,两者均要求法院对美国总统相关命令以及行政机关执行行为进行司法审查。罗尔斯案件表明,虽然美国总统享有司法豁免权,法院无权审查总统行为,但是美国法院可对执行美国总统决定的行政机关进行司法审查。需要注意的是,法院决定对行政机关进行司法审查的前提是该行政令已生效执行。本案中,TikTok 把商务部部长和商务部列为第二被告和第三被告,且自 9 月 20 日起,TikTok 应用程序已被商务部要求禁止下载,在一定程度上影响到 TikTok 未来的经济利益,因此法院受理本案存在一定可能性。

在罗尔斯案中,罗尔斯向法院提出五项诉讼请求,其中第一、二、三、五项主张被撤销,第四项"总统未经合法程序剥夺罗尔斯公司的私有财产权,违反美国第五修正案的相关规定"的主张受到审理。[①] 本案公开的诉状显示,TikTok 提出的七项主张中,包含三项违宪、四项越权。其中第一项"行政令违反第五修正案正当程序条款"的主张与罗尔斯第四项主张具有相似性,即要求法院对行政程序予以审查。因此法院可能对本案第一项主张进行审理。对于 TikTok 其他六项主张,由于属于实质性审查,涉及外资安全审查制度的内核,法院受理的可能性较低。

在审判地方面,由于 TikTok 公司的主要营业地在加利福尼亚州,且该事件的发生地也在加利福尼亚州。根据《美国法典》的相关规定,审判地的选择具有一定的合理性。

2) TikTok 是否有胜诉的可能性?

上文所述,TikTok 第一项主张被审理的可能性较大,在此将对其胜诉可能性进行分析。美国第五修正案规定,非经正当程序,不得剥夺任何人的生命、自由和财产。在相关命令做出前,当事人有被通知的权利以及回应的机会。本案中,TikTok 以第五修正案为依据,认为行政命令做出之前,白宫未依照相关程序

---

① 龚柏华,谭观福.美国总统以国家安全为由否决外资并购令可诉性分析:兼析中国三一集团告美国总统否决并购侵权案[J].国际商务研究,2014(5):47.

要求听取 TikTok 反馈意见,因此该行政令违反相关规定。此处可得,TikTok 存在胜诉的空间。

需要注意的是,罗尔斯案件中,罗尔斯公司以同样的理由予以争辩。但法院经审理后认为,罗尔斯公司向 CFIUS 主动递交申请后,CFIUS 向当事人咨询了一系列问题,因此行政令做出之前已充分听取了罗尔斯公司的意见,罗尔斯公司败诉。本案中,CFIUS 于 2020 年 6 月开启正式的国家安全审查。在较长的审议期间,TikTok 提供了大量的文件和信息来答复 CFIUS 的问题,同时表明自身对用户数据保护的重视。不仅如此,TikTok 主动向 CFIUS 提出可采取一定措施以降低风险。但是根据 TikTok 对外界的回应,CFIUS 曾拒绝 TikTok 的提议。由此可知,如若查明在总统令做出之前,TikTok 与 CFIUS 存在过大量的信息交流,那么根据罗尔斯案件的走向,TikTok 的胜诉空间将进一步缩小。

总体来说,在 FIRRMA 的框架下,TikTok 维护自身合法权益存在一定的阻力。主要在于:一是 FIRRMA 具有一定保护主义倾向,且违背非歧视原则;二是与保护美国国家安全相比,TikTok 的利益显得无足轻重。

### (四) TikTok 被禁原因及中国因应

近年来,我国赴美投资活动一再受到美国的阻挠,分析 TikTok 被禁原因,可避免中国企业在美继续遭受损失。在中美经贸摩擦的背景下,中国企业准备应对之策十分必要。

1. 原因分析

1) 自身原因

TikTok 事件发生的主要原因之一在于字节跳动公司对美国国家安全审查制度与美国政治运行制度认识不足,以至于在收购之际未能向 CFIUS 主动申报,丧失主动权。

第一,字节跳动公司对安全审查制度实体内容认知不足。如上文所述,字节跳动公司对"美国企业"这一概念认识不足。为防止外国投资者躲避安全审查,维护美国国家安全,FINSA 对"美国企业"的定义没有采用国籍标准和实际控制标准,使得"美国企业"涵盖范围较广。字节跳动公司未能认识到这一点,以致错失向 CFIUS 主动申报的机会。同时字节跳动公司对"关键技术"重视程度不足。在美国绝对的高科技垄断地位的背景下,美国十分重视关键技术的保护。字节跳动公司收购的 Musical.ly 在互联网行业中有着重要影响力。字节跳动公司的收购绝对是强强联合,必然冲击美国互联网企业,焉能让美国政府放心。字节跳动公司对"关键技术"重视度不足,也是其未能清楚认识美国国内政治局势的关系。

第二,字节跳动公司对安全审查程序缺乏深刻认识。为提高审查效率以及审查的公平性,FIRRMA 设置了非正式磋商机制,鼓励外国投资者在主动申报前向 CFIUS 进行积极沟通,以便于识别管辖风险,防止后续进入正式的安全审查程序引发不稳定情绪。同时 FIRRMA 引入"声明书"制度,简化 FINSA 有关通知提交的程序。这一设置可鼓励外国投资者在收购完成前向 CFIUS 主动申报,以便于投资者尽快确定交易是否存在不确定风险,及时止损。以上两项措施均可在一定程度上降低外国投资者在美投资风险。尽管 FIRRMA 强化了重启审查权,只要发现当事人违反交易批准条件,或者交易方在审查过程中提供虚假材料或忽略关键材料,CFIUS 均可重启审查程序,但是如果字节跳动在交易结束前主动向 CFIUS 申报并切实落实相应措施,便可打消 CFIUS 的疑虑,掌握审查的主动权。在本案中,字节跳动公司忽视安全审查程序,不仅为以后增加了诸多不确定因素,而且不利于自身良好形象的打造。

第三,对国会政治运作模式认识不足。在美国安全审查制度中,美国国会对 CFIUS 和美国总统的工作享有监督权,有权要求美国总统定期向国会递交法案执行报告。即使 FIRRMA 和扬斯顿钢板和钢管公司诉索耶案进一步压缩了美国国会在此方面的权力空间,但是美国国会特殊的政治运作模式使得院外利益集团的游说活动对国会决议具有重要影响,字节跳动公司可通过该类利益集团向国会表明态度。历史上,阿里巴巴在美首次募股和联想并购 IBM 均采用了此种措施。[①]

2) 外在因素

第一,美国国家安全审查制度泛政治化。FIRRMA 继续强化 FINSA 的主权投资规则,引入特别关注国家规则,是美国政策目的法律化的直接表现。近几年中国发展劲头迅猛,中美差距逐渐缩小。同时中国的国际话语权和影响力显著提升,隐隐有动摇美国世界霸主地位的趋势。为维持美国领先地位,特朗普自上任后采取加征关税、断供华为等措施,以达到打压中国的目的。在"中国威胁

---

① 张天行.美国《外国投资风险评估现代化法案》下的监管变革:立法与应对[J].国际经济法学刊,2019(2):114-115.

论"的大背景下，FIRRMA 修订完成。其设置的规则，包括特别关注国家、"受政府控制的交易"、要求商务部部长提交中国在美投资报告等，均带有强烈的国别歧视色彩。实践中，中国在美投资不断受阻。美国安全审查历史上总统亲自叫停的并购案件均涉及中国，包括中国航空技术进出口公司收购美国 MAMCO 公司、宏芯收购德国半导体 Axitron、罗尔斯公司收购案、峡谷桥公司收购美国莱迪思公司等，由此可见美国对中国的提防。[①] 可以说，FIRRMA 的出台主要是美国出于对国家利益的考虑，而非国家安全。

第二，安全审查标准中的阻碍因素。国家安全审查的内核是政治问题，所以国家安全审查并不能做到彻底的法律化。"国家安全"作为外资并购国家安全审查制度的关键词之一，因其历史性、相对性、二元性等特征，学者对其内涵从未达成统一意见。为适应外界各种情况，美国法律没有对国家安全进行界定，造成安全审查标准模糊。考虑到法律的确定性，美国法律列举一系列国家安全审查考虑因素供 CFIUS 和外国投资者参考。但是随着世界及美国国内形势的变化，美国的国家安全内涵从传统的军事、国防安全扩展到关键技术安全、信息安全等新型国家安全，如新修订的 FIRRMA 强调关键技术（包括人工智能、半导体芯片等）、重要基础设施、个人敏感信息等，同时设置了兜底条款，使得安全审查机构拥有较大的自由裁量权，给外国投资者在美投资增加了不可预测的风险。

第三，安全审查制度问责机制缺失。一般情况下，为达到资本自由流动与维护国家安全之间的平衡，FIRRMA 在扩大安全审查范围、增加安全审查因素、增强 CFIUS 审查权之时，理应加强国会等相关机构对 CFIUS 的监督权。但是 FIRRMA 反其道而行之。除了 CFIUS 所做决定和裁决免受司法审查之外，FIRRMA 在一定程度上弱化了国会的监督权，即国会无法对 CFIUS 和美国总统所做决定予以否决。虽然 FIRRMA 要求 CFIUS 每隔一段时间向国会递交中国在美投资报告，但是受内容和时间的限制，国会难以及时规范 CFIUS 的行为。安全审查制度问责机制的缺失使得外国投资者投诉无门，大大增加了投资的风险性。

2. 中国因应

1）穷尽所在国救济途径

美国的政治体系决定了企业集团与政治界之间有密切的联系，如若中国企

---

[①] 沈伟.美国外资安全审查制度的变迁、修改及影响[J].武汉科技大学学报，2019(6):658.

业能够在美国政治圈有足够的影响力,那么并购交易的完成会相对简单。宏观上,美国国会对中国企业的认识甚至是误解,始终受中美关系变化的影响。在中美关系紧张化时期,我国企业的并购过程往往更加艰难,改善中美关系注定是一个长期的过程,也主要依靠政府层面的工作。不过,微观上,我国企业应当熟悉并利用国会的运作机制,充分利用所在国的司法资源,穷尽当地救济途径。如派遣代表企业的专业团队参加国会举行的听证会,详细介绍本企业投资的情况;再如继续投入更多的财力物力,用于游说、公关,通过利益集团、专业咨询公司、媒体甚至公众去塑造企业的良好形象,去影响国会对本企业的态度。

2) 熟悉并认真对待 CFIUS 的审查

在现有的安全审查机制下,在美国进行投资并购的我国企业仍然可以利用相关程序,行使相关程序权利来更加主动地参与到安全审查的过程中。首先可以利用的程序是非正式磋商程序。需要提醒我国企业的是,非正式磋商与自愿申报是紧密相连的:与 CFIUS 进行了非正式磋商,即意味着交易方选择了自愿申报;交易方自愿申报前,如果没有利用非正式磋商,则自愿申报的意义就大打折扣。对此,建议我国企业在美国进行投资并购时,最好是在交易完成前,依据 FIRRMA 了解交易是否引起了国家安全隐患。如果确实能够引起,应当尽快着手同 CFIUS 进行充分的非正式交流,在实际效果上有利于弥补审查期限过短的缺陷,同时也能展示一个积极面对审查的良好形象。

这是我国企业应极力避免被机构通报的原因之一。即使我国企业在审查开始阶段丧失了主动性,但在审查和调查期间,常务主席有可能邀请通知所涉交易的相关方参加一个与 CFIUS 成员的会面,甚至在调查期间,受管辖交易方可以主动申请与 CFIUS 的成员会面。交易方可凭借争取来的机会澄清关于交易和国家安全的问题。即使国家安全担忧构成国家安全威胁,我国企业也可与 CFIUS 或牵头部门通过谈判达成"缓和协议"并如实履行,从而尽快结束审查,避免总统终局性的决定。

3) 制定多元化的并购策略

制定多元化的并购方案,可以提高通过投资东道国安全审查的概率,达到企业的投资目标。具体来说,就是从投资主体、投资客体、并购时机等方面实行多元化的安排。

首先,保证并购主体的多样性。美国的国家安全审查有明显的国籍区分,这种区分考虑的因素有法定的也有非法定的,如反恐政策是否一致、是否支持美国对别国的经济制裁、是否同美国具有相异的意识形态等等。因此，我国企业可以选择同美国或与美国关系十分友好的国家的政府或企业共同并购，共同承担国家安全审查风险。

其次，实现并购客体的多元化。有研究表明，美国的国家审查有向个别行业集中的趋势，如高科技产业、关键基础设施行业等。所以，我国企业的美国并购投资要注意投资区域、投资行业、原材料来源和产品的分散化。不过，对于并购企业来说，投资并购的客体的选择要符合企业发展规划，尤其像字节跳动公司这样专注某一领域或行业的企业，并购对象的选择不可能与自身的经营业务、发展规划毫无联系。

再次，实现并购时机的适时性考虑。并购方与被并购方各自的发展状况，各自所在国家或地区之间经济交流或政治关系的互动变化等，对于并购时机的选择同等重要。

4) 推动建立国际数据保护体系

当前，世界各国在数字世界和网络空间的博弈日趋激烈，数据安全已然成为各国投资领域外资安全审查的利器。毋庸置疑，美国也正强化数据领域的安全审查，从这次的 TikTok 事件可以窥见一斑，FIRRMA 进一步拓展了 CFIUS 投资审查的管辖范围，显然涵盖了非控股性投资，授权 CFIUS 对搜集和掌握美国公民的"敏感个人数据"的非控股投资企业进行审查。

因此，随着我国进一步融入世界经济体系，在电子商务领域的领先地位的初步形成，我国目前应该更加关注个人数据跨境流动的网络安全问题，兼顾"贸易自由"和"人权保护"的价值取向，加强双边、区域与多边层面的法律协调与合作，积极参与国际社会相关数据规则的制定，推动建立国际数据保护体系，在企业走出去的过程中，满足数据跨境流动的合规性管理需求。

# 第七章
# 跨境投资视阈下数据安全保护的法律规制

随着数据在全球贸易和投资中的作用日益凸显,各国纷纷参与建立起一系列跨境数据安全保护法律规制,对跨境投资领域带来了全新的挑战。时至今日,国际层面尚未形成统一的具有影响力的国际法规范,仅有一些宽泛的政策性指南文件,而区域层面则已达成了一系列有关数据跨境流动的区域性协定和双边协定,其中尤以欧盟规制和美国主导的区域规制最具代表性。中国数据流动的规制起步相对较晚,且相关法律制度不健全,因此,对于我国而言,除了完善有关个人隐私保护的国内法,也应当在维护我国数据主权的前提下,积极参与相关的国际合作,通过区域性条约,推动形成通用的跨境数据流动国际规则,并努力促进各国规则体系的对接和协调。

## 一、国家安全与跨境数据流动的安全保护

### (一)数据和数据安全的内涵和外延

何为数据?数据是一种可以进行识别的符号,通过这类符号我们可以对客观事物的性质和状态有一个全面完整的了解,而数据符号的表现形式,可以是字母、数字、图像、音频以及相互之间的各类组合,数据是实现实体经济智能化、数字化、网络化发展的基石。凭借着网络空间,数据快捷、高效流动,数据价值得以实现。数据的流动指的是数据在不同的服务器和数据库之间跨越从而实现处理、检索或存储,出现云计算等数字服务。

在数字经济时代,流动和共享成为数据的新特征。数据安全工作从以"系统"为中心的思路逐渐转变为以"数据"为中心的方法,全球的法律政策也转变为以个人信息及隐私保护为重点,向全面数据安全治理扩张。应用场景的变化催

生了新的数据安全技术。从只能发挥局部安全防护作用的加密、访问控制、数据库安全审计、数据库防火墙和数据防泄露等传统工具到安全多方计算、数据脱敏、差分隐私、同态加密等能满足数据流通和共享应用场景安全需求的新技术的运用,数据蕴含的价值越来越高,对互联网用户的非合法行为追究责任所实施的难度也越来越大。不断变化的数据安全威胁对数字经济秩序造成了极大的危害,需要强有力的安全防护手段和持续的安全运营,才能有效防控和抵御。[1]

### (二) 跨境数据安全与国家安全的关系

随着数字经济的发展,跨境数据流动愈发频繁。尽管跨境数据十分重要,但其也会对国家安全、数据主权,以及私人信息保护构成威胁。跨境数据安全成为各国维护数据主权的重要挑战之一,厘清其与国家安全之间的关系尤显重要。

1. 跨境数据安全关系到国家的产业安全和主导权

在数字经济化时代,国家若不能切实维护自身的数据安全和主权,其产业安全和国际竞争力就无法得到保障,一个国家在国际社会中的软实力和影响力就会直接受到影响。2017年3月发布的《网络空间国际合作战略》强调各国在享有自我管辖权力的同时,也应承担不得干涉他国数据法域的义务。在当前的数字领域,产业发展较强的发达国家往往倾向于自由开放的原则,而步入经济快速道的中国,伴随众多企业海外投资的诉求,数据安全就成了重要的考虑因素。如何保障数据跨境的有序流动,保证国家产业的国内外利益?怎样实现数据安全的全方位保护与国家产业安全的动态平衡?

2. 跨境数据保护重塑着国际规则和制度体系

现有的国际秩序主要由美国等西方国家主导建立,在跨境数据保护方面,由于相关的国际技术、观念与机制尚在探索和构建之中,发展规范和模式的分歧形成了国际规则新格局。对于大数据保护能力较强的国家来说,通过制定高标准的方式,在大数据保护领域抢占话语权,在拓展自身的数据主权的同时也会侵犯他国的数据主权;而对于大数据保护能力相对较弱的国家,迫于经济全球化的需要,也会逐渐向大国"妥协",这就造成国际规则的重塑。不难看出,大数据保护成为国际关系变革和演化的助推力,形成国际规则和竞争力的"新高地"。

---

[1] 钟力,张旅蓓,唐会芳,王雨薇.从《全球数据安全倡议》看数据安全[J].网络空间战略论坛,2020(11):83.

3. 以个人数据安全为核心的跨境数据安全与信息安全、国土安全、数据主权密切相关

例如,据央视网报道,美国一款名为斯特拉瓦的健身 App 软件,在其官网公布了一张利用用户的个人数据做成的热力地图,通过各个地区的不同热度,鼓励更多地区的人参与运动,点亮热度,却意外地导致美军的大量海外军事基地和秘密军事基地被曝光,其背后的原因是 App 的用户当中有许多美军士兵。许多军事基地士兵的行动轨迹也因此暴露在这张热力地图上,这给美国的国家安全造成了严重的威胁。① 跨境数据安全是一个非常宏观的概念,个人数据安全更是重中之重。在整个大数据安全概念下,包含大数据技术、来源和利用等方面的整体安全,不仅可在国家安全遭到破坏时通过大数据分析短时间内找出风险根源,而且对未来可能出现的危害国家安全的事件也可进行预测和预警,从而帮助相关部门采取具有针对性和精准性的应对措施,在最短的时间内提供最优应对措施,维护国家安全。

## 二、跨境数据规制面临的法律挑战

在通过全球供应链完成的一系列跨国投资和网络空间大数据背景下,数据跨境流动发挥了不可估量的作用。但是数据无形、海量和高速的特征也使得以地域为标志的传统法律难以发挥应有的规制作用。关键问题在于:如何平衡数据自由流动与维护国家安全、保护数据主体合法利益的关系?国内规制与国际规制如何衔接?目前,数据跨境流动的需求在不断增加,而与之相应的保护措施却出现了众口难调的状态。基于此,各国纷纷参与制定跨境数据安全保护的法律规制,对跨境投资领域带来了全新的挑战。

### (一)跨境数据流动引发管辖权延伸与数据本地化之争

数据产生于数据主体,如特定国家的企业或个人,并由数据服务提供商(如阿里巴巴、亚马逊等大型电商平台公司)收集和整理。数据服务提供商在特定的国家注册成立,故其业务应受到所在国的管辖与法律规制。这是属地管辖原则

---

① 人民网.健身软件泄露机密美军回应加强管理.2018[2018-01-30].http://world.people.com.cn/nl/2018/0130/c1002-29796320.html.

的重要体现。但是,由于数据本身具有流动、无形和共享等特征,这使得数据的跨境流动天然地具有"去国界"和"去管制"的特征,很容易就脱离属地管辖的掣肘,从而引发了各国的管辖权争议以及与之相关的数据本地化之争。

以美国为代表的互联网产业发达国家利用自身的先发优势强调数据的自由流通,而以中国为代表的发展中国家基于主权保护的需要出台了数据本地化规则,其旨在赋予自身管理跨境数据流动的排他性管辖权。这引起了英美学者的广泛探讨,以 Nigel Cory 为代表的美国学者认为,数据本土化政策会形成新型数字贸易壁垒,中国会利用政治性手段来阻碍跨境数据的自由流动,从而影响经济发展。

由此,网络空间命运共同体对数据跨境流动的保护就提出了"共享共管共治"的要求,如何在实现数据跨境"共享"的同时对之进行"共管"和"共治"?实施"共管"的统一标准该如何制定?与"共治"相应的立法、行政、司法等保护措施又该怎样协调?

### (二) 跨境数据流动引发法律规则制定权之争

在 2019 年大阪举行的 G20 峰会上,日本政府试图极力地促成跨境数据流动规则的实现,但是各方对于跨境数据流动规则的制定仍然存在一定的分歧。例如,在美国主导的新近区域贸易协定(Regional Trade Agreement,以下简称 RTA)中,跨境数据自由流动规则已经成为重要的条款。TPP 第 14 条 11 款规定,除金融数据以外的数据应该允许自由跨境流动。又如,在《国际服务贸易协定》(Trade in Service Agreement,以下简称 TISA)的谈判中,美日等国也认为在服务贸易中不应过多设置阻碍跨境数据流动的规则。另一方面,数据跨境流动规则的谈判往往影响 RTA 的工作进程。《跨大西洋贸易与投资协定》(Transatlantic Trade and Investment Partnership,以下简称 TTIP)谈判信息表明,欧美对于处理跨境数据流动方面的各自价值选择不同是导致目前磋商处于停滞状态的主要原因之一。

可以肯定的是,数据被誉为新时代的石油。谁掌握数据谁就能在第四次工业革命中抢得先机。考虑到互联网经济的马太效应[①],哪个国家掌握了跨境数

---

[①] 马太效应(Matthew Effect)是指强者愈强、弱者愈弱的现象,反映的社会现象是两极分化,富的更富,穷的更穷。

据流动规则制定的话语权就可以享受先发优势。Jack Goldsmith & Tim Wu 认为跨境数据流动的规则呈现出"巴尔干化"[①](Balkanization)与"威斯特伐利亚化"[②](Westphalian)并存的现象。[③] 目前跨境数据流动的法律规制呈现出三种模式并存的现状:第一种是基于互联网开放和自由贸易产生的"美国模式"强调数据自由流通,促进贸易发展;第二种是基于互联网自治和人权保护需要而产生的"欧洲模式"强调数据的保护,保障人权;第三种是基于互联网安全和主权保护而产生的"中国模式"则强调主权至上,主张国家的安全优先于贸易和人权。这似乎也印证了上述学者有关"威斯特伐利亚化"现象的观点。

价值观、法律、政治制度都是特定主权国家的组成部分,它的形成是一个民族国家内生演化的过程,并不是一朝一夕就能改变。一国的制度本身并不存在好坏,关键是看是否能够契合这个国家的社会、经济与传统。在法律冲突中更多体现的是一种价值的冲突。可以预见的是,这种价值冲突是一个持续且长久的过程,由此也引发了法律规则制定权之争。这种争夺并不容易协调,同时欧美等西方发达国家已经在第二轮全球化中品尝到了制度输出所带来的成果。因此,他们竭尽全力争夺制度建设的话语权。这是规制跨境数据流动过程中的难题。

### (三) 跨境数据流动引发法律本土主义与全球主义之争

虽然互联网大规模运用还不到 20 年,但网络已经深深地印刻在每个人的生活中。网络技术的快速迭代引发了社会剧烈的变迁,进而进一步形成了后工业社会与前信息社会的重叠期。[④] 在这个时期,各种思潮极速碰撞,有关数据跨境转移应如何规制的观点难以取得广泛的一致。在这种思潮碰撞中一个最值得讨论的核心问题就是:国家在跨境数据治理中发挥何种作用、发挥何种功效?对于跨境数据转移的法律规制应采用"尊国家"的法律本土主义模式,还是"去国家"的法律全球主义模式?进一步的追问是,国家究竟是传统的社会与市场的守夜人,还是主权的捍卫者或是人权的保护者?

---

① "巴尔干化"(Balkanization)是指地方政权等在诸多地方之间的分割及其所产生的地方政府体制下的分裂,即"碎片化"。
② "威斯特伐利亚化"(Westphalian)是指一批多元化政治单元探索用于管控自身行为、减缓冲突的中立规则,它们中间没有一方强大到可以战胜所有其他对手,很多政治单元信奉截然不同的哲学,或者有自己独特的信仰。
③ Jack Goldsmith, Tim Wu. Who Controls the Internet? Illusions of a Borderless World[M]. New York: Oxford University Press, 2006: 27.
④ 杨帆.国家的"浮现"与"正名":网络空间主权的层级理论模型释义[J].国际法研究,2018(4): 31-47.

不同利益主体凭借着各种理由,尝试着在全球数据治理中树立自己的版图,维护其秉持的价值观念。例如,美国基于自身产业发展情况,认为跨境数据应当完全自由流动,数据的输出国与输入国不应设置任何障碍,并试图通过签订大型的 RTA、制定统一的法律规则来保障这种自由流动;欧盟基于历史传统,认为数据跨境流动应该更侧重人权保护,而非完全自由流动,所以只是有条件地同意与他国签订相关条约;在斯诺登事件后,中国、俄罗斯等国基于国家主权和网络安全的需要,认为国家主权优先于贸易和人权。因此,输出国有权制定自己的规则与标准,监管、限制甚至禁止数据的跨境流动,其中最具代表性的措施就是数据本地化要求。

三类主体基于各自的诉求,建立了不同的跨境数据流动法律规制体系。如果我们将美国的立场视为"去国家"的法律全球主义,并将中国的立场视为"尊国家"的法律本土主义,那么欧盟的立场就相对比较折中,处于两种观点的中间位置。

法律本土主义与全球主义之争也可以视为"主权"与"资本"之争。资本天然地具有全球性,而主权天然地具有本土性。资本需要在全球范围内寻找利润最大化的机会。它通过经济全球化的路径进入主权国家的管辖范围,并企图冲破国家的物理限制,打造一个全球性的世界市场。但是,传统的主权观认为,在一国范围内,受主权国家调整的对象均是主权管辖的范围。① 另一方面,资本挑战了国家的主权,企图破坏主权树立自由贸易的净土,追求主权国家的"去管制化"。主权是统治阶级利用特定集团而形成的对国内的绝对控制力。② 传统的主权观认为,在一国管辖范围内,国家享有绝对的主导权。③

有观点指出,基于网络空间的虚拟性,网络时代形成的各种挑战不应再受到传统物理地域的限制。因此,戴顿大学法学教授苏珊·布伦纳(Susan Brenner)认为传统的以主权为基础的治理范式已经不再适应网络时代形成的新挑战。④ 尽管此观点看似有一定的合理性,但是考虑到跨境数据流动所蕴含的巨

---

① 朱景文.关于法律与全球化的几个问题[J].法学,1998(3):3-10.
② 孙志煜,陈茜.国家主权观的中国实践:以区域贸易协定争端解决机制为中心[J].重庆工商大学学报(社会科学版),2018(5):103-108.
③ Patricia Wouters,陈辉萍.国家主权等国际经济法宏观问题的深刻反思:评《中国的呐喊:陈安论国际经济法》[J].国际经济法学刊,2014(4):68-79.
④ Susan Brenner. Cyber Threats: The Emerging Fault Lines of the Nation State[M]. New York: Oxford University Press,2009:8-10.

大经济利益以及海量数据的重要功能,完全摒弃主权国家的管制显然是不现实的。例如,数据服务提供商在一国境内搜集个人信息,再通过云计算、大数据等新兴技术,传输到另一国境内进行处理、加工与运用。这些数据可为跨国的货物贸易与服务贸易提供重要的基础保障。另一方面,个人数据存在人身属性,能够反映特定时期特定主体的行为特征。所以,当数据服务提供商搜集到足够多的数据样本时,甚至可以预测出新的社会发展趋势。因此,主权国家不可能放弃对跨境数据流动的管制权。而在另一端,资本也会继续寻求跨境数据自由流动的路径。

鉴于上述三种法律挑战,国际社会急需一种或多种协调矛盾、解决争议的可行方法。当我们"刺穿"上述法律挑战的"外壳"并探究其本质"内核"时就可以发现,从根本上讲,上述三种法律挑战均可归结为跨境数据流动法律规制模式的价值取向之争。价值取向引领着法律规范的制定与实施。因此,站在中国的立场上,当全球数据的跨境流动出现多种法律规制模式时,如何引导国际社会构建一个统一或者说趋同的规则体系来保障、规范和促进全球数据跨境流动。

## 三、数据跨境治理规则的基本框架

当前,要实现跨境投资的全球化发展,离不开数据的跨境流动。而有关数据跨境流动的法律规制问题,是国际组织及各国共同关切的焦点。自 1948 年联合国大会通过《世界人权宣言》(*Universal Declaration of Human Rights*)首启隐私权保护后,时至今日,国际层面尚未建立起一个统一的、具有权威性的数据跨境流动法律制度,仅有一些较为原则的政策文件,而区域层面的立法实践开启较早,已经达成一系列双边及多边协定,建立起相对完善的法律制度。

### (一) 多边法律规制

#### 1. OECD 指南

最早对信息经济发展和隐私保护进行规制的主要是经济和科技比较发达的经合组织(OECD)成员国。1974 年,OECD 成立数据库组。1978 年,OECD 成立跨境数据壁垒和隐私保护临时专家组,并制定相应的基本原则。1980 年,OECD 通过《关于隐私保护与个人数据流动的指南》(简称《OECD 指南》)。该《指南》确立了限制使用、限制收集、特定目的、数据质量、个人参与、责任、安全保护、披露等八项基本原则,涵盖了数据从开始收集到处理阶段的完整过程,为各成员国保护消费者个人隐私提供了底线式标准。2013年7月,为进一步促进数据跨境流动,OECD对《指南》进行了修订,主要贯彻两个主题:第一,重视以风险管理模式保护隐私的实际执行状况。第二,必须不断提升跨境合作能力,以解决全球范围内的隐私问题。① 除此之外,为提高国际兼容性,《指南》规定了以下内容:① 提出跨境执法合作要求,实现机构间信息共享;② 支持各国达成多边协定;③ 促进私人数据跨境流动的法律制定程序;④ 强调隐私保护全球一体化的意义和必要性。然而,由于《指南》本身只是一个建设性指南,仅具有参考作用,因此对成员国的约束力不强,但作为国际上第一份有关跨境数据流动和保护的法律文件,其确立的基本原则在全球范围内具有一定的指导作用,并对日后数据跨境流动规范的制定产生重要影响。

2. 联合国指南

相较于OECD,联合国启动跨境数据流动规制工作延后了十几年。1990年,联合国大会通过《关于自动资料档案中个人资料的指南》(*Guidelines concerning Computerized Personal Data Files*,简称《联合国指南》),是适用于国际组织的首项标准,规定了关于个人数据跨境流动的八项原则,但同上述《OECD指南》所列原则有所区别。《联合国指南》仅规定会员国国内立法的最低标准,要求各国不应过多干预跨境数据流动(除个人隐私保护外),首次确立了国际组织间跨境数据流动要求。同时《联合国指南》把程序性内容制定权下放各成员国。总之,联合国发布的《联合国指南》具有较强的权威性和影响力,但它毕竟是一个纲领性文件,缺乏具体的监测和评估准则,尚不具有约束力和强制性。

3. WTO有关规则

1)《服务贸易总协定》(GATS)

在现有的WTO规则中,并没有专门的跨境数据流动规则,与跨境数据保护相关的规制主要集中在《服务贸易总协定》(*General Agreement on Trade in Services*,GATS)中。GATS将服务贸易具体分为跨境交易、跨境消费、自然人流动、商业存在等几种形式,在适用范围上涉及跨境数据流动规则的主要体现在电信服务附件和例外条款之中。

根据电信服务附件的规定,各成员国应当遵守合理和非歧视条款,保证其他

---

① 高富平.个人数据保护和利用国际规则[M].北京:法律出版社,2016:18.

成员国任何服务提供者进入其公共电信传输网络,并享受相应服务。[①]该项条款在一定程度上赋予了其他成员国的电信网络提供者跨境传输网络和服务的权利,鼓励数据自由流动。但在实践中,由于大多数国家的电信服务市场不对外开放,基本受制于本国垄断机构,所以在这一领域的跨境投资者能够传输电信网络信息的前提条件是获得投资东道国的市场准入,这一要求实质上就是对跨境数据流动实施的一定意义上的限制。

GATS规定了公共秩序例外、国家安全例外与个人信息保护例外等条款。"公共秩序例外"条款规定,只有在足够严重威胁到某一社会根本利益的情况下才可适用这一条款。但GATS并未对"公共秩序""足够严重威胁"等关键词进行定义,条款可操作性弱。因此,实质上真正适用公共秩序例外的情况极其少见。根据"个人信息保护例外"条款,只有为了保护个人隐私以及个人记录或账户机密性时,才能适用该条款。显然,这一例外规定把数据本地化存储排除在外。此外,成员国还面临条款援引条件苛刻的问题。根据相关规定,只有涉及特定的政府数据时,才可适用"国家安全例外"条款,而一般的跨境投资由于只涉及商业及个人数据,难以符合上述条件。因此,与上述国家安全紧密相关的数据往往不会成为跨境投资的对象。

从上可知,对于跨境数据流动问题,WTO规则所能产生的作用可忽略不计。同时,由于成员国较多,且各国的利益倾向也不同,WTO难以在短期内促成新的多边贸易规则,所以在WTO框架下,当前的跨境数据流动规制大多是一些简单的概括性描述。但不可否认,WTO作为世界性的国际组织,其具备建立统一的国际制度并引导成员国国内立法趋势的有利因素,因此我们仍应致力于推动WTO规则的完善。

2)《全球电子商务宣言》

早在1988年,WTO第二届部长会议对涉及WTO框架下数据跨境流动规制的全球电子商务多边规制进行了初步探索。接着,美国在1997年发布了《全球电子商务政策框架》,主张通过WTO谈判的方式对数字产品实行零关税,并向WTO总理事会提交了涉及电子商务内容的报告,该建议获得了欧盟等的多方支持。1998年5月WTO部长会议通过了《全球电子商务宣言》(*Declaration on Global Electronic Commerce*),确立了对电子传输免征关税的规则。但由于

---

[①] GATS Annex on Telecommunications 5.

多哈回合出现停滞,多年来,电子商务多边机制并未取得任何实质性成果。

直到2017年12月,WTO成员方重启"电子商务议题"多边谈判。2019年1月25日,76个成员国签署《关于电子商务的联合声明》,这是成员国破除WTO僵局的一次重要尝试,迄今已提交30多份议案(其中就涉及了数据跨境流动问题),但并未在电子商务领域达成实质性协定以对电子传输的关税问题做出任何明确的法律规定。源于法律传统和利益出发点的不同,各国围绕着数据跨境流动议题也是歧见迭出,使得电子商务谈判的未来不可避免地充满着挑战。然而在日内瓦会议后的历届部长级会议上,对延续电子传输零关税问题,各成员国几乎达成一致。

## (二) 区域性法律规制

在区域性法律规制中,以欧盟模式和美国主导的区域规制最具典型性和影响力。

### 1. 欧盟模式:以互联网自治和限制个人数据跨境流动为核心

自20世纪70年代起,欧洲各国就开始尝试对数据领域的立法保护,立法目的多倾向于逐步统一欧盟区域内的数据保护规则,高度重视数据主权,限制个人数据跨境自由流动。欧盟关涉数据跨境流动规制的立法体系主要由四部不同时期的代表性法律文件构成,反映了欧盟制度的发展趋势。

1) 1981年《与个人数据自动化处理有关的个人保护公约》

1981年,欧洲理事会通过了《与个人数据自动化处理有关的个人保护公约》(*Convention for the Protection of Individual with regard to Automatic Processing of Personal Data*,以下简称《个人数据保护公约》或《公约》),是第一部规范欧洲成员间数据跨境流动的公约。

该《公约》共27条,主要确立数据保护基本原则(即个人数据信息品质与安全原则、主体权利原则、责任原则、个人数据信息限制的例外原则),协调数据隐私保护与跨境自由流动之间的冲突关系,并就各缔约国之间互助合作的各项义务做出明确的规定。基于该公约在内容上多为原则性规定,允许各缔约国根据本国国情自行决定其执行方式,具有一定的灵活性,故对欧洲现代个人隐私保护和数据流动的立法实践奠定了重要的基础,产生了深远的影响。比如《公约》第1条就规定,"尊重并保障信息的自由流动及个人隐私,使每个缔约国的居民,无论其国籍及住所,每位缔约国居民的基本权利和自由都受到本公约的保护"。① 而另一方面,该《公约》不能直接适用于各缔约国,必须通过缔约国转化为内国法的程序才能适用,这无疑给《公约》在欧盟境内的统一适用增添了不必要的障碍。即使欧盟境内少数批准适用该《公约》的缔约国在国内也均未出台实施相应的配套细则,使得该《公约》的实际效用得不到应有的发挥,最终影响了《公约》适用的确定性和稳定性。截至2019年3月,已有26个欧洲理事会成员国以及非成员国(乌拉圭)签署了该《公约》。

2) 1995年《数据保护指令》

由于欧盟意识到数据跨境流动中存在的随意收集、使用、披露和篡改的风险,加上因各成员国国内立法的差异影响到数据在欧盟境内自由流通,1995年,欧盟委员会发布了《有关个人数据处理中的个人保护与所涉数据自由流通的第95/46/EC号指令》(以下简称《数据保护指令》或《95指令》)。

《95指令》主要对数据保护的一般原则、数据主体权利以及数据控制者和处理者的义务进行了规定,并就个人数据的跨境流动做出了制度安排。相较于1981年出台的《个人保护公约》,《95指令》显然在内容上体现了较大的进步与完善之处,主要体现在以下几个方面:其一,《指令》采用统一立法模式,对个人数据的跨境流动设置了二元划分机制,原则上禁止向欧盟地区以外的第三国传输个人数据。但根据第25、26条的规定,只要数据流入第三国保证对个人数据提供充分性保护水平的,或经数据主体事前同意以及数据控制者对数据保护提供适当性保障措施的前提下,数据转接双方通过协议或选择使用欧盟委员会制定的标准合同条款的,均可实现数据跨境自由流动,即"充分性保护"规则与"标准合同条款"规则。其二,为强化数据保护指令对欧盟成员国的法律适用性,要求各成员国在三年内通过制定或修改国内法以达到指令要求的保护程度。其三,《95指令》加强了数据主体的权利保护内容,引入了"数据可携带权"及"被删除权"等创新性内容,进一步加强了数据保护的实际可操作性。其四,《95指令》要求各成员国必须设立数据监管部门以实现数据流动的事前审查和监督,进一步强化了欧盟各成员国的个人数据保护水平和执行力,同时也掀起了世界其他国家数据安全立法的浪潮。②

但遗憾的是,《95指令》与《个人数据保护公约》一样,两者的适用均需转化

---

① Convention 108, Article 1.
② 程啸.民法典编纂视野下的个人信息保护[J].中国法学,2019(4):43.

为成员国的内国法方能发挥效力,而各国不同的释义也给个人数据保护平添了不确定性和歧义,但基于其内容的相对完整性,《95指令》对于欧盟这样一个庞大的区域组织的社会实践仍然发挥了较大的效用,一定程度上实现了欧盟区域内的数据自由流动。

3) 2018年《通用数据保护条例》

2018年5月25日,2016年通过的《通用数据保护条例》(General Data Protection Regulation,简称GDPR)正式在欧盟全面实施。GDPR是在经济全球化与信息技术革命的背景下,对1995年的《数据保护指令》进行的全面变革,旨在建立欧盟层面统一的数据保护规则,支持数据跨境流动。

GDPR在前两部法例的基础上做了较大的修改及完善,例如扩大适用范围、强化数据主体权利、加大数据控制者和处理者问责等方面。在跨境数据保护规制方面,其被称为史上最严、保护水平最高的数据保护条例。其亮点主要体现在以下几方面:第一,明确了个人数据保护的适用范围,从"属地主义"改为"属人主义"因素的考虑。即凡是收集欧盟居民的数据,就要受GDPR的管辖。第二,在欧盟内部统一适用数据处理的法律原则,使欧盟各成员国间的隐私保护标准得以统一化,从而结束了之前各成员国对数据保护规制的不同适用窘况。鉴于各成员国国情和法律实施现状的不同,GDPR给各成员国预留了一定的法律自主权,赋予了成员国依据已有的国内法设立一名数据保护官的权利。第三,扩大了评估"充分性保护"水平的标准范围,将"约束性企业规则(Binding Corporate Rules,简称BCR)"正式纳入跨境数据规制体系之中,作为替代"充分性保护"规则的保障措施之一,对企业内部合同进行调整和优化。第四,完善"数据可携带权"及"被遗忘权"等数据权利,便于人们随时查看自己音乐、电影、聊天通信等App软件的记录并分享给他人,也对"被遗忘权"进行清晰界定,即删除权、无过错记录及言论自由。当用户撤销授权或者数据控制者不再享有处理数据的合法权利时,用户有权删除处于自身控制范围的数据,并要求数据控制者截断数据传播路径。第五,完善并开辟更多的跨境数据传输途径,只要符合GDPR中跨境数据流动的合法条件,各成员国不得以许可方式予以限制,这有效规避了事前许可引起的官僚主义,从而使数据的跨境流动更具多样性与灵活性。

虽然GDPR为数据主体权利提供了强有力的保护,但基于冗杂的认定程序以及过高的评估标准,至今能充分实现的国家和地区仅11个。

4) 2018年《非个人数据自由流动条例》

随着数字信息技术的广泛应用和数据类型的逐渐多元化,欧盟意识到非个人数据流动在数字经济发展进程中也同样发挥着不可估量的作用。为推动欧盟成员国间非个人数据的自由流动,弥补非个人数据跨境流动的法律空白,欧盟议会于2018年10月4日通过《非个人数据自由流动条例》(*Regulation on the Free of Non-personal Date*,以下简称《条例》)。为增强其实用性,欧盟委员会出台《欧盟非个人数据自由流动条例的实施指南》,这一举措有利于实现单一数字市场,提振欧盟数字经济,从而增强法律确定性和市场信任。

《条例》以数据安全为基本前提,对界定"非个人数据"的内涵、设置整个欧盟的数据存储和处理框架、确保数据在欧盟境内的监管目的而被跨境使用、鼓励制定云服务行为准则等方面确定了具体的法律规则。欧盟通过该《条例》的实施,目的在于与已经生效的GDPR形成数据治理的统一框架,以此平衡跨境数据流动与数据安全保护的关系。首先,《条例》要求数据和云服务商建立行为准则,使得企业在非个人数据存储、转移和处理方面提升了效率,流动更加自由和安全。其次,便利各成员国之间因监管目的而调取数据,有效降低了监管机构的跨境执法时间和成本,从而提高了执行效率。再次,加速促进欧盟数字经济的进一步发展,协调成员国的法律歧义,为推动欧盟境内单一数字市场的构建发挥了积极的作用。

2. 美国主导的区域规制:以互联网开放和自由贸易为核心

凭借本国互联网企业的高速发展和信息技术全球领先的优势地位,以及受"商业利益优先"影响,美国倾向宽松立法,鼓励数据跨境流动,支持人工智能技术、物联网、大数据等高新技术的大力应用。美国在APEC规则、《美墨加协定》、TTIP制定与谈判过程中始终坚持跨境数据自由流动主张。美国的态度不仅有助于本国数字企业发展,也使本国数字经济体量占据世界第一的地位。

1) APEC规则:从隐私框架到CBPR

2004年《APEC隐私框架》(*APEC Privacy Framework*)通过,是亚太地区首份关于跨境数据流动规制的区域性指导文件。《APEC隐私框架》全文由序言、适用范围、数据信息保护原则以及执行四部分组成,从行业自律与法律规制两个维度设计了跨境隐私规则体系,明确数据控制者与数据接收者的权利与义务,确定数据收集和使用透明度、责任制等原则,旨在为各成员国提供统一的规则框架和标准,推动亚太地区跨境贸易和区域经济一体化协同发展,促进数据的跨境自由流动。与 OCED 指南一样，APEC 各成员国虽签署了《APEC 隐私框架》，但由于该框架协议的内容多为原则性规范而缺乏可操作性和法律强制力，最终并未得到有效执行。与 OCED 指南的最大区别首先是规定了首要的防止损害原则以预防个人信息的滥用导致的损害，其次是采取法规、行政等多元措施并举的方法更加注重行业自律的作用及公私部门的协同合作，也更强化了地域性特征。可以说，美国主导下的《APEC 隐私框架》认为支撑数据安全的关键在于企业的自我监管和数据控制者依据数据隐私法的规定进行的自我约束。

为增强《APEC 隐私框架》的可执行力，规范 APEC 成员企业信息跨境传输行为，协调亚太各国的数据隐私保护规则，APEC 于 2013 年建立了跨境隐私规则体系（Cross-Border Privacy Rules System，简称 CBPR）。其适用对象为自愿加入的，且符合 APEC 隐私框架要求的成员经济体的企业，核心要素包括自我评估、符合性审查、认证、争端解决和强制执行。CBPR 体系具有一定的先进性，主要体现在：其一，引入问责代理机构，与执法机构共同监督 CBPR 体系的加入企业，努力实现数据信息保护与自由流动之间的平衡状态。其二，只有在 APEC 全体成员经济体无异议时，相关机构才可成为正式的问责代理机构，期限 1 年，到期需重新审核。因此，问责代理机构的要求较严格。其三，企业加入要求严苛，只有符合框架下的 9 大原则 50 项具体要求时，企业才能通过符合性审查。因此，加入即代表着对该企业能力的认可。截至 2022 年底，已有 9 个国家或地区加入 CBPR 体系，即美国、日本、韩国、澳大利亚、加拿大、新加坡、中国台湾、墨西哥和菲律宾。

2）美墨加协议

2018 年 11 月 30 日，美国、加拿大和墨西哥签署《美墨加协议》（*United States-Mexico-Canada Agreement*，简称 USMCA），以替代《北美自由贸易协定》（*North American Free Trade Agreement*，以下简称 NAFTA）。2020 年 1 月 29 日，美国总统特朗普签署修订后的 USMCA。作为最新达成的三方贸易协议，为适应大数据时代全球数字贸易增长的需求，USMCA 在 NAFTA 的基础上新增了 19 章"数字贸易"，为政府获得公共数据提供了合法依据。USMCA 内容主要包括电子信息跨境传输及计算机本地化存储、个人信息保护等条款，是对美国已退出的 TPP 中所确立的跨境数据流动规则的进一步发展和完善，要求跨境数据流动更加自由。

USMCA 新增了一条公开政府数据的规定。与 TPP 中跨境数据流动规则仅针对商业数据不同，USMCA 正式引入政府数据，明确提出将政府数据信息公开的形式与要求,挖掘多元化获取和使用政府数据的途径,有利于增强透明度和公众对政府的信任感,也能为各缔约方的中小企业创造更多商业机会。

此外,在"金融服务"章节中,协议新增了禁止本地数据存储要求的条款。根据 USMCA 第 17.20 条规定,任何缔约方不得要求涵盖的人在其境内使用或设置计算机设施作为在其境内开展业务的条件,只要该缔约方的金融监管机构为满足监督及管理目的,均能及时、直接、完整及持续地获取该人使用或设置在位于该缔约方境内计算机设施内的数据内容。

3) 跨大西洋贸易与投资伙伴协定(TTIP)

2013 年 6 月,美欧正式宣布启动 TTIP 的谈判。在谈判过程中,由于欧盟坚持认为欧美之间对跨境数据流动问题的解决需要欧盟成员国达成共识后才能明确提出,故在 TTIP 中并未提及关于上述问题的条款,仅在市场准入、信息统计技术等条款中零散提及了互联网开放、电子认证等内容。因美国坚持主张 TTIP 电子商务部分草案应包括"数据保护规则的互通性"和"禁止数据本地化"两个关键点。虽然 TTIP 谈判双方业已取得初步进展,但由于隐私和数据流动问题尚未解决,双方对此难以达成一致意见,导致协定谈判成功仍遥遥无期。

4)《服务贸易协定》(TISA)

为推动服务贸易自由化,美欧等 WTO 成员方组成的"服务业挚友"(Real Good Friends of Services,简称 RGF)于 2013 年启动服务贸易协定(Trade in Service Agreement,简称 TISA)谈判。RGF 成立于 2011 年,旨在打破 WTO 多哈回合在服务业市场开放问题上的僵局。TISA 旨在建立服务贸易统一标准,并融入 WTO 规则中,达到规制各国跨境数据流动的目标。目前,谈判成员方已就部分问题达成共识,但因涉及成员方众多且各方情况不一,在跨境数据流动与数据本地化方面难以达成一致。[①] 在 TISA 谈判中,美国主张只有在国家安全例外情况下才可限制信息跨境自由流动,而欧盟坚持只有在隐私保护的例外情况下才可加以限制。正是由于美欧在跨境数据流动治理理念与法律传统方面的严重分歧,影响了谈判的进程。

(三) 欧美双边规制的协调与实践

数据跨境流动的全球化趋势使得数据跨境中产生的国家安全、数据主权归

---

① 高媛,王涛.TISA 框架下数字贸易谈判的焦点争议及发展趋向研判[J].对外经济贸易大学学报,2018(1):154.

属问题的解决成为棘手的国际化问题。数据的跨境安全不仅关乎数据输入输出国的国家安全问题和数据体系安全问题,也关系到个人、企业、国家等主体的切身利益。通过分析欧美数据跨境治理理念的差异,我们可以更好地预判 TTIP 和 TISA 两个协定谈判的未来走势。尽管欧盟、美国在跨境数据流动规制中存在较大差异,但两者也面临共性问题——如何平衡保护个人数据与实现跨境数据流动、经济利益间的关系。基于此,欧盟和美国从《安全港协议》到《隐私盾协议》均在寻求合作。

1.《安全港协议》的失效

很显然,源于欧盟的人权保护传统,欧盟更侧重于个人隐私和数据的保护,秉持严格的授权同意方式来针对数据跨境流动。相较于保护个人数据安全,美国则更渴望构建自由无障碍的全球数据流动网络,更看重数据流动所带来的经济价值,强调行业自律,采取开放和自由的立法模式。可见欧盟和美国在个人数据保护与数据跨境流动方面存在着明显的价值分歧。尤其欧盟《95 指令》之后,美国国内数据保护的法律现状难以达到《指令》中"具有充分性数据保护水平的国家"的认定标准,给美国企业获取欧盟境内数据造成障碍。为顺利进入欧盟市场,实现欧美之间的数据自由流通,美国不得不关注欧盟的《95 指令》,并提出了《安全港协议》,即美国企业必须遵守协议原则,并通过协议项下资格认证,才可获得相关欧盟数据。若某个公司或组织违反相关原则规定,将会从安全港名单上移除,不再具有传输欧盟数据的资格。经多轮磋商,美国与欧盟于 2000 年签署了《安全港协议》,适用于美国实体出口、处理欧盟公民私人数据领域,暂时缓和了欧盟强制性规范与美国行业自律规范之间的矛盾,填补了国际上有关跨境数据保护规制的空白。[①]《安全港协议》施行后,约 4 500 家企业通过 FTC 的审查,可将欧洲用户数据传回美国进行储存、分析和使用。

但要注意的是,《安全港协议》并未将国家安全问题摆在首位。受 2013 年"棱镜门"影响,2015 年 10 月,欧洲法院在麦克斯·施雷姆斯(Max Schrems)诉 Facebook 案中判决宣布"安全港"协议无效,除了认为美国没有严格遵守相应数据标准外,也因为欧盟认为美国政府正在开展数据监控行动,从而引发欧盟对数据安全问题的担忧。由此,美国及其企业数据安全失信,被欧盟指控未依照相应规定及承诺尽到充分保护欧盟公民数据的义务。

---

① 刘碧琦.美欧《隐私盾协议》评析[J].国际法研究,2016(6):36.

不可否认,2000年时正处于互联网起步阶段,当时处理个人数据的公共和私营部门的范围非常有限,所以在那个时间节点缔结的"安全港协定"随着经济环境的不断演变最终撤销和失效亦属正常现象。

2.《隐私盾协议》的达成

为满足双方数字经济发展要求,支持和保障欧美企业的双边经贸活动,严禁政府公权力侵犯个人数据权利,重拾欧美之间的互信,重新达成数据跨境流动协议是欧美的共同愿望。2016年美欧达成了《隐私盾协议》(*EU - US Privacy Shield Framework*)。与《安全港协议》的内核基本一致,《隐私盾协议》的主要目的仍然是确保欧盟与美国之间的数据流动能够符合欧盟的数据保护原则和标准,具体包括针对美国国家安全官员的承诺及美国政府官员的信件规定,赋予企业更多的责任义务,强化投诉机制和申请仲裁等多样化的救济路径,加强行业监管与合作并严格限制公权力,确立联合审查机制等。协议生效后,已有超过2 500家企业加入该协议。

《隐私盾协议》同样选择自愿加入的方式,主要针对企业的责任义务、数据主体权利的救济途径、限制美国政府的干预、完善监管措施与合作等方面进行了修正和突破。但也有学者认为,《隐私盾协议》只是《安全港协议》的替代品,两者存在较大的相似性和承接关系,不能真正解决法院认定的任何实质性问题。尤其在私营部门,《隐私盾协议》没有规定美国数据控制者的绝大多数处理行为,提议的"通知和选择"原则仅限于目的变更以及向第三方转移数据,所有典型的收集、存储、分析等处理操作均未被涵盖。因此,虽然相较于《安全港协议》有所完善,但并不能否认其存在程序性规定不透明、可操作性弱等一系列问题。

另一方面,欧盟现行个人数据保护法(GDPR)的实施给《隐私盾协议》带来了一定的挑战。《隐私盾协议》的法律基础是《95指令》。GDPR与《95指令》相同,均以"充分性保护"规则认定为数据跨境传输的基本规则,但其涉及《隐私盾协议》未涵盖的内容,例如数据可携权等,同时扩张了数据控制者、处理者的义务,削减了数据主体的权利,从而使得欧盟数据保护标准实际有所提升。因此,为了保证美国数据保护水平的同步提升,有必要对《隐私盾协议》进行实质性的修订,以涵盖GDPR所带来的一系列变化,否则《隐私盾协议》并不能保证达到"充分性保护"标准,其实际效用也会削减甚至与《安全港协议》一样难以为继。

近些年来,西方国家以反恐为由纷纷通过立法,加强政府对网络的监控,并扩大政府对数据信息的获取和使用权限。商业机构和民间团体一致认为,必须严格规范数据获取行为,不得以打击网络犯罪为由侵犯公民隐私和商业机密。《隐私盾协议》正是通过清晰的规定、严格的规范和承诺满足了民间的诉求。《隐私盾协议》从内容和结构上,更多体现出扩大欧盟数据主权的特征,反映了欧美在数据治理方面的不同反映,迫使美国企业进一步提高数据保护标准。

## 四、我国数据安全保护的法律规制

在全球互联网迅猛发展和经济联系日益紧密的今天,越来越多的国家和地区融入跨境数据流动的实际需求中。为规范跨境数据流动行为,我国出台一系列法律规制,如《国家安全法》《民法典》《电子商务法》《网络安全法》《数据安全法》《个人信息保护法》《个人信息出境安全评估办法》《公民个人信息刑事案件司法解释》《网络产品和服务安全审查办法(试行)》等,形成了以《网络安全法》《数据安全法》《个人信息保护法》为核心的数据规制法律架构。[①]

### (一)核心立法简析

1.《网络安全法》

2016年11月7日,《中华人民共和国网络安全法》(以下简称《网络安全法》)通过。这是我国第一部关于网络安全的基本法律,象征着我国网络空间制度建设迈入一个新时代。该法明确了网络空间主权原则,引入了"关键信息基础设施"和"重要数据"的概念及安全保护传输规则,完善了个人信息保护制度。针对"关键信息基础设施"和"重要数据",明确运营者违反该法第37条规定擅自向境外存储或提供网络数据的法律后果。针对"个人信息",明确了网络运营者保护用户数据的安全义务,未经用户准许不得泄露、毁坏、向他人提供个人信息。以上规定为日后的数据安全立法奠定了基础。

不足之处在于:该法对数据安全的相关规定主要体现在第37条且较笼统原则,对"关键信息基础设施"所做的定义较为含糊,对"重要数据"也未明确释义。除此之外,对数据出境的安全评估制度也仅限于数据或重要数据出境过程中的评估。

---

① 黄雅晴.跨境数据流动的法律规制与中国应对[J].市场周刊,2021(4):172-173.

2.《数据安全法》

2021年6月10日,《中华人民共和国数据安全法》(以下简称《数据安全法》)通过。全文共7章55条,主要内容包括:总则、数据安全与发展、数据安全制度、数据安全保护义务、政务数据安全与开放、法律责任、附则。该法通过域外适用效力、数据分类分级保护、数据安全审查、数据出口管制、数据对等反制措施和数据跨境调取审批制度等途径,保障数据安全,维护国家数据主权。很显然,我国《数据安全法》确立了数据安全及治理的基本法律框架,开启我国数字立法新时代。

不难看出,该法弥补了《网络安全法》的缺漏,制定了"重要数据"详细目录,建立了重要数据出境评估机制,强化重要数据保护。不足之处在于:对"数据"这个关键词的界定与之前的《网络安全法》《民法典》的表述不一,因此造成相关法律对于数据边界的界定并不清晰。对于覆盖数据全生命周期的"数据处理"的具体规则,包括数据的收集、存储、使用、加工、传输等并未全面展开。《数据安全法》第24条明确,如果数据活动(包括线上或线下)对国家安全构成或可能构成威胁,就要面临国家安全审查,但该规定对数据活动主体未做出限制,对审查程序也未做进一步规定。其他关于分级分类制度、风险评估制度、安全应急处置机制等的具体内容都不是很明确。诸如此类立法条文的笼统与模糊,极易导致企业具体实践中的无所适从和监管主体的肆意执法。[①] 因此,需要后续相关配套实施细则的明确规定。

3.《个人信息保护法》

2021年8月20日,《中华人民共和国个人信息保护法》(以下简称《个人信息保护法》)通过,于同年11月1日起实施。全文共8章74条,主要内容包括:总则、个人信息处理规则、个人信息跨境提供的规则、个人在个人信息处理活动中的权利、个人信息处理者的义务、履行个人信息保护职责的部门、法律责任、附则。该法在《网络安全法》《数据安全法》的基础上,进一步完善个人信息保护原则和信息处理规则,明确信息处理者在数据活动中的权利和义务,进一步保护个人信息权益,促进信息有序流动。

该法主要对未成年人信息保护、个人信息可携带权、App过度收集个人信

---

① 曾磊.数据跨境流动法律规制的现状及其应对:以国际规则和我国《数据安全法(草案)》为视角[J].中国流通经济,2021(6):99-100.

息,"大数据杀熟"等公众关注点做出积极回应,使数据主体对个人信息处理的自主权得到进一步凸显。① 比如对未满14周岁未成年人的个人信息列为敏感个人信息并做出特别保护,健全投诉、举报机制,借鉴域外立法经验新增个人信息可携带权等。

### (二) 我国数据跨境流动规制存在的问题

#### 1. 立法呈分散性和碎片化,管理跨境数据的国际规制缺失

截至目前,虽然涉及跨境数据保护的法律有《网络安全法》《数据安全法》《个人信息保护法》,但不同效力位阶的规范性文件层出不穷,呈分散性和碎片化特征,缺乏系统的法律规范体系。首先,《个人信息保护法》虽已出台,但缺乏配套的实施细则,尚未形成一个完整的个人信息保护法律体系。其次,关涉跨境数据流动的规则,既有诸如《网络安全法》《数据安全法》《国家安全法》《民法典》《电子商务法》等具有统筹性且立法层级高的法律规范,也有《征信业管理条例》《电信和互联网用户个人信息保护规定》《网络预约出租车经营服务管理暂行办法》等针对特定行业和领域的部门规章、规范性文件,且内容单一,数量庞大,立法层级低。分散性和碎片化的法律规范经常存在交叉、重复和冲突的情况,不可避免地导致司法机关适用法律的困惑及法律监管职能的争议。

相较于欧盟和美国的跨境数据保护宗旨与其全球贸易战略和政策目标一致的数据治理体系,我国目前对于跨境数据安全保护的规制主要体现为国内法的单边规制,尚缺乏一整套清晰的国际规制和战略体系,加上国内法律规范又较为分散,使得"数据孤岛"情况恶化,国际规则制定话语权削弱。② 在多边、区域性和双边组织平台,我国并未充分利用自身优势地位而发挥自己在国际舞台上的话语权。尽管以GATS和美国发起通过的《全球电子商务宣言》的现有WTO规则对跨境数据流动规制发挥的作用微乎其微,但各国都积极向WTO提交了包括跨境数据流动在内的新提案,将各自的数字贸易主张向多边扩展。而我国的提案与美日欧等国的高标准立场差距较大,对数字贸易核心内容少有涉及。同时,作为APEC的主要成员国,我国虽然加入了《APEC隐私框架》,但未加入具有约束力的CBPR,导致我国跨境数据流动未得到实际保护。在我国已达成

---

① 荆龙.个人信息保护法草案作出多处修改.人民法院报,2021年8月18日第004版.
② 王娜、顾绵雪、伍高飞、张玉清、曹春杰.跨境数据流动的现状、分析与展望[J].信息安全研究,2021(6):493.

的多个FTA中,只有《中澳自由贸易协定》和《中韩自由贸易协定》规定了数据信息保护,但缺乏可操作性规则,也未对跨境数据流动达成一致。

2. 原则性条款过多,可操作性不足

比如对于"重要数据"的规定,2016年通过的《网络安全法》首先强调了重要数据境内储存的原则,但对"重要数据"未做明确的规定。《数据安全法》第21条以数据在经济社会发展中的重要程度以及遭到篡改、破坏、泄漏或者非法获取和利用后对国家、社会、个人造成的危害程度为划分标准,建立数据分类分级保护制度,确定本地区、本部门以及相关行业、领域的重要数据具体目录,深化加强了对重要数据的保护。遗憾的是,对于什么是"重要数据"也并未明确列明,需要在后续实施细则中对此进行明确的界定。

再如数据跨境流动问题,《网络安全法》的配套规范体现在个人数据信息出境"同意"规则方面,依据数据信息泄露或滥用后对信息主体造成的危害程度,将个人信息划分为敏感与非敏感信息,划分依据过于简单。在数据出境安全评估方面,主要实行跨境数据流动自我评估与监管部门评估两种方式。在自我评估机制中需要由运营者自行判断"发生较大变化""重大安全事件",判断依据和标准较为抽象。《数据安全法》涉及数据跨境流动的相关条文缺乏如何建设系列制度的具体阐述。其中,第11条规定了国家参与数据安全相关国际规则和标准的制定,第25条明确了数据出口管制,第31条规定重要数据出境安全管理,第36条规定了境外司法或执法机构跨境数据调取权限,但以上立法条文相对笼统,缺乏具体明确的规定。另外,《数据安全法》为此规定的分级分类制度、风险评估制度、安全应急处置机制、数据安全审查制度均缺乏具体规定,应当参考GDPR与CBPR的做法,对认证标准、数据跨境审批机构、监管机构等做出详细规定。

3. 数据分级分类保护标准模糊,现实识别陷入困境

对于数据分级分类保护的具体标准,《网络安全法》《数据安全法》和《个人信息保护法》均未做出较为明确的规定。而《信息安全技术数据出境安全评估指南(草案)》附录A列举了27个行业的重要数据范围,附录B针对个人数据和重要数据出境的影响划分了等级判定,显然具有一定的规范指引作用,但适用范围却有限,尚未形成较为系统的框架标准。

从我国现有的立法规制可看出,我国目前对数据的管理分类标准主要区分为个人信息和重要数据。关于个人信息,《个人信息保护法》第4条规定为"以电子或者其他方式记录的与已识别或者可识别的自然人有关的各种信息,不包括

匿名化处理后的信息"。个人信息又细分为个人敏感信息和个人一般信息。敏感个人信息不得泄露或者非法使用，否则可能危害个人的人格尊严、人身及财产安全。

关于重要数据，《网络安全法》首次提出了"重要数据"概念，并对重要数据分类保护和出境做了规定，主要体现在该法第21条，但该条款并未定义"重要数据"。《数据安全法》第21条明确规定国家建立数据分类分级保护制度，并由国家数据安全工作协调机制统筹协调有关部门制定重要数据目录，加强对重要数据的保护，但仍然未对"重要数据"做出明确的规定。

在实践中，我国习惯将非个人数据视作重要数据保护，尤其是对国家安全领域、公共利益领域的信息数据。不得不承认，个人数据中也会带有重要数据，现行数据的分类不包含所有数据的外延，因此，不够严谨科学的数据分类必会导致无法周全保护的结果。同样，也会导致无法区分或错误区分敏感信息和重要数据的问题。

4. 数据监管分散低效，监管体制不健全

在跨境数据流动与数据安全保护领域，我国的《网络安全法》和《数据安全法》等现有法律均没有设定专门独立的数据监管机构，欠缺对信息监管的统筹能力。国家网信部门承担网络数据安全和个人信息保护的监管工作，国家安全部门与公安部门承担各自职责内的数据安全监管工作，其他部门负责各自领域内的相关数据监管工作。在实践中，国家网信部门主要负责统筹协调工作，落实和推动国家信息传输的政策和法制建设，并无实际的执法权能，需要其他相关部门的协调配合。而部门之间不予配合的可能性是现实存在的，这会直接导致数据监管工作的落实难问题。另外，不同行业领域的主管部门不仅需要维护数据安全，同时也需承担数据监管和执法工作，多重职能叠加，降低了监管机构本身的权威性。因此，这种多层次、多领域、分散式的监管模式很难构成一个完整的数据安全监管体制，容易造成权责不清或监管缺失的情形，效力低下，难以满足复杂的数据监管执法需求。

GDPR的充分性原则往往将"具有独立有效运作的监管机构"作为评估其他国家法律环境的重要因素。CBPR也要求成员方在国内指定问责代理机构负责监督并做出违规处理。因此，独立且具有执行力的数据监管机构是衡量和判断一国数据安全保护水平的重要考量因素，也有利于国家参与国际数据保护大会的沟通、交流与合作。从当前的国际实践来看，欧盟、俄罗斯、澳大利亚、日本等均具备独立的数据保护监管机构,而我国现有的多层次分散式监管模式很难获得其他国家或国际组织的广泛认可,导致在跨境数据流动领域的国际参与处于明显的被动境地。除此之外,与欧盟 GDPR 的顶格处罚相比,我国的互联网信息企业的收益远远大于罚没数额,在数据安全领域的违法成本偏低,震慑力较弱。比如,《网络安全法》第 59 条规定,对违反网络安全保护义务的行为设立了警告、罚款等行政处罚,罚款金额最高为 10 万元,其中对关键信息基础设施运营者的处罚金额最高为 100 万。较轻的处罚力度难以获得国际社会认同。

5. 国际参与度较低,国际合作机制匮乏

截至目前,全球尚未就数据跨境流动达成统一的国际规范,当前在该领域的相关规则主要由欧美主导和引领,通过双边及区域性规则来协调各国跨境数据流动规制问题。欧盟的"权利保护主义"和美国的"自由宽松主义"的跨境数据流动规制模式均具有较大的影响力和话语权,深刻地影响了各自引导的相关立法。同时,不同的规制模式又导致双方的矛盾凸显,集中体现在双方数据规则达成过程的曲折以及在区域规则中的僵持,加剧了对全球数据规则话语权的激烈争夺。欧盟 GDPR 的直接适用性不但使欧盟各成员国个人数据保护及跨境流动规则更加统一,而且许多非欧盟成员国为维持庞大的欧盟市场以避免数字贸易不符条例而被质疑,也纷纷依据 GDPR 标准修改并提升其国内数据保护水平。而美国则更多地促使其规制理念对 OECD、APEC 成员发挥积极的影响与作用,从而尽快融入全球经贸规则体系。

相较于欧美,我国在跨境数据安全保护领域的国际参与度明显较低。首先,我国采用分散性碎片化的立法模式,尚未形成系统的数据安全保护的法律体系,种类繁多、体系庞杂,分散在各法规和部门规章中,不具有系统性。且现有规则多为框架性规范,不够具体,缺乏可操作。可以看出我国对数据安全保护的立法规制多为框架性规范,整体水平较低,难以获得国际社会的普遍认同,导致我国所倡议的数据安全规则不具有绝对性的国际话语权,难以对其他国家或国际组织的数据规制产生实质影响。

不可否认,欧盟、美国和中国是数字经济领域中的三大经济体。相比于欧盟与美国之间的安全港和隐私盾协议协调,以及欧盟对其 BCR 与 CBPR 规则的主动对接,还是对 TTIP、TISA 等规则的积极构建,无不体现了欧盟对跨境数据国际规则的积极参与和影响力。而相比之下,我国既缺少与欧美等数字经济大国的双边合作,又较少地参与 CBPR 等区域规制体系。在我国已达成的多个 FTA

中,大多仅为原则性规定,对跨境数据安全保护问题也并未达成合意。因此,我国目前的数据安全保护水平也难以获得 CBPR 等区域规制体系的认证。国际合作机制的明显匮乏将影响我国数字经济的可持续发展和在跨境数据领域的主导权,限制我国数据跨境流动,从而波及跨境投资并购的顺利进行。

(三) 中国因应

1. 模式选择

我国在选择自己的跨境数据安全保护模式时,要立足于我国的现实关切并综合考虑其他国家的利益需求,构建一个契合网络空间命运共同体理念、有可能得到普遍认可的"中国模式",推动平衡有序的数据跨境流动。

第一,我国仍然需要坚持总体国家安全观,将国家安全作为数据流动的前提,防止其他国家非法获取我国重要数据并对我国国家利益造成损害。关于经济发展问题,目前,中国严格限制跨境数据流动,难以促进我国数字经济发展,同时会导致本国企业在世界市场竞争中遭受孤立,影响经济往良好方向发展。

第二,鼓励行业自律的数据治理模式,引入行业准则。行业自律的治理模式是维护数据市场秩序以及预防和惩罚违规行为的重要手段。随着跨境数据的多元化演变,跨国企业作为数据参与主体在数据跨境管理中扮演着越来越重要的角色,有责任有义务根据自身特点制定高标准的自律规则,通过行业规章和标准等予以落实。主要包括:是否谨慎存储、保管数据;是否采用充分的安全保障措施;是否对员工进行数据保护方面的培训;是否保障数据主体的知情权,以及尊重其意志;是否知晓数据后期的存储使用、保障情况;数据接收国在数据保护领域的规定等。为防止个人数据非法使用等行为,行业准则还可采用惩罚性赔偿措施。[①]

综上,与其他国家侧重某一利益保护相比,中国跨境数据流动规制应是一种协调的规制,其协调性体现在对国家安全、数据隐私保护和促进经济发展三者的兼顾,实现对跨境数据多元化和全方位的保护。[②]

2. 国内立法

如前所述,我国数据跨境流动相关法律问题主要集中在以下几个方面,亟须进一步完善:

---

① 许多奇.个人数据跨境流动规制的国际格局及中国应对[J].法学论坛,2018(3):136-137.
② 黄志雄,韦欣好.美欧跨境数据流动规则博弈及中国因应:以《隐私盾协议》无效判决为视角[J].同济大学学报(社会科学版),2021(2):42.

一是对相关概念的界定问题,比如"重要数据"。《网络安全法》第21条规定网络运营者应"采取数据分类、重要数据备份和加密等措施"。《数据安全法》第21条规定建立数据分级分类保护制度,确定重要数据具体目录,加强重要数据保护力度。但以上两个条款并未对重要数据进行界定,需要在后续相关细则中予以明确。除了通过立法平衡国家利益与个人隐私保护的关系外,我国应根据不同类型的数据采用对应的管理模式,按来源和重要程度将跨境数据划分为个人数据、商业数据、特种行业数据,并设定不同的数据出境审核要求和监管标准。[1]

二是对安全审查标准的确认和判断问题。《数据安全法》第24条规定了数据安全审查制度,要求对威胁或可能威胁国家安全的数据活动进行审查。2020年6月1日起实施的《网络安全审查办法》(以下简称《审查办法》)确立了网络安全审查制度。《审查办法》第2条规定关键信息基础设施运营者采购网络产品和服务,威胁或可能威胁国家安全的,应进行网络安全审查。对比可知,虽然两种审查均属国家安全审查的范畴,但具体审查的对象和内容却并不相同。《数据安全法》审查的对象包括所有的可能对国家安全构成威胁的数据活动,但未对审查主体做出规定。而《审查办法》审查主体仅为关键信息基础设施运营者,审查对象为产品或服务采购行为。因此,在从事数据活动时,应首先进行国家安全的判断。同样,《数据安全法》对于审查的具体程序并未规定,有待实施细则的进一步明确规定。

三是相关下位法不够科学完善,核心法律缺乏具体的实施细则。如前所述,目前我国已经制定了多部网络安全与数据流动方面的法律规范,但专业、统一地参与数据跨境流动的法规仍处于缺位状态,特别是在数据出入境的安全评估领域,仅有《网络安全法》《数据安全法》对此做出规定。由于缺乏对相关定义的明确解释,有关规定也相对原则和笼统,招致一些国家的诟病,认为缺乏透明度和可操作性。目前《数据安全法》实施细则尚未出台,其他如《个人信息保护法》等对数据跨境流动的规定较为原则,缺乏具体解决方案。因《网络安全法》仅对关键信息基础设施的运营者提出安全评估要求,《个人信息出境安全评估办法》作为下位法,其现有规定[2]有越权立法之嫌,需要进行调整[3]。

---

[1] 马其家,李晓楠.论我国数据跨境流动监管规则的构建[J].法治研究,2021(1):97.
[2] 《个人信息出境安全评估办法(征求意见稿)》第2条:"网络运营者在中华人民共和国境内运营中收集和产生的个人信息和重要数据,应当在境内存储。因业务需要,确需向境外提供的,应当按照本办法进行安全评估。"
[3] 洪延青.在发展与安全的平衡中构建数据跨境流动安全评估框架[J].信息安全与通信保密,2017(2):58-59.

3. 国际合作

在缔结 FTA 层面,我国整体上对电子商务章节的引入非常谨慎,虽然这符合我国当前的现状和利益,但是随着我国数字经济的迅速发展,必须做出一些转变。如何在数据安全和经济增长中找到平衡点,进而推动"中国模式"在全球范围内的影响力,直接关系我国对数据相关规则的话语权。美国通过 FTA 谈判维持了其在这一领域的话语权。我国也应在完善国内制度后,积极探索中国式规则并在双边、多边谈判中掌握主导权。[1] 在一定数量的企业达到较高隐私保护水平后,以及主权国家履行充分保护原则的情况下,允许部分数据跨境传输。两国在签署双边数据流动协议后,数据控制者、处理者在采用协议中的标准合同条款,以及相应的数据保护措施的情形下,跨境数据传输无须得到其他数据保护机构的同意。[2]

我国没有加入 CBPRs 体系以及 TPP 等具有规范数据跨境流动条款的区域性的多边条约,因为从我国的发展阶段来看我国还处于完善国内数据保护规制的阶段,不能急于融入外部规则。我国可以在充分评估国内数据保护水平的情况下,积极考虑加入 CPTPP,从而最大程度上与现行国际规则接轨。同时鼓励与欧盟有业务往来的跨国企业使用标准合同条款或申请 BCRs 约束性公司规则认证,引导企业提升隐私保护意识和标准。[3]

我国还应加强国际合作,积极与一些信任基础比较好的国家达成数据传输协定,推广中国模式,扩大中国模式的影响力。具体而言,可在我国主导的 RCEP 框架下,与主要经济合作国签署数据流动认证协议。[4] 我国还可以与"一带一路"沿线国家签订区域数据传输协定,该行为具有多种益处:一是可以促进区域数据自由流动,营造良好的投资氛围,促进我国数字服务的发展;二是向国际社会释放我国支持数据自由流动的信号,消除误解和偏见;三是通过与"一带一路"沿线国家加强国际合作,可以构建跨境数据流动的信任体系,有利于扩大中国模式在跨境数据流动规则博弈中的影响力,增强话语权;四是签订区域数据流通协议有利于先在区域内实现规则趋同,再由此及彼,逐步增强中国模式的国际影响力。[5]

---

[1] 陈咏梅,张姣.跨境数据流动国际规制新发展:困境与前路[J].上海对外经贸大学学报,2017(6):51.
[2] 胡炜.跨境数据流动的国际法挑战及中国应对[J].社会科学家,2017(11):111.
[3] 黄宁,李杨."三难选择"下跨境数据流动规制的演进与成因[J].清华大学学报(哲学社会科学版),2017(5):182.
[4] 张茉楠.跨境数据流动:全球态势与中国对策[J].开放导报,2020(2):50.
[5] 黄志雄,韦欣妤.美欧跨境数据流动规则博弈及中国因应:以《隐私盾协议》无效判决为视角[J].同济大学学报(社会科学版),2021(2):42.

#### 4. 执行机制

首先,考虑加入 CBPR,引入第三方机构评估机制。CBPR 体系的核心理念与中国治理理念基本吻合,我国可考虑加入 CBPR 体系,在充分保护网络、数据安全,以及个人隐私的情况下,实现数据跨境传输,推动数字经济发展。[①] 另外,按照 CBPR 的规定,数据传输方完成数据传输的自行评估,第三方机构进行中立评估。只有通过了第三方评估的数据传输方,方可进行下一阶段的考察。我国可按照 CBPR 规定的模式,在自行评估的基础上增加第三方中立机构对数据出境进行评估。即使当前我国还未建立成熟的评估模式,在数据跨境立法发展到一定规模后,也可以在第三方评估的基础上有更大的发展空间。

其次,设立隐私执法机构,进一步完善安全监管机制和救济机制。顺应简政放权的深入开展,我国可以设立独立的隐私执法机构,在一定程度上避免权责交叉的局面。继续完善细化《网络安全法》《数据安全法》《个人信息保护法》中的安全监管机制,同时加大处罚力度,提高法律威慑力。我国还可规定当事人可采取复议、诉讼、仲裁等多种救济途径,以妥善解决各方冲突。主管机构还可采用技术代码的方式,监督监管对象遵守法律,降低执法成本。[②] 此外,由于 CBPR 体系的加入条件之一就是具备隐私执法机构,所以进一步完善数据监管机制不仅有利于我国加入 CBPR 体系,还对融入亚太数据保护潮流发挥不容忽视的作用。

#### 5. 战略规划

尽管网络空间的国家界限模糊,但是维护国家数据主权的方式之一是实施必要的数据本地化或者跨境控制措施。当前我国尚未建立系统的跨境数据流动管理体系,我国的《促进大数据发展行动纲要》(以下简称《纲要》)是指导我国大数据产业发展的战略文件,不过《纲要》尚未涉及跨境数据流动问题,从当前国内外数字经济发展需要和国际跨境数据流动政策演变来看,我国在跨境数据流动问题上还面临着诸多外部挑战。网络空间是一个共享领域,需要全球各国参与到共同治理当中,在《全球数据安全倡议》基础上中国需要通过自身努力获得其他国家对中国数据保护水平的认可,从而建立和平、安全、开放、合作、有序的网络空间命运共同体。

另外,在当前错综复杂的国际局势下,我们应密切关注国内数据安全立法与

---

① 刘宏松,程海烨.跨境数据流动的全球治理:进展、趋势与中国路径[J].国际展望,2020(6):83.
② 马琳琳.论区块链背景下数据跨境流动的规制路径及中国应对[J].对外经贸,2020(5):38.

我国缔结的国际投资协定例外条款的合理对接。我国的《网络安全法》《数据安全法》《个人信息保护法》等均涉及我国对跨境数据传输的规制权,可以根据我国的数据规制需求在国际投资协定中重点补充公共秩序、公共道德例外和根本安全利益例外。[1]

---

[1] 张倩雯.数据跨境流动之国际投资协定例外条款的规制[J].法学,2021(5):101.

# 第八章

# 外资安全审查的国际协调

在经济全球化时代,外资并购在世界范围内盛行。外资并购行为在给投资东道国带来经济利益的同时,也威胁到了东道国的国家安全。为维护国家安全,美国、澳大利亚、德国、俄罗斯等国纷纷制定法规建立外资并购安全审查制度。在国际层面上,大量的双多边国际投资条约规定了安全例外条款,允许成员国基于保护本国安全的需要对外资并购采取一定的措施。但是这些安全例外条款之间、安全例外条款与各国规定之间均存在分歧和差异。各国作为国际社会的一员,需要受到国际法的规制。当前,外资安全审查国际协调进程存在诸多障碍,例如条款的解释权问题、国家安全覆盖范围问题等。近年来,学界对外资安全审查制度的研究集中在规范研究与比较研究上,鲜少有人关注外资安全审查国际协调问题。可以肯定的是,OECD公布的《投资接受国与国家安全相关的投资政策指南》为外资安全审查国际协调提供了一个有价值的理论框架。本章将研究国际上主要国际投资条约中的安全例外条款,结合国际投资仲裁庭的裁决,分析外资安全审查国际协调困境,并提出相关建议。

## 一、外资安全审查国际协调的理论基础

"国家安全"一词是外资并购安全审查制度的重要概念。冷战过后,各国的国家安全观念从传统的安全观慢慢转变为新型的安全观,但国际投资条约的安全例外条款大多数仍坚持传统的国家安全观念,两者之间存在冲突。为协调两者关系,也为了监督各成员国的安全审查制度,OECD于2009年发布了《投资接受国与国家安全相关的投资政策指南》。该指南提出了非歧视原则、可预见性原则、监管平衡性原则、责任约束原则,为各国安全审查制度的建立提供了理论框架。

## （一）各国安全观念转变与外资安全审查立法

### 1. 各国安全观念发生变革

国家安全具有历史性、主观性等特征，是一个模糊、充满争议的词。该词被赋予战争、国防、军事的含义，与当时的第二次世界大战有着紧密的联系。第二次世界大战后，这个观念也如实地体现在国际条约中，如GATT1947规定的安全例外条款把国家安全局限在军事领域中，为传统的国家安全观念。冷战过后，战争问题慢慢被冲淡，经济发展、恐怖主义、国际环境等社会问题逐渐凸显。在这个大背景下，传统的国家安全观念逐渐被打破，人们开始重新思考国家安全的内涵。例如美国学者布朗认为军事问题已没有之前重要，国家需要关注粮食安全、生态安全等问题。俄罗斯学者沙瓦耶夫认为国家安全是一个复杂完整的体系，应该包括政治、经济、信息、生态等方面的安全。[1] 不仅仅是学者的观点发生变化，各国的政策也体现出国家安全观念在不断发生转变。例如美国1988年的《埃克森-佛罗里奥修正案》把国家安全理解为国防、军事方面的安全；2007年颁布的《外国投资与国家安全法》把能源、技术、反恐等列入国家安全问题中；2018年颁布的《外国投资风险评估现代化法案》（以下简称FIRRMA）更是把网络安全、个人信息安全、新型技术安全等纳入国家安全的范围内。俄罗斯2008年颁布的《俄罗斯战略外资法》规定俄罗斯战略性领域包括核工业、信息、军工、宇航业、通信业、自然资源、印刷出版业等。[2] 2015年俄罗斯总统签署《俄罗斯联邦国家安全战略》，明确阐述国家安全包括国防、社会、信息、生态、能源、经济、运输以及人身安全等。[3] 由此可见，部分国家的新型国家安全观念正在形成。

冷战后，各国的国家安全观念逐渐转变为新型国家安全观，但是国际协议大多仍坚持传统的安全观，两者之间存在冲突。

### 2. 各国安全审查立法存在差异

随着经济全球化不断深入，外资并购在全球范围内活动频繁，其所带来的消极影响促使越来越多的国家建立起外资并购国家安全审查制度。各国的外资并购安全审查制度有相似之处也具有本国特色。就安全审查动因来说，各国的规

---

[1] 李军.论外资国家安全审查中"国家安全"的蕴意：兼论我国外资安全审查立法中国家安全的界定[J].广西政法管理干部学院学报.2016(3)：19-20.
[2] 王佳慧.《俄罗斯战略外资法》内容、变化及实施效果[J].俄罗斯学刊.2014(4)：18.
[3] 舒桂.俄罗斯联邦新版国家安全战略解读[J].网境纵横.2016(1)：119-122.

定就各有不同。例如美国的安全审查动因是国家安全,澳大利亚是国家利益,法国是公共秩序、公共安全与国防,而英国则是公共利益分类控制和敏感技术。从中可看出,各国对国家安全一词理解不同,各国对国家安全的认识也不统一,影响到外资并购安全审查制度的国际协调。

除了对国家安全认识不同外,各国对安全审查制度的救济性规定也存在差异。例如美国、英国等否认安全审查的救济性,而德国、法国等并不排除安全审查的司法救济。在国际层面上,安全审查能否进行救济尚未达成共识,欧洲法院允许成员国就安全审查决定提交诉讼,而 ICSID 对于这个问题并未形成统一标准。

### (二) 安全审查国际规制——OECD 基本原则

21 世纪以来,部分国家竞相建立外资安全审查制度,对投资自由化造成了一定影响。鉴于此,OECD 于 2009 年发布了《投资接受国与国家安全相关的投资政策指南》(以下简称《指南》)。《指南》提出了非歧视原则、透明度或可预见性原则、监管平衡性原则、责任约束原则以规范成员国安全审查措施,对外资安全审查的国际协调有着重要的参考意义和现实价值。

1. 非歧视原则

非歧视原则指的是政府应依靠通常的措施以同样的方式对待同样地位的投资者。如果政府认为通常的措施不能够维护本国的国家安全,则可以根据个别投资者的具体情况针对性地采取特别措施。这里"同样地位的投资者"应该指的是对东道国国家安全威胁程度相同的投资者。规定该原则之用意是希望成员国制定一套统一的措施处理安全审查问题。

2. 透明度或可预见性原则

透明度或可预见性原则指的是政府可以因利益的需要对敏感信息进行保密,但是对监管目标与实践应尽量保持透明度,增加结果的可预见性。《指南》列举了几种需要对外公布的情形:第一,基本法律及其配套条例的编纂与出版;第二,事先通知与协商,如投资政策有变,政府需要提前通知利益各方,并征求各方意见;第三,程序公正与规则的可预见性,同时,要求保护投资者的敏感商业信息;第四,披露投资政策。从中可以看出,OECD 强调投资政策透明公开化、信息互换、程序正义等。如要贯彻透明度或可预见性原则,保证法律规范的细致明确是必要的。透明度或可预见性原则也是对政府问责的重要一步。

3. 监管平衡性原则

监管平衡性原则指的是政府对投资采取的限制措施不应超过维护国家安全之需要。如果现有措施能够保证国家安全,则不支持采取其他的过度的限制措施。OECD认为每个国家有权决定哪些是维护国家安全所必需的,但是投资限制措施的使用必须谨慎,不能阻碍资本的自由流动。

4. 责任约束原则

OECD的责任约束原则要求通过政府内部程序监督、议会监督、司法监督、定期监管效果评估等途径规范东道国的行为,一些重要的决定必须由政府高层做出,以确保日后对行政权的问责。OECD在《指南》中规定了五种具体要求。第一,主管部门采取的限制性投资措施必须对国内公民负责。第二,各国需按照本国所签署的国际投资条约的要求来调整国内投资政策,增强国际可问责性。第三,允许外国投资者就审查决定寻求行政或司法上的救助。第四,政府高层拥有最终决策的决定权。第五,建立适当的激励与约束机制来确保政要与普通公务员的行为,防止腐败。

## 二、国际投资条约中关于安全例外条款的立法规定

为促进投资,保护私人投资,国家之间、国家与国际组织之间、国际组织相互之间通过缔结国际投资条约方式约束各国行为。在这些国际投资条约中,不乏安全例外条款。这些安全例外条款能否平衡资本自由与根本安全利益的关系,以及安全例外条款与成员国国内法规定之间的冲突是安全审查国际协调研究的重要问题。

(一)多边投资条约之规定

1. WTO之《关税与贸易总协定》

WTO制定的国际条约中,安全例外条款是必不可少的,主要有《关税与贸易总协定》(GATT)的第21条、《与贸易有关的投资协定》(TRIMS)的第3条、《与贸易有关的知识产权协定》(TRIPs)的第73条等。这里主要讨论GATT第21条。GATT第21条规定:本协定的任何规定不得解释为:第一,要求缔约方披露其认为违背基本安全利益的任何信息;第二,阻止缔约方采取的其认为能够维护基本安全利益的任何行动,具体包括与裂变或剧变或其他衍生物质有关的

行动,与武器、弹药和作战物资贸易有关的行动,以及与此类贸易所运输的直接或间接供应给军事机关的其他物资的行动,在战时或国际关系中其他紧急情况下所采取的行动;第三,组织任何缔约方履行《联合国宪章》,维护国际和平与安全的任何行动。

从 GATT 第 21 条的字面来看,其透露出两个方面的信息:第一,WTO 允许缔约国出于维护基本安全利益需要采取必要的措施;第二,WTO 不支持缔约国滥用安全例外条款。可以说,在理论上这个条款大致实现了基本安全利益与资本自由的平衡,但是把该条款置于实践中来看,可发现其存在很多争议点:第一,自决权问题。GATT 第 21 条多次出现"缔约方认为"的字样,意味着成员国具有自决权,即成员国可自行判断贸易行为是否威胁本国安全利益并做出相应行动,同时意味着,WTO 缺乏对该条款解释的权力。在实践中,由于各国国情不同,各国对 GATT 第 21 条的理解充满争议。不少国家认为 WTO 不能对自己所采取的行动发表任何意见,也无审查的权力,自己对安全问题享有完全的自决权。持这种看法的国家有美国、加拿大、日本等。而有些国家认为不能排除WTO 对安全例外纠纷的审查权,理由是各国对国家安全的理解不同,即使是同一个国家在不同时期对国家安全的解释也会不同,如果给予成员国完全的自决权,则给成员国提供了滥用安全例外条款的机会。[①] 第二,国家安全涵盖范围问题。GATT 第 21 条的一些用词比较模糊,例如"其他紧急情况"。由于用词不清晰,缺乏明确标准,成员国会为本国利益不断扩大该词的涵盖范围,进而滥用安全例外条款。

总体来说,GATT 第 21 条在字面上来看,资本自由与基本安全利益是平衡的。但在实践上来看,GATT 第 21 条的规定还是失衡的。

2. OECD 之《资本流动自由化法典》

OECD 所制定的《资本流动自由化法典》(*Code of Liberalization of Capital Movements*)第 3 条规定:"在出现以下情况时,本法典并不阻止成员国采取其认为必要的措施:第一,维持公共秩序或保护公共健康、道德与安全;第二,保护基本安全利益;第三,履行维护国际和平与安全的义务。"

观察《法典》第 3 条的规定,可发现其与 GATT 的规定既相似,也略有不同。该《法典》同样赋予成员国自决权,在条文表述上也采取模糊化处理。不同之处

---

① 安陌生.WTO 安全例外条款分析[J].国际贸易问题,2013(3): 125-127.

在于《法典》所列安全审查考虑因素与GATT存在部分差异。《法典》与GATT的规定实际上不利于安全审查的国际协调：第一，自决权使各国各说其辞；第二，条文表述模糊，不利于判断安全的覆盖范围。OECD对安全例外条款做出了规定，但事实上该规定流于形式，无法对成员国的安全审查制度起到规范作用，不利于全球资本自由流动。

（二）区域性条约之规定

1. 欧盟之《欧盟外资审查条例》

2019年4月欧盟理事会通过了《欧盟外资审查条例》。《欧盟外资审查条例》虽无强制性，但会在一定程度上影响成员国已有或将来可能建立的制度，增强成员国在安全审查方面的协调性。

《欧盟外资审查条例》第4条第1款列举了安全审查的考虑因素，具体包括：① 关键基础设施，如能源、交通、卫生、媒体、航空航天、金融基础设施等有形或无形资产；② 关键技术及军民两用物品，如机器人、半导体、纳米技术等；③ 关键输入品的供应，如能源、食品等；④ 获取或控制敏感信息的能力；⑤ 媒体的自由与多元。[①] 同时，该条款设有兜底性条款。

从以上列举的各项考虑因素中可知，《欧盟外资审查条例》秉持新型国家安全观念，对外资投资持保守态度，与美国等国家的规定相似度高，但与GATT等国际条约相比，条约之间存在着较大的差异与分歧，坚持不同的国家安全理念。

2. 北美自由贸易区之《北美自由贸易协定》

《北美自由贸易协定》第2102条为安全例外条款，条文内容与GATT的规定类似，但基本安全利益的覆盖范围广于GATT的规定。该条款把基本安全利益解释为涉及武器、弹药等与国防军事相关的交易，涉及材料、技术和服务有关的交易，处于战事或国际关系中其他紧急情况下涉及执行不扩散核武器或其他核爆炸装置的政策。总体上来看，《北美自由贸易协定》对基本安全利益秉持的是传统的国家安全观念。同时《北美自由贸易协定》对基本安全利益的范围没有做出明确的界限，这在实践操作中会产生不协调的问题。

3. 中国-东盟自由贸易区之《全面经济合作框架协议投资协议》

《中国-东盟全面经济合作框架协议投资协议》（简称《中国-东盟投资协议》）

---

[①] 廖凡.欧盟外资安全审查制度的新发展及我国的应对[J].法商研究.2019(4)：187.

第 17 条为安全例外条款。该条款与 GATT 第 21 条相比,内容大致相同,但是增加了"关键公共基础设施保护"这一内容。可以说,《中国-东盟投资协议》所规定的基本安全利益的覆盖范围广于 GATT 第 21 条的规定。《中国-东盟投资协议》第 17 条所增加的内容,与中国-东盟自由贸易区的实际情况有关。完善的公共基础设施对增强国家综合实力具有不可忽视的作用。中国-东盟自由贸易区是发展中国家的自由贸易区,相比较于发达国家,东盟国家的基础设施建设较为薄弱,因此保护现有的关键公共基础设施是至关重要的。总体来说,《中国-东盟投资协议》第 17 条坚持的是传统的国家安全观念,但有向新型国家安全观转化的趋势。与《欧盟外资审查条例》《北美自由贸易协定》的规定存在差异,在一定程度上影响到外资并购国家安全审查制度的协调性。

### (三) 双边投资条约之规定

观察部分双边投资协定可发现,双边投资条约对安全例外的规定大致可分为三种情形:第一种,无安全例外条款规定;第二种,有安全例外条款规定,但缔约方无自决权;第三种,有安全例外条款规定且缔约方拥有自决权。以下分析以中国对外签订的双边投资条约为例。

1. 无安全例外条款规定的情形

截至 2021 年 7 月,中国共对外签订 131 个双边投资协定。《中国-日本双边投资协定》《中国-法兰西双边投资协定》为代表的双边投资协议未对安全例外做出规定,这可能与这几国支持资本自由原则有关。

2. 有安全例外条款规定,但缔约方无自决权的情形

中国对外签订的双边投资协定中有部分协议设置了安全例外条款,例如《中国-德国双边投资协定》[①]和《中国-芬兰双边投资协定》[②]。两个《协定》相比较,可得出:第一,不同的双边投资协定所规定的安全例外条款的内容不同,两个条款在用词方面较为模糊,无法了解根本安全利益的覆盖范围;第二,两个条款中未出现类似"缔约方认为"的字样,未赋予缔约方自决权;第三,必要性问题。中芬两国的投资协定限定缔约方只有在必要的时候才能采取相应的措施,而中德

---

① 《中国-德国双边投资协定议定书》对《协定》第 3 条进行了补充,规定:"因公共安全和秩序、公共健康或道德而采取的措施,不应视为第三条中的'待遇低于'。"

② 《中国-芬兰双边投资协定》第 3 条第 5 款规定:"本协定不得解释为阻止缔约一方在战争、武装冲突或其他在国际关系紧急情况下为保护本国基本安全利益所采取的任何必要行动。"

第八章 外资安全审查的国际协调

的投资协定并没有此方面的限制。

从上可知,属于同一种情形的双边投资协定尚存在诸多差异之处,对国家安全审查制度的国际协调带来一定的阻碍。

3. 有安全例外条款规定且缔约方拥有自决权的情形

部分双边投资协定规定有安全例外条款,且赋予缔约方自决权,例如《中国-日韩双边投资协定》和《中国-加拿大双边投资协定》。《中国-日韩双边投资协定》第18条[①]与《中国-加拿大双边投资协定》第33条[②]为安全例外条款。比较两条安全例外条款可发现:第一,中加的基本安全利益覆盖范围要大于中日韩,两者坚持的是传统的国家安全观念;第二,两个安全例外条款均为自裁决条款;第三,两者强调必要性问题,只有在必要的情况下才能采取投资限制措施。

## 三、外资安全审查国际协调的困境

OECD《投资接受国与国家安全相关的投资政策指南》为外资安全审查的国际协调提供了理论框架,但是分析各国的外资安全审查制度,以及各国对外签订的双多边投资条约时可发现外资安全审查国际协调处于初步阶段,尚存在种种难题等待解决。

### (一) 安全例外条款的解释权问题

安全例外条款的解释权问题是安全例外条款是否为自裁决条款,谁有权力对条款进行解释。国际主体对该问题的看法不一致,阻碍了安全审查国际协调的进程。

---

[①] 《中国-日韩双边投资协定》第18条:"一、尽管有本协定除第十二条外的其他条款规定,各缔约方均可采取以下措施:(一)被认为是保护该缔约方的实质安全利益的;1. 在该缔约方或国际关系出现战争、武装冲突或其他紧急情况时采取;或2. 涉及落实关于不扩散武器的国家政策或国际协定;(二)履行其在联合国宪章项下的维护国际和平与安全的义务。二、若缔约一方依照本条第一款采取与本协定条款(本协定第十二条除外)规定义务不符的任何措施,该缔约方不应该使用该措施作为规避其义务的手段。"

[②] 《中国-加拿大双边投资协定》第33条第5款:"本协定中任何规定均不得被理解为:(一)要求缔约方提供或允许获得其认定披露后将违背其根本安全利益的信息;(二)阻止缔约方采取其认为保护其根本安全利益所必要的任何如下措施:1. 此类措施与武器、弹药和战争工具的贸易有关,并与直接或间接为军事或其他安全设施之目的而进行的其他货物、材料、服务和技术的贸易和交易有关。2. 在战时或其他国际关系紧急情况时采取的措施,或3. 此类措施与执行关于不扩散核武器或其他核爆炸装置的国家政策或国际协定有关;或(三)阻止缔约方根据联合国宪章为履行维护国际和平与安全义务而采取行动。"

1. 安全例外条款解释权问题的起因

各主权国家能否完全自主援引安全例外条款,这个问题一直被国际社会所争论。众多国家,尤其是发达国家(例如美国、英国),认为各国在安全例外条款的适用上具有自主性,其背后的原因主要在于国家主权。根据国际文件的规定,国家的基本权利有独立权、平等权、自卫权与管辖权。其中独立权指的是国家可以凭自己的意志处理对内对外事务。国家安全问题属于一国的国内事务。因此各国可以完全独立自主地援引安全例外条款,不受外界的干扰。而有些国家认为国家不能完全自主地援引安全例外条款,安全例外条款不属于自裁决条款,原因在于国家安全与资本自由间的平衡问题。他们认为如果各国对安全例外条款享有完全排他性的自决权,则会出现一国借维护国家安全为由,行投资保护主义之实的情形,打破国家安全与资本自由的平衡点,不利于资本自由流动。

2. 学者对安全例外条款解释权问题的解读

各主权国家能否完全自主援引安全例外条款,这个问题也是学者所争论不休的。有些学者认为安全例外条款为自裁决条款。在解读 GATT 第 21 条的规定时,安德鲁·埃默森(Andrew Emmerson)认为,"即使成员国基于自身的意志加入 WTO 这样的国际贸易协定并允诺受其限制,也仍然在'敏感'的政策议题上极力保持一定的自主权。"①而有些学者认为完全自主地适用安全例外是不可行的。他们认为完全排他性的自决权使成员国能够轻易适用安全例外条款,容易损害多边贸易体系,不利于资本在全球范围内自由流动。同时他们认为资本自由才能更好地维护国家安全,资本自由给国家带来经济繁荣的同时,也能够让国家有能力抵御外来风险。②

3. 安全例外条款解释权问题的实践冲突

从 WTO 与国际投资争端解决中心(ICSID)的实践来看,两者对安全例外条款解释权问题持有不同的态度。1982 年英国与阿根廷就马尔维纳斯群岛问题发生纠纷,欧共体联合澳大利亚与加拿大两国对阿根廷实施了广泛的贸易禁运。阿根廷认为欧共体等依据 GATT 第 21 条所实施的贸易禁运是不合理的。而 GATT 理事会中大多数国家认为贸易禁运是成员国固有的权利,GATT 无权干涉。③

---

① 埃默森.WTO 安全例外条款分析[J].国际贸易问题,2013(3):126.
② 李巍.新的安全形势下 WTO 安全例外条款的适用问题[J].中国政法大学学报,2015(3):102.
③ 李巍.新的安全形势下 WTO 安全例外条款的适用问题[J].中国政法大学学报,2015(3):101.

GATT认为安全例外条款属于自裁决条款,而ICSID持不同意见。2001—2002年间,阿根廷国内爆发严重的经济危机。为挽救国内危机,阿根廷对投资采取了限制措施,引起投资者不满,Enron、CMS等公司纷纷向ICSID提起仲裁。阿根廷援引1991年《美国-阿根廷双边投资条约》的安全例外条款作为辩护依据。美阿BIT第11条规定:"此条约不阻止采取缔约国为维护公共秩序、国际和平与安全或其自身和平与安全所必要的行为。"ISCID仲裁庭经审查认为《美国-阿根廷双边投资条约》中的安全例外条款不属于自裁决条款。

由此可见,安全例外条款解释权问题在实践中也存在冲突,安全审查国际协调之路困难重重。

### (二) 国家安全范围界定问题

国家安全范围界定问题主要回答何为国家安全。国际投资条约、国际司法实践以及各国国内法对"国家安全"的理解不尽相同,未能形成一个统一的认识。虽然目前国际社会上少有针对外资并购安全审查制度的国际投资争端,但是日后该项争端必会增加。

1. 国际投资条约对"国家安全"的界定争议不大

传统的国家安全范围限于军事与政治。从上文所列的国际投资条约关于安全例外条款的立法规定可看出,GATT、《北美自由贸易协定》以及部分双边投资协议在安全例外条款上的规定相似,总体上把国家安全的范围框在军事领域,仅在部分条款上有细微的差别。

随着时代的变迁,安全例外条款的内容慢慢发生了变化,传统的国家安全观有被打破的趋势,例如《欧盟外资审查条例》《中国-东盟投资协议》。《欧盟外资审查条例》把人工智能等新型技术安全、信息安全、媒体自由与多元等归入国家安全范围中。《中国-东盟投资协定》的安全例外条款规定有"为保护关键的公共基础设施免受使其丧失或降低功能的故意袭击行动"的内容。上述条约事实上有突破传统国家安全范围的倾向,是对传统国家安全观的挑战。

总体来说,虽然小部分国际投资条约有突破传统国家安全范畴的趋势,但大部分国际条约坚持的是传统国家安全观,对国家安全范畴争议不大。

2. 国际司法实践对"国家安全"的认定不一致

国际司法实践对"国家安全"的认识未能形成一个统一的意见。2001—2002年间,阿根廷发生了严重的经济危机,为挽救国内危机,阿根廷政府采取了各种措施。阿根廷的行为引起众多投资者的不满,投资者认为阿根廷违反了公平公正待遇,LG&E公司、安然公司、CMS公司等向ICSID提起仲裁。在LG&E案中,ICSID仲裁庭认为阿根廷金融危机属于国家安全范畴,阿根廷可援引美阿BIT第11条的规定。而在安然公司、CMS公司的案件中,ICSID仲裁庭得出了不同的结论。仲裁庭认为阿根廷的经济危机不能上升为国家安全问题,军事问题与经济问题不属于一个范畴。即使是同一起事件,ICSID得出的结论也存在差异。国际司法实践对"国家安全"的界定并未形成统一意见。

3. 国际条约与各国国内立法之间的冲突凸显

上文所述,国际投资条约主要坚持传统国家安全观,但各主权国家制定的外资并购安全审查的立法坚持的是新型国家安全观。虽然国家安全问题属于一国的国内事务,各主权国家有权坚持自己的国家安全观,但是主权国家也是国际社会中的一员,需要遵循和接受国际法的规制。目前,国际司法实践少有针对外资并购安全审查制度的审查,但各国的安全观与国际条约间的冲突也确实存在。各国需要积极寻找途径,做到国内法与国际法的协调。

(三) 安全审查"必要性"条件问题

主权国家能否援用安全例外条款对投资者采取限制措施,除了投资领域涉及国家安全范畴外,还必须满足"必要性"的条件,即没有比投资限制措施更小的能够维护国家安全的方法时,国家才能采取限制措施。对"必要性"的认定,国际社会并未形成一个统一标准。对"必要性"进行探究,能够确定国家所采取的投资限制措施是否合法。

1. ICSID仲裁庭对"必要性"条件的实践探索

在阿根廷一案中,ICSID仲裁庭对"必要性"问题进行了一定的探索,但未形成一个统一标准。在CMS公司、安然公司诉阿根廷政府案中,仲裁庭把美阿BIT第11条中的"必要性"与《国家责任条款草案》第25条中的"危急情况"一致看待,并未区分"必要性"与"危急情况"。最终仲裁庭审理认为阿根廷政府的行为并不符合"必要性"条件。而在LG&E诉阿根廷政府案中,仲裁庭得出了不同于以上两案的结论,仲裁庭认为阿根廷政府的行为符合"必要性"条件。由此可见,ICSID对"必要性"条件并未形成统一理解,所做裁决结果不一,参考价值不大。在之后大陆灾害保险公司诉阿根廷案中,ICSID推翻了之前的看法,重新看待"必要性"问题,但也未能形成一个统一标准。[①] "必要性"条件缺乏标准,不利于资本流动与国家安全间的平衡。

2. "必要性"条件标准缺失的原因分析

上述 ICSID 两起仲裁案件仲裁结果不同,主要原因在于缔约国在条款适用条件上规定不明确。OECD《投资接受国与国家安全相关的投资政策指南》中建议缔约方在制定规范时遵守透明度或可预见性原则,保证法律规则具体明确。具体明确的立法能够便于确定一国所采取的限制措施是否合法。观察一些国家的国内立法以及对外签订的国际条约可发现,他们在条款设计上采取了模糊的手法,所用词语内涵宽泛,不易判断其含义。例如《中德双边投资协定议定书》所设计的安全例外条款就运用了类似"公共安全和秩序"等模糊词语,且条款中缺乏"必要"二字。该《议定书》的规定事实上不利于审查机构对限制措施"必要性"的判断。

## 四、中国的路径选择

目前,我国外资安全审查立法与国际条约之间存在不兼容的情况。为平衡国家安全与资本流动的关系,我国需要认可并贯彻 OECD 原则,完善我国的外资安全审查制度,提高与国际条约间的兼容性。

### (一)认可并贯彻 OECD 指导原则

OECD《投资接受国与国家安全相关的投资政策指南》提出了非歧视原则、透明度或可预见性原则、监管平衡性原则、责任约束原则。这些原则为外资并购安全审查制度的立法予以政策指导,为外资并购安全审查的国际协调提供了一个理论框架。由于 OECD 对成员国的一些特殊规定和要求,譬如成员国对于官方发展援助(ODA)明确不低于 GDP 的 0.7%,OECD 下属的国际能源总署对于每一个国家的战略石油储备,有非常严格的要求,导致中国目前缺乏此能力而无法接受,尚未正式加入 OECD,但近年来中国与 OECD 间又有着密切的合作,2020 年 OECD 也首次将中国列入《税收政策改革(2020)》报告,充分体现了近年来中国在国际税收领域的作用和影响力的不断提升。因此,为进一步完善我国

---

[①] 赵海乐.论投资争议中国家安全问题的司法审查[J].武大国际法评论.2016(1):298.

的外资安全审查制度,提高与国际条约间的兼容性,OECD所倡导的系列原则可作为我国外资安全审查立法以及国际协调的指导原则。

非歧视原则位居OECD系列原则之首。OECD虽允许成员国以维护公共秩序、公共安全等为由对外来投资采取限制措施,但不赞成成员国在不必要的情况下排除非歧视原则的适用。中国在外资并购安全审查立法中要坚持非歧视原则,在国家安全没有受到严重威胁的情况下,我国需贯彻国民待遇原则与最惠国待遇原则。在国家安全受到严重威胁需要采取特殊措施时,我国对同等地位的投资者需采取相同的措施。判定"同等地位的投资者",我国需要从投资母国、投资领域、投资的社会影响力等多个维度进行判断。

对于透明度或可预见性原则,我国应保证外资安全审查立法的具体、详尽、明确,并及时地向公众公开相关法律法规与政策。如投资政策有变,我国需要事先通知利益相关方并征求其意见,变动后的投资政策,政府需通过多个平台对外公开。在政府执法方面,在安全审查中,审查机构需严格遵守法律规定的审查流程与审查时限。在审查完毕后,审查机构需对外公布审查结果及理由,但涉及国家机密的可不予以透露。

监管平衡性原则,又称适度性原则。该原则是指在一般措施无法解决问题的情况下,国家才可采取投资限制措施,且投资限制措施以维护国家安全所需为限。在安全审查实施中,如怀疑某项交易有威胁国家安全的可能,审查机构需要采取严格谨慎的风险评估办法。在涉及国家安全的案件中,所涉内容往往是专业复杂的,如财政、军事、核心基础设施等,这就要求多个专业部门参与安全审查以保证所做决定的准确性。由于涉及多部门合作,需要注重部门之间的协调。目前我国审查机构组成人员不明、职权不清的现状,在一定程度上不利于我国贯彻监管平衡原则。

关于责任约束原则,该原则要求在立法中设计安全审查监督机制,以便于约束执行权,防止权力滥用。同时,也要求安全审查的重要决定需要由政府高层做出,便于日后对政府的问责。我国外资并购安全审查的现行法律法规缺乏安全审查监督机制,政府权力无人约束,国家安全与资本流动之间的关系处于失衡状态。我国在立法中需要审慎考虑安全审查的监督问题,根据我国国情制定相应合适的法规。

### (二) 完善我国的外资安全审查制度

若要解决外资安全审查国际协调的问题,首先需要完善我国的外资安全审查制度。我国相关现行立法并不注重与国际规则相协调的问题。只有尊重国际规则,才能在安全审查国际协调中发挥作用。因此,完善我国外资安全审查制度是我国参与国际协调的第一步。

1. 细化安全审查考虑因素

安全审查考虑因素是安全审查制度的核心,它确定什么样的投资威胁到国家安全。由于国家安全涉及政治内核,因此绝大部分国家对安全审查标准采取模糊化的处理方式,以增强法律的灵活性。但是过于模糊化的处理,不仅不利于操作,而且也不利于外国投资者的合法权益保护。目前,我国安全审查考虑因素设置过于抽象,缺乏可预见性。《安审通知》条文中设计的诸如"国家经济稳定运行""社会基本生活秩序"等模糊的字眼,较易被学界所诟病。2019颁布的《外商投资法》也并未针对该问题进行适当的弥补。而美国FIRRMA对安全审查考虑因素中的"重要基础设施"等词做了详尽的解释。显然,这不仅能够保证法律的透明度,而且有利于安全审查机构做出准确的决定。我国需要尽快细化安全审查考虑因素,对"关键基础设施""关键技术"等重要词语进行解释和说明。

2. 完善安全审查机构设置及权责配置

目前,《审查通知》对审查机构的人员及权责设置的规定不够清晰:第一,联席会议"相关部门"不清楚;第二,联席会议领头部门的地位与分工不清;第三,联席会议组成人员权限不明。我国在安全审查机构方面规定的不足,与OECD倡导的透明度与监管平衡性原则不相符。我国需要确定联席会议的常驻部门,增强法律的透明度。在特殊审查中,也要允许其他专业部门参与审查,提高审查的专业性以及审查机构的准确性,贯彻监管平衡性原则。对于联席会议的领头部门,我国目前采取的是"双头模式",这种设置可以相互牵制,防止权利滥用,但也会造成责任推诿的情形,需要明确牵头部门的地位与权责。

3. 建立安全审查监督机制

目前,无论在行政还是司法上,我国外资安全审查制度并未建立安全审查监督机制。《安审通知》没有涉及安全审查监督问题。我国法律领域的空白不符合OECD的责任约束原则。虽然美国的外资并购安全审查制度也排除了安全审查决定的司法监督,但是美国设置了国会监督制度,审查机构有义务向国会提交相关报告接受国会的质疑。鉴于安全审查制度的政治属性,我国可排除安全审查决定的司法监督,但是对于安全审查程序,我国需明确其具有可诉性。同时,我国可安排其他途径,例如人民代表大会监督、政府内部监督等途径对安全审查进行监管,保证权力在合理合法的范围内行使。

### (三) 注重未来投资条约谈判诉求

从我国现已签订的国际投资条约内容来看,我国把"国家安全"的内涵限缩在一个极小的范围之内,着重保护国防军事,秉持传统国家安全观。而我国外资并购安全审查制度所界定的国家安全范围远远广于我国所签订的条约。目前,我国的这种做法并不会产生较大的冲突,原因在于我国现已签订的国际条约采用的是准入后国民待遇,意味着其他的安全风险在进入时已被排除。但是这种情形并不能永远保持,现今我国开始采用准入前国民待遇,如若不及时改变现有做法,将不利于外资并购安全审查制度的国际协调。

1. 自裁决条款的适用

国际惯例认为国际条款中出现类似"缔约方认为"的字样,则可认定该条款为自裁决条款。从我国签订的双边投资协定来看,安全例外条款的设计方式主要有两种:一是"不属于自裁决条款",这种条款表述用词比较模糊宽泛,如"公共安全与秩序""公共健康",类似的双边协定有《中德双边投资协定》《中国-芬兰双边投资协定》等;二是"属于自裁决条款",但是牢牢限定了范围以防止缔约国滥用权力,例如《中加双边投资协定》等。对自裁决条款的适用,学界学者、各国、各国际组织的态度均不同。日后,中国在国际投资条约签订中能否适用自裁决条款,笔者认为是可以的,但需谨慎适用,在条款设计中需具体限制基本安全利益的覆盖范围,在协定中也可设置诚信原则或善意原则对缔约国的行为予以规范。

2. 国家安全的界定

我国国内立法采取的是新型国家安全观,国际条约中坚持的是传统国家安全观。当前我国面临的困境是:如果国际投资条约等同国内法一般采用新型的国家安全观,则有投资保护主义之嫌,不利于我国深化对外开放;如果国内法采用传统国家安全观,则不利于我国国家安全的维护。基于此,笔者认为有两种途径可解决:第一,安全例外条款的基本安全利益覆盖范围仍坚持传统国家安全观,但是在协定中设置健康例外条款、环境例外条款等;第二,安全例外条款仍保持传统安全观,积极运用负面清单,但负面清单的设置需持谨慎态度,覆盖领域不宜过大,否则势必影响投资者的积极性。

3. "必要性"条件标准的设定

从 ICSID 仲裁案件来看,ICSID 并没有设定一套统一的"必要性"条件标准,导致案件结果之间存在巨大的差异。为增强外资并购安全审查制度的国际协调性,我国在对外制定国际投资条约时,需要注重"必要性"条件标准的设定。"必要性"条件标准主要包括三个方面:第一,国家采取的限制措施与维护国家安全的目的之间存在关联性。如果限制措施不能达到维护国家安全这个目的,则不符合"必要性"标准;第二,没有比投资限制措施更小的方法。如果一般的措施即可维护国家安全,那么投资限制措施没有采取的必要性;第三,投资对国家安全的影响程度。国家采取限制措施程度的轻重需与投资对国家安全的影响程度相当,否则违反"必要性"条件。

综上所述,通过分析阐述现行的 OECD 投资相关的法律文件以及各种双多边及区域投资协议,我们不难发现这些协议大多通过安全例外条款成为东道国实施国家安全审查的合法性来源,也是国际投资仲裁庭评价安全审查措施合法性的依据。尽管外资并购安全审查国际协调进程存在诸多困境和障碍,这其中无论是条款的解释权问题、国家安全覆盖范围问题还是安全审查"必要性"条件问题,都有待我们正确厘清和解决。对中国而言,若要增强外资并购安全审查的国际协调性,除了认可并深入贯彻 OECD 原则,还亟须完善我国的外资并购安全审查制度,注重国际投资条约的谈判工作,从而提高与国际条约间的兼容性。

# 附录一

# 《关于外国投资者并购境内企业的规定》

(2006年8月8日中华人民共和国商务部、国务院国有资产监督管理委员会、国家税务总局、国家工商行政管理总局、中国证券监督管理委员会、国家外汇管理局制定,自2006年9月8日起施行。)

## 第一章 总 则

第一条 为了促进和规范外国投资者来华投资,引进国外的先进技术和管理经验,提高利用外资的水平,实现资源的合理配置,保证就业、维护公平竞争和国家经济安全,依据外商投资企业的法律、行政法规及《公司法》和其他相关法律、行政法规,制定本规定。

第二条 本规定所称外国投资者并购境内企业,系指外国投资者购买境内非外商投资企业(以下称"境内公司")股东的股权或认购境内公司增资,使该境内公司变更设立为外商投资企业(以下称"股权并购");或者,外国投资者设立外商投资企业,并通过该企业协议购买境内企业资产且运营该资产,或,外国投资者协议购买境内企业资产,并以该资产投资设立外商投资企业运营该资产(以下称"资产并购")。

第三条 外国投资者并购境内企业应遵守中国的法律、行政法规和规章,遵循公平合理、等价有偿、诚实信用的原则,不得造成过度集中、排除或限制竞争,不得扰乱社会经济秩序和损害社会公共利益,不得导致国有资产流失。

第四条 外国投资者并购境内企业,应符合中国法律、行政法规和规章对投资者资格的要求及产业、土地、环保等政策。

依照《外商投资产业指导目录》不允许外国投资者独资经营的产业,并购不得导致外国投资者持有企业的全部股权;需由中方控股或相对控股的产业,该产业的企业被并购后,仍应由中方在企业中占控股或相对控股地位;禁止外国投资者经营的产业，外国投资者不得并购从事该产业的企业。

被并购境内企业原有所投资企业的经营范围应符合有关外商投资产业政策的要求；不符合要求的，应进行调整。

第五条　外国投资者并购境内企业涉及企业国有产权转让和上市公司国有股权管理事宜的，应当遵守国有资产管理的相关规定。

第六条　外国投资者并购境内企业设立外商投资企业，应依照本规定经审批机关批准，向登记管理机关办理变更登记或设立登记。

如果被并购企业为境内上市公司，还应根据《外国投资者对上市公司战略投资管理办法》，向国务院证券监督管理机构办理相关手续。

第七条　外国投资者并购境内企业所涉及的各方当事人应当按照中国税法规定纳税，接受税务机关的监督。

第八条　外国投资者并购境内企业所涉及的各方当事人应遵守中国有关外汇管理的法律和行政法规，及时向外汇管理机关办理各项外汇核准、登记、备案及变更手续。

## 第二章　基本制度

第九条　外国投资者在并购后所设外商投资企业注册资本中的出资比例高于25%的，该企业享受外商投资企业待遇。

外国投资者在并购后所设外商投资企业注册资本中的出资比例低于25%的，除法律和行政法规另有规定外，该企业不享受外商投资企业待遇，其举借外债按照境内非外商投资企业举借外债的有关规定办理。审批机关向其颁发加注"外资比例低于25%"字样的外商投资企业批准证书（以下称"批准证书"）。登记管理机关、外汇管理机关分别向其颁发加注"外资比例低于25%"字样的外商投资企业营业执照和外汇登记证。

境内公司、企业或自然人以其在境外合法设立或控制的公司名义并购与其有关联关系的境内公司，所设立的外商投资企业不享受外商投资企业待遇，但该境外公司认购境内公司增资，或者该境外公司向并购后所设企业增资，增资额占所设企业注册资本比例达到25%以上的除外。根据该款所述方式设立的外商投资企业，其实际控制人以外的外国投资者在企业注册资本中的出资比例高于25%的，享受外商投资企业待遇。

外国投资者并购境内上市公司后所设外商投资企业的待遇，按照国家有关规定办理。

第十条 本规定所称的审批机关为中华人民共和国商务部或省级商务主管部门（以下称"省级审批机关"），登记管理机关为中华人民共和国国家工商行政管理总局或其授权的地方工商行政管理局，外汇管理机关为中华人民共和国国家外汇管理局或其分支机构。

并购后所设外商投资企业，根据法律、行政法规和规章的规定，属于应由商务部审批的特定类型或行业的外商投资企业的，省级审批机关应将申请文件转报商务部审批，商务部依法决定批准或不批准。

第十一条 境内公司、企业或自然人以其在境外合法设立或控制的公司名义并购与其有关联关系的境内的公司，应报商务部审批。

当事人不得以外商投资企业境内投资或其他方式规避前述要求。

第十二条 外国投资者并购境内企业并取得实际控制权，涉及重点行业、存在影响或可能影响国家经济安全因素或者导致拥有驰名商标或中华老字号的境内企业实际控制权转移的，当事人应就此向商务部进行申报。

当事人未予申报，但其并购行为对国家经济安全造成或可能造成重大影响的，商务部可以会同相关部门要求当事人终止交易或采取转让相关股权、资产或其他有效措施，以消除并购行为对国家经济安全的影响。

第十三条 外国投资者股权并购的，并购后所设外商投资企业承继被并购境内公司的债权和债务。

外国投资者资产并购的，出售资产的境内企业承担其原有的债权和债务。

外国投资者、被并购境内企业、债权人及其他当事人可以对被并购境内企业的债权债务的处置另行达成协议，但是该协议不得损害第三人利益和社会公共利益。债权债务的处置协议应报送审批机关。

出售资产的境内企业应当在投资者向审批机关报送申请文件之前至少15日，向债权人发出通知书，并在全国发行的省级以上报纸上发布公告。

第十四条 并购当事人应以资产评估机构对拟转让的股权价值或拟出售资产的评估结果作为确定交易价格的依据。并购当事人可以约定在中国境内依法设立的资产评估机构。资产评估应采用国际通行的评估方法。禁止以明显低于评估结果的价格转让股权或出售资产，变相向境外转移资本。

外国投资者并购境内企业，导致以国有资产投资形成的股权变更或国有资产产权转移时，应当符合国有资产管理的有关规定。

第十五条　并购当事人应对并购各方是否存在关联关系进行说明，如果有两方属于同一个实际控制人，则当事人应向审批机关披露其实际控制人，并就并购目的和评估结果是否符合市场公允价值进行解释。当事人不得以信托、代持或其他方式规避前述要求。

第十六条　外国投资者并购境内企业设立外商投资企业，外国投资者应自外商投资企业营业执照颁发之日起3个月内向转让股权的股东，或出售资产的境内企业支付全部对价。对特殊情况需要延长者，经审批机关批准后，应自外商投资企业营业执照颁发之日起6个月内支付全部对价的60%以上，1年内付清全部对价，并按实际缴付的出资比例分配收益。

外国投资者认购境内公司增资，有限责任公司和以发起方式设立的境内股份有限公司的股东应当在公司申请外商投资企业营业执照时缴付不低于20%的新增注册资本，其余部分的出资时间应符合《公司法》、有关外商投资的法律和《公司登记管理条例》的规定。其他法律和行政法规另有规定的，从其规定。股份有限公司为增加注册资本发行新股时，股东认购新股，依照设立股份有限公司缴纳股款的有关规定执行。

外国投资者资产并购的，投资者应在拟设立的外商投资企业合同、章程中规定出资期限。设立外商投资企业，并通过该企业协议购买境内企业资产且运营该资产的，对与资产对价等额部分的出资，投资者应在本条第一款规定的对价支付期限内缴付；其余部分的出资应符合设立外商投资企业出资的相关规定。

外国投资者并购境内企业设立外商投资企业，如果外国投资者出资比例低于企业注册资本25%的，投资者以现金出资的，应自外商投资企业营业执照颁发之日起3个月内缴清；投资者以实物、工业产权等出资的，应自外商投资企业营业执照颁发之日起6个月内缴清。

第十七条　作为并购对价的支付手段，应符合国家有关法律和行政法规的规定。外国投资者以其合法拥有的人民币资产作为支付手段的，应经外汇管理机关核准。外国投资者以其拥有处置权的股权作为支付手段的，按照本规定第四章办理。

第十八条　外国投资者协议购买境内公司股东的股权，境内公司变更设立为外商投资企业后，该外商投资企业的注册资本为原境内公司注册资本，外国投资者的出资比例为其所购买股权在原注册资本中所占比例。

外国投资者认购境内有限责任公司增资的，并购后所设外商投资企业的注册资本为原境内公司注册资本与增资额之和。外国投资者与被并购境内公司原其他股东,在境内公司资产评估的基础上,确定各自在外商投资企业注册资本中的出资比例。

外国投资者认购境内股份有限公司增资的,按照《公司法》有关规定确定注册资本。

第十九条　外国投资者股权并购的,除国家另有规定外,对并购后所设外商投资企业应按照以下比例确定投资总额的上限:

(一)注册资本在210万美元以下的,投资总额不得超过注册资本的10/7;

(二)注册资本在210万美元以上至500万美元的,投资总额不得超过注册资本的2倍;

(三)注册资本在500万美元以上至1 200万美元的,投资总额不得超过注册资本的2.5倍;

(四)注册资本在1 200万美元以上的,投资总额不得超过注册资本的3倍。

第二十条　外国投资者资产并购的,应根据购买资产的交易价格和实际生产经营规模确定拟设立的外商投资企业的投资总额。拟设立的外商投资企业的注册资本与投资总额的比例应符合有关规定。

## 第三章　审批与登记

第二十一条　外国投资者股权并购的,投资者应根据并购后所设外商投资企业的投资总额、企业类型及所从事的行业,依照设立外商投资企业的法律、行政法规和规章的规定,向具有相应审批权限的审批机关报送下列文件:

(一)被并购境内有限责任公司股东一致同意外国投资者股权并购的决议,或被并购境内股份有限公司同意外国投资者股权并购的股东大会决议;

(二)被并购境内公司依法变更设立为外商投资企业的申请书;

(三)并购后所设外商投资企业的合同、章程;

(四)外国投资者购买境内公司股东股权或认购境内公司增资的协议;

(五)被并购境内公司上一财务年度的财务审计报告;

(六)经公证和依法认证的投资者的身份证明文件或注册登记证明及资信证明文件;

(七)被并购境内公司所投资企业的情况说明;

(八)被并购境内公司及其所投资企业的营业执照(副本);

（九）被并购境内公司职工安置计划；

（十）本规定第十三条、第十四条、第十五条要求报送的文件。

并购后所设外商投资企业的经营范围、规模、土地使用权的取得等，涉及其他相关政府部门许可的，有关的许可文件应一并报送。

第二十二条　股权购买协议、境内公司增资协议应适用中国法律，并包括以下主要内容：

（一）协议各方的状况，包括名称（姓名）、住所、法定代表人姓名、职务、国籍等；

（二）购买股权或认购增资的份额和价款；

（三）协议的履行期限、履行方式；

（四）协议各方的权利、义务；

（五）违约责任、争议解决；

（六）协议签署的时间、地点。

第二十三条　外国投资者资产并购的，投资者应根据拟设立的外商投资企业的投资总额、企业类型及所从事的行业，依照设立外商投资企业的法律、行政法规和规章的规定，向具有相应审批权限的审批机关报送下列文件：

（一）境内企业产权持有人或权力机构同意出售资产的决议；

（二）外商投资企业设立申请书；

（三）拟设立的外商投资企业的合同、章程；

（四）拟设立的外商投资企业与境内企业签署的资产购买协议，或外国投资者与境内企业签署的资产购买协议；

（五）被并购境内企业的章程、营业执照（副本）；

（六）被并购境内企业通知、公告债权人的证明以及债权人是否提出异议的说明；

（七）经公证和依法认证的投资者的身份证明文件或开业证明、有关资信证明文件；

（八）被并购境内企业职工安置计划；

（九）本规定第十三条、第十四条、第十五条要求报送的文件。

依照前款的规定购买并运营境内企业的资产，涉及其他相关政府部门许可的，有关的许可文件应一并报送。

外国投资者协议购买境内企业资产并以该资产投资设立外商投资企业的，

在外商投资企业成立之前,不得以该资产开展经营活动。

第二十四条　资产购买协议应适用中国法律,并包括以下主要内容:

(一)协议各方的状况,包括名称(姓名)、住所、法定代表人姓名、职务、国籍等;

(二)拟购买资产的清单、价格;

(三)协议的履行期限、履行方式;

(四)协议各方的权利、义务;

(五)违约责任、争议解决;

(六)协议签署的时间、地点。

第二十五条　外国投资者并购境内企业设立外商投资企业,除本规定另有规定外,审批机关应自收到规定报送的全部文件之日起 30 日内,依法决定批准或不批准。决定批准的,由审批机关颁发批准证书。

外国投资者协议购买境内公司股东股权,审批机关决定批准的,应同时将有关批准文件分别抄送股权转让方、境内公司所在地外汇管理机关。股权转让方所在地外汇管理机关为其办理转股收汇外资外汇登记并出具相关证明,转股收汇外资外汇登记证明是证明外方已缴付的股权收购对价已到位的有效文件。

第二十六条　外国投资者资产并购的,投资者应自收到批准证书之日起 30 日内,向登记管理机关申请办理设立登记,领取外商投资企业营业执照。

外国投资者股权并购的,被并购境内公司应依照本规定向原登记管理机关申请变更登记,领取外商投资企业营业执照。原登记管理机关没有登记管辖权的,应自收到申请文件之日起 10 日内转送有管辖权的登记管理机关办理,同时附送该境内公司的登记档案。被并购境内公司在申请变更登记时,应提交以下文件,并对其真实性和有效性负责:

(一)变更登记申请书;

(二)外国投资者购买境内公司股东股权或认购境内公司增资的协议;

(三)修改后的公司章程或原章程的修正案和依法需要提交的外商投资企业合同;

(四)外商投资企业批准证书;

(五)外国投资者的主体资格证明或者自然人身份证明;

(六)修改后的董事会名单,记载新增董事姓名、住所的文件和新增董事的任职文件;

（七）国家工商行政管理总局规定的其他有关文件和证件。

投资者自收到外商投资企业营业执照之日起30日内，到税务、海关、土地管理和外汇管理等有关部门办理登记手续。

## 第四章 外国投资者以股权作为支付手段并购境内公司

### 第一节 以股权并购的条件

第二十七条 本章所称外国投资者以股权作为支付手段并购境内公司，系指境外公司的股东以其持有的境外公司股权，或者境外公司以其增发的股份，作为支付手段，购买境内公司股东的股权或者境内公司增发股份的行为。

第二十八条 本章所称的境外公司应合法设立并且其注册地具有完善的公司法律制度，且公司及其管理层最近3年未受到监管机构的处罚；除本章第三节所规定的特殊目的公司外，境外公司应为上市公司，其上市所在地应具有完善的证券交易制度。

第二十九条 外国投资者以股权并购境内公司所涉及的境内外公司的股权，应符合以下条件：

（一）股东合法持有并依法可以转让；

（二）无所有权争议且没有设定质押及任何其他权利限制；

（三）境外公司的股权应在境外公开合法证券交易市场（柜台交易市场除外）挂牌交易；

（四）境外公司的股权最近1年交易价格稳定。

前款第（三）、（四）项不适用于本章第三节所规定的特殊目的公司。

第三十条 外国投资者以股权并购境内公司，境内公司或其股东应当聘请在中国注册登记的中介机构担任顾问（以下称"并购顾问"）。并购顾问应就并购申请文件的真实性、境外公司的财务状况以及并购是否符合本规定第十四条、第二十八条和第二十九条的要求作尽职调查，并出具并购顾问报告，就前述内容逐项发表明确的专业意见。

第三十一条 并购顾问应符合以下条件：

（一）信誉良好且有相关从业经验；

（二）无重大违法违规记录；

（三）应有调查并分析境外公司注册地和上市所在地法律制度与境外公司

财务状况的能力。

## 第二节 申报文件与程序

第三十二条 外国投资者以股权并购境内公司应报送商务部审批,境内公司除报送本规定第三章所要求的文件外,另须报送以下文件:

(一)境内公司最近1年股权变动和重大资产变动情况的说明;

(二)并购顾问报告;

(三)所涉及的境内外公司及其股东的开业证明或身份证明文件;

(四)境外公司的股东持股情况说明和持有境外公司5%以上股权的股东名录;

(五)境外公司的章程和对外担保的情况说明;

(六)境外公司最近年度经审计的财务报告和最近半年的股票交易情况报告。

第三十三条 商务部自收到规定报送的全部文件之日起30日内对并购申请进行审核,符合条件的,颁发批准证书,并在批准证书上加注"外国投资者以股权并购境内公司,自营业执照颁发之日起6个月内有效"。

第三十四条 境内公司应自收到加注的批准证书之日起30日内,向登记管理机关、外汇管理机关办理变更登记,由登记管理机关、外汇管理机关分别向其颁发加注"自颁发之日起8个月内有效"字样的外商投资企业营业执照和外汇登记证。

境内公司向登记管理机关办理变更登记时,应当预先提交旨在恢复股权结构的境内公司法定代表人签署的股权变更申请书、公司章程修正案、股权转让协议等文件。

第三十五条 自营业执照颁发之日起6个月内,境内公司或其股东应就其持有境外公司股权事项,向商务部、外汇管理机关申请办理境外投资开办企业核准、登记手续。

当事人除向商务部报送《关于境外投资开办企业核准事项的规定》所要求的文件外,另须报送加注的外商投资企业批准证书和加注的外商投资企业营业执照。商务部在核准境内公司或其股东持有境外公司的股权后,颁发中国企业境外投资批准证书,并换发无加注的外商投资企业批准证书。

境内公司取得无加注的外商投资企业批准证书后,应在30日内向登记管理机关、外汇管理机关申请换发无加注的外商投资企业营业执照、外汇登记证。

第三十六条 自营业执照颁发之日起6个月内，如果境内外公司没有完成其股权变更手续，则加注的批准证书和中国企业境外投资批准证书自动失效，登记管理机关根据境内公司预先提交的股权变更登记申请文件核准变更登记，使境内公司股权结构恢复到股权并购之前的状态。

并购境内公司增发股份而未实现的，在登记管理机关根据前款予以核准变更登记之前，境内公司还应当按照《公司法》的规定，减少相应的注册资本并在报纸上公告。

境内公司未按照前款规定办理相应的登记手续的，由登记管理机关按照《公司登记管理条例》的有关规定处理。

第三十七条 境内公司取得无加注的外商投资企业批准证书、外汇登记证之前，不得向股东分配利润或向有关联关系的公司提供担保，不得对外支付转股、减资、清算等资本项目款项。

第三十八条 境内公司或其股东凭商务部和登记管理机关颁发的无加注批准证书和营业执照，到税务机关办理税务变更登记。

## 第三节 对于特殊目的公司的特别规定

第三十九条 特殊目的公司系指中国境内公司或自然人为实现以其实际拥有的境内公司权益在境外上市而直接或间接控制的境外公司。

特殊目的公司为实现在境外上市，其股东以其所持公司股权，或者特殊目的公司以其增发的股份，作为支付手段，购买境内公司股东的股权或者境内公司增发的股份的，适用本节规定。

当事人以持有特殊目的公司权益的境外公司作为境外上市主体的，该境外公司应符合本节对于特殊目的公司的相关要求。

第四十条 特殊目的公司境外上市交易，应经国务院证券监督管理机构批准。

特殊目的公司境外上市所在国家或者地区应有完善的法律和监管制度，其证券监管机构已与国务院证券监督管理机构签订监管合作谅解备忘录，并保持着有效的监管合作关系。

第四十一条 本节所述的权益在境外上市的境内公司应符合下列条件：

（一）产权明晰，不存在产权争议或潜在产权争议；

（二）有完整的业务体系和良好的持续经营能力；

（三）有健全的公司治理结构和内部管理制度；

（四）公司及其主要股东近 3 年无重大违法违规记录。

第四十二条　境内公司在境外设立特殊目的公司，应向商务部申请办理核准手续。办理核准手续时，境内公司除向商务部报送《关于境外投资开办企业核准事项的规定》要求的文件外，另须报送以下文件：

（一）特殊目的公司最终控制人的身份证明文件；

（二）特殊目的公司境外上市商业计划书；

（三）并购顾问就特殊目的公司未来境外上市的股票发行价格所作的评估报告。获得中国企业境外投资批准证书后，设立人或控制人应向所在地外汇管理机关申请办理相应的境外投资外汇登记手续。

第四十三条　特殊目的公司境外上市的股票发行价总值，不得低于其所对应的经中国有关资产评估机构评估的被并购境内公司股权的价值。

第四十四条　特殊目的公司以股权并购境内公司的，境内公司除向商务部报送本规定第三十二条所要求的文件外，另须报送以下文件：

（一）设立特殊目的公司时的境外投资开办企业批准文件和证书；

（二）特殊目的公司境外投资外汇登记表；

（三）特殊目的公司最终控制人的身份证明文件或开业证明、章程；

（四）特殊目的公司境外上市商业计划书；

（五）并购顾问就特殊目的公司未来境外上市的股票发行价格所作的评估报告。

如果以持有特殊目的公司权益的境外公司作为境外上市主体，境内公司还须报送以下文件：

（一）该境外公司的开业证明和章程；

（二）特殊目的公司与该境外公司之间就被并购的境内公司股权所作的交易安排和折价方法的详细说明。

第四十五条　商务部对本规定第四十四条所规定的文件初审同意的，出具原则批复函，境内公司凭该批复函向国务院证券监督管理机构报送申请上市的文件。国务院证券监督管理机构于 20 个工作日内决定是否核准。

境内公司获得核准后，向商务部申领批准证书。商务部向其颁发加注"境外特殊目的公司持股，自营业执照颁发之日起 1 年内有效"字样的批准证书。

并购导致特殊目的公司股权等事项变更的,持有特殊目的公司股权的境内公司或自然人,凭加注的外商投资企业批准证书,向商务部就特殊目的公司相关事项办理境外投资开办企业变更核准手续,并向所在地外汇管理机关申请办理境外投资外汇登记变更。

第四十六条 境内公司应自收到加注的批准证书之日起 30 日内,向登记管理机关、外汇管理机关办理变更登记,由登记管理机关、外汇管理机关分别向其颁发加注"自颁发之日起 14 个月内有效"字样的外商投资企业营业执照和外汇登记证。

境内公司向登记管理机关办理变更登记时,应当预先提交旨在恢复股权结构的境内公司法定代表人签署的股权变更申请书、公司章程修正案、股权转让协议等文件。

第四十七条 境内公司应自特殊目的公司或与特殊目的公司有关联关系的境外公司完成境外上市之日起 30 日内,向商务部报告境外上市情况和融资收入调回计划,并申请换发无加注的外商投资企业批准证书。同时,境内公司应自完成境外上市之日起 30 日内,向国务院证券监督管理机构报告境外上市情况并提供相关的备案文件。境内公司还应向外汇管理机关报送融资收入调回计划,由外汇管理机关监督实施。境内公司取得无加注的批准证书后,应在 30 日内向登记管理机关、外汇管理机关申请换发无加注的外商投资企业营业执照、外汇登记证。

如果境内公司在前述期限内未向商务部报告,境内公司加注的批准证书自动失效,境内公司股权结构恢复到股权并购之前的状态,并应按本规定第三十六条办理变更登记手续。

第四十八条 特殊目的公司的境外上市融资收入,应按照报送外汇管理机关备案的调回计划,根据现行外汇管理规定调回境内使用。融资收入可采取以下方式调回境内:

(一)向境内公司提供商业贷款;

(二)在境内新设外商投资企业;

(三)并购境内企业。

在上述情形下调回特殊目的公司境外融资收入,应遵守中国有关外商投资及外债管理的法律和行政法规。如果调回特殊目的公司境外融资收入,导致境内公司和自然人增持特殊目的公司权益或特殊目的公司净资产增加,当事人应如实披露并报批,在完成审批手续后办理相应的外资外汇登记和境外投资登记变更。

境内公司及自然人从特殊目的公司获得的利润、红利及资本变动所得外汇收入,应自获得之日起 6 个月内调回境内。利润或红利可以进入经常项目外汇账户或者结汇。资本变动外汇收入经外汇管理机关核准,可以开立资本项目专用账户保留,也可经外汇管理机关核准后结汇。

第四十九条　自营业执照颁发之日起 1 年内,如果境内公司不能取得无加注批准证书,则加注的批准证书自动失效,并应按本规定第三十六条办理变更登记手续。

第五十条　特殊目的公司完成境外上市且境内公司取得无加注的批准证书和营业执照后,当事人继续以该公司股份作为支付手段并购境内公司的,适用本章第一节和第二节的规定。

## 第五章　反垄断审查

第五十一条　外国投资者并购境内企业有下列情形之一的,投资者应就所涉情形向商务部和国家工商行政管理总局报告:

（一）并购一方当事人当年在中国市场营业额超过 15 亿元人民币;

（二）1 年内并购国内关联行业的企业累计超过 10 个;

（三）并购一方当事人在中国的市场占有率已经达到 20%;

（四）并购导致并购一方当事人在中国的市场占有率达到 25%。

虽未达到前款所述条件,但是应有竞争关系的境内企业、有关职能部门或者行业协会的请求,商务部或国家工商行政管理总局认为外国投资者并购涉及市场份额巨大,或者存在其他严重影响市场竞争等重要因素的,也可以要求外国投资者作出报告。

上述并购一方当事人包括与外国投资者有关联关系的企业。

第五十二条　外国投资者并购境内企业涉及本规定第五十一条所述情形之一,商务部和国家工商行政管理总局认为可能造成过度集中,妨害正当竞争、损害消费者利益的,应自收到规定报送的全部文件之日起 90 日内,共同或经协商单独召集有关部门、机构、企业以及其他利害关系方举行听证会,并依法决定批准或不批准。

第五十三条　境外并购有下列情形之一的,并购方应在对外公布并购方案之前或者报所在国主管机构的同时,向商务部和国家工商行政管理总局报送并购方案。商务部和国家工商行政管理总局应审查是否存在造成境内市场过度集中,妨害境内正当竞争、损害境内消费者利益的情形,并做出是否同意的决定:

（一）境外并购一方当事人在我国境内拥有资产 30 亿元人民币以上;

（二）境外并购一方当事人当年在中国市场上的营业额 15 亿元人民币以上;

（三）境外并购一方当事人及与其有关联关系的企业在中国市场占有率已经达到 20%;

（四）由于境外并购,境外并购一方当事人及与其有关联关系的企业在中国的市场占有率达到 25%;

（五）由于境外并购,境外并购一方当事人直接或间接参股境内相关行业的外商投资企业将超过 15 家。

第五十四条　有下列情况之一的并购,并购一方当事人可以向商务部和国家工商行政管理总局申请审查豁免:

（一）可以改善市场公平竞争条件的;

（二）重组亏损企业并保障就业的;

（三）引进先进技术和管理人才并能提高企业国际竞争力的;

（四）可以改善环境的。

## 第六章　附　　则

第五十五条　外国投资者在中国境内依法设立的投资性公司并购境内企业,适用本规定。

外国投资者购买境内外商投资企业股东的股权或认购境内外商投资企业增资的,适用现行外商投资企业法律、行政法规和外商投资企业投资者股权变更的相关规定,其中没有规定的,参照本规定办理。

外国投资者通过其在中国设立的外商投资企业合并或收购境内企业的,适用关于外商投资企业合并与分立的相关规定和关于外商投资企业境内投资的相关规定,其中没有规定的,参照本规定办理。

外国投资者并购境内有限责任公司并将其改制为股份有限公司的,或者境内公司为股份有限公司的,适用关于设立外商投资股份有限公司的相关规定,其中没有规定的,适用本规定。

第五十六条　申请人或申报人报送文件,应依照本规定对文件进行分类,并附文件目录。规定报送的全部文件应用中文表述。

第五十七条　被股权并购境内公司的中国自然人股东,经批准,可继续作为变更后所设外商投资企业的中方投资者。

第五十八条　境内公司的自然人股东变更国籍的,不改变该公司的企业性质。

第五十九条　相关政府机构工作人员必须忠于职守、依法履行职责,不得利用职务之便牟取不正当利益,并对知悉的商业秘密负有保密义务。

第六十条　香港特别行政区、澳门特别行政区和台湾地区的投资者并购境内其他地区的企业,参照本规定办理。

第六十一条　本规定自 2006 年 9 月 8 日起施行。

# 附录二

## 《国务院办公厅关于建立外国投资者并购境内企业安全审查制度的通知》

国办发〔2011〕6号

各省、自治区、直辖市人民政府,国务院各部委、各直属机构:

近年来,随着经济全球化的深入发展和我国对外开放的进一步扩大,外国投资者以并购方式进行的投资逐步增多,促进了我国利用外资方式多样化,在优化资源配置、推动技术进步、提高企业管理水平等方面发挥了积极作用。为引导外国投资者并购境内企业有序发展,维护国家安全,经国务院同意,现就建立外国投资者并购境内企业安全审查(以下简称并购安全审查)制度有关事项通知如下:

### 一、并购安全审查范围

(一)并购安全审查的范围为:外国投资者并购境内军工及军工配套企业、重点、敏感军事设施周边企业,以及关系国防安全的其他单位;外国投资者并购境内关系国家安全的重要农产品、重要能源和资源、重要基础设施、重要运输服务、关键技术、重大装备制造等企业,且实际控制权可能被外国投资者取得。

(二)外国投资者并购境内企业,是指下列情形:

1. 外国投资者购买境内非外商投资企业的股权或认购境内非外商投资企业增资,使该境内企业变更设立为外商投资企业。

2. 外国投资者购买境内外商投资企业中方股东的股权,或认购境内外商投资企业增资。

3. 外国投资者设立外商投资企业,并通过该外商投资企业协议购买境内企业资产并且运营该资产,或通过该外商投资企业购买境内企业股权。

4. 外国投资者直接购买境内企业资产,并以该资产投资设立外商投资企业运营该资产。

（三）外国投资者取得实际控制权，是指外国投资者通过并购成为境内企业的控股股东或实际控制人。包括下列情形：

1. 外国投资者及其控股母公司、控股子公司在并购后持有的股份总额在 50% 以上。

2. 数个外国投资者在并购后持有的股份总额合计在 50% 以上。

3. 外国投资者在并购后所持有的股份总额不足 50%，但依其持有的股份所享有的表决权已足以对股东会或股东大会、董事会的决议产生重大影响。

4. 其他导致境内企业的经营决策、财务、人事、技术等实际控制权转移给外国投资者的情形。

## 二、并购安全审查内容

（一）并购交易对国防安全，包括对国防需要的国内产品生产能力、国内服务提供能力和有关设备设施的影响。

（二）并购交易对国家经济稳定运行的影响。

（三）并购交易对社会基本生活秩序的影响。

（四）并购交易对涉及国家安全关键技术研发能力的影响。

## 三、并购安全审查工作机制

（一）建立外国投资者并购境内企业安全审查部际联席会议（以下简称联席会议）制度，具体承担并购安全审查工作。

（二）联席会议在国务院领导下，由发展改革委、商务部牵头，根据外资并购所涉及的行业和领域，会同相关部门开展并购安全审查。

（三）联席会议的主要职责是：分析外国投资者并购境内企业对国家安全的影响；研究、协调外国投资者并购境内企业安全审查工作中的重大问题；对需要进行安全审查的外国投资者并购境内企业交易进行安全审查并作出决定。

## 四、并购安全审查程序

（一）外国投资者并购境内企业，应按照本通知规定，由投资者向商务部提出申请。对属于安全审查范围内的并购交易，商务部应在 5 个工作日内提请联席会议进行审查。

（二）外国投资者并购境内企业，国务院有关部门、全国性行业协会、同业企业及上下游企业认为需要进行并购安全审查的,可以通过商务部提出进行并购安全审查的建议。联席会议认为确有必要进行并购安全审查的,可以决定进行审查。

（三）联席会议对商务部提请安全审查的并购交易,首先进行一般性审查,对未能通过一般性审查的,进行特别审查。并购交易当事人应配合联席会议的安全审查工作,提供安全审查需要的材料、信息,接受有关询问。

一般性审查采取书面征求意见的方式进行。联席会议收到商务部提请安全审查的并购交易申请后,在5个工作日内,书面征求有关部门的意见。有关部门在收到书面征求意见函后,应在20个工作日内提出书面意见。如有关部门均认为并购交易不影响国家安全,则不再进行特别审查,由联席会议在收到全部书面意见后5个工作日内提出审查意见,并书面通知商务部。

如有部门认为并购交易可能对国家安全造成影响,联席会议应在收到书面意见后5个工作日内启动特别审查程序。启动特别审查程序后,联席会议组织对并购交易的安全评估,并结合评估意见对并购交易进行审查,意见基本一致的,由联席会议提出审查意见;存在重大分歧的,由联席会议报请国务院决定。联席会议自启动特别审查程序之日起60个工作日内完成特别审查,或报请国务院决定。审查意见由联席会议书面通知商务部。

（四）在并购安全审查过程中,申请人可向商务部申请修改交易方案或撤销并购交易。

（五）并购安全审查意见由商务部书面通知申请人。

（六）外国投资者并购境内企业行为对国家安全已经造成或可能造成重大影响的,联席会议应要求商务部会同有关部门终止当事人的交易,或采取转让相关股权、资产或其他有效措施,消除该并购行为对国家安全的影响。

## 五、其他规定

（一）有关部门和单位要树立全局观念,增强责任意识,保守国家秘密和商业秘密,提高工作效率,在扩大对外开放和提高利用外资水平的同时,推动外资并购健康发展,切实维护国家安全。

（二）外国投资者并购境内企业涉及新增固定资产投资的,按国家固定资产投资管理规定办理项目核准。

（三）外国投资者并购境内企业涉及国有产权变更的,按国家国有资产管理的有关规定办理。

（四）外国投资者并购境内金融机构的安全审查另行规定。

（五）香港特别行政区、澳门特别行政区、台湾地区的投资者进行并购，参照本通知的规定执行。

（六）并购安全审查制度自本通知发布之日起 30 日后实施。

国务院办公厅

二〇一一年二月三日

# 附录三

## 《商务部实施外国投资者并购境内企业安全审查制度的规定》

2011年第53号

（根据《国务院办公厅关于建立外国投资者并购境内企业安全审查制度的通知》（国办发[2011]6号）以及外商投资相关法律法规，在广泛征求公众意见的基础上，我部对《商务部实施外国投资者并购境内企业安全审查制度有关事项的暂行规定》（商务部公告2011年第8号）进行了完善，形成了《商务部实施外国投资者并购境内企业安全审查制度的规定》。现予以公布，自2011年9月1日起实施。）

第一条　外国投资者并购境内企业，属于《国务院办公厅关于建立外国投资者并购境内企业安全审查制度的通知》明确的并购安全审查范围的，外国投资者应向商务部提出并购安全审查申请。

两个或者两个以上外国投资者共同并购的，可以共同或确定一个外国投资者（以下简称申请人）向商务部提出并购安全审查申请。

第二条　地方商务主管部门在按照《关于外国投资者并购境内企业的规定》《外商投资企业投资者股权变更的若干规定》《关于外商投资企业境内投资的暂行规定》等有关规定受理并购交易申请时，对于属于并购安全审查范围，但申请人未向商务部提出并购安全审查申请的，应暂停办理，并在5个工作日内书面要求申请人向商务部提交并购安全审查申请，同时将有关情况报商务部。

第三条　外国投资者并购境内企业，国务院有关部门、全国性行业协会、同业企业及上下游企业认为需要进行并购安全审查的，可向商务部提出进行并购安全审查的建议，并提交有关情况的说明（包括并购交易基本情况、对国家安全的具体影响等），商务部可要求利益相关方提交有关说明。属于并购安全审查范围的，商务部应在5个工作日内将建议提交联席会议。联席会议认为确有必要进行并购安全审查的，商务部根据联席会议决定，要求外国投资者按本规定提交并购安全审查申请。

第四条 在向商务部提出并购安全审查正式申请前,申请人可就其并购境内企业的程序性问题向商务部提出商谈申请,提前沟通有关情况。该预约商谈不是提交正式申请的必经程序,商谈情况不具有约束力和法律效力,不作为提交正式申请的依据。

第五条 在向商务部提出并购安全审查正式申请时,申请人应提交下列文件:

(一)经申请人的法定代表人或其授权代表签署的并购安全审查申请书和交易情况说明;

(二)经公证和依法认证的外国投资者身份证明或注册登记证明及资信证明文件;法定代表人身份证明或外国投资者的授权代表委托书、授权代表身份证明;

(三)外国投资者及关联企业(包括其实际控制人、一致行动人)的情况说明,与相关国家政府的关系说明;

(四)被并购境内企业的情况说明、章程、营业执照(复印件)、上一年度经审计的财务报表、并购前后组织架构图、所投资企业的情况说明和营业执照(复印件);

(五)并购后拟设立的外商投资企业的合同、章程或合伙协议以及拟由股东各方委任的董事会成员、聘用的总经理或合伙人等高级管理人员名单;

(六)为股权并购交易的,应提交股权转让协议或者外国投资者认购境内企业增资的协议、被并购境内企业股东决议、股东大会决议,以及相应资产评估报告;

(七)为资产并购交易的,应提交境内企业的权力机构或产权持有人同意出售资产的决议、资产购买协议(包括拟购买资产的清单、状况)、协议各方情况,以及相应资产评估报告;

(八)关于外国投资者在并购后所享有的表决权对股东会或股东大会、董事会决议、合伙事务执行的影响说明,其他导致境内企业的经营决策、财务、人事、技术等实际控制权转移给外国投资者或其境内外关联企业的情况说明,以及与上述情况相关的协议或文件;

(九)商务部要求的其他文件。

第六条 申请人所提交的并购安全审查申请文件完备且符合法定要求的,

商务部应书面通知申请人受理申请。

属于并购安全审查范围的,商务部在15个工作日内书面告知申请人,并在其后5个工作日内提请外国投资者并购境内企业安全审查部际联席会议(以下简称联席会议)进行审查。

自书面通知申请人受理申请之日起的15个工作日内,申请人不得实施并购交易,地方商务主管部门不得审批并购交易。15个工作日后,商务部未书面告知申请人的,申请人可按照国家有关法律法规办理相关手续。

第七条　商务部收到联席会议书面审查意见后,在5个工作日内将审查意见书面通知申请人(或当事人),以及负责并购交易管理的地方商务主管部门。

(一)对不影响国家安全的,申请人可按照《关于外国投资者并购境内企业的规定》《外商投资企业投资者股权变更的若干规定》《关于外商投资企业境内投资的暂行规定》等有关规定,到具有相应管理权限的相关主管部门办理并购交易手续。

(二)对可能影响国家安全且并购交易尚未实施的,当事人应当终止交易。申请人未经调整并购交易、修改申报文件并经重新审查,不得申请并实施并购交易。

(三)外国投资者并购境内企业行为对国家安全已经造成或可能造成重大影响的,根据联席会议审查意见,商务部会同有关部门终止当事人的交易,或采取转让相关股权、资产或其他有效措施,以消除该并购行为对国家安全的影响。

第八条　在商务部向联席会议提交审查后,申请人修改申报文件、撤销并购交易或应联席会议要求补交、修改材料的,应向商务部提交相关文件。商务部在收到申请报告及有关文件后,于5个工作日内提交联席会议。

第九条　对于外国投资者并购境内企业,应从交易的实质内容和实际影响来判断并购交易是否属于并购安全审查的范围;外国投资者不得以任何方式实质规避并购安全审查,包括但不限于代持、信托、多层次再投资、租赁、贷款、协议控制、境外交易等方式。

第十条　外国投资者并购境内企业未被提交联席会议审查,或联席会议经审查认为不影响国家安全的,若此后发生调整并购交易、修改有关协议文件、改变经营活动以及其他变化(包括境外实际控制人的变化等),导致该并购交易属于《国务院办公厅关于建立外国投资者并购境内企业安全审查制度的通知》明确的并购安全审查范围的,当事人应当停止有关交易和活动,由外国投资者按照本规定向商务部提交并购安全审查申请。

第十一条 参与并购安全审查的商务主管部门、相关单位和人员应对并购安全审查中的国家秘密、商业秘密及其他需要保密的信息承担保密义务。

第十二条 本规定自 2011 年 9 月 1 日起实施。

中华人民共和国商务部<br>二〇一一年八月二十五日

# 附录四

# 《中华人民共和国外商投资法》

（2019年3月15日第十三届全国人民代表大会第二次会议通过）

## 目 录

第一章 总 则
第二章 投资促进
第三章 投资保护
第四章 投资管理
第五章 法律责任
第六章 附 则

## 第一章 总 则

第一条 为了进一步扩大对外开放，积极促进外商投资，保护外商投资合法权益，规范外商投资管理，推动形成全面开放新格局，促进社会主义市场经济健康发展，根据宪法，制定本法。

第二条 在中华人民共和国境内（以下简称中国境内）的外商投资，适用本法。

本法所称外商投资，是指外国的自然人、企业或者其他组织（以下称外国投资者）直接或者间接在中国境内进行的投资活动，包括下列情形：

（一）外国投资者单独或者与其他投资者共同在中国境内设立外商投资企业；

（二）外国投资者取得中国境内企业的股份、股权、财产份额或者其他类似权益；

（三）外国投资者单独或者与其他投资者共同在中国境内投资新建项目；

（四）法律、行政法规或者国务院规定的其他方式的投资。

本法所称外商投资企业，是指全部或者部分由外国投资者投资，依照中国法律在中国境内经登记注册设立的企业。

第三条　国家坚持对外开放的基本国策，鼓励外国投资者依法在中国境内投资。

国家实行高水平投资自由化便利化政策，建立和完善外商投资促进机制，营造稳定、透明、可预期和公平竞争的市场环境。

第四条　国家对外商投资实行准入前国民待遇加负面清单管理制度。

前款所称准入前国民待遇，是指在投资准入阶段给予外国投资者及其投资不低于本国投资者及其投资的待遇；所称负面清单，是指国家规定在特定领域对外商投资实施的准入特别管理措施。国家对负面清单之外的外商投资，给予国民待遇。

负面清单由国务院发布或者批准发布。

中华人民共和国缔结或者参加的国际条约、协定对外国投资者准入待遇有更优惠规定的，可以按照相关规定执行。

第五条　国家依法保护外国投资者在中国境内的投资、收益和其他合法权益。

第六条　在中国境内进行投资活动的外国投资者、外商投资企业，应当遵守中国法律法规，不得危害中国国家安全、损害社会公共利益。

第七条　国务院商务主管部门、投资主管部门按照职责分工，开展外商投资促进、保护和管理工作；国务院其他有关部门在各自职责范围内，负责外商投资促进、保护和管理的相关工作。

县级以上地方人民政府有关部门依照法律法规和本级人民政府确定的职责分工，开展外商投资促进、保护和管理工作。

第八条　外商投资企业职工依法建立工会组织，开展工会活动，维护职工的合法权益。外商投资企业应当为本企业工会提供必要的活动条件。

## 第二章　投 资 促 进

第九条　外商投资企业依法平等适用国家支持企业发展的各项政策。

第十条　制定与外商投资有关的法律、法规、规章，应当采取适当方式征求外商投资企业的意见和建议。

与外商投资有关的规范性文件、裁判文书等,应当依法及时公布。

第十一条 国家建立健全外商投资服务体系,为外国投资者和外商投资企业提供法律法规、政策措施、投资项目信息等方面的咨询和服务。

第十二条 国家与其他国家和地区、国际组织建立多边、双边投资促进合作机制,加强投资领域的国际交流与合作。

第十三条 国家根据需要,设立特殊经济区域,或者在部分地区实行外商投资试验性政策措施,促进外商投资,扩大对外开放。

第十四条 国家根据国民经济和社会发展需要,鼓励和引导外国投资者在特定行业、领域、地区投资。外国投资者、外商投资企业可以依照法律、行政法规或者国务院的规定享受优惠待遇。

第十五条 国家保障外商投资企业依法平等参与标准制定工作,强化标准制定的信息公开和社会监督。

国家制定的强制性标准平等适用于外商投资企业。

第十六条 国家保障外商投资企业依法通过公平竞争参与政府采购活动。政府采购依法对外商投资企业在中国境内生产的产品、提供的服务平等对待。

第十七条 外商投资企业可以依法通过公开发行股票、公司债券等证券和其他方式进行融资。

第十八条 县级以上地方人民政府可以根据法律、行政法规、地方性法规的规定,在法定权限内制定外商投资促进和便利化政策措施。

第十九条 各级人民政府及其有关部门应当按照便利、高效、透明的原则,简化办事程序,提高办事效率,优化政务服务,进一步提高外商投资服务水平。

有关主管部门应当编制和公布外商投资指引,为外国投资者和外商投资企业提供服务和便利。

## 第三章 投 资 保 护

第二十条 国家对外国投资者的投资不实行征收。

在特殊情况下,国家为了公共利益的需要,可以依照法律规定对外国投资者的投资实行征收或者征用。征收、征用应当依照法定程序进行,并及时给予公平、合理的补偿。

第二十一条 外国投资者在中国境内的出资、利润、资本收益、资产处置所得、知识产权许可使用费、依法获得的补偿或者赔偿、清算所得等,可以依法以人民币或者外汇自由汇入、汇出。

第二十二条　国家保护外国投资者和外商投资企业的知识产权,保护知识产权权利人和相关权利人的合法权益;对知识产权侵权行为,严格依法追究法律责任。

国家鼓励在外商投资过程中基于自愿原则和商业规则开展技术合作。技术合作的条件由投资各方遵循公平原则平等协商确定。行政机关及其工作人员不得利用行政手段强制转让技术。

第二十三条　行政机关及其工作人员对于履行职责过程中知悉的外国投资者、外商投资企业的商业秘密,应当依法予以保密,不得泄露或者非法向他人提供。

第二十四条　各级人民政府及其有关部门制定涉及外商投资的规范性文件,应当符合法律法规的规定;没有法律、行政法规依据的,不得减损外商投资企业的合法权益或者增加其义务,不得设置市场准入和退出条件,不得干预外商投资企业的正常生产经营活动。

第二十五条　地方各级人民政府及其有关部门应当履行向外国投资者、外商投资企业依法作出的政策承诺以及依法订立的各类合同。

因国家利益、社会公共利益需要改变政策承诺、合同约定的,应当依照法定权限和程序进行,并依法对外国投资者、外商投资企业因此受到的损失予以补偿。

第二十六条　国家建立外商投资企业投诉工作机制,及时处理外商投资企业或者其投资者反映的问题,协调完善相关政策措施。

外商投资企业或者其投资者认为行政机关及其工作人员的行政行为侵犯其合法权益的,可以通过外商投资企业投诉工作机制申请协调解决。

外商投资企业或者其投资者认为行政机关及其工作人员的行政行为侵犯其合法权益的,除依照前款规定通过外商投资企业投诉工作机制申请协调解决外,还可以依法申请行政复议、提起行政诉讼。

第二十七条　外商投资企业可以依法成立和自愿参加商会、协会。商会、协会依照法律法规和章程的规定开展相关活动,维护会员的合法权益。

## 第四章　投　资　管　理

第二十八条　外商投资准入负面清单规定禁止投资的领域,外国投资者不得投资。

外商投资准入负面清单规定限制投资的领域,外国投资者进行投资应当符合负面清单规定的条件。

外商投资准入负面清单以外的领域,按照内外资一致的原则实施管理。

**第二十九条** 外商投资需要办理投资项目核准、备案的,按照国家有关规定执行。

**第三十条** 外国投资者在依法需要取得许可的行业、领域进行投资的,应当依法办理相关许可手续。

有关主管部门应当按照与内资一致的条件和程序,审核外国投资者的许可申请,法律、行政法规另有规定的除外。

**第三十一条** 外商投资企业的组织形式、组织机构及其活动准则,适用《中华人民共和国公司法》《中华人民共和国合伙企业法》等法律的规定。

**第三十二条** 外商投资企业开展生产经营活动,应当遵守法律、行政法规有关劳动保护、社会保险的规定,依照法律、行政法规和国家有关规定办理税收、会计、外汇等事宜,并接受相关主管部门依法实施的监督检查。

**第三十三条** 外国投资者并购中国境内企业或者以其他方式参与经营者集中的,应当依照《中华人民共和国反垄断法》的规定接受经营者集中审查。

**第三十四条** 国家建立外商投资信息报告制度。外国投资者或者外商投资企业应当通过企业登记系统以及企业信用信息公示系统向商务主管部门报送投资信息。

外商投资信息报告的内容和范围按照确有必要的原则确定;通过部门信息共享能够获得的投资信息,不得再行要求报送。

**第三十五条** 国家建立外商投资安全审查制度,对影响或者可能影响国家安全的外商投资进行安全审查。

依法作出的安全审查决定为最终决定。

## 第五章 法 律 责 任

**第三十六条** 外国投资者投资外商投资准入负面清单规定禁止投资的领域的,由有关主管部门责令停止投资活动,限期处分股份、资产或者采取其他必要措施,恢复到实施投资前的状态;有违法所得的,没收违法所得。

外国投资者的投资活动违反外商投资准入负面清单规定的限制性准入特别

管理措施的,由有关主管部门责令限期改正,采取必要措施满足准入特别管理措施的要求;逾期不改正的,依照前款规定处理。

外国投资者的投资活动违反外商投资准入负面清单规定的,除依照前两款规定处理外,还应当依法承担相应的法律责任。

第三十七条　外国投资者、外商投资企业违反本法规定,未按照外商投资信息报告制度的要求报送投资信息的,由商务主管部门责令限期改正;逾期不改正的,处十万元以上五十万元以下的罚款。

第三十八条　对外国投资者、外商投资企业违反法律、法规的行为,由有关部门依法查处,并按照国家有关规定纳入信用信息系统。

第三十九条　行政机关工作人员在外商投资促进、保护和管理工作中滥用职权、玩忽职守、徇私舞弊的,或者泄露、非法向他人提供履行职责过程中知悉的商业秘密的,依法给予处分;构成犯罪的,依法追究刑事责任。

## 第六章　附　　则

第四十条　任何国家或者地区在投资方面对中华人民共和国采取歧视性的禁止、限制或者其他类似措施的,中华人民共和国可以根据实际情况对该国家或者该地区采取相应的措施。

第四十一条　对外国投资者在中国境内投资银行业、证券业、保险业等金融行业,或者在证券市场、外汇市场等金融市场进行投资的管理,国家另有规定的,依照其规定。

第四十二条　本法自2020年1月1日起施行。《中华人民共和国中外合资经营企业法》《中华人民共和国外资企业法》《中华人民共和国中外合作经营企业法》同时废止。

本法施行前依照《中华人民共和国中外合资经营企业法》《中华人民共和国外资企业法》《中华人民共和国中外合作经营企业法》设立的外商投资企业,在本法施行后五年内可以继续保留原企业组织形式等。具体实施办法由国务院规定。

# 附录五

# 《中华人民共和国外商投资法实施条例》

（经2019年12月12日国务院第74次常务会议通过，自2020年1月1日起施行。）

## 第一章 总 则

第一条 根据《中华人民共和国外商投资法》（以下简称外商投资法），制定本条例。

第二条 国家鼓励和促进外商投资，保护外商投资合法权益，规范外商投资管理，持续优化外商投资环境，推进更高水平对外开放。

第三条 外商投资法第二条第二款第一项、第三项所称其他投资者，包括中国的自然人在内。

第四条 外商投资准入负面清单（以下简称负面清单）由国务院投资主管部门会同国务院商务主管部门等有关部门提出，报国务院发布或者报国务院批准后由国务院投资主管部门、商务主管部门发布。

国家根据进一步扩大对外开放和经济社会发展需要，适时调整负面清单。调整负面清单的程序，适用前款规定。

第五条 国务院商务主管部门、投资主管部门以及其他有关部门按照职责分工，密切配合、相互协作，共同做好外商投资促进、保护和管理工作。

县级以上地方人民政府应当加强对外商投资促进、保护和管理工作的组织领导，支持、督促有关部门依照法律法规和职责分工开展外商投资促进、保护和管理工作，及时协调、解决外商投资促进、保护和管理工作中的重大问题。

## 第二章 投 资 促 进

第六条 政府及其有关部门在政府资金安排、土地供应、税费减免、资质许可、标准制定、项目申报、人力资源政策等方面,应当依法平等对待外商投资企业和内资企业。

政府及其有关部门制定的支持企业发展的政策应当依法公开;对政策实施中需要由企业申请办理的事项,政府及其有关部门应当公开申请办理的条件、流程、时限等,并在审核中依法平等对待外商投资企业和内资企业。

第七条 制定与外商投资有关的行政法规、规章、规范性文件,或者政府及其有关部门起草与外商投资有关的法律、地方性法规,应当根据实际情况,采取书面征求意见以及召开座谈会、论证会、听证会等多种形式,听取外商投资企业和有关商会、协会等方面的意见和建议;对反映集中或者涉及外商投资企业重大权利义务问题的意见和建议,应当通过适当方式反馈采纳的情况。

与外商投资有关的规范性文件应当依法及时公布,未经公布的不得作为行政管理依据。与外商投资企业生产经营活动密切相关的规范性文件,应当结合实际,合理确定公布到施行之间的时间。

第八条 各级人民政府应当按照政府主导、多方参与的原则,建立健全外商投资服务体系,不断提升外商投资服务能力和水平。

第九条 政府及其有关部门应当通过政府网站、全国一体化在线政务服务平台集中列明有关外商投资的法律、法规、规章、规范性文件、政策措施和投资项目信息,并通过多种途径和方式加强宣传、解读,为外国投资者和外商投资企业提供咨询、指导等服务。

第十条 外商投资法第十三条所称特殊经济区域,是指经国家批准设立、实行更大力度的对外开放政策措施的特定区域。

国家在部分地区实行的外商投资试验性政策措施,经实践证明可行的,根据实际情况在其他地区或者全国范围内推广。

第十一条 国家根据国民经济和社会发展需要,制定鼓励外商投资产业目录,列明鼓励和引导外国投资者投资的特定行业、领域、地区。鼓励外商投资产业目录由国务院投资主管部门会同国务院商务主管部门等有关部门拟订,报国务院批准后由国务院投资主管部门、商务主管部门发布。

第十二条 外国投资者、外商投资企业可以依照法律、行政法规或者国务院的规定,享受财政、税收、金融、用地等方面的优惠待遇。

外国投资者以其在中国境内的投资收益在中国境内扩大投资的,依法享受相应的优惠待遇。

第十三条　外商投资企业依法和内资企业平等参与国家标准、行业标准、地方标准和团体标准的制定、修订工作。外商投资企业可以根据需要自行制定或者与其他企业联合制定企业标准。

外商投资企业可以向标准化行政主管部门和有关行政主管部门提出标准的立项建议，在标准立项、起草、技术审查以及标准实施信息反馈、评估等过程中提出意见和建议，并按照规定承担标准起草、技术审查的相关工作以及标准的外文翻译工作。

标准化行政主管部门和有关行政主管部门应当建立健全相关工作机制，提高标准制定、修订的透明度，推进标准制定、修订全过程信息公开。

第十四条　国家制定的强制性标准对外商投资企业和内资企业平等适用，不得专门针对外商投资企业适用高于强制性标准的技术要求。

第十五条　政府及其有关部门不得阻挠和限制外商投资企业自由进入本地区和本行业的政府采购市场。

政府采购的采购人、采购代理机构不得在政府采购信息发布、供应商条件确定和资格审查、评标标准等方面，对外商投资企业实行差别待遇或者歧视待遇，不得以所有制形式、组织形式、股权结构、投资者国别、产品或者服务品牌以及其他不合理的条件对供应商予以限定，不得对外商投资企业在中国境内生产的产品、提供的服务和内资企业区别对待。

第十六条　外商投资企业可以依照《中华人民共和国政府采购法》（以下简称政府采购法）及其实施条例的规定，就政府采购活动事项向采购人、采购代理机构提出询问、质疑，向政府采购监督管理部门投诉。采购人、采购代理机构、政府采购监督管理部门应当在规定的时限内做出答复或者处理决定。

第十七条　政府采购监督管理部门和其他有关部门应当加强对政府采购活动的监督检查，依法纠正和查处对外商投资企业实行差别待遇或者歧视待遇等违法违规行为。

第十八条　外商投资企业可以依法在中国境内或者境外通过公开发行股票、公司债券等证券，以及公开或者非公开发行其他融资工具、借用外债等方式进行融资。

第十九条　县级以上地方人民政府可以根据法律、行政法规、地方性法规的规定，在法定权限内制定费用减免、用地指标保障、公共服务提供等方面的外商投资促进和便利化政策措施。

县级以上地方人民政府制定外商投资促进和便利化政策措施,应当以推动高质量发展为导向,有利于提高经济效益、社会效益、生态效益,有利于持续优化外商投资环境。

第二十条　有关主管部门应当编制和公布外商投资指引,为外国投资者和外商投资企业提供服务和便利。外商投资指引应当包括投资环境介绍、外商投资办事指南、投资项目信息以及相关数据信息等内容,并及时更新。

## 第三章　投资保护

第二十一条　国家对外国投资者的投资不实行征收。

在特殊情况下,国家为了公共利益的需要依照法律规定对外国投资者的投资实行征收的,应当依照法定程序、以非歧视性的方式进行,并按照被征收投资的市场价值及时给予补偿。

外国投资者对征收决定不服的,可以依法申请行政复议或者提起行政诉讼。

第二十二条　外国投资者在中国境内的出资、利润、资本收益、资产处置所得、取得的知识产权许可使用费、依法获得的补偿或者赔偿、清算所得等,可以依法以人民币或者外汇自由汇入、汇出,任何单位和个人不得违法对币种、数额以及汇入、汇出的频次等进行限制。

外商投资企业的外籍职工和香港、澳门、台湾职工的工资收入和其他合法收入,可以依法自由汇出。

第二十三条　国家加大对知识产权侵权行为的惩处力度,持续强化知识产权执法,推动建立知识产权快速协同保护机制,健全知识产权纠纷多元化解决机制,平等保护外国投资者和外商投资企业的知识产权。

标准制定中涉及外国投资者和外商投资企业专利的,应当按照标准涉及专利的有关管理规定办理。

第二十四条　行政机关(包括法律、法规授权的具有管理公共事务职能的组织,下同)及其工作人员不得利用实施行政许可、行政检查、行政处罚、行政强制以及其他行政手段,强制或者变相强制外国投资者、外商投资企业转让技术。

第二十五条　行政机关依法履行职责,确需外国投资者、外商投资企业提供涉及商业秘密的材料、信息的,应当限定在履行职责所必需的范围内,并严格控制知悉范围,与履行职责无关的人员不得接触有关材料、信息。

行政机关应当建立健全内部管理制度,采取有效措施保护履行职责过程中知悉的外国投资者、外商投资企业的商业秘密；依法需要与其他行政机关共享信息的，应当对信息中含有的商业秘密进行保密处理，防止泄露。

第二十六条　政府及其有关部门制定涉及外商投资的规范性文件，应当按照国务院的规定进行合法性审核。

外国投资者、外商投资企业认为行政行为所依据的国务院部门和地方人民政府及其部门制定的规范性文件不合法，在依法对行政行为申请行政复议或者提起行政诉讼时，可以一并请求对该规范性文件进行审查。

第二十七条　外商投资法第二十五条所称政策承诺，是指地方各级人民政府及其有关部门在法定权限内，就外国投资者、外商投资企业在本地区投资所适用的支持政策、享受的优惠待遇和便利条件等作出的书面承诺。政策承诺的内容应当符合法律、法规规定。

第二十八条　地方各级人民政府及其有关部门应当履行向外国投资者、外商投资企业依法作出的政策承诺以及依法订立的各类合同，不得以行政区划调整、政府换届、机构或者职能调整以及相关责任人更替等为由违约毁约。因国家利益、社会公共利益需要改变政策承诺、合同约定的，应当依照法定权限和程序进行，并依法对外国投资者、外商投资企业因此受到的损失及时予以公平、合理的补偿。

第二十九条　县级以上人民政府及其有关部门应当按照公开透明、高效便利的原则，建立健全外商投资企业投诉工作机制，及时处理外商投资企业或者其投资者反映的问题，协调完善相关政策措施。

国务院商务主管部门会同国务院有关部门建立外商投资企业投诉工作部际联席会议制度，协调、推动中央层面的外商投资企业投诉工作，对地方的外商投资企业投诉工作进行指导和监督。县级以上地方人民政府应当指定部门或者机构负责受理本地区外商投资企业或者其投资者的投诉。

国务院商务主管部门、县级以上地方人民政府指定的部门或者机构应当完善投诉工作规则、健全投诉方式、明确投诉处理时限。投诉工作规则、投诉方式、投诉处理时限应当对外公布。

第三十条　外商投资企业或者其投资者认为行政机关及其工作人员的行政行为侵犯其合法权益，通过外商投资企业投诉工作机制申请协调解决的，有关方面进行协调时可以向被申请的行政机关及其工作人员了解情况，被申请的行政机关及其工作人员应当予以配合。协调结果应当以书面形式及时告知申请人。

外商投资企业或者其投资者依照前款规定申请协调解决有关问题的,不影响其依法申请行政复议、提起行政诉讼。

第三十一条　对外商投资企业或者其投资者通过外商投资企业投诉工作机制反映或者申请协调解决问题,任何单位和个人不得压制或者打击报复。

除外商投资企业投诉工作机制外,外商投资企业或者其投资者还可以通过其他合法途径向政府及其有关部门反映问题。

第三十二条　外商投资企业可以依法成立商会、协会。除法律、法规另有规定外,外商投资企业有权自主决定参加或者退出商会、协会,任何单位和个人不得干预。

商会、协会应当依照法律法规和章程的规定,加强行业自律,及时反映行业诉求,为会员提供信息咨询、宣传培训、市场拓展、经贸交流、权益保护、纠纷处理等方面的服务。

国家支持商会、协会依照法律法规和章程的规定开展相关活动。

## 第四章　投　资　管　理

第三十三条　负面清单规定禁止投资的领域,外国投资者不得投资。负面清单规定限制投资的领域,外国投资者进行投资应当符合负面清单规定的股权要求、高级管理人员要求等限制性准入特别管理措施。

第三十四条　有关主管部门在依法履行职责过程中,对外国投资者拟投资负面清单内领域,但不符合负面清单规定的,不予办理许可、企业登记注册等相关事项;涉及固定资产投资项目核准的,不予办理相关核准事项。

有关主管部门应当对负面清单规定执行情况加强监督检查,发现外国投资者投资负面清单规定禁止投资的领域,或者外国投资者的投资活动违反负面清单规定的限制性准入特别管理措施的,依照外商投资法第三十六条的规定予以处理。

第三十五条　外国投资者在依法需要取得许可的行业、领域进行投资的,除法律、行政法规另有规定外,负责实施许可的有关主管部门应当按照与内资一致的条件和程序,审核外国投资者的许可申请,不得在许可条件、申请材料、审核环节、审核时限等方面对外国投资者设置歧视性要求。

负责实施许可的有关主管部门应当通过多种方式,优化审批服务,提高审批效率。对符合相关条件和要求的许可事项,可以按照有关规定采取告知承诺的方式办理。

第三十六条　外商投资需要办理投资项目核准、备案的,按照国家有关规定执行。

第三十七条　外商投资企业的登记注册,由国务院市场监督管理部门或者其授权的地方人民政府市场监督管理部门依法办理。国务院市场监督管理部门应当公布其授权的市场监督管理部门名单。

外商投资企业的注册资本可以用人民币表示,也可以用可自由兑换货币表示。

第三十八条　外国投资者或者外商投资企业应当通过企业登记系统以及企业信用信息公示系统向商务主管部门报送投资信息。国务院商务主管部门、市场监督管理部门应当做好相关业务系统的对接和工作衔接,并为外国投资者或者外商投资企业报送投资信息提供指导。

第三十九条　外商投资信息报告的内容、范围、频次和具体流程,由国务院商务主管部门会同国务院市场监督管理部门等有关部门按照确有必要、高效便利的原则确定并公布。商务主管部门、其他有关部门应当加强信息共享,通过部门信息共享能够获得的投资信息,不得再行要求外国投资者或者外商投资企业报送。

外国投资者或者外商投资企业报送的投资信息应当真实、准确、完整。

第四十条　国家建立外商投资安全审查制度,对影响或者可能影响国家安全的外商投资进行安全审查。

## 第五章　法　律　责　任

第四十一条　政府和有关部门及其工作人员有下列情形之一的,依法依规追究责任:

(一)制定或者实施有关政策不依法平等对待外商投资企业和内资企业;

(二)违法限制外商投资企业平等参与标准制定、修订工作,或者专门针对外商投资企业适用高于强制性标准的技术要求;

(三)违法限制外国投资者汇入、汇出资金;

(四)不履行向外国投资者、外商投资企业依法作出的政策承诺以及依法订立的各类合同,超出法定权限作出政策承诺,或者政策承诺的内容不符合法律、法规规定。

第四十二条　政府采购的采购人、采购代理机构以不合理的条件对外商投资企业实行差别待遇或者歧视待遇的,依照政府采购法及其实施条例的规定追究其法律责任;影响或者可能影响中标、成交结果的,依照政府采购法及其实施条例的规定处理。

政府采购监督管理部门对外商投资企业的投诉逾期未做处理的,对直接负责的主管人员和其他直接责任人员依法给予处分。

第四十三条　行政机关及其工作人员利用行政手段强制或者变相强制外国投资者、外商投资企业转让技术的,对直接负责的主管人员和其他直接责任人员依法给予处分。

## 第六章　附　　则

第四十四条　外商投资法施行前依照《中华人民共和国中外合资经营企业法》《中华人民共和国外资企业法》《中华人民共和国中外合作经营企业法》设立的外商投资企业(以下称现有外商投资企业),在外商投资法施行后5年内,可以依照《中华人民共和国公司法》《中华人民共和国合伙企业法》等法律的规定调整其组织形式、组织机构等,并依法办理变更登记,也可以继续保留原企业组织形式、组织机构等。

自2025年1月1日起,对未依法调整组织形式、组织机构等并办理变更登记的现有外商投资企业,市场监督管理部门不予办理其申请的其他登记事项,并将相关情形予以公示。

第四十五条　现有外商投资企业办理组织形式、组织机构等变更登记的具体事宜,由国务院市场监督管理部门规定并公布。国务院市场监督管理部门应当加强对变更登记工作的指导,负责办理变更登记的市场监督管理部门应当通过多种方式优化服务,为企业办理变更登记提供便利。

第四十六条　现有外商投资企业的组织形式、组织机构等依法调整后,原合营、合作各方在合同中约定的股权或者权益转让办法、收益分配办法、剩余财产分配办法等,可以继续按照约定办理。

第四十七条　外商投资企业在中国境内投资,适用外商投资法和本条例的有关规定。

第四十八条　香港特别行政区、澳门特别行政区投资者在内地投资,参照外商投资法和本条例执行;法律、行政法规或者国务院另有规定的,从其规定。

台湾地区投资者在大陆投资,适用《中华人民共和国台湾同胞投资保护法》(以下简称台湾同胞投资保护法)及其实施细则的规定;台湾同胞投资保护法及其实施细则未规定的事项,参照外商投资法和本条例执行。

定居在国外的中国公民在中国境内投资,参照外商投资法和本条例执行;法律、行政法规或者国务院另有规定的,从其规定。

第四十九条　本条例自 2020 年 1 月 1 日起施行。《中华人民共和国中外合资经营企业法实施条例》《中外合资经营企业合营期限暂行规定》《中华人民共和国外资企业法实施细则》《中华人民共和国中外合作经营企业法实施细则》同时废止。

2020 年 1 月 1 日前制定的有关外商投资的规定与外商投资法和本条例不一致的,以外商投资法和本条例的规定为准。

# 附录六

## 《外商投资安全审查办法》

(经2020年11月27日国家发展和改革委员会第13次委务会议审议通过,并经国务院批准,自2021年1月18日起施行。)

第一条　为了适应推动形成全面开放新格局的需要,在积极促进外商投资的同时有效预防和化解国家安全风险,根据《中华人民共和国外商投资法》《中华人民共和国国家安全法》和相关法律,制定本办法。

第二条　对影响或者可能影响国家安全的外商投资,依照本办法的规定进行安全审查。

本办法所称外商投资,是指外国投资者直接或者间接在中华人民共和国境内(以下简称境内)进行的投资活动,包括下列情形:

(一)外国投资者单独或者与其他投资者共同在境内投资新建项目或者设立企业;

(二)外国投资者通过并购方式取得境内企业的股权或者资产;

(三)外国投资者通过其他方式在境内投资。

第三条　国家建立外商投资安全审查工作机制(以下简称工作机制),负责组织、协调、指导外商投资安全审查工作。

工作机制办公室设在国家发展改革委,由国家发展改革委、商务部牵头,承担外商投资安全审查的日常工作。

第四条　下列范围内的外商投资,外国投资者或者境内相关当事人(以下统称当事人)应当在实施投资前主动向工作机制办公室申报:

(一)投资军工、军工配套等关系国防安全的领域,以及在军事设施和军工设施周边地域投资;

(二)投资关系国家安全的重要农产品、重要能源和资源、重大装备制造、重要基础设施、重要运输服务、重要文化产品与服务、重要信息技术和互联网产品与服务、重要金融服务、关键技术以及其他重要领域，并取得所投资企业的实际控制权。

前款第二项所称取得所投资企业的实际控制权，包括下列情形：

（一）外国投资者持有企业50%以上股权；

（二）外国投资者持有企业股权不足50%，但其所享有的表决权能够对董事会、股东会或者股东大会的决议产生重大影响；

（三）其他导致外国投资者能够对企业的经营决策、人事、财务、技术等产生重大影响的情形。

对本条第一款规定范围（以下称申报范围）内的外商投资，工作机制办公室有权要求当事人申报。

第五条　当事人向工作机制办公室申报外商投资前，可以就有关问题向工作机制办公室进行咨询。

第六条　当事人向工作机制办公室申报外商投资，应当提交下列材料：

（一）申报书；

（二）投资方案；

（三）外商投资是否影响国家安全的说明；

（四）工作机制办公室规定的其他材料。

申报书应当载明外国投资者的名称、住所、经营范围、投资的基本情况以及工作机制办公室规定的其他事项。

工作机制办公室根据工作需要，可以委托省、自治区、直辖市人民政府有关部门代为收取并转送本条第一款规定的材料。

第七条　工作机制办公室应当自收到当事人提交或者省、自治区、直辖市人民政府有关部门转送的符合本办法第六条规定的材料之日起15个工作日内，对申报的外商投资作出是否需要进行安全审查的决定，并书面通知当事人。工作机制办公室作出决定前，当事人不得实施投资。

工作机制办公室作出不需要进行安全审查决定的，当事人可以实施投资。

第八条　外商投资安全审查分为一般审查和特别审查。工作机制办公室决定对申报的外商投资进行安全审查的，应当自决定之日起30个工作日内完成一般审查。审查期间，当事人不得实施投资。

经一般审查，认为申报的外商投资不影响国家安全的，工作机制办公室应当作出通过安全审查的决定；认为影响或者可能影响国家安全的，工作机制办公室应当作出启动特别审查的决定。工作机制办公室作出的决定应当书面通知当事人。

第九条　工作机制办公室决定对申报的外商投资启动特别审查的，审查后应当按照下列规定作出决定，并书面通知当事人：

（一）申报的外商投资不影响国家安全的，作出通过安全审查的决定；

（二）申报的外商投资影响国家安全的，作出禁止投资的决定；通过附加条件能够消除对国家安全的影响，且当事人书面承诺接受附加条件的，可以作出附条件通过安全审查的决定，并在决定中列明附加条件。

特别审查应当自启动之日起60个工作日内完成；特殊情况下，可以延长审查期限。延长审查期限应当书面通知当事人。审查期间，当事人不得实施投资。

第十条　工作机制办公室对申报的外商投资进行安全审查期间，可以要求当事人补充提供相关材料，并向当事人询问有关情况。当事人应当予以配合。

当事人补充提供材料的时间不计入审查期限。

第十一条　工作机制办公室对申报的外商投资进行安全审查期间，当事人可以修改投资方案或者撤销投资。

当事人修改投资方案的，审查期限自工作机制办公室收到修改后的投资方案之日起重新计算；当事人撤销投资的，工作机制办公室终止审查。

第十二条　工作机制办公室对申报的外商投资作出通过安全审查决定的，当事人可以实施投资；作出禁止投资决定的，当事人不得实施投资，已经实施的，应当限期处分股权或者资产以及采取其他必要措施，恢复到投资实施前的状态，消除对国家安全的影响；作出附条件通过安全审查决定的，当事人应当按照附加条件实施投资。

第十三条　外商投资安全审查决定，由工作机制办公室会同有关部门、地方人民政府监督实施；对附条件通过安全审查的外商投资，可以采取要求提供有关证明材料、现场检查等方式，对附加条件的实施情况进行核实。

第十四条　工作机制办公室对申报的外商投资作出不需要进行安全审查或者通过安全审查的决定后，当事人变更投资方案，影响或者可能影响国家安全的，应当依照本办法的规定重新向工作机制办公室申报。

第十五条　有关机关、企业、社会团体、社会公众等认为外商投资影响或者可能影响国家安全的，可以向工作机制办公室提出进行安全审查的建议。

第十六条　对申报范围内的外商投资,当事人未依照本办法的规定申报即实施投资的,由工作机制办公室责令限期申报;拒不申报的,责令限期处分股权或者资产以及采取其他必要措施,恢复到投资实施前的状态,消除对国家安全的影响。

第十七条　当事人向工作机制办公室提供虚假材料或者隐瞒有关信息的,由工作机制办公室责令改正;提供虚假材料或者隐瞒有关信息骗取通过安全审查的,撤销相关决定;已经实施投资的,责令限期处分股权或者资产以及采取其他必要措施,恢复到投资实施前的状态,消除对国家安全的影响。

第十八条　附条件通过安全审查的外商投资,当事人未按照附加条件实施投资的,由工作机制办公室责令改正;拒不改正的,责令限期处分股权或者资产以及采取其他必要措施,恢复到投资实施前的状态,消除对国家安全的影响。

第十九条　当事人有本办法第十六条、第十七条、第十八条规定情形的,应当将其作为不良信用记录纳入国家有关信用信息系统,并按照国家有关规定实施联合惩戒。

第二十条　国家机关工作人员在外商投资安全审查工作中,滥用职权、玩忽职守、徇私舞弊、泄露国家秘密或者其所知悉的商业秘密的,依法给予处分;构成犯罪的,依法追究刑事责任。

第二十一条　香港特别行政区、澳门特别行政区、台湾地区投资者进行投资,影响或者可能影响国家安全的,参照本办法的规定执行。

第二十二条　外国投资者通过证券交易所或者国务院批准的其他证券交易场所购买境内企业股票,影响或者可能影响国家安全的,其适用本办法的具体办法由国务院证券监督管理机构会同工作机制办公室制定。

第二十三条　本办法自公布之日起三十日后施行。

## 附录七

## 《中华人民共和国国家安全法》

（2015年7月1日第十二届全国人民代表大会常务委员会第十五次会议通过）

目　　录

第一章　总则
第二章　维护国家安全的任务
第三章　维护国家安全的职责
第四章　国家安全制度
第五章　国家安全保障
第六章　公民、组织的义务和权利
第七章　附则

### 第一章　总　　则

第一条　为了维护国家安全，保卫人民民主专政的政权和中国特色社会主义制度，保护人民的根本利益，保障改革开放和社会主义现代化建设的顺利进行，实现中华民族伟大复兴，根据宪法，制定本法。

第二条　国家安全是指国家政权、主权、统一和领土完整、人民福祉、经济社会可持续发展和国家其他重大利益相对处于没有危险和不受内外威胁的状态，以及保障持续安全状态的能力。

第三条　国家安全工作应当坚持总体国家安全观，以人民安全为宗旨，以政治安全为根本，以经济安全为基础，以军事、文化、社会安全为保障，以促进国际安全为依托，维护各领域国家安全，构建国家安全体系，走中国特色国家安全道路。

第四条　坚持中国共产党对国家安全工作的领导，建立集中统一、高效权威的国家安全领导体制。

第五条　中央国家安全领导机构负责国家安全工作的决策和议事协调,研究制定、指导实施国家安全战略和有关重大方针政策,统筹协调国家安全重大事项和重要工作,推动国家安全法治建设。

第六条　国家制定并不断完善国家安全战略,全面评估国际、国内安全形势,明确国家安全战略的指导方针、中长期目标、重点领域的国家安全政策、工作任务和措施。

第七条　维护国家安全,应当遵守宪法和法律,坚持社会主义法治原则,尊重和保障人权,依法保护公民的权利和自由。

第八条　维护国家安全,应当与经济社会发展相协调。

国家安全工作应当统筹内部安全和外部安全、国土安全和国民安全、传统安全和非传统安全、自身安全和共同安全。

第九条　维护国家安全,应当坚持预防为主、标本兼治,专门工作与群众路线相结合,充分发挥专门机关和其他有关机关维护国家安全的职能作用,广泛动员公民和组织,防范、制止和依法惩治危害国家安全的行为。

第十条　维护国家安全,应当坚持互信、互利、平等、协作,积极同外国政府和国际组织开展安全交流合作,履行国际安全义务,促进共同安全,维护世界和平。

第十一条　中华人民共和国公民、一切国家机关和武装力量、各政党和各人民团体、企业事业组织和其他社会组织,都有维护国家安全的责任和义务。

中国的主权和领土完整不容侵犯和分割。维护国家主权、统一和领土完整是包括港澳同胞和台湾同胞在内的全中国人民的共同义务。

第十二条　国家对在维护国家安全工作中作出突出贡献的个人和组织给予表彰和奖励。

第十三条　国家机关工作人员在国家安全工作和涉及国家安全活动中,滥用职权、玩忽职守、徇私舞弊的,依法追究法律责任。

任何个人和组织违反本法和有关法律,不履行维护国家安全义务或者从事危害国家安全活动的,依法追究法律责任。

第十四条　每年4月15日为全民国家安全教育日。

## 第二章　维护国家安全的任务

第十五条　国家坚持中国共产党的领导,维护中国特色社会主义制度,发展社会主义民主政治,健全社会主义法治,强化权力运行制约和监督机制,保障人民当家作主的各项权利。

国家防范、制止和依法惩治任何叛国、分裂国家、煽动叛乱、颠覆或者煽动颠覆人民民主专政政权的行为;防范、制止和依法惩治窃取、泄露国家秘密等危害国家安全的行为;防范、制止和依法惩治境外势力的渗透、破坏、颠覆、分裂活动。

第十六条　国家维护和发展最广大人民的根本利益,保卫人民安全,创造良好生存发展条件和安定工作生活环境,保障公民的生命财产安全和其他合法权益。

第十七条　国家加强边防、海防和空防建设,采取一切必要的防卫和管控措施,保卫领陆、内水、领海和领空安全,维护国家领土主权和海洋权益。

第十八条　国家加强武装力量革命化、现代化、正规化建设,建设与保卫国家安全和发展利益需要相适应的武装力量;实施积极防御军事战略方针,防备和抵御侵略,制止武装颠覆和分裂;开展国际军事安全合作,实施联合国维和、国际救援、海上护航和维护国家海外利益的军事行动,维护国家主权、安全、领土完整、发展利益和世界和平。

第十九条　国家维护国家基本经济制度和社会主义市场经济秩序,健全预防和化解经济安全风险的制度机制,保障关系国民经济命脉的重要行业和关键领域、重点产业、重大基础设施和重大建设项目以及其他重大经济利益安全。

第二十条　国家健全金融宏观审慎管理和金融风险防范、处置机制,加强金融基础设施和基础能力建设,防范和化解系统性、区域性金融风险,防范和抵御外部金融风险的冲击。

第二十一条　国家合理利用和保护资源能源,有效管控战略资源能源的开发,加强战略资源能源储备,完善资源能源运输战略通道建设和安全保护措施,加强国际资源能源合作,全面提升应急保障能力,保障经济社会发展所需的资源能源持续、可靠和有效供给。

第二十二条　国家健全粮食安全保障体系,保护和提高粮食综合生产能力,完善粮食储备制度、流通体系和市场调控机制,健全粮食安全预警制度,保障粮食供给和质量安全。

第二十三条　国家坚持社会主义先进文化前进方向,继承和弘扬中华民族优秀传统文化,培育和践行社会主义核心价值观,防范和抵制不良文化的影响,掌握意识形态领域主导权,增强文化整体实力和竞争力。

第二十四条　国家加强自主创新能力建设,加快发展自主可控的战略高新技术和重要领域核心关键技术,加强知识产权的运用、保护和科技保密能力建设,保障重大技术和工程的安全。

第二十五条　国家建设网络与信息安全保障体系,提升网络与信息安全保护能力,加强网络和信息技术的创新研究和开发应用,实现网络和信息核心技术、关键基础设施和重要领域信息系统及数据的安全可控;加强网络管理,防范、制止和依法惩治网络攻击、网络入侵、网络窃密、散布违法有害信息等网络违法犯罪行为,维护国家网络空间主权、安全和发展利益。

第二十六条　国家坚持和完善民族区域自治制度,巩固和发展平等团结互助和谐的社会主义民族关系。坚持各民族一律平等,加强民族交往、交流、交融,防范、制止和依法惩治民族分裂活动,维护国家统一、民族团结和社会和谐,实现各民族共同团结奋斗、共同繁荣发展。

第二十七条　国家依法保护公民宗教信仰自由和正常宗教活动,坚持宗教独立自主自办的原则,防范、制止和依法惩治利用宗教名义进行危害国家安全的违法犯罪活动,反对境外势力干涉境内宗教事务,维护正常宗教活动秩序。

国家依法取缔邪教组织,防范、制止和依法惩治邪教违法犯罪活动。

第二十八条　国家反对一切形式的恐怖主义和极端主义,加强防范和处置恐怖主义的能力建设,依法开展情报、调查、防范、处置以及资金监管等工作,依法取缔恐怖活动组织和严厉惩治暴力恐怖活动。

第二十九条　国家健全有效预防和化解社会矛盾的体制机制,健全公共安全体系,积极预防、减少和化解社会矛盾,妥善处置公共卫生、社会安全等影响国家安全和社会稳定的突发事件,促进社会和谐,维护公共安全和社会安定。

第三十条　国家完善生态环境保护制度体系,加大生态建设和环境保护力度,划定生态保护红线,强化生态风险的预警和防控,妥善处置突发环境事件,保障人民赖以生存发展的大气、水、土壤等自然环境和条件不受威胁和破坏,促进人与自然和谐发展。

第三十一条　国家坚持和平利用核能和核技术,加强国际合作,防止核扩散,完善防扩散机制,加强对核设施、核材料、核活动和核废料处置的安全管理、监管和保护,加强核事故应急体系和应急能力建设,防止、控制和消除核事故对公民生命健康和生态环境的危害,不断增强有效应对和防范核威胁、核攻击的能力。

第三十二条　国家坚持和平探索和利用外层空间、国际海底区域和极地，增强安全进出、科学考察、开发利用的能力，加强国际合作，维护我国在外层空间、国际海底区域和极地的活动、资产和其他利益的安全。

第三十三条　国家依法采取必要措施，保护海外中国公民、组织和机构的安全和正当权益，保护国家的海外利益不受威胁和侵害。

第三十四条　国家根据经济社会发展和国家发展利益的需要，不断完善维护国家安全的任务。

## 第三章　维护国家安全的职责

第三十五条　全国人民代表大会依照宪法规定，决定战争和和平的问题，行使宪法规定的涉及国家安全的其他职权。

全国人民代表大会常务委员会依照宪法规定，决定战争状态的宣布，决定全国总动员或者局部动员，决定全国或者个别省、自治区、直辖市进入紧急状态，行使宪法规定的和全国人民代表大会授予的涉及国家安全的其他职权。

第三十六条　中华人民共和国主席根据全国人民代表大会的决定和全国人民代表大会常务委员会的决定，宣布进入紧急状态，宣布战争状态，发布动员令，行使宪法规定的涉及国家安全的其他职权。

第三十七条　国务院根据宪法和法律，制定涉及国家安全的行政法规，规定有关行政措施，发布有关决定和命令；实施国家安全法律法规和政策；依照法律规定决定省、自治区、直辖市的范围内部分地区进入紧急状态；行使宪法法律规定的和全国人民代表大会及其常务委员会授予的涉及国家安全的其他职权。

第三十八条　中央军事委员会领导全国武装力量，决定军事战略和武装力量的作战方针，统一指挥维护国家安全的军事行动，制定涉及国家安全的军事法规，发布有关决定和命令。

第三十九条　中央国家机关各部门按照职责分工，贯彻执行国家安全方针政策和法律法规，管理指导本系统、本领域国家安全工作。

第四十条　地方各级人民代表大会和县级以上地方各级人民代表大会常务委员会在本行政区域内，保证国家安全法律法规的遵守和执行。

地方各级人民政府依照法律法规规定管理本行政区域内的国家安全工作。

香港特别行政区、澳门特别行政区应当履行维护国家安全的责任。

第四十一条　人民法院依照法律规定行使审判权，人民检察院依照法律规定行使检察权,惩治危害国家安全的犯罪。

第四十二条 国家安全机关、公安机关依法搜集涉及国家安全的情报信息,在国家安全工作中依法行使侦查、拘留、预审和执行逮捕以及法律规定的其他职权。

有关军事机关在国家安全工作中依法行使相关职权。

第四十三条 国家机关及其工作人员在履行职责时,应当贯彻维护国家安全的原则。

国家机关及其工作人员在国家安全工作和涉及国家安全活动中,应当严格依法履行职责,不得超越职权、滥用职权,不得侵犯个人和组织的合法权益。

## 第四章 国家安全制度

### 第一节 一般规定

第四十四条 中央国家安全领导机构实行统分结合、协调高效的国家安全制度与工作机制。

第四十五条 国家建立国家安全重点领域工作协调机制,统筹协调中央有关职能部门推进相关工作。

第四十六条 国家建立国家安全工作督促检查和责任追究机制,确保国家安全战略和重大部署贯彻落实。

第四十七条 各部门、各地区应当采取有效措施,贯彻实施国家安全战略。

第四十八条 国家根据维护国家安全工作需要,建立跨部门会商工作机制,就维护国家安全工作的重大事项进行会商研判,提出意见和建议。

第四十九条 国家建立中央与地方之间、部门之间、军地之间以及地区之间关于国家安全的协同联动机制。

第五十条 国家建立国家安全决策咨询机制,组织专家和有关方面开展对国家安全形势的分析研判,推进国家安全的科学决策。

### 第二节 情报信息

第五十一条 国家健全统一归口、反应灵敏、准确高效、运转顺畅的情报信息收集、研判和使用制度,建立情报信息工作协调机制,实现情报信息的及时收集、准确研判、有效使用和共享。

第五十二条 国家安全机关、公安机关、有关军事机关根据职责分工,依法搜集涉及国家安全的情报信息。

国家机关各部门在履行职责过程中,对于获取的涉及国家安全的有关信息应当及时上报。

第五十三条　开展情报信息工作,应当充分运用现代科学技术手段,加强对情报信息的鉴别、筛选、综合和研判分析。

第五十四条　情报信息的报送应当及时、准确、客观,不得迟报、漏报、瞒报和谎报。

### 第三节　风险预防、评估和预警

第五十五条　国家制定完善应对各领域国家安全风险预案。

第五十六条　国家建立国家安全风险评估机制,定期开展各领域国家安全风险调查评估。

有关部门应当定期向中央国家安全领导机构提交国家安全风险评估报告。

第五十七条　国家健全国家安全风险监测预警制度,根据国家安全风险程度,及时发布相应风险预警。

第五十八条　对可能即将发生或者已经发生的危害国家安全的事件,县级以上地方人民政府及其有关主管部门应当立即按照规定向上一级人民政府及其有关主管部门报告,必要时可以越级上报。

### 第四节　审查监管

第五十九条　国家建立国家安全审查和监管的制度和机制,对影响或者可能影响国家安全的外商投资、特定物项和关键技术、网络信息技术产品和服务、涉及国家安全事项的建设项目,以及其他重大事项和活动,进行国家安全审查,有效预防和化解国家安全风险。

第六十条　中央国家机关各部门依照法律、行政法规行使国家安全审查职责,依法作出国家安全审查决定或者提出安全审查意见并监督执行。

第六十一条　省、自治区、直辖市依法负责本行政区域内有关国家安全审查和监管工作。

### 第五节　危机管控

第六十二条　国家建立统一领导、协同联动、有序高效的国家安全危机管控制度。

第六十三条　发生危及国家安全的重大事件,中央有关部门和有关地方根据中央国家安全领导机构的统一部署,依法启动应急预案,采取管控处置措施。

第六十四条　发生危及国家安全的特别重大事件,需要进入紧急状态、战争状态或者进行全国总动员、局部动员的,由全国人民代表大会、全国人民代表大会常务委员会或者国务院依照宪法和有关法律规定的权限和程序决定。

第六十五条　国家决定进入紧急状态、战争状态或者实施国防动员后,履行国家安全危机管控职责的有关机关依照法律规定或者全国人民代表大会常务委员会规定,有权采取限制公民和组织权利、增加公民和组织义务的特别措施。

第六十六条　履行国家安全危机管控职责的有关机关依法采取处置国家安全危机的管控措施,应当与国家安全危机可能造成的危害的性质、程度和范围相适应;有多种措施可供选择的,应当选择有利于最大程度保护公民、组织权益的措施。

第六十七条　国家健全国家安全危机的信息报告和发布机制。

国家安全危机事件发生后,履行国家安全危机管控职责的有关机关,应当按照规定准确、及时报告,并依法将有关国家安全危机事件发生、发展、管控处置及善后情况统一向社会发布。

第六十八条　国家安全威胁和危害得到控制或者消除后,应当及时解除管控处置措施,做好善后工作。

## 第五章　国家安全保障

第六十九条　国家健全国家安全保障体系,增强维护国家安全的能力。

第七十条　国家健全国家安全法律制度体系,推动国家安全法治建设。

第七十一条　国家加大对国家安全各项建设的投入,保障国家安全工作所需经费和装备。

第七十二条　承担国家安全战略物资储备任务的单位,应当按照国家有关规定和标准对国家安全物资进行收储、保管和维护,定期调整更换,保证储备物资的使用效能和安全。

第七十三条　鼓励国家安全领域科技创新,发挥科技在维护国家安全中的作用。

第七十四条　国家采取必要措施,招录、培养和管理国家安全工作专门人才和特殊人才。

根据维护国家安全工作的需要,国家依法保护有关机关专门从事国家安全工作人员的身份和合法权益,加大人身保护和安置保障力度。

第七十五条 国家安全机关、公安机关、有关军事机关开展国家安全专门工作,可以依法采取必要手段和方式,有关部门和地方应当在职责范围内提供支持和配合。

第七十六条 国家加强国家安全新闻宣传和舆论引导,通过多种形式开展国家安全宣传教育活动,将国家安全教育纳入国民教育体系和公务员教育培训体系,增强全民国家安全意识。

## 第六章 公民、组织的义务和权利

第七十七条 公民和组织应当履行下列维护国家安全的义务:

(一) 遵守宪法、法律法规关于国家安全的有关规定;

(二) 及时报告危害国家安全活动的线索;

(三) 如实提供所知悉的涉及危害国家安全活动的证据;

(四) 为国家安全工作提供便利条件或者其他协助;

(五) 向国家安全机关、公安机关和有关军事机关提供必要的支持和协助;

(六) 保守所知悉的国家秘密;

(七) 法律、行政法规规定的其他义务。

任何个人和组织不得有危害国家安全的行为,不得向危害国家安全的个人或者组织提供任何资助或者协助。

第七十八条 机关、人民团体、企业事业组织和其他社会组织应当对本单位的人员进行维护国家安全的教育,动员、组织本单位的人员防范、制止危害国家安全的行为。

第七十九条 企业事业组织根据国家安全工作的要求,应当配合有关部门采取相关安全措施。

第八十条 公民和组织支持、协助国家安全工作的行为受法律保护。

因支持、协助国家安全工作,本人或者其近亲属的人身安全面临危险的,可以向公安机关、国家安全机关请求予以保护。公安机关、国家安全机关应当会同有关部门依法采取保护措施。

第八十一条 公民和组织因支持、协助国家安全工作导致财产损失的,按照国家有关规定给予补偿;造成人身伤害或者死亡的,按照国家有关规定给予抚恤优待。

第八十二条 公民和组织对国家安全工作有向国家机关提出批评建议的权利,对国家机关及其工作人员在国家安全工作中的违法失职行为有提出申诉、控告和检举的权利。

第八十三条 在国家安全工作中,需要采取限制公民权利和自由的特别措施时,应当依法进行,并以维护国家安全的实际需要为限度。

## 第七章 附 则

第八十四条 本法自公布之日起施行。

# 参考文献

## 一、中文文献

1. 余劲松.国际投资法[M].5 版.北京：法律出版社,2018.
2. 陈安.国际经济法学[M].6 版.北京：北京大学出版社,2013.
3. 王东光.外国投资国家安全审查制度研究[M].北京：北京大学出版社,2018.
4. 郭瑜.个人数据保护法研究[M].北京：北京大学出版社,2012.
5. 徐泉.国家经济主权论[M].北京：人民出版社,2006.
6. 谢晓彬.防范外资垄断性并购的法律保障研究[M].北京：中国社会科学出版社,2015.
7. 子杉.国家的选择与安全：全球化进程中国家安全观的演变或重构[M].上海：三联书店,2005.
8. 王小琼.西方国家外资并购国家安全审查制度的最新发展及其启示：兼论开放经济条件下我国外资并购安全审查制度的建构[M].武汉：湖北人民出版社,2010.
9. 王珊,萨师煊.数据库系统概论[M].北京：高等教育出版社,2014.
10. [德] 卡尔·施米特.大地的法[M].刘毅,张陈果,译.上海：上海人民出版社,2017.
11. 漆彤."一带一路"国际经贸法律问题研究[M].北京：高等教育出版社,2018.
12. 齐爱民.大数据时代个人信息保护法国际比较研究[M].北京：法律出版社,2015.
13. 李海容.海外投资并购：实务操作与典型案例解析[M].北京：法律出版社,2017.
14. 周弘,苏宏达.欧盟对外关系[M].北京：中国社会科学出版社,2018.
15. 约翰·米尔斯海默.大国政治的悲剧[M].王义桅,唐小松,译.上海：上海人民出版社,2014.
16. 何志鹏.国际法治论[M].北京：北京大学出版社,2016.
17. [德] 鲁道夫·多尔查.[奥] 克里斯托弗·朔伊尔.国际投资法原则[M].祁欢,施进,译.北京：中国政法大学出版社,2014.
18. 高富平.个人数据保护和利用国际规则[M].北京：法律出版社,2016.
19. 程啸.民法典编纂视野下的个人信息保护[J].中国法学,2019(4).
20. 黄宁,李杨."三难选择"下跨境数据流动规制的演进与成因[J].清华大学学报(哲学社会科学版),2017(5).
21. 朱景文.关于法律与全球化的几个问题[J].法学,1998(3).
22. 张倩雯.数据跨境流动之国际投资协定例外条款的规制[J].法学,2021(5).
23. 张怀岭,邵和平.对等视阈下外资安全审查的建构逻辑与制度实现[J].社会科学,2021(3).
24. 李巍.新的安全形势下WTO安全例外条款的适用问题[J].中国政法大学学报,2015(3).
25. 李军.外国投资安全审查中国家安全风险的判断[J].法律科学(西北政法大学学报),2016(4).
26. 廖凡.欧盟外资安全审查制度的新发展及我国的应对[J].法商研究,2019(4).
27. 王东光.国家安全审查:政治法律化与法律政治化[J].中外法学,2016(5).
28. 李军.论主权投资的国家安全审查及我国的制度完善[J].东方法学,2016(1).
29. 王淑敏.国际投资中"外国政府控制的交易"之法律问题研究:由"三一集团诉奥巴马案"引发的思考[J].法商研究,2013(5).
30. 张庆麟,刘艳.澳大利亚外资并购国家安全审查制度的新发展[J].法学评论,2012(4).
31. 刘金瑞.数据安全范式革新及其立法展开[J].环球法律评论,2021(1).
32. 武长海.我国国家金融安全的审查机构和范围[J].法学杂志,2020(3).
33. 李晓安.开放与安全:金融安全审查机制创新路径选择[J].法学杂志,2020(3).
34. 孙南申.外国投资国家安全审查制度的立法改进与完善建议:以《外国投资法(征求意见稿)》为视角[J].上海财经大学学报(哲学社会科学版),2015(4).
35. 胡炜.跨境数据流动的国际法挑战及中国应对[J].社会科学家,2017(11).
36. 贺丹.企业海外并购的国家安全审查风险及其法律对策[J].法学论坛,2012(2).
37. 许多奇.个人数据跨境流动规制的国际格局及中国应对[J].法学论坛,2018(3).
38. 漆彤,汤梓奕.美国《2018年外国投资风险审查现代化法案》介评[J].经贸法律评论,2019(3).
39. 李善民,习超,万自强.罗尔斯公司收购案与美国的安全审查:美国的外资并购审查规制框架及其对我国的启示[J].中山大学学报,2014(1).
40. 黄志雄,韦欣妤.美欧跨境数据流动规则博弈及中国因应:以《隐私盾协议》无效判决为视角[J].同济大学学报(社会科学版),2021(2).
41. 高媛,王涛.TISA框架下数字贸易谈判的焦点争议及发展趋向研判[J].对外经济贸易大学学报,2018(1).
42. 孙立峰.德国对外国投资者并购德国公司的安全审查制度及其法律对策[J].西北大学学报,2012(3).
43. 陈咏梅,张姣.跨境数据流动国际规制新发展:困境与前路[J].上海对外经贸大学学报,2017(6).

44. 杨丽艳,李婷婷.中国外商直接投资国家安全审查法律问题研究[J].武大国际法评论,2017(2).

45. 赵海乐.论投资争议中国家安全问题的司法审查[J].武大国际法评论,2016(1).

46. 黄洁琼.论比例原则在外资国家安全审查中适用[J].河北法学,2020(1).

47. 杨天宇.以美的并购库卡看企业并购效果[J].北方经贸,2020(10).

48. 张天行.美国《外国投资风险评估现代化法案》下的监管变革:立法与应对[J].国际经济法学刊,2019(2).

49. 刘作奎.欧洲保护主义的兴起及其对"一带一路"建设的影响[J].国际问题研究,2018(6).

50. 寇蔻,李莉文.德国的外资安全审查与中企在德并购面临的新挑战[J].国际论坛,2019(6).

51. 叶斌.《欧盟外资安全审查条例》与资本自由流动原则的不兼容性[J].欧洲研究,2019(5).

52. 李瑛.多极化时代的安全观:从国家安全到世界安全[J].世界经济与政治,1998(5).

53. 李军.外资国家安全审查制度历史考察及我国制度选择[J].云南大学学报,2014(6).

54. 李军.论外资国家安全审查中"国家安全"的蕴意:兼论我国外资国家安全审查立法中国家安全的界定[J].广西政法管理干部学院学报,2016(3).

55. 赵海乐."软实力"视角下的外商投资文化审查进路探析:以加拿大法律实践为切入[J].上海对外经贸大学学报,2020(3).

56. 王佳慧.《俄罗斯战略外资法》内容、变化及实施效果[J].俄罗斯学刊,2014(4).

57. 沈伟.美国外资安全审查制度的变迁、修改及影响[J].武汉科技大学学报,2019(6).

58. 马其家,李晓楠.论我国数据跨境流动监管规则的构建[J].法治研究,2021(1).

59. 宋瑞琛.美国外资安全审查制度的新动向与国际投资保护主义[J].当代经济管理,2020(11).

60. 张怀岭.德国外资监管"风暴"下的中企并购困局与应对:基于中企并购个案的分析[J].海外投资与出口信贷,2019(6).

61. 龚柏华,谭观福.美国总统以国家安全为由否决外资并购令可诉性分析:兼析中国三一集团告美国总统否决并购侵权案[J].国际商务研究,2014(5).

62. 董静然.美国外资并购安全审查制度的新发展及其启示:以《外国投资风险审查现代化法案》为中心[J].国际经贸探索,2019(3).

63. 沈伟,田弋滢.《欧盟外商直接投资审查条例》出台的背景、规则和应对[J].海关与经贸研究,2019(6).

64. 孙珺,王雨蓉.欧盟新外国直接投资审查机制的缺陷及中国应对[J].对外经贸实务,2020(12).

65. 徐程锦.欧盟及其成员国外资安全审查制度改革与中国的应对策略[J].区域与全球发展,2019(6).

66. 肖君拥,张志朋.中国国家安全法治研究四十年:回眸与展望[J].国际安全研究,2019(1).
67. 贾英姿,胡振虎,于晓.美国近十年外资安全审查重点和趋势简析[J].财政科学,2016(9).
68. 张怀岭.德国外资并购安全审查:改革内容与法律应对[J].德国研究,2018(3).
69. 钟力,张旅菡,唐会芳,王雨薇.从《全球数据安全倡议》看数据安全[J].网络空间战略论坛,2020(11).
70. 杨帆.国家的"浮现"与"正名":网络空间主权的层级理论模型释义[J].国际法研究,2018(4).
71. 刘碧琦.美欧《隐私盾协议》评析[J].国际法研究,2016(6).
72. 孙志煜,陈茜.国家主权观的中国实践:以区域贸易协定争端解决机制为中心[J].重庆工商大学学报(社会科学版),2018(5).
73. Patricia Wouters,陈辉萍.国家主权等国际经济法宏观问题的深刻反思:评《中国的呐喊:陈安论国际经济法》[J].国际经济法学刊,2014(4).
74. 曾磊.数据跨境流动法律规制的现状及其应对:以国际规则和我国《数据安全法(草案)》为视角[J].中国流通经济,2021(6).
75. 王娜,顾绵雪,伍高飞,张玉清,曹春杰.跨境数据流动的现状、分析与展望[J].信息安全研究,2021(6).
76. 刘宏松,程海烨.跨境数据流动的全球治理:进展、趋势与中国路径[J].国际展望,2020(6).
77. 马琳琳.论区块链背景下数据跨境流动的规制路径及中国应对[J].对外经贸,2020(5).
78. 安陌生.WTO安全例外条款分析[J].国际贸易问题,2013(3).
79. 李群.外资并购国家安全审查法律制度研究[D].重庆:西南政法大学,2012.
80. 田昕清.外资安全审查制度比较研究及对我国的借鉴意义[D].北京:外交学院,2019.
81. 李军.外国投资国家安全审查实施要件研究[D].上海:华东政法大学,2015.

## 二、英文文献

1. Susan Brenner, Cyber Threats. The Emerging Fault Lines of the Nation State[M]. New York: Oxford University Press, 2009.
2. Jack Goldsmith, Tim Wu. Who Controls the Internet? Illusions of a Borderless World[M]. New York: Oxford University Press, 2006.
3. Malcolm Shaw. International Law[M]. Six Edition, Cambridge University Press, 2008.
4. Rudolf Dolzer, Christoph Schreuer. Principle of International Investment Law[M]. Second Edition, Cambridge University Press, 2012.
5. J Craig Barker. The Protection of Diplomatic Personnel[M]. Ashgate Publishing

Limited, 2006.

6. L Wiedenbach. Treaty Law[M]. Berlin: Springer Heidelberg, 2015.

7. Karl P. Sauvant, Michael D. Nolan. China's Outward Foreign Investment and International Investment Law [M]. Journal of International Economic Law, Oxford University Press, 2015.

8. Myra F Din. Data without Borders, Resolving Extraterritorial Data Disputes[J]. Journal of Transnational Law & Policy, Vol. 26, 2016–2017.

9. Lee Inhwan, Keh Jennifer S. Cross-Border Transfers of Personal Data and Practical Implications[J]. Journal of Korean Law, 2017.

10. Theodore H Moran. CFIUS and national Security: Challenges for the United States, Opportunities for the European Union[J]. Peterson Institute for International Economics, 2017(19).

11. Francesco Francioni. Foreign Investment, Sovereignty and the public good[J]. Italian Y.B. International Law, 2013.

12. KJ Vandevelde. The Bilateral Investment Treaty Program of the United States[J]. Cornell International Law Journal, 1988.

13. Jason Webb, Yackee. Political Risk and International Investment Law[J]. Duke Journal Comparative & International Law, 2014.

14. GS Georgiev. The Reformed CFIUS Regulatory Framework: Midiating Between Continued Openness to Foreign Investment and National Security[J]. Yale Journal on Regulation, 2008.

15. European Parliament. Foreign Direct Investment Screening: A Debate in Light of China — EU FDI Flows. Briefing May 2017.

16. Yin Wei. The Regulatory Responses of the EU and US Towards Sovereign Investment: Issues, Directions, and Implications on Chinese State Capitalism? [c]// Society of International Economic Law (SIEL). Sixth Biennial Global Conference, 2018.